Wolfram Ehlers

Der Geldersatz für immaterielle Schäden bei deliktischer Verletzung des allgemeinen Persönlichkeitsrechts

Schriftenreihe der UFITA **Heft 51**

Archiv für Urheber-, Film-, Funk- und Theaterrecht
Herausgegeben von Dr. jur. Georg Roeber, München

Der Geldersatz für immaterielle Schäden bei deliktischer Verletzung des allgemeinen Persönlichkeitsrechts

Von

Dr. Wolfram Ehlers

München

1977

J. Schweitzer Verlag · Berlin

Die vorliegende Arbeit ist 1974 von der Juristischen Fakultät der Julius-Maximilians-Universität Würzburg als Dissertation angenommen worden. Sie wurde im Laufe des Jahres 1975 redigiert und für die Veröffentlichung in der jetzt vorliegenden leicht veränderten Form vorbereitet.

Der Verfasser ist seit 1976 wissenschaftlicher Mitarbeiter beim Max-Planck-Institut für ausländisches und internationales Patent-, Urheber- und Wettbewerbsrecht, München.

CIP-Kurztitelaufnahme der Deutschen Bibliothek

Ehlers, Wolfram

Der Geldersatz für immaterielle Schäden bei deliktischer Verletzung des allgemeinen Persönlichkeitsrechts. – 1. Aufl. – Berlin: Schweitzer, 1976.
(Schriftenreihe der UFITA; H. 51)
ISBN 3-8059-0411-8

Satz: Niko Jessen, Hamburg
Druck: Hildebrand, Berlin
Buchbinder: Wübben, Berlin

meinen Eltern gewidmet

Inhaltsverzeichnis

Literaturverzeichnis

I Lehrbücher und Kommentare

Anschütz	Die Verfassung des Deutschen Reichs vom 11. 8. 1919, ein Kommentar für Wissenschaft und Praxis, unveränderter Nachdruck der 14. Aufl. 1933, Bad Homburg vor der Höhe 1960
BK	Kommentar zum Bonner GG, Hamburg 1950 ff., 31. Lfg März 1973
Brinkmann	Grundrechtskommentar zum GG, Bonn 1967 ff.
Dreher	StGB mit Nebengesetzen und Verordnungen, 35. Aufl., München 1975
Enneccerus-Lehmann	Recht der Schuldverhältnisse, 15. Bearb, Tübingen 1958
Enneccerus-Nipperdey, Hbd 1	Allgemeiner Teil des Bürgerlichen Rechts, 1. Halbband, 15. Aufl., Tübingen 1959
ders, Hbd 2	Allgemeiner Teil des Bürgerlichen Rechts, 2. Halbband, 15. Aufl., Tübingen 1960
Erman (-Bearb)	Handkommentar zum BGB, 5. Aufl., Münster 1972
Esser, SchR	Schuldrecht, Bd II, Besonderer Teil, 4. Aufl., Karlsruhe 1971
Fikentscher	Schuldrecht, 4. Aufl., Berlin, New York 1973
vGierke	Deutsches Privatrecht, Band III, Schuldrecht, München und Leipzig 1917
Guradze, MRK	Die Europäische Menschenrechtskonvention, Kommentar, Berlin und Frankfurt 1968
Hamann-Lenz	Das GG für die BRD vom 23. 5. 1949, 3. Aufl., Neuwied und Berlin 1970
Heck	Grundriß des Schuldrechts, Tübingen 1929
Koch	Kommentar in Anmerkungen zum Allgemeinen Landrecht für die Preußischen Staaten, Teil I, Band I, 2. Aufl., Berlin 1853
Küchenhoff, G. und E., Staatslehre	Allgemeine Staatslehre, 7. Aufl., Stuttgart, Berlin, Köln, Mainz 1971
Larenz, SchR I	Lehrbuch des Schuldrechts, I. Band, Allgemeiner Teil, 10. Aufl., München 1970
ders, SchR II	Lehrbuch des Schuldrechts, II. Band, Besonderer Teil, 10. Aufl., München 1972
Lehmann-Hübner	Allgemeiner Teil des BGB, 15. Aufl., Berlin 1966

Leibholz-Rinck	GG für die BRD, 4. Aufl., Köln 1971
LeipzKommentar	StGB, Band 2, 8. Aufl., Berlin 1958
Löffler, Presserecht	Presserecht, Band II, Landespressegesetze, 2. Aufl., München 1968
vMangoldt-Klein I	Das Bonner GG, Band I, 2. Aufl., Berlin und Frankfurt 1966
ders II	Das Bonner GG, Band II, 2. Aufl., Berlin und Frankfurt 1964
Maunz-Dürig-Herzog	GG-Kommentar, Band I und II, 3. Aufl., Lfg 1–12, München 1971
Maunz, Staatsrecht	Deutsches Staatsrecht, 19. Aufl., München 1973
Mezger-Blei I	Strafrecht I, Allgemeiner Teil, 15. Aufl., München 1973
ders II	Strafrecht II, Besonderer Teil, 9. Aufl., München und Berlin 1966
Palandt (-Bearb)	BGB, 33. Aufl., München 1974
Planiol-Ripert	Traité pratique de Droit-Civil Français, Tome IV, Obligations, Première Partie, 2. Aufl., Paris 1952
RGRK (-Bearb)	Das Bürgerliche Gesetzbuch, Kommentar, herausgegeben von Reichsgerichtsräten und Bundesrichtern, II. Band, 2. Teil (§§ 705–853), 11. Aufl., Berlin 1960
Salmond-Heuston	Law of torts, 15. Aufl., London 1969
Schmidt-Bleibtreu-Klein	Kommentar zum GG für die BRD, 3. Aufl., Neuwied und Berlin 1973
Schönke-Schröder	StGB, 17. Aufl., München 1974
Soergel-Siebert (-Bearb) III	Kommentar zum BGB, Band 3, Schuldrecht II, 10. Aufl., Stuttgart, Berlin, Köln, Mainz, 1969
ders IV	Kommentar zum BGB, Band 4, Sachenrecht, 10. Aufl., Berlin, Köln, Mainz 1968
Staudinger (-Bearb) I	Kommentar zum BGB mit Einführungsgesetz und Nebengesetzen, Band I, Allgemeiner Teil, 11. Aufl., Berlin 1957
ders II	Kommentar zum BGB mit Einführungsgesetz und Nebengesetzen, Band II, Recht der Schuldverhältnisse, 10., 11. Aufl., Berlin 1967
Ulmer, Urheberrecht	Urheber- und Verlagsrecht, 2. Aufl., Berlin, Göttingen, Heidelberg 1960

Weiß, C., Dokumente	Die Europäische Konvention zum Schutz der Menschenrechte und Grundfreiheiten vom 4. 11. 1950, Dokumente Heft 15, Frankfurt aM, Berlin 1954
Welzel	Das Deutsche Strafrecht, 11. Aufl., Berlin 1969
Westermann, SaR	Sachenrecht, 5. Aufl., Karlsruhe 1966
Wolff	Verwaltungsrecht Band I, 8. Aufl., München 1971

II Einzeldarstellungen und Handbücher

Bötticher, 45. DJT II	Empfiehlt sich eine Neuregelung der Verpflichtung zum Geldersatz für immaterielle Schäden? in Verhandlungen des 45. DJT (Karlsruhe 1964), Band II, München und Berlin 1965
Bußmann, Gutachten	Verhandlungen des 42. DJT (Düsseldorf 1957), Band I Teil 1, Gutachten: Reichen die geltenden gesetzlichen Bestimmungen insbesondere im Hinblick auf die modernen Nachrichtenmittel aus, um das Privatleben gegen Indiskretion zu schützen? Tübingen 1957
vCaemmerer, Festschrift DJT	Wandlungen des Deliktsrechts, in Hundert Jahre Deutsches Rechtsleben, Festschrift zum hundertjährigen Bestehen des Deutschen Juristentags (1860–1960), Band II, Karlsruhe 1960
ders, Festschrift vHippel	Der privatrechtliche Persönlichkeitsschutz nach Deutschem Recht, in Festschrift für Fritz vHippel zum 70. Geburtstag, Tübingen 1967
ders, Festschrift Rabel	Bereicherung und unerlaubte Handlung, Festschrift für Rabel, Band I, Tübingen 1954
Canaris	Die Feststellung von Lücken im Gesetz, Berlin 1964
Coing, Ehrenschutz	Ehrenschutz und Presserecht, Schriftenreihe Juristische Studiengesellschaft, Karlsruhe 1960
Diederichsen, Einführung	Einführung in das wissenschaftliche Denken, 2. Aufl., Düsseldorf 1971
Dürig, Festschrift Nawiasky	Grundrechte und Zivilrechtsprechung, in Festschrift zum 75. Geburtstag von Hans Nawiasky, München 1956
Eickhoff	Die Bemessung des Schmerzengeldanspruchs als Sonderform des Anspruchs auf Wiedergutmachung, Dissertation Hamburg 1957
Engisch, Einführung	Einführung in das juristische Denken, 5. Aufl., Stuttgart 1971

Esser, Grundsatz und Norm	Grundsatz und Norm in der Fortbildung des Privatrechts, 2. Aufl., Tübingen 1964
Feick	Index zu Heideggers „Sein und Zeit", Tübingen 1961
Flume, 46. DJT II	Richter und Recht, in Verhandlungen des 46. DJT (Essen 1966), Band II, München und Berlin 1967
Friesenhahn	Die Internationale Deklaration der Menschenrechte, Recht, Staat und Wirtschaft, Band II, Stuttgart und Köln 1950
Geiger	Die Grundrechte in der Privatrechtsordnung, Schriftenreihe der Hochschule Speyer, Stuttgart 1960
Grossfeld	Die Privatstrafe, Frankfurt, Berlin 1961
Grunsky	Aktuelle Probleme zum Begriff des Vermögensschadens, in Sammlung Gehlen, Band 1, Bad Homburg, Berlin 1968
Guradze, Menschenrechte	Menschenrechte, in Menschenrechte im Staatsrecht und im Völkerrecht, Karlsruhe 1967
Hacks	Schmerzensgeld-Beträge, 7. Aufl., München 1973
Heidegger	Sein und Zeit, 1. Hälfte, Halle adS 1927
Helle, Schutz	Der Schutz der Persönlichkeit, der Ehre und des wissenschaftlichen Rufes im Privatrecht, 2. Aufl., Tübingen 1969
Hoffstätter	Psychologie, Frankfurt 1957
Hubmann, Persönlichkeitsrecht	Das Persönlichkeitsrecht, 2. Aufl., Köln, Graz 1967
Hueck	Die Bedeutung des Art. 3 des BGG für die Lohn- und Arbeitsbedingungen der Frauen, Schriftenreihe der Bundesvereinigung der Deutschen Arbeitgeberverbände, Heft 2, Köln 1951
Jellinek	System der subjektiven öffentlichen Rechte, photomechanischer Nachdruck der 2. Aufl., Tübingen 1905, Darmstadt 1963
Kaufmann, A., Analogie	Analogie und „Natur der Sache", Heft 65, 66 der Juristischen Studiengesellschaft Karlsruhe, Karlsruhe 1965
Klug, Festschrift E. Schmidt	Sozialkongruenz und Sozialadäquanz im Strafrechtssystem, in Festschrift für Eberhard Schmidt zum 70. Geburtstag, Göttingen 1961
ders, Gedächtnisschrift H. Peters	Das Verhältnis zwischen der Europäischen Menschenrechtskonvention und dem Grundgesetz, in Gedächtnisschrift für Hans Peters, Berlin, Heidel-

	berg, New York 1967
ders, Logik	Juristische Logik, 3. Aufl., Berlin, Göttingen, Heidelberg 1966
Krüger-Nieland, 45. DJT II	Empfiehlt sich eine Neuregelung der Verpflichtung zum Geldersatz für immaterielle Schäden? in Verhandlungen des 45. DJT (Karlsruhe 1964), Band II, München und Berlin 1965
Küchenhoff, G., Festschrift Nipperdey	Einwirkungen des Verfassungsrechts auf das Arbeitsrecht, in Festschrift für H. C. Nipperdey zum 70. Geburtstag, Band II, München und Berlin 1965
Küster, Persönlichkeitsschutz	Persönlichkeitsschutz und Pressefreiheit, Karlsruhe 1960
Kuschmann, Rechtsgeschichte	Deutsche Rechtsgeschichte, Frankfurt aM
ders, Rechtsphilosophie	Rechtsphilosophie, Frankfurt aM
Langenscheidt, Englisch-Deutsch	Taschenwörterbuch, 1. Teil, 21. Aufl., 6. Neubearb, Berlin, München, Zürich 1973
ders, Französich-Deutsch	Taschenwörterbuch, 1. Teil, 22. Aufl., 7. Neubearb, Berlin, München, Zürich 1973
Larenz, 42. DJT II	Reichen die geltenden gesetzlichen Bestimmungen insbesondere im Hinblick auf die Entwicklung der modernen Nachrichtenmittel aus, um das Privatleben gegen Indiskretion zu schützen? Referat in Verhandlungen des 42. DJT (Düsseldorf 1957), Band II, Tübingen 1959
ders, Methodenlehre	Methodenlehre der Rechtswissenschaft, 2. Aufl., Berlin, Heidelberg, New York 1969
Laufke, Festschrift Lehmann	Vertragsfreiheit und Grundgesetz, in Festschrift für Heinrich Lehmann zum 80. Geburtstag, Berlin, Tübingen, Frankfurt 1956
Leisner	Grundrechte und Privatrecht, München 1960
Lieberwirth	Das Schmerzensgeld, 3. Aufl., Heidelberg 1965
vLiszt	Die Grenzgebiete zwischen Privatrecht und Strafrecht (Kriminalistische Bedenken gegen den Entwurf eines Bürgerlichen Gesetzbuches für das Deutsche Reich), Berlin und Leipzig 1889
LM	Lindenmaier-Möhring, Nachschlagewerk des BGH, München und Berlin
Löffler, Gutachten	Steht die Zuerkennung von Schmerzensgeld bei Persönlichkeitsrechtsverletzungen mit dem gelten-

	den Recht in Einklang? Sonderdruck des SPIEGEL-Verlags, Hamburg
Medicus	Bürgerliches Recht, 6. Aufl., Würzburg 1973
Mayer	Rechtsphilosophie, 2. Aufl., Berlin 1926
Meier-Hayoz	Der Richter als Gesetzgeber, Zürich 1951
Nipperdey, 42. DJT II	Reichen die geltenden gesetzlichen Bestimmungen insbesondere im Hinblick auf die Entwicklung der modernen Nachrichtenmittel aus, um das Privatleben gegen Indiskretion zu schützen? Referat in Verhandlungen des 42. DJT (Düsseldorf 1957), Band II, Tübingen 1959
ders, Festschrift Molitor	Grundrechte und Privatrecht, in Festschrift für Erich Molitor zum 75. Geburtstag, München und Berlin 1962
ders, GR II	Die Würde des Menschen, in Neumann-Nipperdey-Scheuner, Die Grundrechte, Handbuch der Theorie und Praxis der Grundrechte, Band II, 2. Aufl., Berlin 1968
ders, GR IV 2	Freie Entfaltung der Persönlichkeit, in Bettermann-Nipperdey, Die Grundrechte, Handbuch der Theorie und Praxis der Grundrechte, Band IV, Halbband 2, 2. Aufl., Berlin 1972
Partsch, GR I 1	Rechte und Freiheiten der Europäischen Menschenrechtskonvention, in Bettermann-Neumann-Nipperdey, Die Grundrechte, Handbuch der Theorie und Praxis der Grundrechte, Band I, Halbband 1, Berlin 1966
Raiser, 46. DJT II	Grundgesetz und Privatrechtsordnung, in Verhandlungen des 46. DJT (Essen 1966), Band II, München und Berlin 1967
Reinhardt, Persönlichkeitsschutz	Persönlichkeitsschutz und Meinungsfreiheit, Schriftenreihe Recht und Staat, Heft 233, Tübingen 1961
Rehfeldt, Einführung	Einführung in die Rechtswissenschaft, 2. Aufl., Berlin 1966
Reimers	Die Bedeutung der Grundrechte für das Privatrecht, Veröffentlichung der Gesellschaft Hamburger Juristen, Heft 5, Monatsschrift für Deutsches Recht, Hamburg
Remé	Die Aufgaben des Schmerzensgeldes im Persönlichkeitsschutz, Frankfurt aM, Berlin 1962

Ridder, GR II	Meinungsfreiheit, in Neumann-Nipperdey-Scheuner, Die Grundrechte, Handbuch der Theorie und Praxis der Grundrechte, Band II, 2. Aufl., Berlin 1968
Rosenbaum	Naturrecht und positives Recht, Neuwied und Berlin 1972
Schellworth	Neurosenfragen, Ursachenbegriff und Rechtsprechung, 2. Aufl., Stuttgard 1953
Schulze I	Rechtsprechung zum Urheberrecht, Entscheidungssammlung mit Anmerkungen, herausgegeben von Schulze, Band I (RGZ, BGHZ), München 1972
ders II	Rechtsprechung zum Urheberrecht, Entscheidungssammlung mit Anmerkungen, herausgegeben von Schulze, Band II (BGHZ), München 1972
ders VII	Rechtsprechung zum Urheberrecht, Entscheidungssammlung mit Anmerkungen, herausgegeben von Schulze, Band VII (LGZ), München 1972
Stoll, Gutachten	Verhandlungen des 45. DJT (Karlsruhe 1964), Band I, Teil 1, Gutachten: Empfiehlt sich eine Neuregelung der Verpflichtung zum Geldersatz für immaterielle Schäden? München und Berlin 1964
Theimer	Der Marxismus, 3. Aufl., Bern und München 1960
Tischner	Völkerkunde, Frankfurt 1959
Verdross	Die Stellung der Europäischen Menschenrechtskonvention im Stufenaufbau der Rechtsordnung, in Menschenrechte im Staatsrecht und im Völkerrecht, Karlsruhe 1967
Wertenbruch	Grundgesetz und Menschenwürde, Köln, Berlin 1958
Westermann Person	Person und Persönlichkeit als Wert im Zivilrecht, Arbeitsgemeinschaft für Forschung des Landes NRW, Heft 47, Köln und Opladen 1957
Wieacker, Privatrechtsgeschichte	Privatrechtsgeschichte der Neuzeit, 2. Aufl., Göttingen 1967
ders, § 242	Zur rechtstheoretischen Präzisierung des § 242 BGB, Tübingen 1956
Wiese	Der Ersatz des immateriellen Schadens, Schriftenreihe Recht und Staat, Heft 294, 295, Tübingen 1964
Wintrich, Festschrift Apelt	Zur Auslegung und Anwendung des Art. 2 I GG, in Festschrift für Willibald Apelt zum 80. Geburtstag, München und Berlin 1958

ders, Grundrechte — Zur Problematik der Grundrechte, Arbeitsgemeinschaft für Forschung des Landes NRW, Heft 71, Köln und Opladen 1957

III Aufsätze und Anmerkungen

Arndt — Gesetzesrecht und Richterrecht, NJW 1963, 1273

ders — Umwelt und Recht, Besprechung der Entscheidung des BGHZ „Vor unserer eigenen Tür", NJW 1967, 1844

Ascher — Buchbesprechungen, NJW 1962, 481

Baur — Zu der Terminologie und einigen Sachproblemen der „vorbeugenden Unterlassungsklage", JZ 1966, 381

Bender — Inhalt und Grenzen des Gebots der verfassungskonformen Gesetzesauslegung, MDR 1959, 441

Brüggemann — Gesetzesrecht und Richterrecht, JR 1963, 162

Bosch-Habscheid — Vetragspflicht und Gewissenskonflikt, JZ 1956, 298

Bötticher — Die Einschränkung des Ersatzes immateriellen Schadens und der Genugtuungsanspruch wegen Persönlichkeitsminderung, MDR 1963, 353

ders — Zur Ausrichtung der Sanktion nach dem Schutzzweck der verletzten Privatrechtsnorm, AcP 158, 385

Bußmann — Anm zur Herrenreiter-Entscheidung des BGHZ, GRUR 1958, 411

ders — Anm zur Caterina-Valente-Entscheidung des BGHZ, GRUR 1959, 434

ders — Anm zur Hochzeitsbild-Entscheidung des BGHZ, GRUR 1962, 107

ders — Anm zur Ginsengwurzel-Entscheidung des BGHZ, GRUR 1962, 214

ders — Anm zur Lichtbild-Entscheidung des BGHZ, GRUR 1969, 303

ders — Der Anspruch auf Ersatz des immateriellen Schadens bei Verletzung des Persönlichkeitsrechts, Ufita 37,1

Coing — Die Entwicklung des zivilrechtlichen Persönlichkeitsschutzes, JZ 1958, 558

Däubler — Anspruch auf Lizenzgebühr und Herausgabe des

	Verletzergewinns – atypische Formen des Schadensersatzes, JuS 1969, 49
Deutsch	Schmerzensgeld und Genugtuung, JuS 1969, 197
Diederichsen	Traditionelle Logik für Juristen, JurA 1970, 765
DJT, 45.	NJW 1964, 2098
ders, 46.	NJW 1966, 2049
Dubischar	Rechtsphilosophie, Rechtssoziologie, JA 1973, 139
Dürig	Der Grundsatz von der Menschenwürde, AöR 81, 117
Ehmke	Prinzipien der Verfassungsinterpretation, VVDStRL 20, 53
Erdsiek	Zur Entwicklung im allgemeinen Persönlichkeitsrecht, NJW 1962, 625
Esser	Möglichkeiten und Grenzen des dogmatischen Denkens im modernen Zivilrecht, AcP 172, 97
Fromm	Schadensersatz bei Persönlichkeitsrechtsverletzungen, NJW 1965, 1201
ders	Anm zur Entscheidung des OLG Frankfurt vom 1. 6. 1965, NJW 1966, 254
vGamm	Zur praktischen Anwendung des allgemeinen Persönlichkeitsrechts, NJW 1955, 1826
Giesen	Anm zur Entscheidung des BGHZ vom 26. 1. 1971, NJW 1971, 801
Hubmann	Persönlichkeitsschutz ohne Grenzen? Ufita 70, 75
Hartmann	Persönlichkeitsrecht und Schmerzensgeld, NJW 1962, 12
ders	Persönlichkeitsrecht und Schmerzensgeld, NJW 1964, 793
Hauss	Anm zur Entscheidung des BGHZ vom 19. 9. 1961, LM § 847 BGB Nr. 18
Helle	Der zivilrechtliche Schutz der Persönlichkeit und der Ehre gegen Presseangriffe, DRiZ 1963, 334
ders	Anm zu den Entscheidungen Gerichtsberichterstattung und Fernsehansagerin des BGHZ, NJW 1963, 1404
Helwig	Die Hypostasierung im Begriff der Seele, Psyche 1950, 1951, Bd IV, S. 366
Honsell	Herkunft und Kritik des Interessebegriffs im Schadensersatzrecht, JuS 1973, 69
Hubmann	Der zivilrechtliche Schutz der Persönlichkeit gegen Indiskretion, JZ 1957, 521

ders	Anm zur Geschäftsboykott-Entscheidung des BGHZ, JZ 1957, 751
ders	Der bürgerlich-rechtliche Aufopferungsanspruch, JZ 1958, 489
ders	Anm zur Ginsengwurzel-Entscheidung des BGHZ, JZ 1962, 121
ders	Anm zur Kinoreportage-Entscheidung des BGHZ, JZ 1964, 293
JA	Probleme der Demonstrationsfreiheit: Demonstrationsfreiheit und Strafrecht, JA 1969, 213 (= StR S. 65)
wie oben	Der zivilrechtliche Schutz der persönlichen Ehre, JA 1973, 73 (= ZR S. 27)
Kaufmann, E.	Dogmatische und rechtspolitische Grundlagen des § 253 BGB, AcP 162, 421
Kaufmann, H.	Allgemeines Persönlichkeitsrecht und Schmerzensgeld, JuS 1963, 373
ders	Die Einrede der entgegenstehenden Gewissenspflicht, AcP 161, 289
Kleine	Anm zur Entscheidung des BGHZ vom 8. 5. 1956, JZ 1956, 658
Knolle	Arbeitsbedingungen der Frau und „Grundrechte", BB 1949, 451
Knöpfel	Billigkeit und Schmerzensgeld, AcP 155, 135
Koebel	Anm zur Caterina-Valente-Entscheidung des BGHZ, JZ 1960, 573
ders	Grundrechte und Privatrecht, JZ 1961, 521
ders	Anm zur Kinoreportage-Entscheidung des BGHZ, JZ 1962, 756
ders	Anm zur Gretna-Green-Entscheidung des BGHZ, JZ 1965, 413
Kolle	Die Opfer der nationalsozialistischen Verfolgung in psychiatrischer Sicht, Der Nervenarzt 1958, 148
Krüger	Der Wesensgehalt der Grundrechte iSd Art. 19 GG, DÖV 1955, 597
Küchenhoff, D.	Die Beschränkung des Rechts auf Persönlichkeitsentfaltung durch Gesetz, DÖV 1966, 224
Kuner	Anm zur Entscheidung des OLG Karlsruhe vom 5. 7. 1962, BB 1962, 1393
Küster	Poena aut satisfactio, JZ 1954, 1

Lampe	Der Straftäter als „Person der Zeitgeschichte", NJW 1973, 217
Lange	Das BVerfG und die „Willensaufnahme durch den Gesetzgeber", NJW 1962, 893
Larenz	Das allgemeine Persönlichkeitsrecht im Recht der unerlaubten Handlungen, NJW 1955, 521
ders	Anm zur Herrenreiter-Entscheidung des BGHZ, NJW 1958, 827
ders	Präventionsprinzip und Ausgleichsprinzip im Schadensersatzrecht, NJW 1959, 865
ders	Richterliche Rechtsfortbildung als methodisches Problem, NJW 1965, 1
Löffler	Die Grenzen richterlicher Rechtsfindung beim immateriellen Schadensersatz, NJW 1962, 225
ders	Die Sorgfaltspflichten der Presse und des Rundfunks, NJW 1965, 942
ders	Anm zur Presseberichts-Entscheidung, GRUR 1966, 159
ders	Das Zensurverbot der Verfassung, NJW 1969, 2225
Loppuch	Zur Freiheit der Berufswahl und Beschränkung der Berufsausübung, DÖV 1951, 123
Löw	Ist die Würde des Menschen im Grundgesetz eine Anspruchsgrundlage? DÖV 1958, 516
Menger	Anm zur Entscheidung des BGHZ vom 21. 4. 1959, JZ 1960, 168
Mertens	Persönlichkeitsrecht und Schadensersatz, JuS 1962, 262
Mestmäcker	Eingriffserwerb und Rechtsverletzung in der ungerechtfertigten Bereicherung, JZ 1958, 521
Michel	Koreferat zu Schack, Die verfassungskonforme Auslegung (JuS 1961, 269), JuS 1961, 274
Münzberg	Bemerkungen zum Haftungsgrund der Unterlassungsklage, JZ 1967, 689
Münzel	Schmerzensgeld für seelische Unlustgefühle, NJW 1960, 2025
Neumann-Duesberg	Abgrenzbarkeit des allgemeinen Persönlichkeitsrechts und sein Schutz nach § 823 I BGB, NJW 1957, 1341
ders	Bildberichterstattung über absolute und relative Personen der Zeitgeschichte, JZ 1960, 114

ders	Kodifizierung des zivilrechtlichen Persönlichkeitsschutzes im BGB, JZ 1961, 252
ders	Geldliche Genugtuung neben Widerruf und Unterlassung? Ufita 61, 65
ders	Dokumentarfernsehsendung „Soldatenmord von Lebach" unter persönlichkeitsrechtlichem und verfassungsrechtlichem Aspekt, JZ 1973, 261
Nipperdey	Gleicher Lohn der Frau für gleiche Leistung, RdA 1950, 121
ders	Gleicher Lohn für gleiche Leistung, BB 1951, 282
ders	Tatbestandsaufbau und Systematik der deliktischen Grundtatbestände, NJW 1967, 1985
ders	Das allgemeine Persönlichkeitsrecht, Ufita 30, 1
Nörr	Zum Ersatz des immateriellen Schadens nach geltendem Recht, AcP 158, 1
Pecher	Der Anspruch auf Genugtuung als Vermögenswert, AcP 171, 44
Raeder	Anm zur Entscheidung des LG Köln vom 7. 3. 1967, MDR 1967, 928
Reinhardt	Der Streit um den Persönlichkeitsschutz nach dem Referentenentwurf des Bundesjustizministeriums, JZ 1959, 41
Roeber	Zur Rechtfertigung des immateriellen Schadensersatzes bei Verletzungen des Persönlichkeitsrechts, Film und Recht 1971, 171
Rötelmann	Anm zur Ginsengwurzel-Entscheidung des BGHZ, NJW 1962, 736
ders	Anm zur Kinoreportage-Entscheidung des BGHZ, NJW 1962, 1004
ders	Schmerzensgeld, Anm zu Hartmanns Kritik in NJW 1964, 796, NJW 1964, 1458
ders	Nichtvermögensschaden und Persönlichkeitsrechte nach schweizerischem Recht, AcP 160, 374
Schack	Die verfassungskonforme Auslegung, JuS 1961, 269
ders	Bürgerlichrechtlicher und öffentlichrechtlicher Entschädigungsanspruch bei Immissionen, NJW 1968, 1914
Schaetzel	Welchen Einfluß hat Art. 3 II des Bonner GG auf die nach dem 24. 5. 1949 geschlossenen Einzelarbeits- und Tarifverträge? RdA 1950, 248

Schmalzl	Zur Auslegung des § 847 BGB im Lichte der neueren Rechtsprechung und Literatur (VI), VersR 1966, 793
Schmidt-Leichner	Anm zum Beschluß des BVerfG vom 25. 1. 1961, NJW 1961, 819
Schmidt-Rimpler, Giesecke, Friesenhahn, Knur	Die Lohngleichheit von Männern und Frauen, AöR 76, 165
Schmitthoff	Systemdenken und Fallrecht in der Entwicklung des englischen Privatrechts, JZ 1967, 1
Schröder	Beleidigungsklagen im Zivilprozeß, DR 1941, 366
Schultz	Rundschau, Blick in die Zeit, MDR 1962, 956
Stein	Die verfassungsrechtlichen Grenzen der Rechtsfortbildung durch die Rechtsprechung, NJW 1964, 1745
Teplitzky	Die unzureichende Schermzensgeldbemessung, NJW 1966, 388
Ulmer	Anm zur Fernsehansagerin-Entscheidung des BGHZ, GRUR 1963, 493
Weinkauff	Zur Eröffnung des BGH, Mitteilungen, NJW 1950, 816
ders	Der Naturrechtsgedanke in der Rechtsprechung des BGH, NJW 1960, 1689
Weiß, W.	Buchbesprechung Palandt, BB 1962, 527
Weitnauer	Persönlichkeitsschutz und Meinungsfreiheit, NJW 1959, 315
ders	Anm zur Entscheidung des OLG Schleswig-Holstein vom 30. 11. 1959, JZ 1961, 575
Werner	Anm zur Caterina-Valente-Entscheidung des BGHZ, JR 1959, 382
Wieacker	Rechtsprechung und Sittengesetz, JZ 1961, 337
Wronka	Das Verhältnis zwischen dem allgemeinen Persönlichkeitsrecht und den sogenannten besonderen Persönlichkeitsrechten, Ufita 69, 71

IV Texte, Entwürfe und Beschlüsse

Beschluß 42. DJT II	Beschluß der Verhandlungen des 42. DJT (Düsseldorf 1957), Bd II, Tübingen 1959
Beschluß 45. DJT II	Beschluß der Verhandlungen des 45. DJT (Karlsruhe 1964), Bd II, München und Berlin 1965
Entwurf 1959	Entwurf eines Gesetzes zur Neuordnung des zivilrechtlichen Persönlichkeits- und Ehrenschutzes,

	in Verhandlungen des Deutschen Bundestages, 3. Wahlperiode, Drucksache Nr. 1237, Bonn 1959
HChB	Bericht über den Verfassungskonvent auf Herrenchiemsee (Herrenchiemsee-Bericht) vom 10.–23. 8. 1948, München
Motive I	Motive zu dem Entwurfe eines Bürgerlichen Gesetzbuches für das Deutsche Reich, Bd I, Allgemeiner Teil, 2. Aufl., Berlin 1896
dies II	Motive zu dem Entwurfe eines Bürgerlichen Gesetzbuches für das Deutsche Reich, Bd II, Recht der Schuldverhältnisse, 2. Aufl., Berlin 1896
Mugdan (und Quelle)	Die gesammelten Materialien zum Bürgerlichen Gesetzbuch für das Deutsche Reich, Bd II, Recht der Schuldverhältnisse, Berlin 1899
prALR	Allgemeines Landrecht für die Preußischen Staaten von 1794, Textausgabe, Frankfurt aM, Berlin 1970
Protokolle I	Protokolle der Kommission für die 2. Lesung des Entwurfs des Bürgerlichen Gesetzbuchs, Bd I, Allgemeiner Teil, Berlin 1897
dies II	Protokolle der Kommission für die 2. Lesung des Entwurfs des Bürgerlichen Gesetzbuches, Bd II, Recht der Schuldverhältnisse, Berlin 1898
RefEntwurf I	Referentenentwurf eines Gesetzes zur Änderung und Ergänzung schadensersatzrechtlicher Vorschriften, Bd I, Wortlaut, Karlsruhe 1967
ders II	Referentenentwurf eines Gesetzes zur Änderung und Ergänzung schadensersatzrechtlicher Vorschriften, Bd II, Begründung, Karlsruhe 1967

Rechtsprechungsübersicht

Im Hinblick darauf, daß die vorliegende Arbeit in der Schriftenreihe der UFITA erscheint, werden zu den sachlich bedeutsamen Entscheidungen jeweils die parallelen Fundstellen in der UFITA als Zeitschrift angeführt.

zit. Quellen	Datum	Stichwort	parallele Fundstelle in der UFITA
I BVerfG			
BVerfG 12, 113 = NJW 1961, 819	25. 1. 1961		35 (1961), 82
BVerfG 12, 205	28. 2. 1961	Fernsehen	34 (1961), 46
NJW 1969, 1161 = DVBl 1969, 497	26. 2. 1969	Blinkfüer	55 (1970), 349
BVerfG 30, 173 = NJW 1971, 1645	24. 2. 1971	Mephisto	62 (1971), 327
BVerfG NJW 1973, 1221	14. 2. 1973		69 (1973), 282
BVerfG NJW 1973, 1226	5. 6. 1973	Lebach	69 (1973), 301
II BGHZ			
BGHZ 13, 334 = NJW 1954, 1404	25. 5. 1954	Schacht	18 (1954), 370
BGHZ 15, 249 = NJW 1955, 260	26. 11. 1954	Cosima Wagner	19 (1955), 358
BGHZ 20, 345 = JZ 1956, 657	8. 5. 1956	Paul Dahlke	22 (1956), 361
BGHZ 24, 72 = NJW 1957, 1146	2. 4. 1957		52 (1969), 208
BGHZ 24, 200	10. 5. 1957	Spätheimkehrer	25 (1958), 89
BGHZ 26, 349 = NJW 1958, 827 = GRUR 1958, 408	14. 2. 1958	Herrenreiter	25 (1958), 452
BGHZ 27, 284 = NJW 1958, 1344	20. 5. 1958	Tonband- aufnahme	26 (1958), 230
BGHZ 30, 7	18. 3. 1959	Caterina Valente	29 (1959), 98

BGHZ 31, 308 = NJW 1960, 476	22. 12. 1959		31 (1960), 242
BGHZ 33, 20	31. 5. 1960		32 (1960), 223
BGHZ 35, 363 = NJW 1961, 2059 = GRUR 1962, 105	19. 9. 1961	Ginseng	35 (1961), 364
BGHZ 36, 77	24. 10. 1961	Waffenhandel	36 (1962), 236
BGHZ LM § 23 KUG Nr. 5 = GRUR 1962, 211	10. 11. 1961	Hochzeitsbild	37 (1962), 110
BGHZ LM Art. 5GG Nr. 9	21. 11. 1961	Bund der Vertriebenen	36 (1962), 240
BGHZ NJW 1962, 1004	5. 1. 1962	Kinoreportage	37 (1962), 120
BGHZ 37, 187	5. 6. 1962	Eheversprechen	37 (1962), 337
BGHZ NJW 1963, 151	2. 10. 1962	Staatskarossen	40 (1963), 141
BGHZ 39, 124 = NJW 1963, 902	5. 3. 1963	Fernsehansagerin	40 (1963), 152
BGHZ NJW 1963, 1155	9. 4. 1963	Geisterreigen	40 (1963), 183
BGHZ NJW 1965, 685	8. 12. 1964	Exklusiv-Interview	43 (1964), 358
BGHZ NJW 1965, 1374	15. 1. 1965	Wie uns die anderen sehen	44 (1965), 157
BGHZ JZ 1965, 411	26. 1. 1965	Gretna-Green	44 (1965), 167
BGHZ NJW 1965, 1230	31. 3. 1965	Bamfolin	44 (1965), 183
BGHZ MDR 1965, 735	25. 5. 1965	Wo ist mein Kind?	44 (1965), 362
BGHZ NJW 1965, 2395	12. 10. 1965	Mörder unter uns	47 (1966), 252
BGHZ NJW 1968, 1773	20. 3. 1968	Mephisto	51 (1968), 337
BGHZ VersR 1969, 349 = MDR 1969, 472	7. 1. 1969	Spielgefährtin II	55 (1970), 309
BGHZ LM § 847 BGB Nr. 36	3. 3. 1970		58 (1970), 280
BGHZ NJW 1970, 1077 = DB 1970, 1125	17. 3. 1970	Nachtigall	58 (1970), 282
BGHZ NJW 1970, 1599	16. 6. 1970		60 (1971), 268
BGHZ NJW 1971, 698	26. 1. 1971	Pariser Liebestropfen	60 (1971), 292
BGHZ DB 1971, 1660	25. 5. 1971	Dreckschleuder	62 (1971), 277

BGHZ LM § 847 BGB Nr. 51	5. 3. 1974		72 (1975), 311
BGHZ NJW 1974, 1947	2. 7. 1974		73 (1975), 263

III OLG

München GRUR 1959, 435	7. 8. 1958		28 (1959), 342
Köln GRUR 1967, 319	25. 11. 1966	Killer	49 (1967), 331
Koblenz NJW 1973, 251	5. 10. 1972	Lebach	69 (1973), 335
Köln NJW 1973, 850	17. 1. 1973		70 (1974), 323

IV BAG

AP § 847 BGB Nr. 1	28. 4. 1960		33 (1961), 232

Abkürzungsverzeichnis

aA	anderer Ansicht
aaO	am angegebenen Ort
AcP	Archiv für civilistische Praxis (Band und Seite)
aE	am Ende
aF	alte Fassung
allgBA	allgemeiner Beseitigungsanspruch
allgUA	allgemeiner Unterlassungsanspruch
Alt	Alternative
Anm	Anmerkung
AnwBl	Anwaltsblatt (Jahr und Seite)
AöR	Archiv für Öffentliches Recht (Band und Seite)
AP	Arbeitsgerichtliche Praxis, Nachschlagewerk des BAG
aPR	allgemeines Persönlichkeitsrecht
Art.	Artikel
Aufl.	Auflage
BAG	Bundesarbeitsgericht (Band und Seite)
bayPressG	bayerisches Pressegesetz vom 3. 10. 1949
bayVerfGH	bayerischer Verfassungsgerichtshof (Band und Seite)
BB	Betriebsberater (Jahr und Seite)
Bearb	Bearbeiter, Bearbeitung
BFH	Bundesfinanzhof (Band und Seite)
BGB	Bürgerliches Gesetzbuch vom 18. 8. 1896
BGBl	Bundesgesetzblatt
BGHSt	Bundesgerichtshof in Strafsachen (Band und Seite)
BGHZ	Bundesgerichtshof in Zivilsachen (Band und Seite)
bPR	besonderes Persönlichkeitsrecht
brAA	bürgerlich-rechtlicher Aufopferungsanspruch
BRD	Bundesrepublik Deutschland
Bspl	Beispiel
BV	Verfassung des Freistaats Bayern vom 2. 12. 1946
BVerfG	Bundesverfassungsgericht (Band und Seite)
BVerfGG	Bundesverfassungsgerichtsgesetz vom 12. 3. 1951
BVerwG	Bundesverwaltungsgericht (Band und Seite)
bzw	beziehungsweise
DB	Der Betrieb (Band und Seite)
ders	derselbe
dgl.	dergleichen
d. h.	das heißt
dies	dieselbe

DJT	Deutscher Juristentag
DÖV	Die öffentliche Verwaltung (Jahr und Seite)
DR	Deutsches Recht (Jahr und Seite)
DRiZ	Deutsche Richterzeitung (Jahr und Seite)
DVBl	Deutsches Verwaltungsblatt (Jahr und Seite)
EGStGB	Einführungsgesetz zum Strafgesetzbuch vom 2. 3. 1974
Einl	Einleitung
einschl.	einschließlich
evtl.	eventuell
FAZ	Frankfurter Allgemeine Zeitung
FamRZ	Zeitschrift für das gesamte Familienrecht (Jahr und Seite)
f(f).	folgende
Fußn.	Fußnote
GebrMG	Gebrauchsmustergesetz vom 5. 5. 1936
GeschmMG	Geschmacksmustergesetz vom 11. 1. 1876
GG	Grundgesetz für die Bundesrepublik Deutschland vom 23. 5. 1949
GR	Grundrechte (Band und Seite)
GRUR	Gewerblicher Rechtsschutz und Urheberrecht (Jahr und Seite)
GVG	Gerichtsverfassungsgesetz vom 27. 1. 1877
GWB	Gesetz gegen Wettbewerbsbeschränkungen vom 27. 7. 1957
hA	herrschende Ansicht
Hbd	Halbband
hF	heutige Fassung
Hinw.	Hinweis
hL	herrschende Lehre
hM	herrschende Meinung
HRR	Höchstrichterliche Rechtsprechung (Jahr und Fallnummer)
HS	Halbsatz
HT	Hauptteil
idR	in der Regel
ieS	im engeren Sinne
insb.	insbesondere
iR (d, e, v)	im Rahmen (des, eines, von)
iS (d, e, v)	im Sinne (des, eines, von)

iVm	in Verbindung mit
iwS	im weiteren Sinne
JA	Juristische Arbeitsblätter (Jahr und Seite, getrennt nach durchgehender Seitenzahl und nach Seitenzahl des Sachgebiets)
JöR	Jahrbuch des Öffentlichen Rechts der Gegenwart (Band und Seite)
JR	Juristische Rundschau (Jahr und Seite)
JurA	Juristische Analysen (Jahr und Seite)
JuS	Juristische Schulung (Jahr und Seite)
JZ	Juristenzeitung (Jahr und Seite)
KG	Kammergericht
KomBer	Kommissionsbericht
KUG	Kunsturhebergesetz vom 9. 1. 1907
Lfg	Lieferung
LG	Landgericht
Lit.	Literatur
LPG	Landespressegesetz
LS	Leitsatz
LuftVG	Luftverkehrsgesetz vom 4. 11. 1968
maW	mit anderen Worten
MDR	Monatsschrift für Deutsches Recht (Jahr und Seite)
mE	meines Erachtens
mFußn	mit Fußnote
Mot	Motive
MRE	Allgemeine Erklärung der Menschenrechte vom 10. 12. 1948
MRK	Konvention zum Schutze der Menschenrechte und Grundfreiheiten vom 4. 11. 1950
m(w)Hinw	mit (weiteren) Hinweis(en)
m(w)Nachw	mit (weiteren) Nachweis(en)
mZust(v)	mit Zustimmung (von)
nChr	nach Christi Geburt
nF	neue Folge
NJW	Neue Juristische Wochenschrift (Jahr und Seite)
Nr.	Nummer
o.a.	oben angeführt
o.ä.	oder ähnlich
OGHZ	Oberster Gerichtshof der Britischen Zone (Band und Seite)
OLG	Oberlandesgericht

PatG	Patentgesetz vom 5. 5. 1936
prALR	Allgemeines Landrecht für die Preußischen Staaten von 1794
Prot	Protokolle
PR	Persönlichkeitsrecht
RdA	Recht der Arbeit (Jahr und Seite)
Rdn	Randnummer
rekr	rechtskräftig
RGBl	Reichsgesetzblatt
RGSt	Reichsgericht in Strafsachen (Band und Seite)
RGZ	Reichsgericht in Zivilsachen (Band und Seite)
RiG	Deutsches Richtergesetz vom 8. 9. 1961
RPressG	Reichspressegesetz vom 7. 5. 1854
Rspr	Rechtsprechung
S.	Satz, Seite
SaR	Sachenrecht
SchR	Schuldrecht
schweizOblR	Schweizerisches Obligationsrecht vom 14. 6. 1871
s. (o.)	siehe (oben)
sog.	sogenannt
StGB	Strafgesetzbuch vom 15. 5. 1871
StR	Strafrecht
stRspr	ständige Rechtsprechung
StPO	Strafprozeßordnung vom 1. 2. 1877
SZ	Süddeutsche Zeitung
ua	unter anderem
uA	unserer Ansicht
uä	und ähnlich
uE	unseres Erachtens
Ufita	Archiv für Urheber-, Film-, Funk- und Theaterrecht (Band und Seite)
unveröff	unveröffentlicht
UrhR	Urheberrecht
UrhRG	Gesetz über Urheberrecht und verwandte Schutzrechte (Urheberrechtsgesetz) vom 9. 9. 1965
usf.	und so fort
usw.	und so weiter
uU	unter Umständen
UWG	Gesetz gegen den unlauteren Wettbewerb vom 7. 6. 1909
VersR	Versicherungsrecht (Jahr und Seite)

vgl.	vergleiche
VVDStRL	Veröffentlichungen der Vereinigung Deutscher Staatsrechtslehrer (Heft und Seite)
WV	Die Verfassung des Deutschen Reichs (Weimarer Verfassung) vom 11. 8. 1919
WZG	Warenzeichengesetz vom 5. 5. 1936
z.B.	zum Beispiel
zit.	zitiert
ZPO	Zivilprozeßordnung vom 30. 1. 1877
ZR	Zivilrecht
zTl	zum Teil
zust.	zustimmend
zZt	zur Zeit

Einleitung

A Definitionen und Voraussetzungen

I das allgemeine Persönlichkeitsrecht (aPR)

Das aPR wird **definiert** als das Recht auf Achtung und Schutz der Menschenwürde, auf Respektierung der Persönlichkeit[1], das die Aufgabe hat, die gesamte Breite der menschlichen Existenz mit all ihren Erscheinungsformen und Verhaltensweisen – also umfassend – zu schützen[2].

Der Begriff des aPR wurde von der Rechtslehre entwickelt[3]; er ist kein Begriff der Gesetzessprache[4]. Das aPR wurde von der Rechtsprechung erstmals anerkannt in der Schacht-Entscheidung des BGHZ vom 25.5. 1954[5] und insbesondere auch von der Rechtsprechung des BGHZ fortentwickelt[6]. Ausschlaggebend für die Anerkennung und Entwicklung dieses Instituts waren Wirkungen und Tendenzen sowohl im tatsächlichen als auch im rechtlichen Bereich: einmal die schnell fortschreitende Entwicklung solcher Mittel, die einen Eingriff in die menschliche Persönlichkeitssphäre technisch realisierbar machten[7], zum anderen die verfassungsrechtlichen Möglichkeiten, die Art. 1 und 2 des GG boten[8], schließlich die unzureichende Aussicht, einen Persönlichkeitsschutz sonstwie – etwa über die Rechtsprechung zu den „guten Sitten" (§ 826 BGB) – zu erreichen[9].

---

1 *Hubmann*, Persönlichkeitsrecht § 18 h; *Nipperdey*, GR IV 2 S. 832 und 42. DJT II D S. 8, der aber an anderer Stelle (GR II S. 4 f.) Persönlichkeit und Persönlichkeitsrecht als Synonyma beschreibt. UE ergibt sich das Persönlichkeitsrecht erst aus der – faktisch zugrundeliegenden – Persönlichkeit.

2 *Larenz*, SchR II § 72 III a

3 vgl. zu den Einzelheiten der rechtshistorischen Entwicklung des aPR *Hubmann* aaO §§ 15 f. und Ufita 70, 75 f.; *Nipperdey* GR IV 2 S. 828 ff.; *Bußmann*, Gutachten S. 10 ff.; H. *Kaufmann* JuS 1963, 375 ff.; *Coing* JZ 1958, 558 f.; Entwurf 1959 S. 6 f. sowie BVerfG NJW 1973, 1221

4 *H. Kaufmann* aaO S. 373; RefEntwurf II S. 8; *Westermann* (Person S. 17) schlägt offenbar den Terminus „‚allgemeiner Persönlichkeitsschutz'" vor.

5 BGHZ 13, 334 ff., 338; vgl. *Löffler*, Gutachten S. 6; *H. Kaufmann* aaO S. 379

6 vgl. BGHZ 15, 257; 27, 285 f.; 39, 124 und RefEntwurf II S. 56 f.

7 *Raiser*, 46. DZT II B S. 20 f.; *Reinhardt* JZ 1959, 42; *Bußmann*, Gutachten S. 7 und 62; RefEntwurf II S. 65

8 *vCaemmerer*, Festschrift DJT S. 105 f. und Festschrift *vHippel* S. 31; *Nipperdey* GR II S. 41 f.; RefEntwurf aaO

9 *Leisner* S. 241; *Helle*, Schutz S. 90 f.; RefEntwurf II S. 54

Mit der **Anerkennung** des aPR löste sich die Rechtsprechung des BGHZ von der des RGZ, das sich gegen diesen Schritt der Rechtsentwicklung mit dem Argument gewehrt hatte, die geltenden Gesetze enthielten insoweit keine positivrechtlichen Bestimmungen[10]. Noch heute flackert in der Rechtswissenschaft hier und da Kritik gegen die Anerkennung des aPR auf[11]. Gestützt wird diese Kritik teils auf rechtslogische[12], teils auf rechtsdogmatische Bedenken, die *Raiser*[13] und *Larenz* aus der „generalklauselartigen Weite und Konkretisierungsbedürftigkeit dieses Rechts"[14] entnehmen, sowie auf das Argument, diese Anerkennung sei vom Gesetzgeber nicht gewollt[15] oder gar überflüssig[16]. Diese Diskussion ist nicht Gegenstand der vorliegenden Arbeit. Das aPR ist inzwischen als im Wege richterlicher Rechtsfortbildung entstandener Rechtsbegriff absolut gefestigter Bestandteil der Rechtsprechung des BGHZ geworden[17] und wird auch von der heute hL durchweg anerkannt[18].

Die **gesetzlichen Grundlagen** für das aPR finden sich nach **Rechtsprechung und hL** – neben in § 826 BGB[19] – insbesondere in § 823 I BGB[20] und in Art. 1 und 2 GG[21]. Das Tatbestandsmerkmal „ein sonstiges Recht

---

10 vgl. RGZ 79, 398; 82, 334; 94, 1; 102, 134; 107, 281; 113, 414; 123, 320.

11 *Nipperdey*, GR II S. 40 f.; *Larenz* NJW 1955, 521, 523 ff.; Methodenlehre S. 398 f., SchR II aaO; *Nörr* AcP 158, 1 ff.; *Medicus* § 24 II 2 d; *Geiger* S. 23 f., 37 ff.

12 *Medicus* aaO

13 46. DJT II B S. 21 m. Fußn. 43

14 *Larenz*, SchR II aaO und NJW 1955, 521 ff., 524.

15 *Larenz*, Methodenlehre aaO

16 so *Geiger* (S. 23 f., 37 ff.), der aber einzelne bPR anerkennen will

17 BGHZ 13, 338; 15, 257 ff.; 24, 76; 24, 208; 26, 349; 27, 285; 30, 7; 31, 308; 33, 22; 35, 363; 39, 124; BVerfG NJW 1973, 1223; *vCaemmerer*, Festschrift DJT S. 106 und Festschrift vHippel S. 37; *Reinhardt* in *Schulze* II zu BGHZ Nr. 89 S. 9 f.; *Mertens* JuS 1962, 262

18 *vCaemmerer*, Festschrift vHippel S. 27; *Bußmann*, Gutachten S. 58; *vGamm* NJW 1955, 1826; *Hubmann* Ufita 70, 76; RefEntwurf II S. 8, 56; auch *Larenz* (42. DJT II D S. 35) sieht das aPR inzwischen als Bestandteil unserer Rechtsordnung an.

19 *Nipperdey* 42. DJT II D S. 13; *Bußmann* aaO S. 19

20 BGHZ 13, 338; 30, 11 mwNachw aus der Rspr; *Nipperdey* aaO S. 8; *Wiese* S. 38 f. mFußn. 128; *Palandt-Thomas* § 823, 15 B;
unklar *Enneccerus-Lehmann* (§ 233 I, II), der sich gegen die Aufnahme des aPR in den Katalog des § 823 I BGB wehrt, dagegen aber Ehre und persönliche Geheimsphäre zu den Rechtsgütern des § 823 I BGB rechnen will – obwohl diese Rechtsgüter nach OLG Karlsruhe (BB 1962, 1393 mwLitNachw, aufgehoben durch BGHZ BB 1964, 150 = MDR 1964, 136 = DB 1964, 31), *Staudinger-Werner* (II § 253, 7) und *Larenz* (SchR II aaO) als Bestandteile des aPR anzusehen sind.

21 BGHZ 13, 338; 24, 77; 26, 354; OLG München GRUR 1959, 435; *Enneccerus-Nipperdey* Hbd 1 §§ 15 II 5c, 101; *Nipperdey*, GR II S. 40, IV 2 S. 826; *Helle*,

eines anderen" in § 823 I BGB ist nach hA ein unbestimmter Rechtsbegriff, der aufgrund dieser Eigenschaft für die Normanwendung ausfüllungs-(konkretisierungs-)bedürftig ist. Da diese Vorschrift – zunächst einzelne – Rechtspositionen des Menschen schützt, die zTl höchstpersönlicher Natur sind (Leben, Körper, Gesundheit, Freiheit), und da Art. 1 und 2 GG Menschenwürde und menschliche Persönlichkeit als oberste Werte der Rechtsordnung festsetzen, wird hier ein verfassungsrechtlich relevanter Bereich berührt. Die Ausfüllung (Konkretisierung) des Begriffs „sonstiges Recht" hat also in einer Weise stattzufinden, die diesem Verfassungsanspruch gerecht wird. Durch eine solche – verfassungskonforme – Auslegung fließen die Art. 1 und 2 GG durch den Rechtsbegriff „sonstiges Recht" in das Zivilrecht ein und ermöglichen es, das aPR unter dieses Tatbestandsmerkmal zu subsumieren[22].

Soweit die Darstellung der durchweg hA. **Bedenken** gegen die Unterbringung des aPR innerhalb der sonstigen Rechte des § 823 I BGB tragen – soweit ersichtlich – allein *Bußmann*[23], *Giesen*[24] und *Medicus*[25] vor, der das aPR forsch als „juristische Mißgeburt" bezeichnet – wobei er sich aber nicht gegen das entstandene Institut, sondern nur gegen die Art seiner Entstehung wendet. Dies zu recht: Der Gesetzgeber zählt in Abs. I des § 823 BGB nacheinander – und in dieser Reihenfolge – Leben, Körper, Gesundheit, Freiheit und Eigentum des Verletzten auf, also Rechtsgüter, die teils (Leben, Körper, Gesundheit, Freiheit) als „Lebensgüter"[26] Bestandteile der Personenhaftigkeit des Rechtsgutsträgers sind[27], teils (Eigentum) aber (nur) objektbezogenes Rechtsgut sind. Aus der Natur der vier Lebensgüter (Leben, Körper, Gesundheit, Freiheit) als Rechtssubjekts-Bestandteile folgt die Unmöglichkeit, sie als objektbezogene Rechtsgüter etwa dem Eigentum gleichzustellen. Nun knüpft der Gesetzgeber den unbestimmten Rechtsbegriff „ein sonstiges Recht" unmittel-

---

Schutz S. 71 ff., 90; *Bußmann* aaO S. 58 f.; *Wiese* S. 40; *E. Kaufmann* AcP 162, 421; Coing JZ 1958, 558; *H. Kaufmann* JuS 1963, 377; *Reinhardt* in *Schulze* I zu BGHZ Nr. 43 S. 20; *Staudinger-Werner* II aaO; vgl. *Mertens* JuS 1962, 262.

22 *Hubmann*, Persönlichkeitsrecht §§ 18 a, 50; nach heute hM ist das aPR ein „sonstiges Recht" iSd § 823 I BGB, *vCaemmerer*, Festschrift vHippel S. 27; aA noch *Larenz* (NJW 1955, 521, 523 ff.), der aber bPR unter die sonstigen Rechte des § 823 I BGB subsumieren will.

23 Gutachten S. 15 (ohne Begründung); vgl. aber anders aaO S. 63

24 NJW 1971, 801

25 § 24 II 2

26 *Medicus*, aaO; ebenso der RefEntwurf II S. 57

27 Schon in den Motiven II (4a vor § 722aF) werden Leben, Körper, Gesundheit, Freiheit und Ehre als „absolute Persönlichkeitsrechte" bezeichnet.

bar an das – objektbezogene – Rechtsgut Eigentum an, nachdem er vorweg die zu schützenden – subjektbezogenen – Lebensgüter aufgezählt hat. Aus der geschlossenen Vorwegnahme der subjektbezogenen Lebensgüter, aus der sich hieran – allein grammatisch bedingten – Anreihung des objektbezogenen Sacheigentumsrechts und schließlich aus der wiederum hieran sich anschließenden Aufführung des unbestimmten Rechtsbegriffs „sonstiges Recht", läßt sich schließen, daß der Gesetzgeber in diesem Rechtsbegriff eben nur objektbezogene Rechtsgüter untergebracht wissen wollte[28]. Nach der oben dargebrachten Definition des aPR als Recht auf Achtung und Schutz der Menschenwürde, auf Respektierung der Persönlichkeit ist es nun nicht mehr unter die sonstigen Rechte des § 823 I BGB zu subsumieren, sondern läßt sich – insoweit folgen wir dem entsprechenden Gedanken von *Medicus*[29] – allein aus einer Analogie zu den vier aufgeführten Lebensgütern Leben, Körper, Gesundheit und Freiheit des § 823 I BGB begründen. Von dieser Konstruktion geht auch der RefEntwurf[30] aus.

Diese **Konstruktion** und damit die Rechtfertigung der Analogie ergeben sich aus folgenden methodische Überlegungen[31]: Das BGB als einschlägige zivilrechtliche Gesetzeskodifikation läßt die positive Anordnung des aPR vermissen; eine vom Gesetz hinsichtlich der Anordnung gewollte Beschränkung ist nicht ersichtlich. Durch diese „planwidrige Unvollständigkeit"[32] ist eine „echte Lücke[33] entstanden. Dabei handelt es sich um eine nachträgliche Gesetzeslücke, weil sich durch die nachträgliche Schaffung des GG die der Rechtsordnung innewohnenden Wertungsgrundlagen – wie sie jetzt insbesondere in den Art. 1 und 2 des GG in Erscheinung treten – geändert haben, und diese Änderung die Regelungsbereiche der älteren Normen unmittelbar miterfaßt – in diesem Fall: sie unmittelbar erweitert. Und es handelt sich um eine unbewußte Lücke,

---

28 aA. *Larenz* NJW 1955, 525

29 aaO

30 Er verleiht § 823 I BGB folgende Fassung: „Wer vorsätzlich oder fahrlässig das Leben, den Körper, die Gesundheit, die Freiheit oder die Ehre eines anderen oder in sonstiger Weise einen anderen in seiner Persönlichkeit widerrechtlich verletzt, ist dem anderen zum Ersatz des daraus entstehenden Schadens verpflichtet. Das gleiche gilt für den, der vorsätzlich oder fahrlässig das Eigentum oder ein sonstiges Recht eines anderen widerrechtlich verletzt." (RefEntwurf I S. 3; vgl. auch II S. 57).

31 Vgl. im folgenden *Larenz*, Methodenlehre S. 357 ff., der freilich (s. o. Fußn. 14 f., aber auch 18) zu anderen Ergebnissen gelangt.

32 *Larenz*, aaO S. 358

33 *Larenz*, aaO S. 357

weil der Gesetzgeber von 1896 die erst seit dem Inkrafttreten der Verfassung 1949 zivilrechtlich regelungsbedürftig gewordene Frage gar nicht überschaut hat[34].

Die Ausfüllung dieser Gesetzeslücke geschieht nun durch **Analogie**, hier insbesondere durch das Abstellen auf die „Natur der Sache"[35]: Leben, Körper, Gesundheit und Freiheit des Rechtsträgers ergeben – neben anderen – die Rechtsgüter, die in ihrer Gesamtheit das aPR ausmachen. Somit stellt sich das Verhältnis dieser vier einzelnen – im Gesetz bereits vorgesehenen – Lebens-(Persönlichkeits-)Güter zum aPR als das Verhältnis einzelner Bestandteile eines großen Ganzen zu diesem großen Ganzen dar[36]. Daraus folgt die sachliche (qualitative) Gleichheit der Einzelbestandteile mit dem allumfassenden Ganzen. Dieser Sachgleichheit trägt die rechtliche Gleichstellung durch die Analogie Rechnung, indem sie – dem Postulat der Gerechtigkeit folgend – Gleichartiges rechtlich gleich behandelt. Es handelt sich hierbei um einen Fall der Gesetzesanalogie (Einzelanalogie)[37].

Im Ergebnis – und in Übereinstimmung mit Rechtsprechung und hL – bleibt damit § 823 I BGB iVm Art. 1 und 2 GG die primäre zivilgesetzliche Grundlage des aPR. (Die gesetzlichen Grundlagen des aPR, insbesondere die Beziehung zwischen den insoweit erheblichen verfassungsrechtlichen und zivilrechtlichen Normen, sind von Bedeutung nicht nur für die hier iRd Einleitung dargestellte Begründung des aPR; sie spielen auch für das hier in Rede stehende Thema eine wesentliche Rolle, also für die Frage, ob die Verletzung des aPR nach dem geltenden Recht Schadensersatzfolgen immaterieller Art auslöst. Zu dieser Frage wird im Hauptteil an der entsprechenden Stelle noch eingegangen werden.)

Aus der oben angeführten Definition des aPR und aus seinen gesetzlichen Grundlagen ergibt sich seine **Rechtsnatur**: Öffentlich-rechtlich ist

---

34 Allein die Verfechter der Ansicht, die das aPR unter die sonstigen Rechte des § 823 I BGB subsumieren wollen, könnten von einer bewußten Regelungslücke sprechen: Der Gesetzgeber habe mit diesem unbestimmten Rechtsbegriff der Rechtsprechung und der Rechtswissenschaft die Möglichkeit offengelassen, hier einschlägige, später akut werdende Entscheidungen durch Konkretisierung dieses Rechtsbegriffs zu fällen.

35 Nach A. *Kaufmann* (Analogie S.1 ff.) ist Denken aus der Natur der Sache Analogie.

36 Der RefEntwurf (II S. 57) sieht den Schutz der „besonders erwähnten Lebensgüter (als) einen besonderen Anwendungsfall des allgemeinen Persönlichkeitsschutzes" an.

37 *Larenz*, Methodenlehre S. 364 ff

es subjektives Grundrecht iSd Verfassung und des BVerfGG[38], privatrechtlich ist es ein absolut wirkendes[39] subjektives Privatrecht[40, 41].

Als solches **beinhaltet** es den Schutz einzelner Rechtsgüter[42], nämlich der Menschenwürde und der (individuellen) Persönlichkeit[43] (vgl. Art. 1 I und 2 I HS 1 und II 1, 2 GG). Anspruchsberechtigter und Anspruchsgegner kann jede – natürliche[44] – Person sein. Insofern stellt sich das aPR als Generaltatbestand dar[45], der entwickelt wurde aus der Einsicht, daß sich ein wirksamer und dauerhafter Schutz der menschlichen Persönlichkeit nicht erreichen läßt durch die Aneinanderreihung von (noch so vielen) Einzelbestimmungen, die ihrem rechtlichen Umfang nach eben nur jeweils einzelne Erscheinungen menschlichen Seins und menschlichen Verhaltens schützen können. Die Lücken zwischen den vorhandenen Einzelbestimmungen, insbesondere auch den Einzeltatbeständen der §§ 823 bis 826 BGB, ließen sich allein durch die Schaffung eines solchen Generalbegriffs wie eben des allgemeinen Persönlichkeitsrechts schließen[46].

---

38 BGHZ 13, 338; *Nipperdey*, 42. DJT II D S. 8 und GR II S. 42; *Koebel* JZ 1961, 521; *Zippelius* BK Art. 1 Rdn 19; *Hubmann* (Persönlichkeitsrecht §§ 18a, 50) spricht von einem subjektiven öffentlichen Recht.

39 zur Natur des aPR als absolutes Recht ausführlich *Hubmann*, Persönlichkeitsrecht § 19; s. auch *Bußmann*, Gutachten S. 59, 63

40 *Wiese*, S. 38 f., insb. Fußn. 128; zur Subjektivität des aPR ausführlich *Hubmann* aaO § 18, der neuerdings die Ableitung des privaten aPR aus dem entsprechenden Grundrecht kritisiert (Ufita 70, 76 f.)

41 Vgl. zu den Begriffen ‚subjektives Privatrecht' und ‚Rechtsgut' *Lehmann-Hübner* § 10 III.

42 s. Fußn. 41

43 *Nipperdey*, GR IV 2 S. 832; *Hubmann* aaO §§ 21 ff.; *Mertens* JuS 1962, 265; H. *Kaufmann* JuS 1963, 373

44 Nach *Hubmann* (aaO § 47) und *Nipperdey* (aaO S. 861, mwNachw) kann das aPR auf juristische Personen, nicht rechtsfähige Vereine und sonstige Personengemeinschaften nicht unbeschränkt angewandt werden, da sie nicht Träger der Menschenwürde sein können und auch nicht durchgehend die Eigenschaften natürlicher Personen besitzen, die Art. 2 I GG voraussetzt. Jedoch können die juristischen Personen usf als „Gemeinschaftsbildungen" (*Nipperdey* aaO) Inhaber einzelner konkreter (aus dem aPR fließender) Ausprägungen des aPR sein, „soweit sie der Natur der Sache nach nicht nur natürlichen Personen eigen sind" (*Nipperdey* aaO), wie zB des Rechts auf den Namen und die gewerbliche Betätigung. *VGamm* (NJW 1955, 1826) lehnt eine Anerkennung des aPR für juristische Personen mit Hinweis auf Art. 19 III, 1 I, 2 I GG und mit Hinweis auf den besonderen Charakter dieses Buches ab.

45 *Hubmann* aaO § 18 h; RefEntwurf II S. 57; hieran knüpft *Larenz* (SchR II § 72 III a) seine oben (vgl. Fußn. 14) dargelegte Kritik.

46 Das betonen auch das BVerfG (NJW 1973, 1223) und *Hubmann* (aaO § 18 h);

Die sich aus dieser Rechtsnatur des aPR ergebende Weite erfordert für die Rechtsanwendung seine inhaltliche Konkretisierung. Nach *Hubmann*[47] besteht das aPR aus den Komplexen

- Recht auf Entfaltung der Persönlichkeit (vgl. Art. 2 I GG),
- Recht an der Persönlichkeit und
- Recht auf Individualität.

Während das Recht auf Entfaltung der Persönlichkeit allgemeine und spezielle Handlungsfreiheiten umfaßt, schützt das Recht an der Persönlichkeit Dasein, Geist, Willen, Gefühls- und Seelenleben sowie persönliche Beziehungen. Das Recht auf Individualität zerlegt *Hubmann*[48] in drei Schutzkreise, und zwar

- die Individualsphäre, zu der Name[49] und Ehre[50] gehören;
- die Privatsphäre, innerhalb deren die Identität[51], das Erscheinungs-, Lebens- und Charakterbild[52] sowie das Privatleben[53] schlechthin geschützt werden;
- die Geheimsphäre, d. h. einen Geheimbereich, der solche Gedanken, Meinungen, Empfindungen und objektive Tatsachen umfaßt, die der einzelne mit Geheimhaltungswillen und objektivem Geheimhaltungsinteresse verborgen hält[54, 55].

Die Individualsphäre schützt den Menschen in seiner Einmaligkeit und Eigenart, Privat- und Geheim-(bzw. Intim-)Sphäre schützen ihn – graduell unterschiedlich – vor der Öffentlichkeit[56]. Die Individualsphäre stellt sich so als die nach außen gerichtete Komponente des aPR dar, während Privat- und Geheim-(Intim-)Sphäre Komponenten des aPR sind, die in mittelbarer bzw. unmittelbarer Nähe des Rechtsgutträgers verbleiben. Sinn dieser Aufteilung ist es, unterschiedliche Grade der Schutzintensität feststellen zu können[57]: Die Geheim-(Intim-)Sphäre genießt als Kern den stärksten[58], die – einem Teil der Öffentlichkeit im-

---

diese Notwendigkeit übersieht Geiger (S. 23 f., 37 ff.), der das aPR für überflüssig hält, dagegen aber einzelne (b)PR anerkennt.

47 aaO §§ 21 ff. (vgl. das Inhaltsverzeichnis S. VIIII f.)

48 aaO § 34 und JZ 1957, 521 ff., 524 ff.

49 *Hubmann*, Persönlichkeitsrecht § 36

50 *Hubmann* aaO § 39

51 *Hubmann* aaO § 35

52 *Hubmann* aaO §§ 40 ff.

53 *Hubmann* aaO § 45

54 *Hubmann* aaO § 46

55 Einige dieser Teilbereiche werden uns als bPR wiederbegegnen.

56 *Hubmann* aaO § 34; OLG Hamburg NJW 1967, 2316 ff.; vGamm NJW 1955, 1826.

57 *Hubmann* aaO

58 OLG Köln NJW 1973, 851; s. auch OLG Hamburg Ufita 74, 339

merhin schon beschränkt zugängliche – Privatsphäre schon einen geringeren, schließlich die Individualsphäre als am weitesten in die menschliche Gesellschaft hinausragender Bereich den geringsten zivilrechtlichen Schutz.

Die Hervorhebung des Persönlichkeitsrechts-Bestandteils ‚Recht auf Individualität' ist dadurch begründet, daß Verletzungen in diesem Bereich des aPR im Vorgergrund stehen[57]. (Die Schwerpunktverlagerung der verfassungsrechtlichen Grundlagen des aPR von Art. 2 I GG auf Art. 1 I GG, die hierin zu erblicken ist[59], werden wir in geeignetem Zusammenhang aus der Sicht unserer Fragestellung wiederaufgreifen und vertiefen[60].)

Ein Blick auf die Inhalte des aPR zeigt, daß dessen Umrisse verschwommen sind – auch wenn *Hubmann*[61] meint, Inhalt und Grenzen des aPR seien von subjektiven Beurteilungsmaßstäben unabhängig und ließen sich vielmehr durch objektive Kriterien, durch „Richtlinien und Maßstäbe für die Beurteilung des Einzelfalles"[62] aufzeigen[63]. Die Verschwommenheit der Umrisse des aPR ist notwendige Folge sowohl seiner Rechtsnatur als generalklauselartiger Begriff und Auffangtatbestand[64] als auch Folge der Abstraktizität des Begriffs ‚Persönlichkeit'[65]. Jeder Versuch, das aPR inhaltlich exakt zu erfassen und in Einzeltatbestände aufzugliedern, geht an diesem Sinn des aPR gerade vorbei[66], denn auch im Bereich des Privatrechts gilt, daß es „unmöglich ist, mit Spezialnormen der Vielfalt der Lebensverhältnisse Herr zu werden und zugleich einen Weg zu rechtlicher Differenzierung zu eröffnen, die im Einzelfall eine gerechte Entscheidung oft erst ermöglicht"[67]: Das aPR „muß sogar ein offener Tatbestand bleiben, weil die Entwicklung des Persönlichkeitsgedankens und der Verletzungsmöglichkeiten im Flusse ist"[68]. Die Vergeblichkeit eines solchen Bemühens zeigt sich in den oben aufge-

---

59 vgl. dazu insb. den RefEntwurf II S. 58 f.
60 s. dazu unten HT A I 2.2.2.2 c.cc, insb. bbb und ccc
61 Persönlichkeitsrecht § 20 e und JZ 1957, 523
62 Persönlichkeitsrecht § 20 a
63 ebenso RefEntwurf II S. 59
64 vgl. *Dürig* in *Maunz-Dürig-Herzog* Art 1 I Rdn 38
65 vgl. *Westermann*, Person S. 23; *Hubmann* (aaO § 20 a) argumentiert in diesem Zusammenhang mit dem „geheimnisvollen, faustischen Wesen der Persönlichkeit".
66 vgl. *Leisner* S. 243
67 BVerfG 3, 243; speziell zum aPR *Nipperdey*, GR IV 2 S. 834
68 *Hubmann* aaO § 20 e

führten Konkretisierungsversuchen, die letztlich nicht umhin können, einen allgemein gefaßten Rechtsbegriff (aPR) durch andere allgemein gefaßte – wenn auch ein wenig engere – Begriffe zu umschreiben[69].

Hand in Hand mit der Schwierigkeit, die Inhalte des aPR zu erfassen, geht die Schwierigkeit, seine **Grenzen** aufzuzeigen[70]: Das aPR ist „keine schrankenlose Generalklausel"[71]. Üblicherweise wird zu dieser Frage das aPR aufgeteilt in einen Kern, dessen Inhalt die Menschenwürde (Art. 1 I GG) ist; dementsprechend könnte man die übrigen Teile des aPR als dessen Peripherie bezeichnen[72]. *Mertens*[73] zählt hierzu die jeweilige Ausprägung der menschlichen Persönlichkeit, deren Ansehen, ihren geistigen und gegenständlichen Entfaltungsraum, ihre Wesensausbildung – also Konsequenzen aus der Anerkennung der Menschenwürde, die sich in dem Persönlichkeitsschutz des Art. 2 GG finden[73]. *Mertens* meint, daß (nur) in diesem peripheren Bereich die Spannungen zu den Individualrechten der Mitmenschen einsetzen; für diese Ansicht läßt sich die Schrankentrias des Art. 2 I GG, insbesondere die „Rechte anderer" anführen. Da jedem (natürlichen) Rechtsgenossen ein aPR zuerkannt wird, ist eine Kollision zwischen den – in diesem peripheren Bereich gelagerten – subjektiven Rechten der einzelnen denkbar. Aus der Möglichkeit solcher Kollisionen folgt wiederum denknotwendig, daß das aPR begrenzt sein muß[74].

---

69 Als Bspl. mag insb. *Hubmanns* „Lebensbild" dienen, unter dem er das gelebte Leben überhaupt, d. h. alle Ereignisse, Äußerungen und Handlungen einer Person überhaupt versteht (Persönlichkeitsrecht § 41, JZ 1957, 526)

70 *Helle*, Schutz S. 71

71 *Helle* aaO S. 72

72 *Mertens* JuS 1962, 265; *Hubmann* Ufita 70, 85 mHinw auf BVerfG NJW 1973, 1226 ff. (Lebach)

73 aaO

74 so im Ergebnis BGHZ 24, 79; eine uneigentliche Grenze des aPR hat sich in der Entscheidung BGHZ DB 1973, 867 (= VersR 1973, 442) dadurch gezeigt, daß der BGHZ eine Ehestörung nicht als Verletzung des aPR ansehen will. Seine Begründungen hierzu wurzeln allerdings nicht in persönlichkeitsrechts-systematischen Überlegungen, sondern in eherechtlichen Bedenken: Der BGHZ setzt seine Rspr. fort, die im Recht auf Ungestörtheit der ehelichen Gemeinschaft kein absolutes Recht iSd § 823 I BGB sieht, stützt sich auf die im Fehlen gesetzlicher Anordnungen (im Strafrecht, in § 888 ZPO) zutagetretende Reglementierungsfeindlichkeit des Gesetzgebers auf diesem Gebiet und stellt fest, daß dieser Ansicht auch Art. 6 I GG nicht entgegensteht. Das so begründete Ergebnis will der BGHZ nicht durch ein Ausweichen auf das aPR – also doch auf § 823 I BGB – umgehen.
Anders argumentiert noch BGHZ NJW 1970, 1599 f., wo als Voraussetzung für die Ehrverletzung der Ehefrau bei gleichzeitiger ideeller Beeinträchtigung des

Auch hier wird die Forderung erhoben, für das Auffinden der Grenzen müßten objektive Maßstäbe herangezogen werden; diese Maßstäbe sollen sich aus einer Analyse der Rechtsordnung allgemein für den im Einzelfall in Rede stehenden Lebensbereich gewinnen lassen[75]. Um Inhalt und Grenzen des aPR tatbestandlich zu ermitteln, ließ sich *Nipperdey*[76] vom Gedanken der Sozialadäquanz leiten. Hiergegen wandte man sich mit dem Argument; der Begriff der Sozialadäquanz eigne sich nicht zur Abgrenzung des aPR, da er selbst generalklauselartigen Charakter habe und daher als Kriterium zu unbestimmt sei[77]. Die Grenzen ergeben sich nach heute hA aus der Norm, die bei der Konstruktion des aPR behilflich war – Art. 2 I GG: Das aPR geht daher – in seinem peripheren Bereich – nur soweit, wie nicht die Rechte und Interessen anderer verletzt oder gegen die verfassungsmäßige Ordnung oder das Sittengesetz verstoßen wird[78]. Nach dieser Ansicht erfolgt die Abgrenzung des aPR nicht durch eine allgemeine Formel, sondern durch eine Güter- und Interessenabwägung in jedem Einzelfall[79]. AA insoweit ist *Wiese*[80], der davon ausgeht, daß Rechtsgrundlage des aPR nicht die Art. 1 I, 2 I GG sind, sondern das aus ihnen abgeleitete subjektive Privatrecht; dessen Grenzen könnten sich deshalb nicht aus Art. 2 I GG., sondern nur aus den Grundsätzen des Privatrechts ergeben. *Wiese* bleibt allerdings den Nachweis dafür schuldig, daß es systemwidrig ist, die Abgrenzungskriterien eines aus Verfassungsbestimmungen abgeleiteten subjektiven Privatrechts eben einer dieser Verfassungsbestimmungen zu entneh-

---

Ehemannes gefordert wird, daß die Ehefrau selbst durch diesen Eingriff als minderwertig hingestellt worden ist; s. hierzu auch BGHZ Ufita 66, 295 ff.

75 OLG München GRUR 1959, 435; *Larenz* NJW 1955, 522 f.

76 GR II S. 37

77 s. Fußn. 75

78 BGHZ 13, 338; 24, 80; vgl. BGHZ 30, 11; OLG München aaO; *Hubmann*, Persönlichkeitsrecht § 20 a; *Helle* aaO S. 81 und 90; *Staudinger-Coing* I Rdn 23 vor § 1; *Geiger* S. 42;
diesen Zusammenhang übersieht offenbar *Leisner* (S. 243 f), wenn er ausführt, das aPR unterscheide sich dadurch von Art. 2 I GG, daß es eine „Generalklausel allgemeinster Art" sei, wohingegen bei Art. 2 I GG die am aPR eigene „‚volle Virtualität' zur Vervollständigung des Freiheitsschutzes ... durch die Gesetzesvorbehalte gemindert" sei; *Koebel* JZ 1961, 522 f.

79 BGHZ 13, 338; 24, 80; 27, 290; 30, 11; 31, 312; OLG München aaO; *Hubmann*, Persönlichkeitsrecht § 20 c 1, JZ 1957, 526 f und Ufita 70, 84 mHinw auf die stRspr des BGHZ; *Helle* aaO S. 81 ff. (mBspln), 90; *Larenz*, SchR II § 72 III a, ablehnend noch in NJW 1955, 522; *Fikentscher* § 103 II; *Medicus* § 24 II 2 d; inzwischen auch *Nipperdey* NJW 1967, 1988; kritisch *Geiger* S. 28, 31 Fußn. 65, 45

80 S. 39 Fußn. 128

men. Diese Entnahme ist vielmehr uE rechtslogisch zwingend und systematisch einwandfrei, so daß ein solcher Nachweis unerbringlich erscheint. (Auf die Diskussion über die inhaltlichen Grenzen des aPR kommen wir aus der Sicht unseres Themas an geeigneter Stelle – nämlich bei den sog. Anspruchsbeschränkungen – mit einer eigenen Stellungnahme zurück.)

Zeitliche Grenze des aPR ist nach hA nicht schon der Tod des PR-Trägers. Nach der vom BVerfG[81] bestätigten Ansicht des BGHZ[82] setzt sich der Schutz des aPR postmortal fort, und zwar unabhängig von der etwaigen Ermächtigung des Verletzten, aber abhängig vom Vorliegen eines ausreichenden Rechtsschutzbedürfnisses der jeweils Wahrnehmungsberechtigten. Begründet wird diese Ansicht mit §§ 22 S. 3 KUG, 189 StGB, 361 StPO, 83 III UrhRG sowie mit Art. 1 I GG[83].

Die Verschwommenheit der inhaltlichen Grenzen des aPR wirkt sich **rechtssystematisch** insofern aus, als der Rechtsanwendende vom herkömmlichen System der unerlaubten Handlungen abweichen muß. Nach diesem von der hM verfochtenen System indiziert die Verletzung eines absoluten Rechtes – wie im Strafrecht die Tatbestandsmäßigkeit einer Handlung – die Rechtswidrigkeit dieser Verletzung[84]. Dieser Indizschluß ist nur möglich bei solchen absoluten Rechten, die inhaltlich fest umrissen sind; bei Verletzungen der Generalklausel ‚aPR' ist ein solcher Schluß nicht zulässig[85]. Der Rechtsanwendende muß hier vielmehr nach Darlegung der Verletzung die Rechtswidrigkeit positiv feststellen – ähnlich wie bei den sog. offenen Tatbeständen im Strafrecht (vgl. §§ 240 I, 253 I StGB); nach teilweise vertretener Auffassung wird hier die Rechtswidrigkeit nicht – wie bei den geschlossenen Straftatbeständen – schon durch die Tatbestandsmäßigkeit indiziert, sondern durch „selbständiges

---

81 NJW 1971, 1647 (Mephisto)

82 NJW 1968, 1773 ff., 1774 f. (Mephisto) mit dem Meinungsstand und unter Berufung auf BGHZ NJW 1955, 260 (Cosima Wagner), wo ein postmortales Urheberpersönlichkeitsrecht anerkannt wurde

83 BGHZ NJW 1968, 1774; BVerfG aaO; der BGHZ (aaO) hatte sich zunächst auf Art. 2 I GG gestützt, wurde aber vom BVerfG (aaO) korrigiert: das Grundrecht aus Art. 2 I GG setze die Existenz einer wenigstens potentiell oder zukünftig handlungsfähigen Person als unabdingbar voraus; kritisch hierzu *Hubmann* Ufita 70, 80 f.; wir kommen auf diesen Gedanken unter 2.2.2.2 c.cc.bbb im HT zurück.

84 *Palandt-Thomas* § 823, 7 A

85 *Nipperdey* NJW 1967, 1988 mwNachw in Fußn. 21 und 25

richterliches Werturteil" positiv festgestellt (vgl. §§ 240 II, 253 II StGB)[86]. Diese Feststellung erfolgt bei Verletzung des aPR nach hM wiederum (wie schon bei der Tatbestandsprüfung) durch eine umfassende Güter-, Pflichten- und Interessenabwägung[87].

In dem Bemühen, den Begriff des aPR zu konkretisieren, hat man das Institut des **bPR** geschaffen. Solche bPR werden aus dem Mutterrecht („Quellrecht"[88]) ‚aPR' unter dem Einfluß des sich wandelnden Rechtsbewußtseins als neue spezifische Rechte geboren und institutionalisieren sich mit ihrer fortschreitenden Anerkennung[89]. Bevor sie sich zu selbstständigen Rechten verdichtet haben, unterliegen sie dem Schutzbereich des Mutterrechts[90]. Als bPR werden z. B. angesehen das – in § 12 BGB gesondert erwähnte[91] – Recht auf den Namen[92], auf das Bild (§ 22 KUG), das geäußerte Wort, auf Brief und Tagebuch, das – in Art. 5 II GG verfassungsrechtlich konstituierte[93] – Recht auf Ehre[94], Geheim-, Intim- und Privatsphäre, auf die eigene Vergangenheit und auf das Gewissen, auf Achtung der persönlichen Gefühlswelt, auf Integrität des seelischen Innenlebens, auf die Blutzugehörigkeit (Recht der blutmäßigen Abstammung), das Urheberpersönlichkeitsrecht[95, 96, 97]. Aus der Dynamik der

---

86 *Welzel* § 14 I 2 b; diese Auffassung ist allerdings nicht allgemein anerkannt; so hält z. B. BGHSt 23, 54 f. die Gewaltanwendung iRD § 240 StGB für rechtswidrigkeitsindiziell.

87 BGHZ 24, 80; OLG Hamburg NJW 1967, 2316 f.; *Bußmann*, Gutachten S. 68 ff.; *Hubmann*; Persönlichkeitsrecht § 20 c 1; RefEntwurf II S. 60 ff.; *Fikentscher* § 103II; *Larenz* SchR § 72 III a; *Nipperdey* NJW 1967, 1988; *Palandt-Thomas* § 823, 15 D mit Einzelheiten dieser Abwägung

88 vgl. BGHZ 24, 78; *Hubmann* aaO § 20 e; *Larenz* NJW 1955, 525

89 Als Bspl hierfür mag das im Anschluß an den Lebach-Fall (OLG Koblenz NJW 1973, 251 ff., aufgehoben durch BVerfG NJW 1973, 1226 ff.) von *Neumann-Duesberg* entwickelte „bPR auf Resozialisierung" (JZ 1973, 261) gelten, das *Neumann-Duesberg* (aaO S. 262) als Unterfall des Anonymitätsinteresses („the right of privacy and to be left alone", *Neumann-Duesberg* JZ 1960, 118; *Lampe* NJW 1973, 220) versteht. Wir ordnen das bPR auf Resozialisierung innerhalb des *Hubmann*'schen Schemas (Persönlichkeitsrecht, §§ 21 ff., 34; s. o.) der Privatsphäre zu.

90 *Nipperdey*, GR IV 2 S. 834; *Leisner* S. 243 f.

91 *Staudinger-Coing* I Rdn 26 ff. vor § 1

92 OLG Köln GRUR 1967, 320

93 *Nipperdey* aaO S. 843 ff.

94 Schon die Motive (II 4 a vor § 722 aF) bezeichnen die Ehre als „absolutes Persönlichkeitsrecht"; *Hubmann* (Persönlichkeitsrecht § 34) reiht sie unter Berufung auf Art. 1 I und 5 II GG als „sonstiges Recht" in § 823 I BGB ein.

95 vgl. *Nipperdey*, GR II S. 43, IV 2 S. 837 ff. und in Festschrift Molitor -S. 29 ff.; *H. Kaufmann* Jus 1963, 375

bPR folgt, daß jede Aufzählung Stückwerk bleiben muß[98]; auch nehmen wir bewußt Überschneidungen der einzelnen bPR in Kauf.

Das rechtssystematische **Verhältnis** zwischen dem aPR und dem bPR ist das von – leichter erfaßbaren – Einzeltatbeständen, die – auf dem Boden des Generaltatbestandes ‚aPR' gewachsen – mit diesem noch verhaftet sind[99]. Diese Verbindung zeigt sich insbesondere darin, daß die Ehre zTl als bPR angesehen wird[100], zTl lediglich als „Teil oder doch Ausfluß" des aPR verstanden wird[101], die Ehrverletzung zTl als „Unterfall der Persönlichkeitsverletzung"[102] bezeichnet, zTl einfach der Persönlichkeitsverletzung gleichgesetzt wird[103], und zTl Ehre und aPR beziehungslos nebeneinander gestellt werden[104].

Dementsprechend ist das Urheberpersönlichkeitsrecht mal bPR[105], mal „nur ein Ausschnitt und eine besondere Erscheinungsform des aPR"[106].

Schließlich versteht die Rechtsprechung das Recht am eigenen Bild zuweilen als Ausschnitt[107] bzw. als Erscheinungsform[108] des aPR, zuweilen

---

96 *Nipperdey* (GR IV 2 S. 852) reiht auch das „Persönlichkeitsrecht (der) Freiheit der Willensentschließung und -betätigung in den Katalog der bPR ein („... wird das Persönlichkeitsrecht durch die Gewährleistung der Freiheit der Willensentschließung und Willensbetätigung in § 136 a StPO ... geschützt."). BGHZ 20, 351 bezeichnet die freie Entscheidung eines Abgebildeten über die Zur-Verfügung-Stellung seines Bildes als „natürliche Folge seines Persönlichkeitsrechts".
UE ist dieses Recht (Selbstbestimmungsrecht) weder bPR noch „natürliche Folge" des aPR; wir werden das unten näher ausführen, vgl. HT A I 1.1.1 und 2.2.2.2 c.cc.bbb.

97 *Hubmann* (aaO § 18 h) weist darauf hin, daß nicht alle Persönlichkeitsrechte zugleich höchstpersönlicher Natur sind.

98 *Nipperdey*, GR II S. 46, TV 2 S. 837

99 *Hubmann* aaO § 20 e; *H. Kaufmann* aaO

100 OLG Köln GRUR 1967, 320; *Staudinger-Coing* I Rdn 28 vor § 1

101 *Staudinger-Werner* II § 253 Rd. 7; vgl. auch OLG Karlsruhe BB 1962, 1393 (aufgehoben durch BGHZ BB 1964, 150 = MDR 1964, 136 = DB 1964, 31); *Hubmann* JZ 1962, 266

102 BGHZ BB 1964, 150 usf (vgl. Fußn. 101)

103 *E. Kaufmann* AcP 162, 423

104 *Nipperdey*, GR II S 38 ff.; *Helle*, Schutz S. 7 („Die Ehre ist ein Teilaspekt der menschlichen Pesönlichkeit."), 11, 72 ff.

105 wie Fußn 95

106 BGHZ Ufita 60, 316 (Petite Jacqueline)

107 BVerfG NJW 1973, 1229; BGHZ NJW 1962, 1005; NJW 1965, 1375; LM 123 KUG Nr. 9; OLG Hamburg Ufita 74, 339

108 OLG Koblenz NJW 1973, 252

als bPR[109]. *Helle*[110] trennt das bPR am eigenen Bild rechtsschutzsystematisch vom aPR, indem er Verletzungen des Rechts am eigenen Bild nur in Fällen objektiv schwerer Beeinträchtigungen (z. B. bei Verwendung für „‚anrüchige' Waren") auch als Verletzungen des aPR anerkennt; diese weitgehende Verselbständigung des Rechts am eigenen Bild entspricht – trotz der selbständigen gesetzlichen Regelung in den §§ 22ff KUG – nicht der hA und erscheint uE auch systematisch nicht vertretbar. Die Schwierigkeiten, die sich bei der inhaltlichen Erfassung und Umreißung des aPR ergeben, wiederholen sich also bei dem Versuch, Einzeltatbestände aus ihm herauszuschälen und sie deutlich von ihm abzugrenzen.

Solche Schwierigkeiten versucht *Wronka*[111] zu vermeiden, indem er die Existenz „sog. besonderer Persönlichkeitsrechte"[112] ablehnt. Nach seiner Ansicht sind diese bPR nichts weiter als „Seiten"[113] des aPR; demgemäß gibt es ihm zufolge keine Verletzung des bPR der Ehre oder des Namens, sondern nur eine Verletzung des „globalen Rechtsguts ‚Persönlichkeit' ... in bezug auf die Ehre, in bezug auf den Namen"[114] usw. Die hM macht nach *Wronka* den Fehler, die „nur gedankliche Hilfsvorstellung des Geistes", die nötig ist, um das aPR inhaltlich zu konkretisieren, durch die Schaffung von bPR in die „(rechtliche) Seinswirklichkeit" umzusetzen[115]. Diese Argumentation läßt sich uE allerdings kaum mit den bPR in Einklang bringen, die sich bereits im positiven Gesetz finden wie das Namensrecht (§ 12 BGB)[116], das Recht am eigenen Bild (§ 22 KUG) und das Recht der persönlichen Ehre (Art. 5 II GG). Wir folgen deshalb der eingefahrenen Auffassung der hM.

Das Verhältnis vom aPR zu den bPR in der Rechtsanwendung ergibt sich aus dem Grundsatz, daß die Spezialregelung der allgemeinen Regelung

109 BGHZ 20, 347; vgl. auch OLG Frankfurt NJW 1966, 256
110 Schutz S. 91 f., 174
111 Ufita 69, 71 ff.
112 aaO S. 71
113 aaO S. 76
114 aaO S. 75
115 aaO S. 77
116 Auch für das Namensrecht läßt *Wronka* (aaO S. 80 f.) keine Ausnahme zu. Seines Erachtens besagt die Behandlung des Namens in § 12 BGB „nichts anderes, als daß das aPR im Namen veranschaulicht ist. Die Bezeichnung ‚Namensrecht' ist zwar unschädlich, aber unkorrekt" – interessant nun die Begründung: – „da es ein solches ‚Recht' nicht geben kann."

vorgeht[117]; insoweit rangiert das bPR vor dem aPR, wobei das Eingreifen eines bPR den Rückgriff auf das aPR nicht verwehrt[118].

AA ist *Hubmann*[119], der dem aPR den Vorrang einräumen möchte, „weil es auf dem höherrangigen Verfassungsrecht basiert und die jüngere Rechtsentwicklung darstellt". Eine – sinngemäße – Anwendung des Satzes ‚lex posterior derogat legi priori' auf das rechtssystematische Verhältnis von aPR und bPR scheitert aber uE daran, daß zwischen beiden Rechtsfiguren der – für eine Derogation erforderliche – Widerspruch gar nicht besteht. Auch der Hinweis auf die Ableitung des aPR aus höherrangigem Verfassungsrecht greift nicht durch: Bereits – z. B. gesetzlich – anerkannte bPR beruhen ebenso auf Verfassungsrecht und entsprechen ihm wie das beim aPR der Fall ist.

AA ist freilich auch *Wronka*[120]. Er versucht, die Nichtexistenz von bPR[121] mit dem Argument zu belegen, das Nebeneinander von aPR und bPR müsse bei entsprechender Fallgestaltung zu einer Verletzung beider – des allgemeinen und des besonderen – PR in Anspruchskonkurrenz führen (was von der hM aber zu recht verneint werde). Diese Anspruchskonkurrenz könne man aber nur dann verneinen, wenn zwischen dem aPR und den bPR Gesetzeskonkurrenz vorliege – die aber sei eben nicht gegeben, insbesondere auch nicht in Gestalt der Spezialität, weil diese erfordere, daß der engere Begriff (des bPR) sämtliche Merkmale des weiteren Begriffs (des aPR) und darüber hinaus noch ein besonderes spezialisierendes Merkmal enthält, was bei den bPR nicht der Fall sei. Nach *Wronka* stellen sich die bPR eben nur als Seiten des aPR dar; dieser Auffassung sind wir bereits oben entgegengetreten, sodaß wir auch hier weiter der hM folgen können.

II Immaterieller Schaden

Schaden wird **definiert** als Einbuße an rechtlich geschützten Gütern bzw. als Beeinträchtigung eines menschlichen Interesses[122]. Im-

---

117 BGHZ LM § 23 KUG Nr. 5 und NJW 1974, 1948 (bei Recht am eigenen Bild); OLG Köln GRUR 1967, 322 (bei Namensrecht und Ehre); *Nipperdey* GR II S. 42; *Münzel* NJW 1960, 2027 (bei Recht am eigenen Bild)
118 BGHZ NJW 1974, 1948 für Recht am eigenen Bild; vgl. auch BGHZ LM § 847 BGB Nr. 51
119 Persönlichkeitsrecht § 20 e
120 aaO S. 82 f.
121 s. o.
122 *Stoll*, Gutachten S. 127

materieller Schaden[123] ist – als besondere Erscheinungsform des Schadens – Einbuße an rechtlich geschützten höchstpersönlichen Gütern bzw Beeinträchtigung von Interessen höchstpersönlicher Natur[124] (wie des körperlichen Wohlbefindens, des seelischen Gleichgewichts); er wirkt sich in physischem oder psychischem Schmerz (Verdruß, Kummer, entgangener Lebensfreude) aus[125]. Wenn für diese Definition das Adjektiv ‚höchstpersönlich' gewährt wird, so liegt das daran, daß der Schadensbegriff des BGB – auch der des Vermögensschadens (materiellen Schadens) – immer subjektbezogen ist, d. h. er stellt immer auf das verletzte Rechtsgut – sei es materieller oder immaterieller Natur – des Geschädigten ab, denn nur unter Einschaltung des betroffenen Rechtssubjekts läßt sich ein Rechtsgut überhaupt konkretisieren und eine Schadenslage überhaupt feststellen. Insofern ist also auch die Schädigung von materiellem Gut persönliche Schädigung. Hiervon trennt der Begriff der höchstpersönlichen Schädigung die Schädigungssachverhalte, bei denen die physische oder psychische Integrität einer Person oder deren Umweltbeziehungen verletzt werden.

Weitere Definitionsversuche unternehmen der BGHZ[126], der unter immateriellen Schäden solche Schäden versteht, die sich in einer Persönlichkeitsminderung ausdrücken[127]; *Nipperdey*[128], der in Anlehnung an § 253 BGB als immateriellen Schaden den Schaden ansieht, der nicht Vermögensschaden ist; *Rötelmann*[129], der bei der „Vernichtung immaterieller Werte durch Verletzung der in der menschlichen Persönlichkeit vereinigten sog. Persönlichkeits- oder persönlichen Güter" einen immateriellen Schaden eintreten sieht. Gegen die (Negativ-)Definition *Nipperdeys* spricht, daß sie eine Klärung des Begriffs ‚Vermögensschaden' voraussetzt; eine solche Klärung gehört uE erst in die Abgrenzungsdiskussion. Gegen den Definitionsversuch Rötelmanns ist einzuwenden, daß er sich

---

123 Gegen diesen Begriff wendet sich *Stoll* (aaO) mit der Begründung, er werde auch auf solche Sachverhalte angewandt, bei denen eine Verletzung von Materie (z. B. des Körpers) vorliege, bei denen also im naturwissenschaftlichen Sinne stofflicher (= materieller) Schaden gegeben sei. Stoll schlägt die Bezeichnung „ideeller Schaden" vor. Der Terminus ‚immaterieller Schaden' ist aber so eingefahren und gebräuchlich, daß wir ihn für diese Arbeit beibehalten wollen (ebenso *Stoll* in seinem Gutachten aaO).

124 *Stoll* aaO; vgl. auch *Deutsch* Jus 1969, 198

125 *Larenz*, SchR II § 72 III

126 BGHZ 26, 349, 354

127 vgl. auch *Rötelmann* AcP 160, 374; *Stoll* aaO

128 GR II S. 46, IV 2 S. 855, 42. DJT II D S. 19

129 aaO S. 374 f.

zur Erläuterung des in Frage stehenden Begriffs (immaterieller Schaden) eines Teils dieses Begriffs („Vernichtung immaterieller Werte") bedient.

Esser[130] weist darauf hin, daß eine abschließende positive Definition des immateriellen Schadens nicht möglich ist. In diesem Zusammenhang bedauert *Reinhardt*[131], die Rechtsprechung zum Ersatz des immateriellen Schadens habe, da auch sie keine ausreichende Definition habe liefern können, auf lockerem Fundament gebaut.

Zur weiteren Begriffserklärung erscheint daher eine **Abgrenzung** des immateriellen Schadens angezeigt, und zwar

- einmal gegenüber dem materiellen Schaden,
- zum anderen gegenüber dem verletzten Rechtsgefühl, das sich in (psychischem) Affekt äußert (sog. Affektionsschaden).

Über die Abgrenzung des immateriellen Schadens vom **Vermögensschaden** besteht Streit. Dieser Streit geht aus von einer unterschiedlichen Auffassung des Begriffs ‚Vermögen'. Nach einer von *Nörr*[132] als hA bezeichneten, auf *Mommsen* zurückgehenden Definition ist das Vermögen die Summe aller wirtschaftlichen Güter, nach *Grunsky*[133] gehört zum Vermögen alles, was im Verkehr gegen Geld erworben werden kann. Davon ausgehend wird als Vermögensschaden einmal die Differenz zwischen gegenwärtigem Vermögen und dem Vermögen, das ohne schädigendes Ereignis vorhanden sein würde, bezeichnet (Differenzhypothese, Differenzmethode)[134], das andere Mal der Schaden, der an vermögenswertem Gut eintritt. Diese zweite Ansicht hat sich der BGHZ[135] zu eigen gemacht. Auch die hL geht dahin, als vermögenswertes Gut all das anzusehen, was im Verkehr gegen Geld erworben werden kann[136] und definiert entsprechend den Vermögensschaden. Die dieser Definition zugrundeliegende Ausweitung des Vermögensbegriffs rechtfertigt sich – gegen dogmatische Bedenken – aus der gesetzespolitischen Überlegung, daß § 253 BGB in vielen Fällen einen Schadensersatzanspruch ausschließen würde; dieser Tendenz wirkt man entgegen, indem man möglichst viele Schäden als Vermögensschäden ansieht – und so

---

130 SchR § 113 I 2 mBspln
131 in *Schulze* I zu BGHZ Nr. 43 S. 19 f.
132 AcP 158, 5
133 S. 36
134 hiergegen in neuester Zeit *Honsell* JuS 1973, 69 ff.
135 NJW 1956, 1234
136 *Grunsky* aaO; *Palandt-Heinrichs* 2 b vor § 249

freilich die Schranke des § 253 BGB aufweicht. Gegen diese Abgrenzung zum immateriellen Schaden wendet sich *Stoll*[137] mit der Aussage, immaterielle Interessen würden nicht deshalb Vermögensbestandteile, weil sie durch finanzielle Mittel erwerblich seien, entscheidend für den immateriellen Charakter eines Interesses sei vielmehr allein, ob die Interessenbeeinträchtigung geldlich voll ausgleichbar sei oder nicht; im zweiten Fall sei das Interesse immaterieller Natur. Das von *Stoll* empfohlene Abgrenzungskriterium widerspricht jedoch nicht dem der hA: Grundsätzlich sind die Interessen, die durch Aufwendung finanzieller Mittel erwerblich sind, bei ihrer Verletzung auch geldlich voll ausgleichbar – es handelt sich dann um materielle Interessen. Auf der anderen Seite sind die Interessen, die durch Aufwendung finanzieller Mittel nicht erwerblich sind, auch im Fall ihrer Verletzungen deshalb nicht voll durch Geld ausgleichbar – es handelt sich dann um immaterielle Interessen. Diese Nichtausgleichbarkeit beruht auf der Inkommensurabilität des immateriellen Schadens in Geld, die ihn als solchen kennzeichnet[138] und so vom materiellen Schaden unterscheidet.

Der **Affektionsschaden** ist der Schaden, der sich aufgrund eines vorher eingetretenen – materiellen oder immateriellen – Schadens und im Anschluß an diesen als gekränktes Rechtsgefühl, als Unlust oder Erregung (Affekt) über den Primärschaden zeigt[139]. Auch dieser Schaden ist immaterieller Art und daher ‚vom' immateriellen Schaden nicht abgrenzbar. Während die Trennung des – immateriellen – Affektionsschadens vom materiellen Schaden sowohl aufgrund ihrer unterschiedlichen Qualität einfach,als auch wegen § 253 BGB erforderlich ist, erweist sich eine solche Trennung innerhalb des immateriellen Schadens nicht nur als logisch unmöglich, sondern eben wegen § 253 BGB auch als überflüssig[140]. Die sachliche Unmöglichkeit einer Unterscheidung zwischen ‚beiden' Schadenstypen folgt zusätzlich aus ihrem engen Verhältnis zum Rechtsgutträger: Die (z. B.) in den §§ 847, 1300 I BGB aufgezählten höchstpersönlichen Rechtsgüter (Körper, Gesundheit, Freiheit usf) liegen im Bereich des verletzten Rechtsgut ‚Persönlichkeit'[141], wie ebenso auch der (seelische) Affekt innerhalb der verletzten Person eintritt. Aus

137 Gutachten S. 136

138 vgl. *Esser*, SchR § 113 I 2 und *Stoll* aaO S. 127

139 vgl. *Bötticher* MDR 1963, 354 f. und 45. DJT II C S 13 f. sowie *Stoll* aaO S. 128 f., 154

140 *Stoll* (aaO S. 154) bezeichnet diese Trennung als „subtil" und „praktisch kaum durchführbar".

141 *Stoll* aaO S. 127

der philosophisch-anthropologischen und der medizinisch-psychosomatischen Erkenntnis der Ganzheit von Körper und Seele[142] – der sich auch das GG in Art 1 I GG angeschlossen hat[143] – folgt, daß die sich an Verletzungen solcher höchstpersönlicher Rechtsgüter anschließenden psychischen Reaktionen praktisch nicht von den primären Verletzungsfolgen unterscheidbar sind[144]. Wenn *Bötticher*[145] daher andeutet, er halte die Aufnahme des Ersatzes für die erlittene seelische Entrüstung im Fall der Verletzung immaterieller Güter für eine unmotivierte Privilegierung der Persönlichkeitsrechtverletzungen von den Vermögensschädigungen, dann übersieht er offenbar, daß gerade dieser Affekt untrennbar mit dem Verletzungsobjekt ‚Persönlichkeit' verbunden und als – einheitlicher – Schaden über § 253 BGB ausnahmsweise ersetzungsfähig ist.

B Das Problem

Die **Verbindung** zwischen aPR und immateriellem Schaden ergibt sich dadurch, daß bei der Verletzung des aPR regelmäßig und typischerweise ein Schaden im immateriellen Bereich eintritt[146]. Als Beispiele mögen die durch Indiskretion[147] erfolgte Kränkung, das dadurch hervorgerufene Schamgefühl, die Peinlichkeit, das Gefühl des Ausgeliefertseins dienen[148]. Das schließt nicht aus, daß durch Verletzungen des aPR (auch) Schäden materieller Art eintreten können[149]. Eine Freiheitsberaubung kann sowohl Ehrenkränkung als auch Verdienstausfall zur Folge haben[150]. Auf dieser Linie liegen auch die einschlägigen Formulierungen

---

142 Wir gehen hierauf an geeigneter Stelle aus der Sicht unseres Problems noch ausführlicher ein, vgl. unten HT A I 2.2.2.3 a. cc.

143 *Fromm* NJW 1965, 1202 mNachw der medizinische Lit

144 *Stoll* aaO S. 154

145 MDR 1963, 354 f.; vgl. auch 45. DJT II C S. 13 f.

146 so zuletzt BVerfG NJW 1973, 504 unter Berufung auf BGHZ 26, 349 ff., 356 (Herrenreiter-Entscheidung) und 35, 363 ff., 367 f. (Ginsengwurzel-Entscheidung)

147 *Helle* (Schutz S. 176) versteht hierunter die – unbefugte – Veröffentlichung von Geheimnissen.

148 BGHZ NJW 1974, 1948 f.; *Larenz*, 42. DJT II D S. 33; *Helle*, Schutz S. 46 f.

149 zum vermögensrechtlichen Gehalt des aPR *Hubmann*, Persönlichkeitsrecht § 18 h; *Reinhardt* (Persönlichkeitsschutz S. 21) stellt klar, daß der Eintritt von Vermögensschaden nicht die typische Folge einer Persönlichkeitsrechtsverletzung ist.

150 *E. Kaufmann* AcP 162, 422; *Staudinger-Werner* II § 253 Rdn 7; *Reinhardt* in *Schulze* I Nr. 43 S. 19; vgl. *Esser*, SchR § 113 I 5 und *Koebel* JZ 1960, 574; bei der prozessualen Geltendmachung liegt in einem solchen Fall Anspruchshäufung gemäß § 260 ZPO vor, vgl. *Fromm* NJW 1966, 255.

des BGHZ[151], der die Verletzung des Persönlichkeitsbereichs dadurch gekennzeichnet weiß, daß in erster Linie immaterielle Schäden erzeugt würden, und *Böttichers*, der meint, die Folgen einer Persönlichkeitsverletzung träten „notwendig zunächst im Bereich des Immateriellen" ein[152].

Wegen des engen Zusammenhangs zwischen der Verletzung des aPR und dem Eintritt immateriellen Schadens taucht das Problem auf, ob – und falls ja: wie – dieser Schaden ersetzt werden kann. Nach Aufnahme des aPR in den Katalog der in § 823 I BGB aufgezählten Rechte bot sich zunächst eine Abwicklung des immateriellen Schadens über § 847 BGB an. Während jedoch der Eingliederung des aPR in den Katalog des § 823 I BGB keine schwerwiegenden und unüberwindlichen Bedenken entgegenstanden[153], ergab sich gegen seine Eingliederung in den § 847 BGB ein im Charakter dieser Norm liegender methodischer Einwand: Unter der Wirkkraft des im Allgemeinen Teil des Schuldrechts stehenden § 253 BGB stellt sich § 847 BGB als Ausnahmebestimmung dar[154], die man nicht ohne weiteres durch die Aufnahme des aPR erweitern konnte.

Da das aPR seine ursprünglichen gesetzlichen Grundlagen im GG hat[155], seiner Ausstattung mit der Schadensersatzfolge des § 847 BGB aber die – nur im Rang eines formellen Gesetzes stehende – Vorschrift des § 253 BGB im Wege stand, tauchte der Gedanke einer Verfassungswidrigkeit des § 253 BGB auf, den man auf die Art. 1, 2 und 123 GG stützte. Auch wollte man die verfassungsrechtlichen Verankerungspunkte des aPR (Art. 1, 2 GG) ins Privatrecht hinein (dritt-) wirken lassen.

In dieser Diskussion war unstreitig, daß ein solcher Schadensersatzanspruch **rechtspolitisch** erwünscht ist[156]; denn Gegenstand der Kritik war häufiger die Methode richterlicher Rechtsfortbildung als das dadurch gefundene Ergebnis[157]: Fast die gesamte Literatur ist sich darüber

---

151 BGHZ 26, 349, 354
152 45. DJT II C S. 9
153 s. o. A I
154 *Löffler*, Gutachten S. 9
155 s. o. A I
156 *Larenz*, SchR II § 72 III a, der in den vom BGHZ insbesondere in BGHZ 26, 349 ff. (Herrenreiter-Fall), 35, 363 ff. (Ginsengwurzel-Fall), 39, 124 ff. (Fernsehansagerin-Fall) versuchten rechtlichen Begründungen lediglich rechtspolitische Argumente sieht, denen er in dieser ihrer Interpretation zustimmt; *Lieberwirth* S. 43; *Hartmann* NJW 1964, 796.
157 RefEntwurf II S. 151

einig, daß der Gesetzgeber tätig werden müsse, um eine einwandfreie Rechtsgrundlage für den Schadensersatzanspruch bei Verletzung des aPR zu schaffen[158]. Einschränkend insoweit argumentieren lediglich *Werner*[159] und *Hubmann*[160], die eine neue gesetzliche Regelung zwar für wünschenswert, aber nicht für notwendig erachten. Weiter noch gehen *Rötelmann*[161] und *v. Caemmerer*[162], die die Lösung des Problems „in den Händen der Judikatur besser aufgehoben"[163] sehen. Der allgemeine Ruf nach dem Gesetzgeber kann aber in der wissenschaftlichen Diskussion nicht weiterhelfen. Dies gilt insbesondere deshalb, weil nicht zu erwarten ist, daß die Legislative in diesem Bereich in absehbarer Zeit tätig wird[164]; diese Feststellung läßt sich auf den erheblichen Widerstand gründen, der sich in der Bevölkerung und im Bundestag sowohl anläßlich des „Entwurfs eines Gesetzes zur Neuordnung des zivilrechtlichen Persönlichkeits- und Ehrenschutzes" (1959)[165,166] als auch anläßlich des „Referentenentwurfs eines Gesetzes zur Änderung und Ergänzung schadenersatzrechtlicher Vorschriften" (1967)[167] erhob, und zudem insbesondere auf die Reaktion und Macht der – durch ein solches Gesetz vordringlich betroffenen[168] – Presse stützen[169].

In dieser Situation bleibt also die Frage erheblich, ob das **geltende Recht** den Schadensersatzanspruch bei der Verletzung des aPR tragen kann. Zu dieser Frage sind in der Rechtsprechung und in der Literatur neben den sich aus § 253 BGB ergebenden Bedenken weitere Einwände vorgetragen worden, so

---

158 *Wiese* S. 50, 61; *Remé* S. 146; *Bußmann*, Gutachten S. 72, 78, GRUR 1958, 411, 1962, 107, 1969, 304; *Larenz*, 42. DJT II D S. 35 ff. und SchR II aaO; Beschluß 42. DJT II D S. 155; *Stoll*, Gutachten S. 126; *Krüger-Nieland*, 45. DJT II C S. 33 und 47; Beschluß 45. DJT II C S. 127, vgl. auch in NJW 1964, 2098; *Hartmann* NJW 1962, 16, 1964, 799; *Giesen* NJW 1971, 802; Entwurf 1959 S. 7; RefEntwurf II S. 8 f.; *Wieacker*, Privatrechtsgeschichte S. 526.
159 in *Staudinger-Werner* II § 253 Rdn 7
160 JZ 1957, 528
161 NJW 1964, 1459
162 Festschrift vHippel S. 33
163 *vCaemmerer* aaO
164 *Pecher* AcP 171, 48 mFußn 19
165 Entwurf 1959
166 so OLG Schleswig-Holstein JZ 1961, 576
167 RefEntwurf I, II
168 Dies betont auch das BVerfG NJW 1973, 1224.
169 *Reinhardt*, Persönlichkeitsschutz S. 3 und JZ 1959, 41; *Larenz*, SchR II § 72 III a; *Ulmer* GRUR 1963, 493

- das Argument der Gesetzes- und Rechtsgebundenheit der Rechtsprechung (Art. 20 III GG);
- das Argument der Gesetzesunterworfenheit des Richters (Art. 97 I GG);
- der Einwand der Gewaltentrennung (Art. 20 II 2 GG), an den sich die Diskussion über die Zulässigkeit der Rechtsfortbildung und deren Grenzen anschloß;
- Bedenken, ob und inwieweit die Gewährung dieses Schadensersatzanspruchs nach geltendem Recht gegen Pressefreiheit und Rechtssicherheit verstößt;
- der Einwand, daß ein solcher Schutz nach den Intentionen des Gesetzgebers in den einzelnen Bestimmungen des KUG, des UrhRG und des GWB bereits abschließend geregelt sei;
- rechtssystematische Bedenken, die sich auf die vermeintliche Unvereinbarkeit eines solchen Anspruchs mit der Schadensersatzsystematik des Zivilrechts stützen, und die wegen der Rechtsnatur dieses Anspruchs den Vorwurf eines Verstoßes gegen die Abs. II und III des Art. 103 GG mitumschließen.

In dieser Fragestellung liegt das in der vorliegenden Arbeit zu erörternde Problem. Falls ein Ersatzanspruch für immaterielle Schäden bei Verletzungen des aPR aus dem geltenden Recht bejaht werden kann, wird zudem zu erörtern sein,
- ob die dogmatischen Grundlagen, auf die insbesondere die oberste Rechtssprechung diesen Anspruch stützt, haltbar sind;
- wie die von ihr zusätzlich verlangten Voraussetzungen für die Gewährung des Anspruchs rechtlich einzuordnen und zu würdigen sind;
- gegebenenfalls, welche zusätzlichen Stützen sich aus dem geltenden Recht für einen solchen Anspruch finden lassen.

C Die Anspruchsgrundlagen

Auf der Suche nach einer Anspruchsgrundlage für den Ersatz des immateriellen Schadens bei Verletzung des aPR wirft *Mertens*[170] dem BGHZ vor, er bemühe in seiner Herrenreiter-Entscheidung[171] § 847 BGB (analog), im Ginsengwurzel-Fall[172] hingegen § 823 BGB als Rechtsgrundlage;

---

170 JuS 1962, 262
171 BGHZ 26, 349 ff.
172 BGHZ 35, 363 ff.

Hubmann[173] meint dagegen, der BGHZ habe in seiner Ginsengwurzel-Entscheidung[172] das aPR als Anspruchsgrundlage angesehen – und stimmt dieser Ansicht zu[174]. *Mertens*[170] hält es für methodisch richtig, § 847 BGB als sedes materiae für den Geldersatz bei unerlaubten Eingriffen in immaterielle Güter zu bestimmen. *H. Kaufmann*[175] und das BVerfG in einer neueren Entscheidung[176] leiten den Anspruch unmittelbar aus den Art. 1 I, 2 I GG ab.

Hubmann[174] muß sich entgegenhalten lassen, das allgemeine Persönlichkeitsrecht mit dem hieraus fließenden Anspruch verwechselt zu haben[177]. Das aPR hat seine Grundlage – wie wir gesehen haben – in § 823 I BGB und in den Art. 1, 2 GG. Aus dieser Rechtsgrundlage folgt aber noch nicht unmittelbar ein zivilrechtlicher Anspruch auf Ersatz des immateriellen Schadens; dieser kann sich erst aus einer – hier zu bestimmenden – Anspruchsgrundlage ergeben. Der BGHZ[178] hat diese Verwechslung auch nicht vor-vollzogen: Auf S. 365 seiner Entscheidung handelt er (unter Nr. 1) das aPR und § 823 I BGB ab, auf der S. 366 ff. nimmt er dann (unter Nr. 2) zum Anspruch auf Ersatz des immateriellen Schadens Stellung. Insoweit ist er offenbar auch von *Mertens*[179] mißverstanden worden.

Mertens' Vorschlag[184], allein § 847 BGB als Anspruchsträger aufzufassen, geht an dem Verhältnis vorbei, in dem § 823 I und § 847 BGB stehen: § 847 BGB ist der Nachfolgetatbestand der in den §§ 823 ff BGB normierten Voraustatbeständen; § 847 BGB ist also (ohne § 823 I BGB) unselbständig[180]. Entsprechend hat der BGHZ in seiner Herrenreiter-Entscheidung[181] § 847 BGB auch nicht als alleinige Anspruchsgrundlage angesehen: Er geht vielmehr zunächst von dem aPR aus, das er – entgegen unserer Ansicht[182] – als „sonstiges Recht" iSd § 823 I BGB versteht, und bei dessen Verletzung er den Eintritt immaterieller Schäden für

---

173 JZ 1962, 121
174 Persönlichkeitsrecht § 20 e
175 JuS 1963, 363, vgl. auch S. 381
176 NJW 1973, 504 unter Berufung auf die Herrenreiter- und die Ginsengwurzel-Entscheidung des BGHZ (vgl. Fußn. 171 und 172)
177 vgl. zu diesen Begriffen *Lehmann-Hübner* § 13 II 1
178 BGHZ 35, 363 ff.
179 aaO
180 so sinngemäß auch *Esser*, SchR § 113 I
181 BGHZ 26, 349 ff., 354
182 s. o. A I

typisch hält – und knüpft dann an § 847 I BGB als den Tatbestand an, der den Ersatz solcher Schäden regelt.

Auch die oben zitierte Ansicht, die die Art. I und 2 I GG als Anspruchsgrundlagen heranzieht, erscheint nicht haltbar: Wenn diese Verfassungsartikel auch – wie unten[183] zu zeigen sein wird – ins Privatrecht hineinwirken, so lassen sich dennoch aus ihnen keine privatrechtlichen Anspruchsgrundlagen machen. Ihre Rechtsnatur, ihre Inhalte und Grenzen haben im Verhältnis des Bürgers zum Staat andere Bedeutung als im Verhältnis der Bürger untereinander. Diese Unterschiede machen sie als zivilrechtliche Anspruchsgrundlagen ungeeignet; „sie bedürfen erst eines Einbaus in (das) Zivilrechtssystem[184, 185]. Als (privatrechtlicher) Anspruchsträger für den Ersatz immaterieller Schäden bei Verletzung des aPR kommen also die §§ 823 I (als Sitz des aPR) im Zusammenwirken mit § 847 I BGB (als Regelungstatbestand für Nichtvermögensschäden) in Betracht. Dabei kann § 823 I BGB als Voraustatbestand ersetzt werden durch die §§ 823 II BGB iVm 185 ff StGB[186] und 826 BGB.

183 HT A I 2.2.2.2 und insb. 2.2.2.3
184 *Hubmann*, Persönlichkeitsrecht §§ 18 a, 50
185 Diesen „Einbau" werden wir unten an geeigneter Stelle versuchen.
186 *Helle*, Schutz S. 55 ff. und OLG Hamburg Ufita 60, 328 (für den Schutz der Ehre)

Hauptteil

A Der Anspruch

I Lösungsversuche

1. unmittelbare Anwendung des § 847 I BGB

1.1 durch erweiternde Auslegung

Um zu einem Schadensersatzanspruch für immaterielle Schäden bei Verletzung des aPR zu kommen, empfiehlt *Nipperdey*[187] – Bahnbrecher für die Entwicklung eines solchen Anspruchs überhaupt – eine unmittelbare Anwendung der §§ 823, 847 BGB[188]. Er will §§ 847 BGB durch Anwendung des Art. 1 I GG auf das Privatrecht auf die Fälle der Persönlichkeitsrechtsverletzung „ausdehnen". Auf der gleichen Linie liegen auch *Werner*[189], der die §§ 253, 847 BGB durch Art. 1 III iVm 2 GG „abgeändert"[190] wissen will; *Weitnauer*[191], der meint, § 847 BGB sei „erweitert" worden; *Wiese*[192] und *Fromm*[193] mit dem Bemerken, abwegig sei die Gleichsetzung zwischen leiblicher und geistiger Freiheitsberaubung deshalb nicht, weil die psychologische Situation des körperlichen Eingesperrten der des in seiner geistigen Entfaltungsfreiheit Beschränkten, des seiner Würde Entkleideten, ähnlich sei.

1.1.1 Die Freiheitsentziehung „im Geistigen"

Es ist häufig versucht worden, das Problem des Ersatzes immateriellen Schadens bei Verletzungen des aPR über den Begriff der Freiheitsentziehung des § 847 I BGB zu lösen. Dabei blieb zumeist **ungeklärt**, ob dieser Weg rechtsmethodisch unmittelbare oder analoge Anwendung ist. So meint *Löffler*[194], der Begriff der „Freiheitsentziehung im Geistigen" sei, „im Wege der Auslegung bzw. der Rechtsfindung (Analogie)"

---

187 GR II S. 46 und 42. DJT II D S. 18 f.
188 so versteht ihn auch *Hartmann* NJW 1962, 12
189 in *Staudinger-Werner* II § 253 Rdn 7 und JR 1959, 382
190 JR 1959, 382
191 NJW 1959, 317 und JZ 1961, 577
192 S. 41 f., 44 f.
193 NJW 1965, 1203
194 Gutachten S. 12

gewonnen, und versucht an anderer Stelle[195], die Unzulässigkeit des Analogieschlusses vom körperlichen Freiheitsentzug auf die ,Freiheitsentziehung im Geistigen' zu beweisen. Ähnlich *Hartmann*[196], der diesen Begriff zuerst mittels analogem Schluß – insoweit gefolgt von *Wiese*[197] –, später mittels direkter Anwendung der §§ 823, 847 BGB gewonnen wissen will[198]. *Hartmann*[196] und *Werner*[199] sind sich insoweit einig, als sie meinen, der BGHZ habe in seiner Herrenreiter-Entscheidung[200] § 847 BGB analog angewandt[201], als er den Begriff der „Freiheitsberaubung ,im Geistigen'" konstruierte. Diese Ansicht ist die überwiegende[202]; anders aber *Rötelmann*[203].

Rötelmann ist zu folgen: Zu dem Begriff der ,Freiheitsentziehung im Geistigen' gelangt man durch eine unmittelbare Anwendung des § 847 I BGB. Dieser Satz ergibt sich aus folgenden Überlegungen: Mit *Larenz*[204] verstehen wir unter Analogie im rechtsmethodischen Sinn die Übertragung der für den Tatbestand A – oder die verwandten Tatbestände A_1 bis A_x – im Gesetz angeordneten Rechtsfolgen auf den vom Rechtsanwendenden zu beurteilenden Tatbestand B, der den Tatbeständen A – bzw A_1 bis A_x – ähnelt, aber im Gesetz nicht geregelt ist. Definitionsmerkmal ist also eine Regelungslücke; erst ihr Vorhandensein erschließt den Weg zur Analogie. Die Analogie scheidet daher logisch zwingend aus, wenn eine vorhandene Norm unmittelbar angewandt werden kann[205].

Bei einer unmittelbaren Anwendung des § 847 I BGB wird geklärt, was unter seinem Tatbestandsmerkmal „Freiheitsentziehung" zu verstehen ist; diese Klärung erfolgt dadurch, daß man den Begriff – eventuell über seinen (engeren) Wortsinn hinaus – in seinen Randbereichen ausleuch-

---

195 aaO S. 10
196 NJW 1962, 12
197 S. 44 f.
198 NJW 1964, 793
199 JR 1959, 382
200 BGHZ 26, 349 ff.
201 so auch ausdrücklich der BGHZ selbst aaO S. 356
202 *Schultz* MDR 1962, 956 f.; *Fromm* NJW 1965, 1203; vgl. die Gliederung bei *Stoll*, Gutachten S. 19
203 vgl. seine Gliederung in NJW 1964, 1458; zweifelnd, ob diese Lösung sich iRd Analogie hält, *Münzel* NJW 1960, 2027
204 Methodenlehre S. 359
205 so sinngemäß und im Hinblick auf unser Problem auch *Hartmann* NJW 1964, 798

tet, notfalls bis hin zu seinen Grenzen (erweiternde[206], ausdehnende, extensive[207] Auslegung).

Die „Freiheitsentziehung" des § 847 I BGB auf diesem Weg auf den Fall der Verletzung des aPR zu erstrecken, scheitert aber an drei Gesichtspunkten:

- an der Definition des Freiheitsbegriffes;
- daran, daß durch die Verletzung des aPR keine Freiheitsbeeinträchtigung erfolgt, sowie
- an rechtssystematischen Bedenken.

Im einzelnen gilt hierzu folgendes: Unter der in den §§ 823 ff – also auch in § 847 I BGB[208] – angesprochenen **Freiheit** wird nach gängiger Auffassung eben nicht jede eine freie Willensentscheidung beeinflussende Einwirkung verstanden, sondern nur die Entziehung der allgemeinen Handlungsfreiheit[209] und der körperlichen Bewegungsfreiheit unter Einschluß von Nötigung zu einer Handlung durch Mittel der Drohung, des Zwangs oder der Täuschung[210]. Sowohl objektive als auch subjektive Gesetzesauslegung kommen zu keinem anderen Ergebnis[211].

Am Merkmal der **Beeinträchtigung** (der geistigen Freiheit) fehlt es, weil sich eine solche immer nur auf eine Willensentschließung des potentiell Verletzten beziehen kann, eine solche Entschließung hier aber eben gerade fehlt[212]: Derjenige, der das aPR eines anderen verletzt, wirkt in keiner Weise auf dessen Willen ein. Vielmehr ist die Verletzung eben gerade dadurch rechtswidrig und anspruchsauslösend, daß keine Genehmigung des Beeinträchtigten (z. B. bei einer Veröffentlichung) eingeholt wurde, der Wille des Betroffenen also unbeachtet blieb – und deshalb auch nicht beeinträchtigt werden konnte[213]. Die Ansicht des

---

206 *Larenz* aaO S. 328
207 *Engisch*, Einführung S. 100
208 *Nörr* AcP 158, 12 f.; *Erman-Drees* § 847 Rdn 3 iVm § 823 Rdn 9 ff.
209 *Nörr* aaO S. 13
210 *Wiese* S. 45; *Lieberwirth* S. 45; *Stoll*, Gutachten S. 19; *Palandt-Thomas* § 823, 4 c; *Erman-Drees* § 823 Rdn 19; *Soergel-Siebert-Zeuner* III § 823 Rdn 23.
211 vgl. *Löffler* NJW 1962, 225 und *Lieberwirth* aaO
212 so auch *Münzel* NJW 1960, 2027
213 *Lieberwirth* S. 45 f.; im Ergebnis auch OLG München VersR 1963, 1087; vgl. dazu den Tatbestand des Herrenreiter-Falles in BGHZ 26, 349 ff., in dem die Rspr zum ersten Mal den Weg der Freiheitsentziehung im Geistigen beschritt, um einen Schadensersatzanspruch begründen zu können.

BGHZ[214], in den typischen Fällen der Verletzung des aPR (z. B. durch die Veröffentlichung eines Bildes) sei dem Abgebildeten für diesen in der Vergangenheit liegenden Fall die Freiheit entzogen worden, selbst über einen Teil seiner individuellen und höchstpersönlichen Lebenssphäre zu verfügen, läßt sich mit einem Argument von *Löffler*[215] und *Lieberwirth*[216] ad absurdum führen: Eine ,Freiheitsberaubung im Geistigen' wäre unter diesen Umständen dann auch bei jedem Diebstahl in Idealkonkurrenz gleich mitverwirklicht, weil „dem Bestohlenen die Freiheit der eigenverantwortlichen Willensentschließung über den gestohlenen Gegenstand entzogen wird"[215]. Diese Konstruktion scheitert daran, daß dem Betroffenen für die Vergangenheit ein psychisches (insbesondere voluntatives) bzw. ein körperliches Verhalten unmöglich gemacht wird, das der Betroffene zum Zeitpunkt der Verletzung weder üben noch nicht üben wollte, weil für ihn hierzu keinerlei Veranlassung bestand[217]. Diese Konstruktion liefe darauf hinaus, jede eigenmächtige Verfügung über fremdes Recht als Angriff auf die Freiheit des Berechtigten aufzufassen[218].

Schließlich macht *Stoll*[219] auch auf **rechtssystematische Bedenken** aufmerksam: § 847 I BGB erfordert klar umrissene Verletzungstatbestände. Eine Ausweitung des Begriffs „Freiheitsentziehung" in dem oben verstandenen Sinn steht diesem Erfordernis entgegen.

Die von der Rechtsprechung versuchte Konstruktion verläßt also die Grenzen des Begriffs ,Freiheitsentziehung', sie würde den Rahmen extensiver Auslegung sprengen. *Ulmer*[220] hat sie als „allzu künstlich"

---

214 BGHZ 20, 351 (Paul-Dahlke-Entscheidung); 26, 356 (Herrenreiter-Entscheidung) und BGHZ LM § 23 KUG Nr. 5; zu der Aussage des BGHZ in der Paul-Dahlke-Entscheidung (aaO), die freie Entscheidung über die Dienstbarmachung eines Bildes sei „natürliche Folge seines Persönlichkeitsrechts", nehmen wir unten bei der Gegenüberstellung des aPR mit dem Begriff der Persönlichkeit in Art. 2 I GG nochmal Stellung, vgl. 2.2.2.2 cc.bbb.

215 *Löffler*, Gutachten S. 10

216 S. 46

217 Wenn *Erman-Drees* (§ 823 Rdn 19) darauf hinweisen, daß bei Beeinträchtigung der Entschlußfreiheit und der Freiheit der gewerblichen und wirtschaftlichen Betätigung eine Verletzung des aPR in Frage kommt, so widerspricht das unseren Ausführungen nicht: Zwar kann bei Verletzung der oben genannten Freiheitsbereiche eine Verletzung des aPR vorliegen, aber dadurch wird eine Verletzung des aPR nicht zu einer Verletzung der allgemeinen Entschlußfreiheit.

218 *Stoll*, Gutachten S. 19

219 aaO unter Hinweis auf BGHZ 35, 368 (Ginsengwurzel-Entscheidung)

220 GRUR 1963, 494

bewertet, *Hubmann*[221] als unbefriedigend. Der BGHZ hat sich in seiner Ginsengwurzel-Entscheidung[222] auch von ihr gelöst[223].

1.1.2 Die Gesundheitsverletzung

Nörr[224] macht den Vorschlag, die Zufügung seelischer Schmerzen als Verletzung der Gesundheit iSd §§ 823 I, 847 I BGB zu betrachten, und somit auch bei Verletzungen des aPR den Weg zum Ersatz immateriellen Schadens zu öffnen. Selbstverständlich kann eine Persönlichkeitsverletzung durch psychische Wirkung zu gesundheitlichen Schäden führen, für die die §§ 823, 826, 847 I BGB dann Ersatzfolgen anordnen. Das ergibt sich daraus, daß unter Gesundheitsverletzung nach gängiger Ansicht die Störung innerer Lebensvorgänge verstanden wird[225], und auch psychische Sachverhalte zu den inneren Lebensvorgängen zählen[226]. Nicht jede Persönlichkeitsverletzung wirkt aber so tief, daß der darauf eintretende Schaden unter den Begriff ‚Verletzung der Gesundheit' iSd §§ 823 I, 847 I BGB zu subsumieren wäre[227]. Die Grenzziehung mag einschlägigen wissenschaftlichen Arbeiten aus den Bereichen der Medizin, der Psychiatrie, der Psychosomatik und – hieran anschließend – der Rechtswissenschaft vorbehalten bleiben. Die Gleichung ‚Seelenschmerz = Gesundheitsschaden' läßt sich sicher nicht aufstellen[228]. Damit ist der Weg zur Regulierung immaterieller Schäden bei Verletzung des aPR über die Brücke der Interpretation des Gesundheitsbegriffs für die meisten Sachverhalte nicht begehbar.

1.2 durch teleologische Extension

Hierunter verstehen wir die an Sinn und Zweck einer Norm orientierte Erweiterung ihres Inhalts – und damit ihres Anwendungsbereichs – über ihren eigentlichen Wortlauf hinaus[229]. Von der extensiven Auslegung unterscheidet sie sich dadurch, daß sie den zu engen Wortlaut sprengt, während die extensive Auslegung sich noch innerhalb der Grenzen eines

221 Persönlichkeitsrecht § 50
222 BGHZ 35, 363 ff.
223 *Hauss* LM § 823 BGB Nr. 18
224 AcP 158, 12
225 *Deutsch* JuS 1969, 200
226 vgl. *Palandt-Thomas* § 823, 4b mBspln
227 vgl. *Deutsch* aaO
228 *Stoll*, Gutachten S. 21
229 vgl. *Larenz*, Methodenlehre S. 374; *Canaris* S. 89 ff.

Begriffs bewegt[230]. Den Maßstab für die Beurteilung der Frage, ob ein Wortlauf zu eng ist, bietet der Zweck (telos) einer Norm. Die teleologische Extension ist – „teleologisch begründete – Gesetzeskorrektur"[231]. Sie kommt als weiteres Mittel in Betracht, einen Ersatzanspruch für immaterielle Schäden bei Verletzungen des aPR zu begründen.

Mit der Frage nach dem Sinn und Zweck des § 847 BGB verknüpft ist die Frage nach seiner **Rechtsnatur**: § 847 BGB gibt als Nachfolgetatbestand zu den §§ 823 ff BGB einen Schadensersatzanspruch[232], der in bestimmten Fällen sog. Schmerzensgeld gewährt. Dabei geht er mit seiner Rechtsfolgeanordnung dadurch über seine Voraustatbestände (§§ 823 ff BGB) hinaus, daß er – ausnahmsweise (§ 253 BGB) – immateriellen Schaden ersetzt; und er bleibt hinter dem Tatbestandsumfang seiner Voraustatbestände dadurch zurück, daß nur bestimmte, in ihm deutlich beschriebene Rechtsgüter mit diesem Anspruch ausgestattet werden.

Aus dieser Gegenüberstellung schließt *Löffler*[233], daß die teleologische Extension des § 847 I BGB scheitern muß: Aus einem argumentum e contrario folge, daß der Gesetzgeber, der in § 823 I BGB sonstige Rechte schützen wolle, insoweit bei der Tatbestandsabfassung des § 847 I BGB beredt geschwiegen habe. An dieser Stelle müssen wir zunächst daran erinnern, daß wir das aPR nicht unter die sonstigen Rechte des § 823 I BGB subsumiert, sondern es durch Gesetzesanalogie aus den vier anderen Lebensgütern dieser Norm heraus konstruiert haben. Ob sich die gleiche Konstruktion aus § 847 I BGB gewinnen läßt, soll hier zunächst dahingestellt bleiben. Denn *Löfflers* Argumentation, die auf der herkömmlichen Unterbringung des aPR als „sonstiges Recht" des § 823 I BGB aufbaut, führt ohnehin nicht zu dem mit ihr angestrebten Ziel.

Die Zuhilfenahme des argumentum e contrario ist in diesem Zusammenhang zwar zulässig, aber aus einem anderen als von *Löffler* angeführten Grund: Prinzipiell bedeutet die Tatsache, daß der Tatbestand T_1 (§ 823 I BGB) ein bestimmtes Tatbestandsmerkmal („ein sonstiges Recht") enthält, noch nicht, daß der Tatbestand T_2 (§ 847 I BGB) dieses Tatbe-

---

230 s. o. 1.1.1
231 *Larenz* aaO S. 376
232 Zur näheren rechtlichen Einordnung kommen wir noch unter II 1.3.
233 Gutachten S. 8 ff.

standsmerkmal nicht enthalten kann[234]. Dieser Grundsatz lautet auf unsere Konstruktion angewandt: Die Tatsache, daß § 823 I BGB vier subjektimmanente Einzel-Lebensgüter enthält, die durch Gesetzesanalogie die Erschaffung eines sie gleichsam überwölbenden (ebenfalls subjektimmanenten) Gesamt-Lebensguts (nämlich des aPR) ermöglichen, heißt nicht notwendigerweise, daß innerhalb des § 847 I BGB, der – vom Rechtsgut Leben abgesehen – dieselben Einzel-Rechtsgüter enthält, eine solche Analogie nicht (auch) möglich ist. Erforderlich zur Zulässigkeit des von *Löffler* benutzten Umkehrschlusses ist vielmehr noch die Darlegung der Ausschließlichkeit der in § 847 BGB aufgeführten Schutzgüter bzw. – um wieder von unserer Konstruktion auszugehen – die Darlegung eines iRd § 847 BGB geltenden Extensionsverbotes. Um zu *Löffler* zurückzukehren: Man müßte das Wörtchen ‚nur' in den Tatbestand des § 847 BGB einfügen können[235]. Das ist zwar möglich, aber nicht aus dem von *Löffler* angeführten Grund, sondern wegen der Beziehung zwischen den §§ 847 und 253 BGB.

Gegen die Argumentation *Löfflers* spricht nämlich vielmehr zunächst eine andere Überlegung: Davon ausgehend, daß das aPR nachträglich in den Rechtsgüterkatalog des § 823 I BGB aufgenommen wurde[236], ist die Ansicht vertretbar, daß diese nachträgliche Aufnahme in den Voraus-(Grund-)Tatbestand konsequenterweise zu einer Berücksichtigung dieses Rechts auch in den Nachfolgetatbeständen (wie z. B. in § 847 BGB) führen muß.

Daß die teleologische Extension des § 847 BGB trotzdem versagt, ergibt eine Untersuchung der **Beziehung der §§ 847 und 253 BGB**. In § 253 BGB hat der Gesetzgeber einen allgemeinen Anspruch auf Ersatz immaterieller Schäden ablehnen wollen[237]. Nach den Motiven gilt dieser Grundsatz auch iRd durch unerlaubte Handlungen ausgelösten Schadensersatzansprüche: Die Motive[238] führen § 728 (§ 847 BGB hF) ausdrücklich als Vorschrift an, in der der „Entwurf selbst aus besonderen Gründen ... dem Verletzten ... Anspruch auf eine Geldentschädigung wegen des durch das Delikt entstandenen anderen, nicht das Vermögen betreffenden Schadens[237] gewährt[239]. (Die Gründe des Gesetzgebers für

234 *Klug*, Logik § 10
235 *Larenz* aaO S. 368; *Diederichsen* JurA 1970, 780
236 s. o. Einl I
237 Motive II zu § 221 (entspricht § 253 BGB hF)
238 Motive II aaO Fußn. 1
239 Weitere Ausnahmen vom Grundsatz des § 253 BGB finden sich in den §§ 1300 BGB, 53 III LuftVG, 97 II UrhG, 35 GWB, 40 SeemannsG.

diese Anordnungen sind unten zu § 253 BGB näher zu erörtern[240].) Die §§ 253 und 847 BGB stehen also in einem Regel-Ausnahme-Verhältnis[241]. Dieses Verhältnis macht es möglich, das Wörtchen ‚nur' in den Sinngehalt des § 847 BGB aufzunehmen; dann gelangt man mit dem argumentum e contrario zu dem Ergebnis, daß eine teleologische Extension des § 847 BGB, die dahingeht, das aPR in seinen Schutzgüterkatalog aufzunehmen, gerade an Sinn und Zweck dieser Vorschrift vorbeigeht. Eine solche Gesetzeskorrektur ist also teleologisch nicht begründbar[242].

2. analoge Anwendung des § 847 I BGB

2.1 Einleitung

Die Entschädigung wegen erlittener immaterieller Schäden nach einer Verletzung des aPR wird von Rechtsprechung und Literatur häufig auf eine analoge Anwendung des § 847 BGB gestützt[243]. Dabei wird freilich – und nach unserer Ansicht: fälschlich[244] – die Verletzung des aPR auch unter den (insofern erweiterten) Begriff der Freiheitsentziehung (im Geistigen) subsumiert[245]. Abgesehen von dieser – wie wir meinen: – unmittelbaren Anwendung des § 847 I BGB soll im folgenden das Problem einer analogen Anwendung dieser Vorschrift auf unsere Frage untersucht werden.

Von den **Befürwortern** dieser Lösung wird das aPR mit Hinweis auf Art. 1 I GG zunächst als vordringlich zu schützendes Rechtsgut hingestellt[246],

---

240 2.2.1.1

241 Motive II zu § 728; ebenso *Coing* JZ 1958, 559

242 so im Ergebnis *Löffler* NJW 1962, 225 f. und Gutachten S. 8 f.; dieses Ergebnis widerspricht nicht der Ansicht des BAG (BAG 1, 329), nach der Ausnahmevorschriften („singuläre Rechtssätze") dann extensiv ausgelegt (und analog angewandt) werden dürfen, wenn ihnen selbst ein „engeres Prinzip" zugrundeliegt; denn iRd § 847 I BGB ist kein solches engeres Prinzip ersichtlich.

243 so BGHZ 26, 349 ff., 356 (Herrenreiter-Entscheidung); BGHZ LM § 823 KUG Nr. 5 (Hochzeitsbild-Entscheidung); OLG Hamburg MDR 1960, 1010; BFH NJW 1963, 744; *Nipperdey*, GR II S. 46, IV 2 S. 855; *Coing* JZ 1958, 560 und *Staudinger-Coing* I Rdn 22, 28 vor § 1; *vCaemmerer*, Festschrift vHippel S. 38; *Koebel* JZ 1960, 573; Mertens JuS 1962, 266; *Rötelmann* NJW 1964, 1458

244 s. o. 1.1.1

245 so der BGHZ in seiner Herrenreiter- und in seiner Hochzeitsbild-Entscheidung, vgl. Fußn. 243

246 *Nipperdey*, GR II S. 46

dessen Schutz nicht hinter den in § 847 BGB aufgezählten, nachrangigen Rechtsgütern zurückstehen dürfe[247]. Die hervorragende Qualität des Rechtsguts ‚aPR' erfordere einen wirksamen Schutz[248], der nur dann gewährleistet sei, wenn der in seinem Persönlichkeitsrecht Verletzte Ersatz für die wesenseigentümlichen Schäden erhalte[249] – und diese sind typischerweise immaterialler Natur. Das insbesondere in den Art. 1 und 2 GG zutagetretende Wertsystem der Verfassung erfordere eine ihm gemäße – d. h. verfassungskonforme – Auslegung und Anwendung (Art. 1 III GG)[250] der hier einschlägigen zivilrechtlichen Normen. Demnach sei § 253 BGB überholt, das ihm zu entnehmende Analogieverbot hinfällig[251]. Da der Gesetzgeber des BGB kein aPR gekannt habe, sei nachträglich im BGB eine Gesetzeslücke entstanden, die – rechtsfortbildend – im Wege der (nun nicht mehr verbotenen) Analogie iSd Art. 1 und 2 GG zu schließen sei[252]. Wenn dementsprechend § 823 I BGB in verfassungskonformer Auslegung und Erweiterung auch das aPR mitumfasse, so sei es dogmatisch konsequent, diese Auslegung auch auf § 847 I BGB zu übertragen, denn dieser Nachfolgetatbestand beziehe sich auf § 823 in seiner jeweiligen Interpretation[253,254].

Gegen diese Argumentationskette werden nun verschiedene **Bedenken** geltend gemacht. So meint das LG München[255], der in den Art. 2 I iVm 1 III GG geforderte **Schutz** sei durch die §§ 22, 33 I Nr. 2 35 KUG; 823 ff, 826 BGB hinreichend **gewährleistet**. In gleicher Richtung zielt die Argumentation, die den Geldanspruch auf Ersatz der immateriellen Schäden aus § 847 I BGB bei Verletzung des aPR durch die bußrechtlichen Vorschriften der §§ 35 KUG, 188 StGB ersetzen will; hierfür sprechen sich

---

247 OLG Hamburg MDR 1960, 1010; *Nipperdey*, GR IV 2 S. 855
248 BGHZ 26, 354; *Coing* JZ 1958, 560
249 BGHZ 26, 354; *Nipperdey*, GR IV 2 S. 855 f.
250 BGHZ LM § 23 KUG Nr. 5; *Coing* aaO
251 *vCaemmerer* aaO
252 BGHZ LM aaO; OLG Hamburg MDR 1960, 1010
253 *Mertens* JuS 1962, 266
254 *Koebel* (JZ 1960, 573) bemüht ein inzwischen hinfälliges Argument: Er redet einer analogen Anwendung des § 847 BGB das Wort im Hinblick auf eine geplante Gesetzeslage (Entwurf 1959), nach der ein Schmerzensgeldanspruch unter bestimmten Voraussetzungen in allen Fällen von Persönlichkeitsrechtsverletzungen vorgesehen ist (vgl. Entwurf 1959 S. 4 und 29). Abgesehen von der Unzulässigkeit, zivilrechtliche Ansprüche auf gesetzgeberisch erst geplante Grundlagen zu stellen, geht sein Hinweis heute deshalb fehl, weil zZt mit einer entsprechenden gesetzlichen Regelung nicht zu rechnen ist (vgl. oben Einl B).
255 Urteil vom 5. 2. 1963, unveröff, rekr, zit. bei *Lieberwirth* S. 51

Löffler[256] und *Lieberwirth*[257] aus. Auf beide Einwände kommen wir unten an geeigneter Stelle zurück[258].

Als nächstes Bedenken gegen eine analoge Anwendung des § 847 BGB wird vorgebracht, Träger zivilrechtlicher Ansprüche könnten nur zivilrechtliche Normen sein, **Art. 1 und 2 GG** ergäben – obwohl sie sedes materiae für das aPR seien – **keine Anspruchsgrundlage**[259]. Mit diesem Argument wird das Problem der Wirkkraft verfassungsrechtlicher – insbesondere: grundrechtlicher – Normen auf das Zivilrecht berührt. Diesem Fragenkreis widmen wir wegen seiner Komplexität ein gesondertes Kapitel.

Das unmittelbar verwandte Problem der **verfassungskonformen Auslegung** von Zivilrechtsvorschriften berührt auch das LG München[260], wenn es gegen die analoge Anwendung des § 847 BGB einwendet, die verfassungskonforme Auslegung dürfe nie dazu führen, zivilrechtliche Normen zu modifizieren oder in ihr Gegenteil zu verkehren; durch verfassungskonforme Auslegung dürfe das gesetzgeberische Ziel nicht in wesentlichen Punkten verfehlt oder verfälscht werden. Diese Thesen werden wir unten in einem Kapitel über die Möglichkeiten und Grenzen verfassungskonformer Auslegung untersuchen.

Die Hauptstoßrichtung der Gegenargumente zielt darauf ab, ein **Analogieverbot** nachzuweisen. Dieses ergäbe sich aus § 253 BGB[261]. Im einzelnen wird behauptet,
– § 253 BGB sei rechtsgültige Norm[262];

---

256 Gutachten S. 12 f.
257 S. 52
258 Hier ist darauf hinzuweisen, daß § 188 StGB durch Art. 19 Nr. 78 EGStGB aufgehoben worden ist (*Dreher*, § 188), und daß § 35 KUG mit Wirkung vom 1. 1. 1975 nicht mehr gilt (BGBl I S. 469).
259 LG München aaO; *Larenz* NJW 1958, 828; *Hartmann* NJW 1962, 14
260 aaO
261 OLG München Ufita 60, 307 (aufgehoben durch BGHZ NJW 1971, 698 ff. – Pariser Liebestropfen); *Lieberwirth* S. 52; *Löffler* NJW 1962, 266; *Bötticher* MDR 1962, 360; *Schultz* MDR 1962, 956; *Kuner* BB 1962, 1393; *Hartmann* NJW 1964, 798; *Giesen* NJW 1971, 802; *Larenz* SchR II § 72 III a; RGRK-*Kreft* § 847, 2; ebenso noch *Palandt-Thomas* (§ 823, 15 F) bis einschl. zur 30. Aufl (1971).
262 Hiervon gehen – zTl ausdrücklich, zTl schlüssig – alle unter Fußn 261 aufgeführten Autoren aus.

– es bestehe daher keine Regelungslücke im Gesetz[263];
– eine Verwandtschaft zwischen den in § 847 I BGB geregelten Fällen und dem Fall der Verletzung des aPR liege zudem nicht vor[264].

Die „Kernfrage"[265], ob § 253 BGB in Ansehung der Art. 1, 2; 123 I GG rechtsgültige Norm ist, hängt ab von der Frage der Wirkkraft der Verfassung auf das private Recht; wir beantworten sie daher ebenfalls unten. Ob das Gesetz eine Regelungslücke enthält oder nicht, kann wiederum erst entschieden werden, wenn feststeht, ob – und wenn ja: inwieweit – § 253 BGB noch Gültigkeit beanspruchen kann; deshalb kommen wir auch zu dieser Frage erst unten.

Gegen diesen Aufbau der Untersuchung wendet sich *Hartmann*[266], der vorschlägt, die – vor allem von *Lieberwirth*[267] angeschnittene – Frage nach der Regelungslücke könne deshalb unbeantwortet bleiben, weil die Zulässigkeit der Analogie nicht nur vom Vorhandensein einer Lücke abhängt, sondern wesentlich auch vom Fehlen eines gesetzlichen Verbots zur Ausfüllung dieser Lücke. ME wird mit der Ausklammerung der Frage nach der Regelungslücke übersehen, daß die das Ausfüllungsverbot aussprechende Norm – als die eben § 253 BGB in Betracht kommt – dieses Verbot nur dann wirksam aussprechen kann, wenn sie rechtsbeständig ist. Daher ist vorweg ihre Gültigkeit zu untersuchen.

Nach *Hartmann*[268] kann auch die Frage, ob eine Verwandtschaft zwischen den in § 847 BGB geregelten Fällen und dem Fall der Verletzung des aPR vorliege, unbeantwortet bleiben. Ihm ist hier insoweit recht zu geben, als diese Frage im System der Untersuchung erst erheblich wird, wenn die – noch zu prüfenden – Grundlagen für eine Analogie vorhanden sind.

---

263 RGZ 140, 395; OLG Frankfurt NJW 1962, 2062; OLG Karlsruhe BB 1962, 1393 (aufgehoben durch BGHZ BB 1964, 150 = MDR 1964, 136 = DB 1964, 31); *Löffler*, Gutachten S. 9; *Lieberwirth* S. 52; *Larenz* NJW 1958, 828; *Kuner* aaO
264 *Kuner* aaO
265 *Hartmann* NJW 1962, 14
266 aaO
267 S. 46
268 NJW 1964, 798

2.2 Schwerpunkte

2.2.1 Inhalt und Aussage des § 253 BGB

2.2.1.1 normale Auslegung

Bevor wir uns nun den oben aufgeworfenen Fragen zuwenden – insbesondere der Frage der Rechtsgültigkeit des § 253 BGB, der unter verschiedenen Gesichtspunkten zu prüfen sein wird – müssen wir Inhalt und Aussage dieser Norm feststellen; hierzu bedienen wir uns zunächst der normalen Auslegung[269].

Nach dem Wortlaut der Motive[270] erkennt der Entwurf des BGB das (negative) **Prinzip** an, daß ein vermögensrechtliches Interesse weder „zum Wesen" noch „zur Gültigkeit und Wirksamkeit eines Schuldverhältnisses" gehört. Positiv formuliert heißt das, daß auch nichtvermögensrechtliche (immaterielle) Interessen Gegenstand eines Schuldverhältnisses sein können. Aus der Anerkennung dieses Prinzips folgt aber ausdrücklich nicht die Konsequenz, daß bei Verletzung eines nichtvermögenswerten Interesses iRe Schuldverhältnisses der oben beschriebenen Gattung – sei es durch Zuwiderhandeln gegen eine obligatorische Verpflichtung, sei es durch deliktisches Handeln – ein Anspruch auf Ausgleichung durch Geldersatzleistung besteht. Daß diese Konsequenz nicht gezogen wird, bestätigt § 253 BGB[271] in seiner Grundaussage[272].

Über diese Grundaussage hinausgehend kündigt § 253 BGB an, daß der in ihm ausgesprochene Grundsatz ‚Nichtvermögensschaden wird in Geld nicht ersetzt' in **Ausnahmefällen** aus besonderen Gründen bei einigen bestimmten gesetzlich ausdrücklich geregelten Tatbeständen durchbrochen wird: Bei Vorliegen dieser Ausnahmen kann daher Geldentschädigung wegen Verletzung eines nichtvermögenswerten Inter-

---

269 vgl. zu Definition und Gegenstand der (normalen) Auslegung insb. *Larenz*, Methodenlehre S. 291 f. und 304 sowie *Engisch*, Einführung S. 77 ff. und *Michel* JuS 1961, 275; erst hieran anschließend kommen wir zur sog. verfassungskonformen Auslegung; zum methodischen Unterschied zwischen normaler und verfassungskonformer Auslegung vgl. *Michel* aaO S. 275 und zur Reihenfolge dieser Auslegungsarten *Michel* aaO S. 277.

270 Motive II zu § 221 BGB aF

271 Motive II aaO

272 Darüber hinaus will § 253 BGB auch die Berücksichtigung des sog. Affektionsinteresses (vgl. oben Einl A II) ausschließen, *Mugdan* (Prot zu § 221).

esses verlangt werden. Die Höhe dieses Geldentschädigungsanspruchs steht im Ermessen des Gerichts[273].

Mit dieser in § 253 BGB getroffenen „Grundentscheidung"[274] haben die Verfasser des BGB eine grundsätzliche Berücksichtigung immateriellen Schadens also abgelehnt[275] und zum Ausdruck gebracht, daß sie Vermögensschaden und Nichtvermögensschaden nicht gleichbehandelt wissen wollen[276]. Mit dem Einfügen der Worte „in Geld" wird der Grundsatz des § 253 BGB (‚für immaterielle Schäden kein Geldersatz') ausdrücklich ausgesprochen. Der Zusatz dieser Worte zeigt, daß immaterieller Schaden insoweit zu ersetzen ist, als „‚natürliche Wiederherstellung' (Naturalrestitution)" iSd § 249 S. 1 BGB möglich ist, daß es also insoweit bei der Regel des § 249 S. 1 BGB verbleibt[277]. Die Aufnahme dieses Zusatzes in die Formulierung des § 253 BGB erschien den Gesetzesredaktoren angesichts gegenläufiger Bestrebungen der damaligen Zeit auch zweckmäßig[278]; denn diese Kritik, die die einseitig auf das Vermögen bezogene Schadenslehre kritisierte[279], hat nicht überzeugen können, sondern bloß zu einer Verhärtung des ihr entgegengebrachten Widerstands geführt[280].

Was die über die Grundsatzentscheidung hinausgehende Zulassung von Ausnahmen des in § 253 BGB aufgestellten Grundsatzes angeht, so fällt hieran zweierlei auf: Erstens formuliert der Gesetzgeber die Zulässigkeit positiv (Wegen eines Nichtvermögensschadens „kann Entschädigung ... gefordert werden".). Die Grundsätze des § 253 BGB

- ‚Nichtvermögensschäden werden in Geld nicht ersetzt',
- dahinter auftauchend: ‚Vermögensschäden werden in Geld ersetzt' und
- ‚immaterielle Schäden, die naturalrestituierbar sind, werden gemäß § 249 S. 1 BGB ersetzt'

---

273 Motive II aaO
274 *Stoll*, Gutachten S. 18 f.
275 *E. Kaufmann* AcP 162, 435
276 *Stoll* aaO S. 18; *Stoll* meint darüberhinaus, § 253 BGB habe die Aufgabe, eine Rechtsfortbildung zu verhindern, die zu einer solchen Gleichbehandlung führt.
277 BVerfG NJW 1973, 1221; zu diesem Zusammenspiel ausführlicher noch unten (A I) 2.2.2.2 d.gg.aaa und B III 2
278 Protokolle I zu § 221
279 vgl. etwa *vLiszt* S. 33
280 *Stoll* aaO; vgl. Motive II und *Mugdan* (Prot), jeweils zu § 221

sind ihm nur durch Schluß zu entnehmen. Die in § 253 BGB formulierte Ausnahme zeigt, daß der Gesetzgeber das im juristischen Denken häufig auftauchende Regel-Ausnahme-Schema in dem juristisch üblichen Sinn versteht, nämlich in dem Sinn, daß mit der Formulierung des Regelfalls (also iRd § 253 BGB: mit den durch Schluß zutagetretenden Grundsätzen) nicht ein universales, sondern ein partikuläres Urteil ausgesprochen wird[281]. Zweitens begrenzt § 253 BGB die in ihm vorangekündigten Ausnahmen „nur" auf die „durch das Gesetz bestimmten Fälle". Im Zusammenwirken mit diesen Fällen[282] ergibt die Regelung des § 253 BGB ein lückenloses Netz von Grundsatz (‚Nichtvermögensschäden werden in Geld nicht ersetzt') und einzelnen Ausnahmebestimmungen[283].

Dieser nach außen in Erscheinung tretende Gehalt des § 253 BGB wird erhellt durch die **Motivationen und Überlegungen des Gesetzgebers**.

1) Der Gesetzgeber befürchtete zunächst, ein Grundsatz, der ausspräche, (auch) für Nichtvermögensschäden könne regelmäßig Geldersatz verlangt werden, würde – wegen des bei der Frage der Höhe der Geldentschädigung auszuübenden freien Ermessens des Gerichts[284] – dem Richter eine „dem deutschen Recht fremde Souveränität seiner Rechtsstellung gegenüber dem Streitverhältnisse" beilegen; eine solche Souveränität habe man bei den Beratungen zur ZPO für bedenklich gehalten und verworfen. Insbesondere ließen sich Ermessensschranken kaum aufstellen, und eine Beurteilung der richterlichen Entscheidung in der Revisionsinstanz sei schwierig[285]. Diese – rechtstechnischen[286] – Schwierigkeiten der Schadensfeststellung und -schätzung, die Angst vor richterlicher Willkür und das Streben nach Rechtssicherheit waren also ausschlaggebend dafür, daß der Grundsatz ‚(Auch) für Nichtvermögensschäden kann Geldersatz verlangt werden' nicht Gesetz wurde[287].

---

281 vgl. *Diederichsen* JurA 1970, 774; für unser Problem im Ergebnis ebenso OLG Schleswig-Holstein JZ 1961, 575 (rekr); *Grossfeld* S. 117; *Löffler*, Gutachten S. 9
282 vgl. die Aufzählung oben 1.2 Fußn. 239
283 so auch *Löffler*, Gutachten S. 8 f.
284 s. o.
285 Motive II zu § 221
286 *E. Kaufmann* AcP 162, 435; *Löffler* NJW 1962, 226
287 Motive II zu § 221; *Stoll*, Gutachten S. 59 f., mit dem kritischen Bemerken, daß die ZPO von 1887 dem Richter iRd Schadensfeststellung des § 260 ZPO aF (entspricht § 287 ZPO hF) längst eine bislang ungewohnte Souveränität verliehen hatte; im selben Sinne äußern sich auch die Motive II zu § 728;

2) Die Gesetzesverfasser stützen ihre Entscheidung weiter auf die Hilfsüberlegung, daß ein Anspruch auf Ersatz immateriellen Schadens in Geld im obligatorischen Bereich durch Vereinbarung einer Konventionalstrafe ersetzt werden könne. Sie erkannten zwar, daß auch im Bereich der unerlaubten Handlungen „die sog. idealen Rechte gegen widerrechtliche Verletzung" zu sichern seien, und „dieser Schutz nicht ausschließlich in das Strafrecht verlegt werden" könne, sondern „dem Verletzten geeignetenfalls nach den Postulaten der Gerechtigkeit auch eine Schadloshaltung zu gewähren" sei[288]. Trotz dieser Einlenkung hielt der Gesetzgeber die Bedenken für überwiegend und ausschlaggebend und ließ den deliktischen Bereich grundsätzlich unabgesichert.

3) Die hierdurch entstehende Schutzlücke hält er für hinreichend abgesichert („Dem Hauptbedürfnisse ist Genüge gethan...") durch
- die Bußvorschriften des Strafgesetzbuches;
- urheberrechtliche Vorschriften;
- die ausnahmsweise gegebenen Möglichkeiten des Geldersatzes von Nichtvermögensschaden[289].

4) Im Hintergrund dieser Überlegungen steht ein ethisches Problem: Die Gesetzesverfasser fürchteten eine Kommerzialisierung immaterieller Werte, wenn man die Verletzung dieser Werte materiell aufwiegen würde[290]. Seine vorgeblich im Interesse dieser immateriellen Werte – aber zuungunsten eines Schutzes dieser Werte – getroffene „Wertentscheidung"[291] wurde damit begründet, daß es der herrschenden Volksauffassung – zumal der Auffassung der besseren Kreise – widerstrebe, immaterielle Lebensgüter auf die gleiche Ebene mit Vermögensgütern zu stellen, indem man ideellen Schaden mit Geld gutmacht; denn nach der allgemeinen Volksansicht sei es nicht ehrenvoll, sich Beleidigungen durch Geld abkaufen zu lassen, und derjenige habe wenig Ehre zu verlieren, der eine Verletzung seiner Ehre durch

---

Löffler, Gutachten S. 13 f. und NJW 1962, 226 f.; zustimmend *Schultz* MDR 1962, 957 und *Grossfeld* S. 117; *Coing* JZ 1958, 559; *Bötticher* MDR 1963, 359 und 45. DJT II C S. 17; *Rötelmann* NJW 1964, 1458

288 Motive II zu § 221

289 Motive II aaO

290 *Grossfeld* S. 94, 117; OLG Karlsruhe BB 1962, 1393 (aufgehoben durch BGHZ BB 1964, 150 = MDR 1964, 136 = DB 1964, 31)

291 *Flume*, 46. DJT II K S. 7

Klage auf Geld zu reparieren suche[292]. Solle das Hauptanliegen des immateriell Verletzten nicht auf Geldentschädigung, sondern wirklich auf Wiederherstellung der Ehre gelegt werden, so gelange man zu diesem Ziel konsequenter, wenn dem Beleidigten ein klagbarer Anspruch auf Ehrenerklärung, Widerruf oder Abbitte gegeben werde[293]. Diese ethische Argumentation wird allerdings nicht in den Motiven vorgebracht, sondern sie taucht erst bei den Beratungen der II. Kommission und der Reichstagskommission auf[294].

5) Ergänzend befürchtete der Gesetzgeber bei der Aufnahme einer generell auch Ersatz für Nichtvermögensschaden zusprechenden Norm sowohl eine „einschneidende Neuerung ... für die meisten und größten Rechtsgebiete"[295] als auch eine Rückkehr zum längst überwundenen Recht der Privatstrafklage wegen Beleidigung[296]; denn eine Schadensersatzpflicht an eine Ehrverletzung zu knüpfen, bedeutete nach seiner Ansicht, unter dem Schein einer Schadensersatzleistung auf eine an den Beleidigten zu leistende Geldstrafe zu erkennen[296]. Ensprechende Bedenken finden sich wieder bei den Materialien zu § 728 BGB aF[298], wo es heißt, eine Einfügung der Ehrverletzung in den Katalog des§ 728 BGB aF würde im Ergebnis die Mißstände wieder aufleben lassen, die die Gesetzgebung zur Aufgabe der actio iniuriam gezwungen hatten[299]. Die gleichen Überlegungen, die den Gesetzgeber iRd Grundnorm (§ 253 BGB) bewogen hatten, einen Grundsatz aufzustellen, der einen Ersatz des Nichtvermögensschadens nur ausnahmsweise ermöglicht, veranlaßten ihn also, iRd – in § 253 BGB schon vorangekündigten – Ausnahmenorm (§ 847 BGB), die Anzahl der Ausnahmetatbestände klein zu halten[300].

---

292 *Mugdan* (Prot zu § 728 und KomBer zu § 807 [entspricht § 823 I BGB hF]); Motive II zu § 728; *E. Kaufmann* AcP 162, 435; Entwurf 1959, S. 28
293 *Mugdan* (Prot zu § 728)
294 *Stoll*, Gutachten S. 59 mFußn. 247
295 Motive II zu § 221
296 *Grossfeld* S. 118; vgl. auch *Coing* JZ 1958, 559
297 *Mugdan* (KomBer zu § 807); *E. Kaufmann* AcP 162, 435
298 *Mugdan* (Prot zu § 728)
299 *Mugdan* (Prot und KomBer jeweils aaO)
300 vgl. insb. Motive II (4 a vor § 722 aF), wo vor einer Erweiterung des § 728 aF gewarnt wird, um das „Prinzip des § 221" aF nicht „preisgeben" zu müssen; (die §§ 722 ff. aF regelten die unerlaubten Handlungen, §§ 722–725 aF betrafen insb. die „an das Delikt der Tötung sich knüpfenden Entschädigungsansprüche", Motive II zu §§ 722–725, am Anfang).

Den **Geltungsbereich** des § 253 BGB will der Gesetzgeber erstreckt wissen auf „ausnahmslos" alle Fälle des Schadensersatzes wegen Nichterfüllung obligatorischer Verpflichtungen und auch für durch unerlaubte Handlungen ausgelöste Schadensersatzansprüche[301].

Zusammenfassend lassen sich daher Inhalt und Aussage des § 253 BGB wie folgt festlegen: § 253 BGB stellt für alle Schadensersatzfälle verbindlich fest, daß immaterieller Schaden nur in den Fällen in Geld ersetzt wird, die der Gesetzgeber ausdrücklich in Abweichung von diesem Grundsatz als Ausnahmetatbestände normiert hat. Schlußfolgerung hieraus: § 253 BGB verbietet einen Ersatz immateriellen Schadens in Geld in all den Fällen, für die der Gesetzgeber eine solche Ausnahmenormierung nicht vorgenommen hat. Der Begriff des aPR taucht im Gesetz an keiner Stelle ausdrücklich auf; die gesetzlichen Grundlagen, die ein aPR vielmehr schlüssig postulieren, sehen wir – im Ergebnis übereinstimmend mit der Rechtsprechung und der hL – insbesondere in den § 823 I BGB, Art. 1 und 2 GG[302]. Eine positiv geregelte Ausnahme, die ausdrücklich anordnet, für die Fälle der Verletzung des aPR sei immaterieller Schaden in Geld zu ersetzen, fehlt im Gesetz[303]. Schlußfolgerung hieraus: § 253 BGB verbietet für den Fall der Verletzung des aPR den Ersatz immateriellen Schadens in Geld.

2.2.1.2 verfassungskonforme Auslegung

Bevor wir diese Kernaussage des § 253 BGB auf ihre Rechtsbeständigkeit hin untersuchen, müssen wir erst zu einer Auslegungsmethode greifen, deren Ergebnis § 253 BGB möglicherweise rechtsgültig bleiben läßt. Rechtsprechung und Literatur gehen nämlich übereinstimmend davon aus, daß eine Norm (formellen Gesetzrechts) so lange nicht als ungültig betrachtet werden darf, wie sie im Einklang mit der Verfassung ausgelegt werden kann[304] – ein Grundsatz, der in der Literatur als „konservierendes Prinzip"[305] oder als Prinzip der „normerhaltenden Verfassungs-

301 Motive II zu § 221
302 s. o. Einl A I
303 Zu der Frage, ob das Gesetz – etwa in den Art. 1, 2 GG – nicht nur das aPR postuliert, sondern schlüssig auch den Ersatz immateriellen Schadens bei seiner Verletzung anordnet, und ob damit etwa neue Ausnahme-Fallgruppe iRd § 253 BGB geschaffen ist, s. u. 2.2.2.2 c.aa
304 BVerfG 2, 267, 282; ebenso BVerwG 6, 125
305 so *Schack* JuS 1961, 270

anwendung"[306] bezeichnet wird. Wir werden § 253 BGB also noch daraufhin untersuchen, ob seine Kernaussage sich im Wege der verfassungskonformen Auslegung[307] verändern läßt.

Als Verfassungsvorschriften, die Richtpunkt einer solchen Auslegung des § 253 BGB sein könnten, kommen die verfassungsrechtlichen Grundlagen des aPR in Betracht, also die Art. 1 und 2 GG[308]. § 253 BGB ließe sich dann „grundrechtseffektiv[309] interpretieren, wenn sich der materielle Gehalt dieser Verfassungsartikel auf ihn übertragen lassen würde[310]. Grundsätzliche **Voraussetzung** für diese Übertragung ist eine aufnahmebereite lex interpretanda, die über ein gewisses Maß an Flexibilität verfügt. Besondere Voraussetzung dieser Übertragung für unser Problem ist die zusätzliche Aussicht auf ein Ergebnis, das die analoge Anwendung des § 847 I BGB ermöglicht. Der im Wege der normalen Auslegung soeben gewonnene Blick auf Inhalt und Aussage des § 253 BGB läßt jedoch befürchten, daß es sich bei § 253 BGB um eine eindeutig konzipierte Norm handelt, deren enge Grenzen so starr sind, daß eine verfassungsannähernde Auslegung auf dieses Ziel hin ihre Grenzen nicht iRd Interpretationsmöglichen auf die Verfassung hin verlegen, sondern sie eher sprengen würde.

Es fragt sich deshalb, ob eine verfassungskonforme Interpretation des § 253 BGB mit dem Ziel der Aufnahme des Falltyps ‚Ersatz des Nichtvermögensschadens auch bei Verletzungen des aPR' in seinem Inhalt überhaupt möglich ist, oder ob hiermit die Grenzen verfassungskonformer Auslegung bereits überschritten würden. Nach – fast[311] – einhelliger

---

306 so *vMangoldt-Klein* I Einl IV 8 und Art. 19 V 7 d

307 Speziell diesen Weg zur Beachtung des „konservierenden Prinzips" empfehlen *Larenz* (Methodenlehre S. 319 mHinw auf die Rspr des BVerfG und S. 322) und *Maunz* in *Maunz-Dürig-Herzog* Art. 123 Rdn 9. Nach *Larenz* (aaO S. 319) ist Verfassungskonformität Auslegungskriterium. Verfassungskonforme Auslegung ist nach *Michel* (JuS 1961, 276) Ausdruck eines „interpretatorischen Konformitätsprinzips", das in der Einheit und im Stufenaufbau der Rechtsordnung wurzelt (vgl. bayVerfGH [nF] 5, 41; *Stein* NJW 1964, 1750).

308 s. o. Einl A I

309 *Michel* aaO

310 *Mertens* JuS 1962, 263

311 Gegen dieses Prinzip wendet sich *Esser* (Grundsatz und Norm S. 260 ff.): Seiner Ansicht nach heißt Interpretation nicht nur „Verstehen der empirisch vorgefundenen Ordnungsanweisung im Text", sondern auch „... Korrektur dieses Vorgefundenen aus dem System", weil es die „aktuelle Ordnungs-

Ansicht gilt das „**Prinzip der Unzulässigkeit einer verfassungskonformen Auslegung contra legem**"[312], nach dem eine von Wortlaut und Sinn her eindeutige Gesetzesvorschrift (durch verfassungskonforme Auslegung) nicht so verändert werden darf, daß ihr (objektiv) ein „entgegengesetzter Sinn" gegeben, oder daß das (subjektive) Ziel des Gesetzgebers „in einem wesentlichen Punkt verfehlt oder verfälscht" würde[313]. Diese Grenze ergibt sich aus dem Prinzip der Gewaltenteilung (Art. 20 II 2 GG), das zwar – iRd (Gegen-)Prinzips der Gewaltenkontrolle und Gewaltenhemmung[314] – Normenkontrollverfahren zuläßt[315], sie aber bestimmten Teilen der rechtsprechenden Gewalt vorbehält (vgl. Art. 100 I GG). Deshalb endet die verfassungskonforme Auslegung dort, wo einer Normenkontrollinstanz die Entscheidung über die Verfassungsmäßigkeit eines Gesetzes zusteht[316].

Diese Grenze will *Michel*[317] offenbar nur bei nachkonstitutionellen Normen ziehen, wenn er ausführt, der Wortlaut vorkonstitutioneller Normen und der dahinterstehende Wille des vorkonstitutionellen Gesetzgebers hätten als Auslegungskriterien hinter dem Gebot des verfassungskonformen Auslegung zurückzutreten. Diese Ansicht scheint aber kaum haltbar: Erstens wird die auslegungsbegrenzende Funktion, die Art. 100 I GG bei nachkonstitutionellem Gesetz ausübt[318], für vorkonstitutionelles Gesetz von Art. 123 I GG übernommen[319]. Zweitens erscheint jede normerhaltende verfassungskonforme Auslegung als überflüssige Gültigkeitsverlängerung einer an sich nicht verfassungsmäßigen (verfassungswidrigen) Norm, wenn sie in den Bereich des Rechtsphänomens ‚Verfas-

---

aufgabe (der Texte) im Spiegel des historisch-konkreten Rechtsbewußtseins so impliziert", und weil „juristische Interpretation... nicht Nachdenken des Vorgedachten, sondern Zu-Ende-Denken eines Gedachten... (ist)" (S. 260). Widersprüche des Textes mit dem „‚System'", die sich in einer „‚offenbar unvernünftigen' Folgerung äußern", verlangen (auch) eine Interpretation contra legem (S. 262) – hier hat der Richter die Pflicht zur Überarbeitung von Anachronismen (S. 263).

312 *Schack* JuS 1961, 270

313 BVerfG 8, 28, 34; NJW 1964, 1564; vgl. BVerfG 20, 218 f.; *Menger* JZ 1960, 169 f.; *Schack* JuS 1961, 271 Fußn. 21, S. 273 f.; *Stein* NJW 1964, 1750

314 vgl. dazu BVerfG 9, 279 f.; vgl. ausführlicher noch unten II 2.2

315 *Michel* JuS 1961, 279

316 *Brüggemann* JR 1963, 166; vgl. auch *Schack* aaO S. 273 f.

317 aaO S. 279 ff.

318 Bei den dem BVerfG nach Art. 100 I GG vorgelegten Normen muß es sich um nachkonstitutionelle Gesetze handeln (*Maunz* in *Maunz-Dürig-Herzog* Art. 100 Rdn 12).

319 Auf Art. 123 I GG kommen wir noch, vgl. unten 2.2.2.2 c.aa.

sungswidrigkeit von Unterverfassungsrecht'[320] eindringt. Dieses zweite Bedenken gilt aber hinsichtlich vor- wie nachkonstitutioneller Gesetze gleichermaßen. Das Prinzip der Unzulässigkeit verfassungskonformer Auslegung contra legem gilt also auch für den – vorkonstitutionellen[321] – § 253 BGB.

Die **Anwendung dieses Prinzips** auf § 253 BGB beweist die Richtigkeit unserer oben geäußerten These: Die normale Auslegung hat nach grammatischen, teleologischen, systematischen und historischen Gesichtspunkten[322] gezeigt[323], daß § 253 BGB ausdrücklich, eindeutig und verbindlich den Einsatz immaterieller Schäden in Geld bei Verletzungen des aPR verbietet. Jede verfassungsannähernde Interpretation, die das Ziel hat, immaterielle Schäden auch für diesen Falltyp durch § 253 BGB in Geld ersetzbar zu machen, würde sowohl den (objektiven) Sinn dieser Norm umkehren, als auch (insbesondere) das (subjektive) Ziel des Gesetzgebers in einem wesentlichen Punkt verfälschen. § 253 BGB ist einer verfassungskonformen Auslegung für unser Problem nicht zugänglich[324].

Eine verfassungskonforme Auslegung des § 253 BGB erscheint – abgesehen von diesen in der Norm selbst begründeten (sachlichen) Überlegungen – auch aus einem **methodisch-technischen Grund** (zumindest an dieser Stelle) nicht möglich: Wenn (mittelbare) Drittwirkung von Grundrechten als (indirekte) Übertragung von Grundrechtsinhalten ins Privatrecht definiert wird, durch die privatrechtliche Bestimmungen (im weitesten Sinne) verändert werden[325], dann stellt sich das methodische Instrument der verfassungskonformen Auslegung als Funktion[326] der

---

320 vgl. zur hier angesprochenen Derogationswirkung unten 2.2.2.2

321 s. zu den Einzelheiten unten 2.2.2.2 c.aa.

322 In dieser oder ähnlicher Form gehören diese Auslegungsregen zur juristischen Hermeneutik (*Engisch*, Einführung S. 77 ff.).

323 s. o. 2.2.1.1

324 so auch OLG München Ufita 60, 307 (aufgehoben durch BGHZ NJW 1971, 698 ff. – Pariser Liebestropfen) und LG München vom 5. 2. 1963, unveröff., rekr., zit. bei *Lieberwirth* S. 51 sowie *Wiese* S. 42 f.

325 vgl. zu den Einzelheiten unten 2.2.2.3 a.bb

326 im allgemein-wissenschaftlichen Sinn, d. h. als „Verrichtung, Tätigkeit, Wirksamkeit, Aufgabe o. ä." (*G. Küchenhoff*, Festschrift Nipperdey S. 320 Fußn. 16)

(mittelbaren) Drittwirkung dar[327]. Die Drittwirkung werden wir aber erst unten[328] untersuchen.

2.2.2 Die Wirkkraft vorrangigen Rechts

2.2.2.1 Vorbemerkung

Die Schwerpunkt-Frage nach der Wirkung und der Wirkkraft vorrangigen Rechts – insbesondere der Art. 1 und 2 GG – auf unser Problem ist unter folgenden Einzelgesichtspunkten zu untersuchen:
- Wird § 253 BGB durch die Einwirkung von höherrangigem Recht aufgehoben (Derogationswirkung)?
- Wirken die Verankerungspunkte des aPR (Art. 1 und 2 der Verfassung) in irgendeiner Weise auch im Verhältnis der am Privatrechtsverkehr Beteiligten (Drittwirkung)?

Vorab ist festzustellen, daß bei der Frage nach der Wirkung der Verfassung auf die Normen des Bürgerlichen Rechts die oben genannten Gesichtspunkte häufig miteinander verwoben werden; hierbei wird durch Begriffe wie ‚Wertsystem', ‚Ausstrahlung', usf., eher verwirrt als differenziert.

So meint etwa *Stein*[329], die Einwirkung des Verfassungsrechts auf das Bürgerliche Recht beziehe sich nur auf die Frage, ob Grundrechte und sonstiges Verfassungsrecht bürgerlich-rechtliche Normen (verändern oder) beseitigen können – eine Frage, die er unter dem „Schlagwort ‚Drittwirkung von Grundrechten'" zusammenfaßt[330], obwohl sie eine solche der Derogationswirkung ist[331]. Ebenso mißverständlich führt *Enneccerus-Nipperdey*[332] Art. 123 I GG – als die Derogationswirkung aussprechende Norm[333] – im Zusammenhang mit seinem Verständnis

---

327 In diesem Sinne sind wohl auch das BVerfG (7,205), *Wiese* (aaO), *G. Küchenhoff* (aaO S. 345, der für unser Problem ausdrücklich die „verfassungskonforme Auslegung" eingreifen läßt) und *vMangoldt-Klein* (I Vorb A II 4 f. und Art. 1, II 1 c) zu verstehen.
328 2.2.2.3
329 NJW 1964, 1750
330 aaO S. 1751
331 zu den Definitionen unten unter 2.2.2.2 a
332 Hbd 1 § 15 II 4
333 vgl. *Reimers* S. 22 Fußn. 12

von der Drittwirkung auf. Desgleichen spricht *Stoll*[334] bei der Untersuchung der Frage, ob § 253 BGB durch das GG aufgehoben sei, von der Drittwirkung und fügt ein gesondertes Kapitel über die „Derogation des § 253 BGB durch annähernde Rechtsfindung" an.

Hierzu ist zu bemerken, daß die mögliche Aufhebung des § 253 BGB eine Frage der Derogationswirkung der Verfassung ist, und daß die mögliche Derogation des § 253 BGB nicht primär Folge abändernder Rechtsfindung (d. h. richterliche Tätigkeit), sondern Folge der derogierenden Kraft vorrangiger Normen ist (die – das ist zuzugeben – allerdings von Richtern angewandt werden). Für Rechtsfindung ist auch Platz im Problemkreis der Drittwirkung.

Ungenau verfährt auch *Wiese*[335], wenn er davon ausgeht, daß es bei dem Problem der Verfassungswirkung auf die §§ 253, 847 BGB nicht um die Drittwirkung (nach seiner Definition: um die Frage, ob und inwieweit Grundrechte im Privatrechtsverkehr gelten) gehe, sondern allein darum, inwieweit Grundrechte Normen des Bürgerlichen Rechts beeinflussen. Diese Alternativen schließen sich aber gerade auch nach *Wieses* Verständnis von der Drittwirkung nicht aus: Wenn Grundrechte im Privatrechtsverkehr gelten, so zeitigen sie eben da auch einen Einfluß. Weiter verwirrt, daß *Wiese*[336] seine Untersuchung offenbar auf Fragen der Derogationswirkung beschränkt und anschließend das BVerfG[337] zitiert, das in der zitierten Entscheidung eben nicht von der Derogationswirkung des Verfassungsrechts, sondern von seiner Drittwirkung spricht[338]. Schließlich vermengt *Klein*[339] Drittwirkung und Derogationswirkung, wenn er eine „Drittwirkung" anerkennt, die nach seiner Ansicht darin besteht, daß Einrichtungsgarantien und Grundsatznormen des Verfassungsrechts als oberste Rechtssätze in Rechtsbereiche außerhalb der Verfassung einwirken, mit der Rechtsfolge der Nichtigkeit derjenigen außerverfassungsrechtlichen (niederrangigen) Rechtssätze, die den Einrichtungsgarantien und Grundsatznormen widersprechen – und damit ein Phänomen des objektiven Rechts beschreibt, das wir als Degorationswirkung bezeichnen werden[340].

---

334 Gutachten S. 49 f., insb. Fußn. 192
335 S. 38 f.
336 aaO
337 BVerfG 7, 198, 205
338 Wir zeigen das unten zu II 2.1
339 in *vMangoldt-Klein* I Vorb A II 4 e
340 s. u. 2.2.2.2 a

Von einer deutlichen Unterscheidung dieser beiden Wirkweisen der Verfassung gehen – soweit ersichtlich – allein *Leisner*[341] und *Reimers*[342] aus: Danach hat die Einwirkung von Grundrechtsnormen auf niederrangiges Gesetzesrecht im allgemeinen und auf das Privatrecht im besonderen (Derogationswirkung) mit der Frage der Drittwirkung der Grundrechte nichts zu tun.

2.2.2.2 Derogationswirkung

a) Vorbemerkung

Wie angedeutet, verstehen wir unter Derogation die teilweise Ersetzung oder Aufhebung eines niederrangigen Rechtssatzes durch einen höherrangigen Rechtssatz, und **definieren** daher die Derogationswirkung als die Wirkung, die höherrangiges Recht dadurch auf niederrangiges Recht ausübt, daß die Geltung niederrangigen Rechts – entweder wegen einer ausdrücklichen Anordnung oder wegen eines inhaltlichen Widerspruchs zu höherrangigem Recht – teilweise oder vollständig (Fall der Abrogation) beendet wird. Bei dieser Definition können die Alternativen

- Ersetzung oder Aufhebung niederrangiges Recht durch höherrangiges Recht?
- ausdrückliche Anordnung der Nicht-Weiter-Geltung (Abrogation)?

schnell entschieden werden: Es ist kein im Range über dem BGB stehender Rechtssatz in Sicht, der die Regelung des § 253 BGB ersetzen könnte – es kommt daher allenthalben seine Aufhebung in Betracht. Diese Aufhebung könnte – falls sie überhaupt zu bejahen ist – nur eine teilweise Aufhebung sein, denn § 253 BGB regelt nicht nur die Frage, ob bei Verletzung des aPR Schadensersatz für erlittenen immateriellen Schaden zu gewähren ist, sondern wirkt als Norm des Allgemeinen Schuldrechts auch in andere Rechtsbereiche ein[343]. Schließlich ist auch keine Norm in Sicht, die seine Nicht-Mehr-Geltung ausdrücklich anordnet. Es bleibt also zu untersuchen, ob § 253 BGB inhaltlich im Widerspruch zu höherrangigem Recht steht.

Für diese Untersuchung gehen wir von folgender **Rechtsrangfolge** aus[344]:

---

341 S. 286; er bezeichnet die Auswirkungen der Grundrechte auf privatrechtliche Gesetze allerdings als „übermittelbare Drittwirkung"

342 S. 22 Fußn. 12

343 zum Ausmaß der Durchbrechung s. u. c.dd

344 vgl. *Michel* JuS 1961, 276

– überpositives (Natur-)Recht
– Verfassungsrecht
– formelles Gesetzesrecht

§ 253 BGB als Norm des formellen Gesetzesrechts dürfte demnach weder gegen Verfassungsrecht noch gegen überpositives Recht verstoßen.

b) § 253 BGB und überpositives Recht

Bei der Frage, ob § 253 BGB gegen überpositives Recht verstößt, drängt sich zunächst die Vorfrage nach der Geltung überpositiven Rechts auf. Die Antwort hierauf muß rechtsphilosophischen Arbeiten vorbehalten bleiben. Wir beschränken uns auf folgende Feststellungen[345]:

Rechtsphilosophie und Rechtslehre der Gegenwart (seit 1900) waren zunächst gekennzeichnet durch eine Abkehr von Positivismus und Realismus der zweiten Hälfte des 19. Jahrhunderts[346], durch eine Abkehr vom juristischen Naturalismus[347] und eine Hinwendung zum **materialen Rechtsdenken**, d. h. zur Betrachtung des Rechts als einem überpositiven Wert. Die tatsächlichen Ursachen für diese Entwicklung der Rechtsphilosophie waren

– die industrielle Revolution mit ihren sozialen Auswirkungen, insbesondere mit der Entstehung eines besitzlosen Proletariats, die die Frage nach der Gerechtigkeit der bestehenden Ordnungen neu aufwarf;
– die sozialen Erschütterungen des 1. Weltkriegs und die wirtschaftlichen Verhältnisse der Nachkriegszeit;
– schließlich und insbesondere die Erfahrungen aus der nationalsozialistischen Epoche, die deutlich machten, daß der Begriff des Rechts nicht identisch ist mit den Legislativakten des jeweiligen Machthabers.

Diese seit 1945 auftretende Renaissance des Naturrechtsdenkens vollzog sich zunächst auf dem Gebiet der Rechtsphilosophie, später dann

---

345 nach *Kuschmann*, Rechtsphilosophie Rdn 175 ff.

346 vgl. für diese Epoche etwa *Augusta Comte* (1798–1857), *John Stuart Mill* (1806–1873) und *Herbert Spencer* (1820–1903)

347 Der juristische Naturalismus äußerte sich rechtsphilosophisch etwa in der Lehre *Karl Marx'* vom Recht als einem Überbau über den tatsächlichen gesellschaftlichen Verhältnissen (vgl. *Theimer* S. 73 ff.) und in der Auffassung *Nietzsches* vom Recht als dem „Willen zur Macht". Auf rechtswissenschaftlich-methodologischem Gebiet trat der juristische Naturalismus in Form der älteren *(Jhering)* und jüngeren *(Stoll, Heck)* Interessenjurisprudenz, der sozialen Rechtsauffassung *(vGierke)*, der Freirechtsschule *(Kantorowiecz, Isay)*, der Rechtssoziologie *(Max Weber, Ehrlich, Jerusalem)* und der Reinen Rechtslehre *Kelsens* in Erscheinung.

auch im Bereich der Rechtsdogmatik. Von den allgemein-philosophischen und insbesondere rechtsphilosophischen Strömungen der Gegenwart – dem Neuthomismus[348], dem Neukantianismus mit seiner Marburger[349] und seiner Südwestdeutschen Schule[350], dem Neuhegelianismus[351], der Phänomenologie[352] und der Wertphilosophie[353] – waren insbesondere die Strömungen der Südwestdeutschen Richtung des Neukantianismus und die Wertphilosophie die die Idee des überpositiven Rechts tragenden Kräfte.

Als Vertreter der Südwestdeutschen Schule des Neukantianismus wiesen *Windelband* und insbesondere *Rickert* nach, daß bei der – den Geisteswissenschaften eigenen – Betrachtung historischer Ereignisse, Erscheinungen und Gestalten Auswahlgesichtspunkt der Wert sei, den diese Erscheinungen für die Kulturgemeinschaft haben. Hierbei bedeutet Wert aber nicht positive oder negative Bewertung, sondern lediglich Bedeutungsmaß für die soziale Entwicklung. Diese wertbezogene Betrachtungsweise hat sowohl die Rechtsphilosophie – insbesondere *Radbruchs* – als auch die Rechtsdogmatik durch die Methode teleologischer, d. h. wert- und zweckbezogener Rechtsanwendung (insbesondere im Strafrecht) nachhaltig beeinflußt. Nach *Radbruch* ist auch das Recht als ein Teil der Kultur unter dem Gesichtspunkt seines Wertes für die Gemeinschaft zu betrachten. Den letzten, nicht weiter ableitbaren Wert – die Rechtsidee – stellt die Gerechtigkeit an sich dar, auf die alles gesetzte Recht ausgerichtet sein muß. *Radbruch* relativiert diesen Wert aber, indem er sagt, es sei nicht Aufgabe der Rechtswissenschaft, den Inhalt der Rechtsidee zu bestimmen, sondern dieser Inhalt sei

---

348 vgl. insb. *Victor Cathrein* (1845–1931) sowie *Hölscher, Petrascheck* und *Rommen*

349 Vertreter der allgemeinen Philosophie: *Friedrich Albert Lange* (1828–1875), *Hermann Cohen* (1842–1918) und *Paul Natrop* (1854–1924); für die Rechtsphilosophie: *Rudolf Stammlers* (1856–1936) Lehre vom Richtigen Recht und *Kelsens* Reine Rechtslehre

350 Hauptvertreter der allgemeinen Philosophie: *Wilhelm Windelband* (1848–1915) und *Heinrich Rickert* (1863–1936); für die Rechtswissenschaft: *Emil Lask* (1875–1915) und *Gustav Radbruch* (1878–1949)

351 Vertreter der allgemeinen Philosophie: insb. *Kroner, Glockner* und *Johannes Hoffmeister*; Hauptvertreter auf dem Gebiet der Rechtsphilosophie und Rechtswissenschaft: *Julius Binder, Karl Larenz, Walter Schönfeld* und *Ernst Dulckeit*

352 Hauptvertreter ist *Edmund Husserl* (1859–1938), für die Rechtstheorie maßgeblich sind *Adolf Reinach, Gerhart Husserl* und *Hans Welzel*

353 *Nicolai Hartmann* (1882–1950) und *Max Scheler* (1874–1928); hieran anschließend *Helmut Coing* für die Rechtsphilosophie

Folge der politischen und sittlichen Grundentscheidung der jeweiligen Gemeinschaft.

An dieser Stelle weicht der rechtsphilosophische Neuhegelianismus (Objektiver Idealismus) vom südwestdeutschen Neukantianismus ab: Zwar ist nach *Binder* und *Larenz* alles Recht auf einen Wert bezogen, dieser Wert – die Rechtsidee – aber insofern materiell-inhaltlich bestimmt, als er aus der Gemeinschaftsordnung abgeleitet wird; der Zweck des Rechts besteht in den Interessen der staatlich organisierten Gemeinschaft, die den Individuen gegenüber vorrangig ist.

Schließlich dehnt die Wertphilosophie *Hartmann*s und *Scheler*s die Grundauffassung der Phänomenologie (die Erkenntnis sei ein Erfassen von etwas, das von der Erkenntnis und unabhängig von ihr schon dagewesen sei) auf den Bereich der Werte aus, denen damit phänomenale Existenz zukommt (materiale Wertethik): Die in der Gemeinschaft übereinstimmend anerkannten Wertungen lasssen einen Rückschluß auf objektiv vorhandene Werte zu und gestatten so die Aufstellung einer positiven Wertordnung, die sich – je nach der Zeitdauer ihrer Anerkennung – entweder als relative Wertordnung mit Verbindlichkeit für eine bestimmte Geschichtsepoche oder als absolute Wertordnung darstellt, die zeitlos gilt. Im Anschluß an diese Gedanken erkennt nun *Coing* im Bereich der Rechtsphilosophie ein objektives, ideales Wertreich an, das durch Werterfahrung erschließbar ist; aus diesem Wertreich bildet die Rechtsidee einen Ausschnitt. Während diese Rechtsidee ein sittliches Ziel darstellt, ist das Naturrecht für *Coing* bereits der Umriß einer näher konkretisierten Rechtsordnung, die den sittlichen Forderungen der Rechtsidee genügt. Nach *Coing* ergibt sich also der Stufenaufbau
- positives Recht
- Naturrecht
- Rechtsidee

Von diesen rechtsphilosophischen Strömungen, die – insbesondere auf der Grundlage der materialen Wertphilosophie *Hartmann*s und *Schelers* – versuchen, wieder überpositive, ideale Rechtswerte aufzustellen, ist auch die Rechtsprechung erfaßt worden[354]. Diese Wertphilosophie hat auch die Rechtsdogmatik beeinflußt und die Interessenjurisprudenz

354 vgl. etwa BGHZ 3, 107; 11 Anhang S. 41 f.; 26, 354, wo die „übergesetzlichen Grundwerte der Rechtsordnung" als von Art. 1 und 2 GG anerkannt beschrieben werden; BGHSt 6, 50 ff., 52 sowie *Weinkauff* (erster Präsident des BGH) in NJW 1950, 816 f. und 1960, 1689 ff.

(insbesondere *Jherings*) in eine **Wertungsjurisprudenz** übergeführt. Deren Anhänger[355] halten es für ausgeschlossen, kodifiziertes Recht allein aus sich selbst heraus auszulegen und fortzubilden; der Rechtanwendende müsse vielmehr auf außergesetzliche Bewertungsgrundlagen – eben auf überpositives Recht – zurückgreifen.

Erst in **jüngster Zeit** beginnt die Naturrechtstendenz wieder abzuklingen[356]. Das läßt sich soziologisch mit der Stabilisierung der gesellschaftlichen Verhältnisse erklären, juristisch damit, daß die im Bonner GG erfolgte Kodifikation des Naturrechts („Bonner Naturrecht") das Erkenntnisproblem ‚Naturrecht' in ein Interpretationsproblem verwandelt hat[357]. Aus philosophischer Sicht läßt sich gegen die Naturrechtstendenz insbesondere einwenden, daß sowohl Rechtswissenschaft als auch Gesetzgebung nicht kompetent sind, sittliche Werte in der Rechtsordnung und in der Rechtsanwendung verwirklichen zu wollen. Dies wird u. a. damit begründet, daß der Mensch zur Einsicht in absolute Werte nicht fähig sei und absolute Werte auch nicht bilden könne[358].

Dieser neuesten Tendenz schließen wir uns an: Der Mensch gibt seinem Gemeinwesen eine Rechtsordnung, um konkrete Interessenkollisionen zu verhindern oder abzubauen[359], die Anerkennung von ‚absoluten' Werten ist ideologisch motiviert und daher einer wissenschaftlichen (objektiv einsehbaren) Behandlungsweise weitgehend entrückt. Die erbleibenden ‚relativen' Werte sind aber aufgrund ihrer subjektiv-ideologisch bedingten Relativität nicht in der Lage, konkrete Interessenkollisionen mit dem Anspruch auf Allgemeinverbindlichkeit zu lösen: „Geltung iSe äußeren, durch Machtmittel garantierten Verbindlichkeit hat das Naturrecht zweifellos nicht"[360]. Und: „Es wird begreiflich, daß die Rechtsphilosophie, wenn sie sich nicht selbst preisgeben will, entweder die inhaltliche Bestimmtheit oder die Allgemeingültigkeit der Wertbestimmung preisgeben muß."[361]

---

355 *Esser, Coing, Engisch*
356 vgl. etwa *Rosenbaum, Wieacker* JZ 1961, 337 ff., *Kaufmann*, Analogie S. 8
357 *Dubischar* JA 1973, 140
358 vgl. schon *Mayer* S. 66 f. (1926)
359 vgl. *Hubmann*, Persönlichkeitsrecht § 12 a Fußn. 9
360 vgl. *Mayer* S. 9, der den Geltungsanspruch des Naturrechts lediglich auf die „Vernünftigkeit" stützt, und betont, daß Naturrecht zwar Rechtsideal, nicht aber Recht ist (aaO)
361 *Mayer* S. 66 mit dem Vorschlag, auf das Rechtsideal ‚Naturrecht' zu verzichten, um dadurch die „nicht bloß formale und nicht bloß relative Rechtsidee zu retten"

Eine Überprüfung der Rechtsgültigkeit des § 253 BGB am Maßstab des überpositiven Rechts findet also nicht statt[362].

c) § 253 BGB und Verfassungsrecht

aa) Vorbemerkung

Gegen den § 253 BGB wird im Zusammenhang mit unserem Problem häufig der **Vorwurf** erhoben, diese Norm sei – zumindest teilweise – verfassungswidrig. Mit diesem Vorwurf wird der Komplex der möglichen Derogation formellen Gesetzesrechts durch Verfassungsrecht angesprochen.

Ausgehend von der – unbestrittenen[363] – These der **Einheit der Rechtsordnung** gilt alles Recht nur auf der Grundlage und iRd Verfassung[364], die – als ranghöchstes (positives) Recht – nur nachrangiges Recht duldet, das ihr nicht widerspricht. Zwar besteht insbesondere zwischen dem Grundrechtsteil der Verfassung und den die GG-Normen zulässigerweise einschränkenden allgemeinen Gesetze ein Spannungsverhältnis,wie es vor allem in den Art. 2 I, II 3; 5 II; 8 II; 9 II; 10 II 1; 11 II; 13 II und III; 14 I 2 und III; 17 a (mit den Grenzen aus Art. 19 I, II) GG und der vom BVerfG kreierten Wechselwirkungstheorie[365] zum Ausdruck kommt; es besteht aber keine Antinomie – sie widerspräche den Systemgedanken von der Einheit und dem Stufenaufbau der Rechtsordnung[366]. Daraus folgt, daß Normen mit Unterverfassungsrang insoweit von Normen des GG gebrochen werden und ungültig sind, als sie den Verfassungsnormen in der Reichweite von deren Geltung entgegenstehen[360].

Diesen Mechanismus spricht für vorkonstitutionelles Recht – d. h. für solches Recht, das vor dem Zusammentreten des 1. Bundestages (am 7. 9. 1949) galt und zu diesem Zeitpunkt noch in Kraft war[368] – Art. 123 I

---

362 Zur Rechtsnatur der Art. 1 und 2 GG als Normen des überpositiven Rechts nehmen wir unten bei c.bb.aaa und c.cc.aaa Stellung.

363 so *Dürig* in *Maunz-Dürig-Herzog* Art. 1 III Rdn 131

364 *Enneccerus-Nipperdey* Hbd 1 § 15 II 4

365 BVerfG 7, 205 und insb. S. 209; vgl. dazu noch unten II 2.1

366 *Michel* JuS 1961, 276

367 BVerfG 7, 205; *Reimers* S. 22 Fußn. 12; *Wiese* S. 39; *Larenz* Methodenlehre S. 319; *Nipperdey*, 42. DJT II D S. 13

368 *Maunz* in *Maunz-Dürig-Herzog* Art. 123 Rdn 6, 7, 9; *Holtkotten* in BK Art. 123, II 5 a; *Hamann-Lenz* Art. 123, B 2

GG ausdrücklich aus. Er bezieht sich auf die Gesamtheit innerstaatlichen Rechts ohne Rücksicht auf dessen Rang[369] (mit Ausnahme des überpositiven Rechts[370] und der Verwaltungsvorschriften[371]), also auch auf die dem BGB vom 18. 8. 1896 zugehörige[372] – und damit vorkonstitutionelle und im Rang formellen Gesetzesrechts stehende – Vorschrift des § 253 BGB. § 253 BGB ist iSd Rechtsprechung des BVerfG[373] auch nicht etwa durch Aufnahme in den Willen des (nachkonstitutionellen) Gesetzgebers nachkonstitutionelless Recht geworden[374]; ein solcher Bestätigungswille ist weder aus § 253 BGB selbst, noch aus mit ihm zusammenhängenden Vorschriften des BGB oder sonstiger Kodifikationen objektiv zu ermitteln.

Inhalt des Art. 123 I GG ist die Anordnung der grundsätzlichen Fortgeltung vorkonstitutionellen Rechts[375], die das jeder Rechtsordnung innewohnende Kontinuitätsprinzip berücksichtigt[376]. Da diese Anordnung Recht für fortgeltend erklärt, das – folgt man der amtlichen Auffassung der Bundesregierung von der Identitätstheorie iSd Kernstaatstheorie[377] – nie außer Kraft getreten ist, ist sie rein deklaratorischer Natur[378]. Ihr liegt nach überwiegender Ansicht[378] ein genereller Rezeptionswille zugrunde[380] (wenn auch nicht iSe echten Rezeption, weil nicht

---

369 *Maunz* aaO Rdn 2; *Holtkotten* aaO II 2; *Hamann-Lenz* aaO B 1
370 *Hamann-Lenz* aaO
371 *Maunz* aaO Rdn 6
372 *Hamann-Lenz* aaO
373 vgl. BVerfG 11, 126; auch *Lange* NJW 1962, 893
374 *Mertens* JuS 1962, 267 Fußn. 37
375 *Maunz* aaO Rdn 8
376 *Michel* JuS 1961, 280; gegen ein Bekenntnis des Art. 123 I GG zur Rechtskontinuität wenden sich *Hamann-Lenz* (aaO A 2) mit der Begründung, daß GG kehre sich bewußt vom früheren Rechtsdenken ab, insb. im Bereich des Verfassungrechts. Diese Argumentation wird kaum die positive Formulierung des Art. 123 I GG („Recht... gilt fort, soweit... nicht...") erklären können und übersieht mE zudem, daß mit dem „Recht", um das es in Art. 123 I GG geht, keineswegs vornehmlich Verfassungsrecht gemeint ist.
377 vgl. die Stellungnahme der Bundesregierung zum Saarstreit, wiedergegeben durch BVerfG in JZ 1955, 417; vgl. auch BVerfG 2, 277; 3, 319 f.; 6, 338, 363 f.
378 *Holtkotten* aaO II 1; *Maunz* aaO Rdn 1, der iRd Art. 123 I GG allerdings zudem einen „konstitutiven Kern" ausmacht.
379 aA *Hamann-Lenz* (aaO A 2) mit dem Argument, das Deutsche Reich bestehe fort
380 *Holtkotten* aaO II 1; *Michel* JuS 1961, 280

fremdes Recht aufgenommen, sondern nur der Fortbestand alten Rechts angeordnet wird)[381].

Die Anordnung des Fortwirkens gilt aber nur bedingt[382]: Art. 123 I GG läßt nur solches Recht weiterwirken, das sich materiell-inhaltlich mit dem GG – insbesondere dem Grundrechtsteil – vereinbaren läßt, und verweigert einen Fortbestand dort, wo die zu prüfende vorkonstitutionelle Norm dem GG materiell-inhaltlich widerspricht[383]. Im letzteren Fall erfolgt seine Aufhebung[384] mit der Entstehung des Widerspruchs[385]; dieser Zeitpunkt wird idR der Zeitpunkt des Inkrafttretens des GG (am 23. 5. 1949, Art. 145 II GG) sein, auf den Art. 123 I GG abstellt[386].

Wir haben die Frage zu beantworten, ob § 253 BGB im Wege der Derogation – insbesondere über Art. 123 I GG – durch Verfassungsnormen aufgehoben wird, weil diese Vorschrift materiell-inhaltlich im Widerspruch zu Verfassungsrecht steht. Gegen die Zulässigkeit dieser Prüfung spricht nicht die zuweilen ausgesprochene[387] **Gültigkeitsvermutung von Normen**:

- Eine dahingehende Vermutung läßt sich zunächst nicht darauf stützen, ein formell ordnungsgemäß zustandegekommenes Gesetz sei im Zweifel auch materiell verfassungsmäßig, denn das Vorliegen eines ordnungsgemäßen Gesetzgebungsverfahren – mag es auch Indiz für die Vereinbarkeit dieses Gesetzes mit der Verfassung sein – sagt definitiv noch nichts über dessen Inhalt aus[388].

- Auch aus dem Entscheidungsmonopol des BVerfG bei (abstrakten und Inzident-) Normenkontrollverfahren (Art. 93 I Nr. 2, 100 I GG) läßt sich eine Gültigkeitsvermutung von Normen (etwa in dem Sinne, eine Norm müsse solange als rechtsgültig angesehen werden, bis eine negative Entscheidung des BVerfG ergeht) nicht ableiten. Denn erstens ist eine

381 *Michel* aaO Fußn. 46; wir sagten deshalb oben, Art. 123 I GG habe nur deklaratorische Wirkung.
382 *Hamann-Lenz* aaO B 3
383 so die hL: *Maunz* aaO Rdn 9; *Hamann-Lenz* aaO B 4; *Reimers* S. 22 Fußn. 12
384 Wir folgen hierbei weiter der soeben zit. amtlichen Auffassung der Bundesregierung und des BVerfG von der Identitätstheorie, vgl. *Holtkotten* aaO II 6.
385 *Holtkotten* aaO
386 vgl. *Maunz* aaO Rdn 9; *Holtkotten* aaO
387 z. B. in BVerfG 2, 282; *Nipperdey*, GR II S. 16 f., 24
388 *Michel* JuS 1961, 274

solche Gültigkeitsvermutung – und zwar eben durch eine Entscheidung des BVerfG – widerlegbar. Zweitens kann sie sich allein auf nachkonstitutionelles Recht beziehen, weil nur hier die Annahme berechtigt sein kann, der Gesetzgeber habe dem Gesetz einen verfassungskonformen Inhalt geben wollen[389]; dagegen dürfen die Gerichte vorkonstitutionelles Recht nach ständiger Rechtsprechung uneingeschränkt selbst auf seine Vereinbarkeit mit der Verfassung prüfen[390].

– Schließlich ergeben sich verfassungsrechtliche Bedenken gegen eine Vermutung, die dafür spräche, eine Norm im Zweifel als gültig anzusehen, denn eine solche Vermutung nähme Verfassungsverstöße in Kauf: Bestehen keine Zweifel an der Verfassungsmäßigkeit einer Norm, so braucht man keine Gültigkeitsvermutung; treten solche Zweifel auf, so muß die Frage der Verfassungswidrigkeit geprüft und entschieden werden[391].

Gegen die Zulässigkeit der Frage nach der Verfassungswidrigkeit des § 253 BGB scheinen aber andere Bedenken zu sprechen: Die **These** nämlich, § 253 BGB sei verfassungswidrig, erscheint auf den ersten Blick in sich selbst **widersprüchlich**[392]. Wir hatten § 253 BGB das Verbot entnommen, für die Verletzung des aPR immateriellen Schaden in Geld zu ersetzen[393]. Seine Verfassungswidrigkeit würde also voraussetzen, daß die Verfassung den Ersatz immaterieller Schäden für diesen Falltyp zwingend anordnet. Damit wäre Voraussetzung der Verfassungswidrigkeit des § 253 BGB eine verfassungsrechtliche Regelung über den Ersatz immateriellen Schadens – eine solche Regelung aber würde eben gerade einen in § 253 BGB vorgesehenen Ausnahmetatbestand[394] erfüllen und einen weiteren Falltyp neben den in den §§ 847, 1300 BGB usf.[395] geregelten Falltyp bilden[396]. Dieser Gedanke ist dennoch unrichtig[397].

---

389 *Bender* MDR 1959, 441 f.
390 *Michel* aaO S. 280; *Löffler* NJW 1962, 226
391 *Michel* JuS 1961, 274
392 *Mertens* JuS 1962, 266
393 s. o. 2.2.1.1
394 s. o. 2.2.1.1
395 vgl. die weiteren Ausnahmen oben 1.2 Fußn. 239
396 Diese Ansicht vertreten das BVerfG NJW 1973, 1226; *Helle*, Schutz S. 86; *H. Kaufmann* JuS 1963, 383; zustimmend *Hartmann* NJW 1964, 798;

Helles Auffassung ist insofern unverständlich, als er einmal behauptet, die Art. 1 I, 2 I, 123 I GG bildeten eine weitere Fallgruppe iRd § 253 BGB, und zum anderen annimmt, als Kehrseite dieser Feststellung ergebe sich die Verfassungswidrigkeit des § 253 BGB (aaO S. 86 f.).

Wir hatten festgestellt, daß § 253 BGB den Ersatz immateriellen Schadens ausnahmsweise da gestattet, wo der Gesetzgeber ausdrücklich einen Ausnahmetatbestand normiert hat, und daß keine Norm dieses Erfordernis erfüllt[398]. Dies gilt auch für die einschlägigen Art. 1 und 2 des GG, denen die ausdrückliche Anordnung des Ersatzes immaterieller Schäden bei Fällen von Persönlichkeitsrechtsverletzungen nicht zu entnehmen ist. Eine ausdrückliche Anordnung ist aber auch nicht Voraussetzung für eine mögliche Verfassungswidrigkeit des § 253 BGB: Seine Regelung wäre auch dann mit der Verfassung unvereinbar, wenn diese den Ersatz immaterieller Schäden bei Persönlichkeitsrechtsverletzungen schlüssig verlangt. Als verfassungsgesetzliche Regelung, aus der sich lediglich schlüssig ergibt, daß bei Persönlichkeitsrechtsverletzungen immaterieller Schaden zu ersetzen ist, stellen die Art. 1 und 2 GG aber keine Fallgruppe iSd Ausnahmeankündigung des § 253 BGB dar[399]. Die Frage nach der Verfassungswidrigkeit des § 253 BGB ist also berechtigt[400].

Als Normen des Verfassungsrechts, die einen Geldersatz für immaterielle Schäden schlüssig verlangen könnten, kommen Art. 1 I und 2 I GG in Betracht. Um eine etwaige Kollision des § 253 BGB mit diesen Verfassungsartikeln feststellen zu können, sind Art. 1 I und 2 I GG nach folgenden Kriterien zu analysieren:
- Rechtsnatur
- Inhalt
- Aussage
- rechtliche Absicherung

Auch das BVerfG (aaO) äußert sich nicht eindeutig: Es meint, der BGHZ habe in seiner stRspr § 253 BGB unangetastet gelassen „und lediglich die Fälle, in denen der Gesetzgeber bereits die Erstattung immateriellen Schadens verfügt hat, um einen Fall erweitert, in dem ihm die Entwicklung der Lebensverhältnisse, aber auch ein ius superveniens von höherem Rang (!), nämlich die Art. 1 und 2 I des GG, diese Entscheidung als zwingend gefordert erscheinen ließ."

397 *Mertens* aaO

398 s. o. 2.2.1.1

399 Damit ist die Ansicht des BVerfG (vgl. Fußn. 396) und der in Fußn. 396 zit Autoren widerlegt.

400 so auch *Mertens* JuS 1962, 267

bb) Art. 1 I GG

aaa) Rechtsnatur

Seiner Rechtsnatur nach wird diese erste Verfassungsnorm (auch) dem **überpositiven Recht** zugeschrieben. Nach *Nipperdey*[401] handelt es sich hierbei um ein „naturrechtliches Elementarprinzip", um „vorstaatliches, überpositives", den Verfassungsgeber[402] selbst bindendes Recht, das – als neunaturrechtliches Gedankengut[403] – vom Verfassungsgeber „nicht geschaffen, sondern vorgefunden und anerkannt"[404] worden ist. Die Charakterisierung des Art. 1 I GG als Norm des überpositiven Rechts vereinbart sich nach *Nipperdey*[405] mit der im GG erfolgten Positivierung dadurch, daß hier eine Bestätigung des naturrechtlichen Satzes[406] stattfinde, in der keine „Degradierung" oder „Denaturierung" zu sehen sei, sondern durch die dieser Satz größere Durchschlagskraft empfangen habe. Auch nach *Nipperdey*[407] beruht seine Geltung heute jedoch auf der Verfassung – ohne daß er freilich seinen naturrechtlichen Charakter verloren habe. Wir berufen uns (in Übereinstimmung mit unseren Ausführungen oben[408]) auf den ersten Teil dieser Aussage und beschränken uns auf die Feststellung, daß der Satz von der Würde des Menschen durch seine in Art. 1 I GG erfolgte Positivierung Norm des positiven Rechts geworden ist. An dieser positivrechtlichen Norm soll § 253 BGB gemessen werden.

Ob in Art. 1 I GG ein subjektive Rechte gewährleistendes **Grundrecht** (innerhalb des Grundrechtskatalogs der Verfassung) zu sehen ist, oder ob er (allein) als „oberstes Konstitutionsprinzip" allen objektiven Rechts, „Basis für ein ganzes Wertsystem" und „oberste Norm des objektiven Verfassungsrechts"[409] fungiert, ist umstritten[410]. Weitge-

---

401 GR II S. 2; im Anschluß hieran auch *Dürig* in *Maunz-Dürig-Herzog* Art. 1 I Rdn 1
402 iSv „Schöpfer der Verfassung als Ganzem", vgl. *Maunz-Dürig* in *Maunz-Dürig-Herzog* Art. 79 Rdn 22 f.
403 *Leisner* S. 139 Fußn. 1
404 *Wintrich*, Grundrechte S. 5
405 aaO S. 8
406 aaO S. 12
407 aaO S. 8
408 unter b
409 *Dürig* aaO Rdn 14, 5, 4
410 Für die erste Ansicht sprechen sich aus: BVerfG 1, 333; 13, 152; BAG 4, 281; *Nipperdey* aaO S. 2, 11 ff.; *Zippelius* BK Art. 1 Rdn 31; *Brinkmann* Art. 1, II a; *Leisner* S. 148; *Löw* DÖV 1958, 516 ff.;

hende Einigkeit besteht allein darüber, daß Art. 1 I GG rechtserheblich ist[411]. Um das Ausmaß dieser Rechtserheblichkeit – das gerade für die Derogationskraft des Art. 1 I GG auf unterrangige Normen wichtig sein kann – festzustellen, ist ein Eingehen auf diese Streitfrage erforderlich:

1) Ein Blick auf den **rechtsphilosophischen Gehalt** der Art. 1 ff. GG läßt *v. Mangoldt-Klein*[412] einen Bruch zwischen Art. 1 GG auf der einen Seite und den folgenden (Grundrechts-)Artikeln auf der anderen Seite vermuten: Der in Art. 1 GG enthaltene naturrechtliche Einschlag[413] wird in den anschließenden Artikeln nicht fortgeführt, sondern weicht hier individualistischen und liberalistischen Tendenzen, die ihren Ursprung im rationalistischen Aufklärungsdenken haben. Ob dieser Bruch zu der Folgerung führen kann, Art. 1 I GG sei daher kein Grundrecht, erscheint zweifelhaft.

2) Auch die **rechtshistorische Argumentation** verfängt kaum: Die Aussage, es sollte – aus der Sicht des Verfassungsgebers – kein Grundrecht auf Achtung der Menschenwürde gewährt werden[414], kann nicht überzeugen, da dem subjektiven Willen des Gesetzgebers bei der Auslegung von Normen nach hA keine ausschlaggebende Rolle zukommt[415]. Umgekehrt argumentiert *Dürig*[416] im Hinblick auf den – für Art. 1 I GG beispielhaften – Art. 100 BV: Nach dem subjektiven Willen seiner Verfasser hätte Art. 100 BV eines von vielen Grundrechten sein sollen, jedoch habe die Auslegung immer mehr vom einzelnen Rechtsträger abstrahiert und so mehr und mehr in Art. 100 BV eine zentrale Norm des objektiven Rechts gesehen. Mit dieser rechtsvergleichenden Parallele ist aber nur wenig über die bei Art. 1 I GG vorzunehmende Auslegung und über seine Rechtsnatur gesagt.

---

die zweite Ansicht wird vertreten von *Dürig* aaO Rdn 4 ff. und AöR 81, 123; *Maunz*, Staatsrecht § 14 II 1 a; *vMangoldt-Klein* I Art. 1, III 2; *Wintrich*, Grundrechte S. 10, 15; *Wertenbruch* S. 31 ff., 150 f.

411 *vMangoldt-Klein* I Art. 1, III 1

412 aaO III 2

413 vgl. oben

414 *vMangoldt-Klein* aaO

415 Die Auslegungstheorie, die ihrem Ausgangspunkt in dem ursprünglichen Sinngehalt einer Norm nimmt, aber den mittlerweile eingetretenen Wandel der jetzt gängigen rechtsethischen Vorstellungen berücksichtigt (objektive Auslegung ex nunc) gilt als herrschend, BVerfG 1, 312; *Engisch*, Einführung S. 88 ff.; *Larenz*, Methodenlehre S. 296 ff.; *Zippelius* aaO Rdn 7.

416 in *Maunz-Dürig-Herzog* aaO Rdn 4

3) **Rechtslogische Argumentation** ist unergiebig, weil Art. 1 I GG sowohl als subjektives Recht als auch als bloßer Reflex objektiven Rechts denkbar ist[417].

4) Da erscheint der **Standort** des Art. 1 I GG eher geeignet, seine Rechtsnatur zu erhellen. Das Wort „darum" in seinem Abs. II soll das Bindeglied zwischen dem Abs. I als ideellem Ausgangspunkt des Grundrechtskatalogs und den „nachfolgenden" (Art. 1 III GG) Grundrechten sein („Weil der Mensch Würde hat, deshalb hat er die Rechte, zu denen sich das deutsche Volk bekennt"[418]). Demgemäß enthält der Abs. I nach einer Ansicht[419] kein Grundrecht; nach anderer – vorsichtigerer – Ansicht[420] findet die Überleitung zu den folgenden Grundrechten in Abs. II („darum") wenn auch nicht iSe Gleichartigkeit, so doch iSe engen Verbindung statt – es bleibt daher die Möglichkeit offen, in Art. 1 I GG zwar etwas anderes zu sehen als ein Grundrecht, das aber die Grundrechtsqualität mitbeinhaltet. Das Wort „darum" allein zwingt nicht dazu, dem Art. 1 I GG die Fähigkeit abzusprechen, seinen Inhalt als subjektives Recht zu garantieren[421].

Dem Argument, Abs. III des Art. 1 GG zeige, daß Abs. I kein Grundrecht sei, weil hier eben nur von „nachfolgenden Grundrechten" die Rede sei[422], kann man zwar nicht entgegenhalten, Grundrechte fänden sich nicht nur im Grundrechtsabschnitt der Art. 1–19 GG[423], denn auch die Grundrechte außerhalb des Grundrechtsabschnitts sind immer die nach Art. 1 III GG folgenden. Es kann aber festgestellt werden, daß die Verpflichtungskraft, die Abs. III den „nachfolgenden Grundrechten" zuordnet, für Abs. I Satz 1 bereits in Abs. I Satz 2 („... ist Verpflichtung aller staatlichen Gewalt.") ausgesprochen ist, so daß sich eine Wiederholung des Art 1 I GG in seinem Abs. III erübrigte[424]. Diese Feststellung widerlegt aber nicht nur das gegen die Grundrechtsqualifizierung des Art. 1 I GG gerichtete Argument, sondern zeigt zudem, daß der Verfassungsgeber – unter-

---

417 *Zippelius* aaO Rdn 32
418 *Wertenbruch* S. 32
419 z. B. *vMangoldt-Klein* aaO
420 *Leisner* S. 142
421 *Zippelius* aaO Rdn 32
422 *vMangoldt-Klein* aaO; *Wertenbruch* aaO
423 so aber *Nipperdey*, Gr II S. 12
424 *Zippelius* aaO

stellt, Art. 1 I GG sei Grundrecht (These) – dieses Grundrecht anders behandelt hat als die übrigen Grundrechte.

Die These, daß Art. 1 I Grundrecht ist, wird untermauert durch die Titelüberschrift für die Art. 1–19 GG („Die Grundrechte")[425]. *Wertenbruchs* Mutmaßung[426], der bislang übliche Brauch, Grundrechte in einem Katalog unter der Überschrift „Grundrechte" gleichrangig nebeneinander zu setzen, könne inzwischen durch den Gesetzgeber[427] überwunden sein – und sei es auch, wie schon aus dem Aufbau und der Stellung des Art. 1 GG im Gesetz ersichtlich, überzeugt nicht: Mit diesem Argument wird dem Verfassungsgeber grundlos Ungenauigkeit unterstellt, und zudem ein Zirkelschluß[428] begangen.

5) Was den **Wortlaut** des Art. 1 I GG anbelangt, so lassen sich unterschiedliche Auslegungen begründen: Man kann – unter Zuhilfenahme einer Aussage Jellineks, wonach der Mensch Person ist und Rechte hat[429] – in den Art. 2 ff. GG die die Rechte des Menschen betreffenden Normen sehen, in Art. 1 GG dagegen die das Sein des Menschen beschreibende Norm[430], und hieraus schließen, Art. 1 I GG sei kein Grundrecht[431]. Ebenso läßt sich aber auch aus dem Zusammenwirken des Satzes 1 des Art. 1 I GG (Unantastbarkeit der Menschenwürde) mit seinem Satz 2 (Achtungs- und Schutzpflicht [des Staates]) herauslesen, daß dem Menschen ein Recht auf Würde zukommt[432]. Der das Zusammenspiel der beiden Sätze des Abs. I berücksichtigende Gedanke wird der rechtlichen Natur des Art. 1 I GG wohl eher gerecht als die isolierende Betrachtungsweise, die die „gewisse Andersartigkeit"[433] des Art. 1 I GG zum Anlaß nimmt, ihm sogleich Grundrechtsqualität zu verweigern. Daß Art. 1 I GG den Ausdruck ‚Recht' nicht verwendet, spricht nicht dagegen, in ihm ein Grundrecht zu sehen, fehlt doch diese Bezeichnung in an-

---

425 *Nipperdey* aaO S. 11; *Zippelius* aaO

426 S. 32 f.

427 Gemeint ist wohl der Verfassungsgeber, vgl. *Maunz-Dürig* in *Maunz-Dürig-Herzog* Art. 79 Rdn 22 f.

428 vgl. *Diederichsen,* Einführung III 1 d und JurA 1970, 782

429 *Jellinek* S. 83 f.: „Ein Recht hat man. Persönlichkeit ist man. Das Recht hat ein Haben, die Person ein Sein zum Inhalt."

430 *Wertenbruch* aaO

431 so im Ergebnis und ohne Begründung *Dürig* in *Maunz-Dürig-Herzog* Art. 1 I Rdn 4; *vMangoldt-Klein* I Art. 1, III 2

432 so *Nipperdey* aaO S. 11

433 *Leisner* S. 141

deren, unstreitig subjektive Rechte gewährenden Grundrechtsartikeln ebenfalls[434].

6) Der Schluß, aus der **Systematik** des Art. 1 I GG folge „vollends", daß er Norm des objektiven Rechts sei[435], geht fehl: Die „Gesamtsystematik des GG"[436] spricht vielmehr im Zweifel dafür, daß dort, wo Rechtsnormen so interpretierbar sind, daß sie individuelle Rechte gewährleisten, die Interpretation zugunsten der Annahme eines subjektiven Rechts zu erfolgen hat[437]. Fraglich ist hingegen, ob sich diese Zweifel nicht doch beseitigen lassen.

7) Eine Auslegung aus dem **Sinn** des Art. 1 I GG hilft kaum weiter: Das Kriterium ist so unbestimmt, daß man hieraus sowohl für[438] als auch gegen[439] den Grundrechtscharakter des Art. 1 I GG argumentieren kann.

8) Einen Anhaltspunkt könnte **Art. 79 III GG** liefern, der die in „Art. 1 ... niedergelegten Grundsätze" sichern will. Gegen das hieraus vorgebrachte Bedenken, Art. 1 I GG als Grundrecht anzusehen[440], weil in Art. 79 III GG von Grundsätzen die Rede ist, nicht von Grundrechten, läßt sich aber wohl Abs. III des Art. 1 GG mobilisieren, in dem unstreitig kein Grundrecht verborgen ist[441], den Art. 79 III GG aber mitschützt. Wollte der Verfassungsgeber mithin den Schutz des Art. 79 III GG auf sämtliche Absätze des Art. 1 GG pauschal erstrecken, ohne sie mit dem Hinweis auf ihre unterschiedliche Rechtsnatur einzeln aufzuführen, so lag es nahe, alle Teilaussagen

---

434 *Nipperdey* (aaO S. 13) unter Berufung auf Art. 3 I, 4, 5 III, 10, 15, 16 GG
435 *Dürig* aaO Rdn 4
436 *Zippelius* aaO Rdn 32
437 *Zippelius* aaO mHinw auf Rspr und Lit; *Hamann-Lenz* Art. 1, A 1 c; gegen eine solche Erhebung des Grundsatzes der Grundrechtseffektivität zu einem Interpretationsprinzip (dem Prinzip nämlich, Grundrechte weit auszulegen) wendet sich *Ehmke* (VVDStRL 20, 86 ff.) mit dem Bemerken, daß aus diesem Satz keinerlei Schlüsse auf den „speziellen Gehalt" eines Grundrechts gezogen werden könnten. Abgesehen davon, daß diese Ansicht nicht der herrschenden entspricht, versuchen wir hier, die Rechtsnatur des Grundrechts der Menschenwürde zu erhellen (die selbstverständlich – wie unten zu zeigen sein wird – mittelbar auch für die Erarbeitung des Inhalts dieses Grundrechts eine Rolle spielt).
438 *Nipperdey* aaO S. 11
439 *vMangoldt-Klein* I Art. 1, III 2
440 *Wertenbruch* S. 32
441 vgl. *Enneccerus-Nipperdey* Hbd 1 § 15 II 4

dieser Norm mit dem (weiten) Oberbegriff ‚Grundsätze' zu bezeichnen[442] – wozu dann auch Abs. I als Grundrecht gehören würde. Eben bei dieser Auslegung des Art. 79 III GG scheint es auch möglich, in Art. 1 I GG einen Grundsatz zu erblicken, der zugleich Grundrecht ist oder ein Grundrecht mitbeinhaltet.

Um nach der Aneinanderreihung der verschiedenen Beurteilungskriterien zu einem Ergebnis zu kommen, sollten zwei **Definitionen** vorgeschaltet werden: Mit *Wertenbruch* („Mit aller Vorsicht kann hier nur gesagt werden, ...")[443] verstehen wir unter Grundrechtsnormen diejenigen Verfassungsrechtssätze, die „gewisse fundamentale Rechte des Individuums als Mensch und Bürger"[444] deklarieren oder konstituieren. Als subjektive Rechte bezeichnen wir die innerhalb einer lebendigen Beziehung zwischen Verpflichtetem und Begünstigtem auftauchenden Befugnisse des Begünstigten gegen den Verpflichteten[445]. Art. 1 I GG kann also dann als Grundrecht klassifiziert werden, wenn er dem Menschen als Individuum eine fundamentale Befugnis zugunsten eines verpflichteten anderen[446] zur Verfügung stellt. (Zu der – u. a. von *Leisner*[447] und insbesondere von *Wertenbruch*[448] – aufgeworfenen Frage nach der Praktikabilität und Justiziabilität des Art. 1 I GG als Erfordernis für seine Klassifizierung als subjektives Recht nehmen wir unten sogleich Stellung.)

Fassen wir diejenigen der oben behandelten Beurteilungskriterien **zusammen**, die sich vertiefen ließen (s. o. zu 4, 5 und 8), so ergibt sich folgendes Bild:

zu 4) Die in Art. 1 II GG („Das Deutsche Volk bekennt sich darum zu ... Menschenrechten als Grundlage ...") stattfindende Über-

---

442 So ist wohl Nipperdey (GR II S. 13) zu verstehen, nicht will er ausdrücken, Art. 1 III GG enthalte keinen Grundsatz (wie *Wertenbruch* [S. 32] meint).
443 aaO S. 30
444 *Anschütz* S. 505
445 Vgl. die Definition des Anspruchs in § 194 BGB, die nach *Wertenbruch* (S. 30 f.) als Legaldefinition auch des subjektiven Rechts herangezogen werden kann, weil sie nicht nur Bedeutung für das Zivilrecht hat, sondern einer Nomenklatur folgt, die älter ist als das BGB; vgl. im übrigen *Lehmann-Hübner* § 10 I
446 Wer als Verpflichteter aus Art. 1 I GG in Betracht kommt, behandeln wir unten, vgl. ccc.
447 aaO S. 142
448 aaO S. 30 f.

leitung von Abs. I des Art. 1 GG auf die in den Artikeln 2 ff. GG folgenden Grundrechte beweist nicht zwingend, daß Art. 1 II GG kein Grundrecht darstellt, sie zeigt aber, daß eine enge Verbindung zwischen Art. 1 I GG und den Grundrechten der Art. 2 ff. GG besteht, wenn auch keine Gleichartigkeit. Die Überleitung läßt vermuten, daß Art. 1 I GG die Funktion eines Vorspruchs[449] vor den (anderen) Grundrechten haben könnte. Eine solche Funktion würde aber nicht ausschließen, daß Art. 1 I GG nicht gleichzeitig auch selbst Grundrecht sein kann.

Die schon in Satz 2 des Art. 1 I GG vorweggenommene Absicherung des Satzes 1 („Die Würde des Menschen ... zu achten und zu schützen, ist Verpflichtung ..."), die für die Art. 2 ff. GG erst in Abs. III des Art. 1 GG ausgesprochen wird („Die nachfolgenden Grundrechte binden ...") untermauert die These, daß der Verfassungsgeber Art. 1 I GG unterschiedlich von den Art. 2 ff. GG behandelt wissen wollte. Das muß aber nicht heißen, daß – weil in den Art. 2 ff. GG Grundrechte enthalten sind – Art. 1 I GG kein Grundrecht ist: Dieser Schluß würde von drei Prämissen ausgehen:

- erste Prämisse: In den Art. 1 ff. GG sind ausschließlich zwei Normenkategorien enthalten, nämlich solche, die nur Grundrechte aussprechen, und solche, die keine Grundrechte aussprechen; diese Prämisse ist unbewiesen;
- zweite Prämisse: In den Art. 2 ff. GG werden Grundrechte ausgesprochen;
- dritte Prämisse: Art. 1 I GG ist unterschiedlich von den Art. 2 ff. GG.

Der auf diesen drei Prämissen beruhende Schluß läßt die Möglichkeit außer acht, daß es Normen geben könnte, die ein Grundrecht und darüber hinaus ein Mehr beinhalten. Die Unterschiedlichkeit des Art. 1 I GG von den Art. 2 ff. GG bedeutet also nur, daß Art. 1 I GG anders ist; sie kann also auch bedeuten, daß er mehr ist als ein bloßes Grundrecht.

Schließlich läßt der Titel des ersten GG-Kapitels auf den Charakter des Art. 1 I GG als Grundrecht schließen.

zu 5) Wir bevorzugen die das Zusammenwirken des Satzes 2 mit dem Satz 1 des Art. 1 I GG betonende Auslegungsweise, weil

---

449 so auch *Wertenbruch* S. 162

– beide Sätze in einem Absatz zusammengefaßt sind (Argument aus der Stellung im Gesetz), und weil
– das Subjekt des Satzes 2 („Sie") inhaltlich identisch ist mit dem Subjekt des Satzes 1 („Die Würde des Menschen") (syntaktisches Argument),

und damit zunächst äußerlich ein Zusammenhang beider Sätze ersichtlich wird. Dieser äußerliche Zusammenhang wird durch kein Gegenargument gestört – insbesondere nicht durch die Feststellung *Wertenbruchs*, die Würde des Menschen sei unmittelbar mit seinem Sein verknüpft[450]: Diese – richtige – Aussage kann deshalb unwidersprochen stehen bleiben, weil Satz 1 des Abs. I stillschweigend voraussetzt, daß dem Menschen Würde zukommt und nur bis hierher eine das Sein des Menschen betreffende Norm ist. Hierüber aber geht Art. 1 I GG im folgenden hinaus: Er rückt den Menschen anschließend – noch in Satz 1 – durch die Forderung der Unantastbarkeit seiner Würde in die Stellung eines Begünstigten, der ein (Abwehr-)Recht auf Unantastbarkeit hat. Satz 2 benennt sodann die aus diesem Recht Verpflichteten („alle staatliche Gewalt") und konkretisiert den in Satz 1 mit dem Wort „unantastbar" nur grob umrissenen Inhalt seiner Pflichtigkeit („achten und schützen"). Der formale Zusammenhang der beiden Sätze des Abs. I läßt sich also auf einen inhaltlichen Zusammenhang übertragen; dieser rechtliche Zusammenhang beider Sätze erlaubt schließlich die oben angestellte Subsumtion des Abs. I unter die Definitionsmerkmale des subjektiven Rechts.

Im **Zwischenergebnis** bejahen wir mithin die Grundrechts-Natur des Art. 1 I GG und unterstützen diese Ansicht mit der oben zu 6) angesprochenen rechtsstaatlichen Vermutung[451].

zu 8) Art. 79 III hatte uns annehmen lassen, daß in Art. 1 I GG möglicherweise nicht nur ein Grundrecht, sondern vielleicht sogar ein Grundsatz enthalten ist, weil wir in dem Begriff des Grundsatzes – wie ihn Art. 79 III GG gebraucht – einen Oberbegriff zu dem Begriff des Grundrechts sahen.

---

450 aaO S. 32
451 vgl. auch *Wintrich*, Grundrechte S. 31 f.

Es taucht daher die Frage auf, ob der Grundrechtsbegriff dem Art. 1 I GG überhaupt gerecht wird[452]. Die Interpretationen, die in Art. 1 I GG

- eine „erste Leitidee"[453],
- ein „oberstes Leitideal"[454],
- einen „(höchsten) Rechtswert"[455],
- einen „obersten Wert"[456],
- einen „Grundwert"[457],
- die „Grundlage der Rechtsordnung"[458],
- eine „verfassungsrechtliche Grundentscheidung für alle Bereiche des Rechts"[459],
- die „oberste Norm des (objektiven) (Verfassungs-)Rechts"[460],
- das „oberste Konstitutionsprinzip allen (objektiven) Rechts"[461],
- ein „tragendes Konstruktionsprinzip des GG"[462],

usf., sehen, sprechen ihm damit eine Bedeutung zu, die naturgemäß nicht jedem Grundrecht beigemessen wird, und die Art. 1 I GG zukommt, weil ein „Kern von Menschenwürde-Gehalt" in jedem Grundrecht vorhanden ist[463]. Diese besondere Bedeutung unterscheidet ihn als differentia specifica[464] von allen anderen in Art. 2 ff. GG aufgeführten Grundrechten – eine Unterscheidung, die wir oben zu 4) und 8) mehrfach vom Gesetz bestätigt bekommen haben. Unsere Vermutung, Art 1 I GG sei mehr als ein Grundrecht, erweist sich daher als richtig: Als zweites **Zwischenergebnis** halten wir fest, daß Art. 1 I GG neben seiner Grundrechts-Qualität gleichsam als (einleitender) Vorspruch des Verfassungsrechts eine **Maxime** enthält, die für die gesamte Rechtsordnung Gültigkeit hat[465].

---

452 Diese Frage stellt auch *Wertenbruch* (S. 31).
453 *Wertenbruch* S. 102
454 *Wertenbruch* S. 176
455 *Dürig* in *Maunz-Dürig-Herzog* Art. 1 I Rdn 1; *Leibholz-Rinck* Art. 1 Rdn 1
456 *Nipperdey*, GR II S. 9; *Stein* NJW 1964, 1747
457 *Wertenbruch* S. 209
458 BAG NJW 1957, 1698
459 Entwurf 1959 S. 6
460 *Dürig* aaO Rdn 4, vgl. auch AöR 81, 123; *vMangoldt-Klein* I Art. 1, III 1; *Hamann-Lenz* Art. 1, A 1
461 *Dürig* in *Maunz-Dürig-Herzog* aaO und AöR 81, 122 f.
462 *Hamann-Lenz* Art. 1, A 1 a
463 vgl. *Leisner* S. 158
464 vgl. dazu *Diederichsen* JurA 1970, 766
465 „Es ist eine durchaus gewohnte Erscheinung in unserer Grundrechtssystematik, daß Grundrechtsvorschriften sowohl ein Grundrecht iSe subjektiven

Geht man jedoch in der Weise über den Grundrechts-Charakter des Art. 1 I GG hinaus, daß man ihm zusätzlich die Eigenschaft einer Maxime verleiht, so besteht die Gefahr, daß dieses Attribut die Grundrechts-Qualität des Art. 1 I GG überlappt und er in der praktischen Anwendung eben doch in die (Neben-)Rolle einer bloßen Auslegungsregel[466] iSe Ausstrahlungsbasis degeneriert – eine Gefahr, die insbesondere dadurch besteht, daß die Fassung des Art. 1 I GG – für eine Maxime naturgemäß – weit ist und seiner Justiziabilität entgegenzustehen scheint[467]. Um dieser Gefahr zu begegnen, empfiehlt es sich, zwischen den beiden Art. 1 I GG zukommenden Eigenschaften eine **Rangfolge** festzulegen und zu bestimmen, in welche Funktionsbereiche die einzelnen Eigenschaften hineinwirken.

Eine Präferenz zugunsten des Maxime-Charakters des Art. 1 I GG – etwa in dem Sinne, daß sein „dynamischer Wert", der sich zur Bekräftigung anderer Grundrechte „nach Belieben" in Anspruch nehmen ließe, seinen Inhalt (als Grundrecht) überwiegt[468] – scheint uns bedenklich wegen der oben aufgezeigten Gefahr des Abrutschens in eine Hilfsnorm, die sich überall da heranziehen läßt, wo andere Grundrechte den Lebenssachverhalt nicht hinreichend beherrschen. Wenn die „gesellschaftliche Situation"[469] Verfassungsnormen nach Belieben mal diesen, mal jenen Rang verschafft, so führt diese Variabilität der Ränge den Art. 1 I GG – zumindest zeitweilig – fort von dem Rang, der ihm aufgrund seiner Einzigartigkeit stets zukommt[470], nämlich dem ersten[471]. Ein solches – den Maxime-Charakter des Art. 1 I GG

Rechts als auch Entscheidungen des objektiven Verfassungsrechts enthalten können." (*Dürig* in *Maunz-Dürig-Herzog* Art. 2 I Rdn 71). Ebenso *Nipperdey* (GR IV 2 S. 746), der hinzufügt, „daß das subjektive Recht nichts weiter ist als die aus der objektiven Rechtsnorm abzuleitende Berechtigung" (mit Hervorhebung). Speziell zu Art. 1 I GG führt das BAG (4, 281 unter Hinw auf *Nipperdey*, GR II S. 11 ff.) aus, es sei „anerkannt, daß Art. 1 I GG ein materielles Hauptgrundrecht, zugleich aber auch Grundnorm ist, d. h. eine verbindliche Wertentscheidung für die gesamte Rechtsordnung".

466 Dies befürchtet auch *Wertenbruch* (S. 162).

467 Diese Befürchtung teilt *Leisner* (S. 142).

468 In diesem Sinne äußert sich *Wertenbruch* (S. 176).

469 *Wertenbruch* aaO mHinw auf S. 124 f. und 163 f. in Fußn. 31

470 s. o. zu 4) und 8)

471 Dem widersprechen nicht die Ausführungen des BVerfG (3, 231 f.), das (unter Berufung auf BGHZ 1, 276) eine Rangverschiedenheit von Verfassungsnormen für „grundsätzlich nicht denkbar" hält, denn in diesen Ausführungen wird lediglich eine Rangverschiedenheit „in dem Sinne, daß sie (die Verfassungsnormen) aneinander gemessen werden könnten" ange-

(über-)betonendes – „Prinzipienspiel"[472] trifft daher die Rangfolge der dieser Norm zugehörigen Eigenschaften nicht. Vielmehr kann Art. 1 I GG die ihm innewohnende Effizienz am ehesten entfalten, wenn er primär Grundrecht – wegen seiner Einzigartigkeit: Hauptgrundrecht[473] – ist und in dieser Eigenschaft subjektive Rechte gewährt, und wenn er sekundär in seiner Zusatzeigenschaft als Maxime andere Grundrechte überlagert und in die gesamte Rechtsordnung hineinwirkt[474] **(Teilergebnis).** Anknüpfend an seine Eigenschaft als Grundrecht ergibt sich, daß Art. 1 I GG – und nicht erst Art. 2 I GG – als Auffangnorm fungiert, die Art. 2 I GG vorgelagert ist[475], und im Hinblick auf seine Natur als Maxime läßt sich sagen, daß er das Institut Menschenwürde als unantastbar für alle Rechtsbereiche garantiert[476].

Das Problem der **Praktikabilität** einer solchen Norm mit Doppelnatur, die vor allem in ihrer Rolle als Grundrecht justiziabel sein muß, tauchte schon oben auf. Wir können *Leisner* nicht zustimmen, wenn er sagt, die Justiziabilität des Art. 1 I GG sei „nur mehr" gegeben, sobald der Menschenwürdegehalt bei der Entfaltung der einzelnen Grundrechte erfaßt wird[477] – also in seiner Funktion als Maxime. Sicher ist auch hier Justiziabilität erforderlich, die sich – insofern ist *Leisner* recht zu geben – dann im Zusammenwirken mit einer anderer Norm erweist; wesentlicher aber scheint, daß Art. 1 I GG in seiner Eigenschaft als Grundrecht praktikabel ist, weil eben hier subjektives Recht gewährleistet wird. Diese Justiziabilität spricht *Wertenbruch*[478] dem

---

sprochen und betont, daß dies „nichts mit (der) Bedeutung und (dem) inneren Gewicht der einzelnen Normen ... zu tun (hat)". Im übrigen hat sich gegen diese Ausführungen des BVerfG – insbesondere gegen ihre Begründung aus der Einheit des GG – bereits überzeugend *Wintrich* (Grundrechte S. 11 f.) gewandt, indem er zutreffend feststellt, daß ja auch die Gesamtrechtsordnung als einheitliches Normensystem gedacht ist, und hier trotzdem eine Rangabstufung in Verfassung, Gesetz und Untergesetzesrecht erfolgt. Offenbar hat das BVerfG (aaO) übersehen, daß ein einheitliches Ganzes auch ein gegliedertes Ganzes sein kann.

472 *Wertenbruch* S. 176

473 Wir folgen also im Ergebnis *Nipperdey*, GR II S. 12; vgl. ebenso BAG 4, 281

474 vgl. *Leisner* S. 143; zu den Einzelheiten des Einwirkens auf die gesamte Rechtsordnung – insb. auf den zivilrechtlichen Bereich – kommen wir unten, vgl. eee und 2.2.2.3 a.cc

475 *Zippelius* BK Art. 1 Rdn 33; *Nipperdey* aaO S. 14 f.; s. hierzu noch unten cc.bbb

476 vgl. *Leisner* S. 148

477 S. 142

478 S. 30 f., im Zusammenhang mit der Erörterung, ob Art. 1 I GG ein subjektives Recht gibt

Art. 1 I GG mit der – inhaltlichen – Begründung ab, ein Recht auf Würde, auf deren Unantastbarkeit, auf deren Anerkennung und Schutz sei weder (verfassungs-)gesetzlich hinreichend umschrieben noch überhaupt konkret bestimmbar. Er übersieht hierbei uE, daß Art. 1 I GG insoweit das Schicksal jeder Generalklausel teilt: Wenn – wie wir oben festgestellt haben – Art. 1 I GG als (einleitender) Vorspruch des Grundrechtskapitels des GG, des gesamten Verfassungs- und des übrigen Rechts eine überall Geltung beanspruchende Maxime enthält, und wenn er eben daraufhin auch als Auffanggrundrecht fungiert, so ist er denknotwendig breit und allumfassend angelegt – eine speziell konzipierte Norm könnte diese Funktionen nie wahrnehmen. So sind im Recht Generalklauseln, generalklauselartige (unbestimmte) Rechtsbegriffe anerkannt[479] – gerade im Verfassungsrecht als übergeordneter Rechtsmaterie[480], denn es ist „unmöglich ..., mit Spezialnormen der Vielfalt der Lebensverhältnisse Herr zu werden und zugleich einen Weg zu rechtlicher Differenzierung zu eröffnen, die im Einzelfall eine gerechte Entscheidung oft erst ermöglicht"[481]. Hier – wie auch in Art. 1 I GG – ist es dann Aufgabe und Pflicht der (insbesondere Verfassungs-)Rechtsprechung (und der Wissenschaft) konkretisierend diejenigen Kriterien herauszuarbeiten, die eine praktische Handhabung dieser Normen und Begriffe im justiziablen Bereich ermöglichen[482].

Wenn die Verfassung einer Gemeinschaft das Abbild der in ihr herrschenden (rechts-)ethischen Vorstellung ist[483], und wenn Art. 1 GG dadurch in seiner Maxime-Eigenschaft die Basis solcher Wertvorstellungen bildet[484], daß er sich unterstützend anderen – subjektive Rechte gewährenden – Grundrechtsbestimmungen beifügen läßt, so vollzieht sich damit eine Wandlung des der Verfassung zugrundeliegenden Wertsystems in ein **Anspruchssystem**[485], wobei Art. 1 GG die Rolle eines Katalysators spielt[486]. Innerhalb dieses Anspruchssystems

---

479 z. B. §§ 138, 242 BGB; aPR (s. o. Einl A I), Recht am eingerichteten und ausgeübten Gewerbebetrieb iRd § 823 I BGB

480 vgl. z. B. Art. 2 I; 3 I; 20 I (Sozialstaatsprinzip), 20 II 2, III; 28 GG (Rechtsstaatsprinzip)

481 BVerfG 3, 243

482 ebenso *Wintrich*, Grundrechte S. 15

483 so *Zippelius* BK Art. 1 Rdn 26, vgl. auch *Zippelius* aaO Rdn 7; vgl. *Leisner* S.

484 s. o. Fußn. 453–462

485 *Dürig* in *Maunz-Dürig-Herzog* Art. 1 I Rdn 5 und AöR 81, 121; *Hamann-Lenz* Art. 1, A 1 a; im Ergebnis auch *Zippelius* aaO Rdn 27

486 zur Rolle des Art. 1 III GG hierbei vgl. *Hamann-Lenz* aaO B 10; vgl. auch unten 2.2.2.3 a.bb

stellt Art. 1 I GG – jetzt als Hauptgrundrecht – die Auffangnorm dar, und garantiert dadurch dessen Lückenlosigkeit[487].

bbb) Inhalt

Zur Prüfung der Frage, ob § 253 BGB mit Art. 1 I GG vereinbar ist, muß weiter der Inhalt dieser Vorschrift herausgearbeitet werden. Ihr zentraler Begriff ist der der **Menschenwürde.** Der hA[488], die auf eine Definition dieses Begriffs verzichtet, weil sie sie nach dem Wesen und dem Sinn der Würde für unmöglich hält[489], stimmen wir insoweit nicht zu, als der Begriff der Menschenwürde durch seine Aufnahme in eine positivrechtliche Vorschrift Rechtsbegriff geworden ist, und in dieser seiner Eigenschaft als Bestandteil einer subjektives Recht verleihenden Norm in einem Rechtsstaat grundsätzlich definierbar sein muß. Wir kommen der hA insoweit entgegen, als wir uns angesichts der Schwierigkeit, die die Bestimmung eines auch philosophisch und theologisch relevanten[490] – auf die „Wesenheit ... des Menschen"[491] zurückgehenden – juristischen Begriffs macht, innerhalb dieser Arbeit auf einen Definitionsversuch beschränken werden.

Die gängigen Umschreibungen des Begriffs ‚Menschenwürde' (etwa die Gleichung: Menschenwürde = Wesenheit des Menschen = Persönlichkeit[492]; oder: Menschenwürde als Inhalt der Persönlichkeit[493], sind nicht viel bestimmter als der Begriff selbst[494]. Weiter führt die Aussage, Würde sei der dem Menschen als Person zukommende Wert[495], der auf seiner geistigen Entscheidungsfreiheit beruht, die ihm

---

487 Diese Lückenlosigkeit weiß freilich *Dürig* (*Maunz-Dürig-Herzog* aaO Rdn 13 und AöR 81, 122) schon dadurch gewahrt, daß Art. 1 I GG in seiner Maxime-Eigenschaft anderen subjektive Rechte gewährleistenden Grundrechten beigegeben wird; insoweit verweisen wir auf unsere den Grundrechts-Charakter des Art. 1 I GG begründende Argumentation.

488 so *Leisner* S. 141 mHinw in Fußn. 58

489 *vMangoldt-Klein* I Art. 1 III 3; vgl. auch *Nipperdey*, Gr II S. 1

490 vgl. *Wertenbruch* S. 21

491 *Nipperdey* aaO; oder auch *Helle* (Schutz S. 4): „Daß er ‚Mensch' ist, gibt ihm seine Würde (GG Art. 1)"; vgl. auch *Helle* aaO S. 72

492 *Nipperdey* aaO S. 14; hier scheint auch die Funktion des Gleichheitszeichens strapaziert, da offenbar Entwicklungen (etwa: Aus dem Wesen des Menschen folgt seine Würde; als Würde-Inhaber ist der Mensch eine Persönlichkeit) aufgezeigt werden sollen.

493 *Maunz*, Staatsrecht § 15 II 1

494 *Wintrich*, Grundrechte S. 6; *vMangoldt-Klein* I Art. 1, III 3 a; *Zippelius* BK Art. 1 Rdn 9

495 vgl. Fußn. 494

die Fähigkeit verleiht zu Selbst-Bewußtsein, Selbst-Bestimmung und die Fähigkeit, sich und seine Umwelt zu gestalten[496] – also auf seiner „Freiheit zu etwas"[497]. Indem dieser Wert als Respekts-Wert verstanden wird[498], weitet sich die zunächst rein objektiv-gebundene (attributive) Zuordnung dieses Wertes zum Menschen aus zu der Forderung an andere, dem Menschen als Wertträger Respekt zu erbringen – eine Forderung, die in der Definition gipfelt, Würde sei „dieser innere und sogleich soziale Wert- und Achtungsanspruch, der dem Menschen um dessentwillen zukommt"[499]. Allerdings erscheint fraglich, ob für diese Ausweitung innerhalb der Definition Raum ist. UE erschöpft sich die Klärung des Begriffs ‚Würde' in der Aussage, daß Würde Wert ist, und daß dieser Wert dem Menschen attributiv zukommt, während die Frage, ob und inwieweit diese Wertzuordnung Ansprüche auslöst, eher bei der Forderung des Art. 1 I 1 GG nach der Unantastbarkeit dieser Würde (also bei seiner Aussage) gestellt und beantwortet werden muß[500].

Wir stimmen der hM[501] zu, nach der der Verfassungsgeber die Menschenwürde in concreto gemeint hat. Das geht zwar noch nicht aus der singularischen Formulierung des Art. 1 I GG („Die Würde des Menschen ...") hervor, da offenbar – insofern abstrakt – die Würde des – insofern konkret – einzelnen Menschen gemeint war[502]; es ergibt sich aber aus der Überlegung, daß das, wovor Art. 1 I GG schützen will (die Verletzung der Würde), in abstracto gar nicht möglich ist[503]. Eine andere Ansicht liefe zudem Gefahr, die Schutztendenz des Art. 1 I GG auszuhöhlen.

Zuordnungsobjekt dieser Würde ist also der **Mensch**. Für unsere Untersuchung ist es wichtig zu wissen, von welchem Bild des Menschen der Verfassungsgeber ausging, als er ihn in Art. 1 I GG zum

496 *Dürig* in *Maunz-Dürig-Herzog* Art. 1 I Rdn 17 f. und AöR 81, 125; *Hamann-Lenz* Art. 1 B 1
497 *Leisner* S. 143
498 so *Wertenbruch* S. 180
499 so bayVerfGH 1, 32; 2, 91; ähnlich bayVerfGH 8, 57; 9, 37 und 111; 10, 68
500 *Wertenbruch* (aaO S. 28, 180, vgl. auch 209) unterscheidet in diesem Zusammenhang zwischen innerer und äußerer (Respekts-)Würde.
501 *Nipperdey*, GR II S. 3; *Wintrich* aaO S. 6; *vMangoldt-Klein* I aaO III 3 c; aA *Dürig* in *Maunz-Dürig-Herzog* Art. 1 I Rdn 18 und AöR 81, 125
502 *Wertenbruch* S. 24
503 *Nipperdey* aaO

Würdeträger[504] machte. Hierbei stand ihm folgende Skala zur Verfügung:

- der Mensch als autonomes Individuum in einer aus autonomen Individuen bestehenden Gesellschaft (Individualismus);
- der Mensch als sozial gebundenes personales Mitglied einer aus ebensolchen Mitgliedern bestehenden Gesellschaft (Personalismus);
- der Mensch als unselbständiger Teil einer kollektiven Gesellschaft (Kollektivismus).

Mit Normierung des dem Art. 1 I 1 GG zugrundeliegenden Gedankens hat der Verfassungsgeber zunächst dem Kollektivismus eine Absage erteilt; diese Entscheidung wurde begünstigt durch die historische Situation nach der Diktatur des nationalsozialistischen Regimes. Hierbei erfolgte jedoch keine kompromißlose Hinwendung zum schrankenlosen Individualismus iSd klassischen Liberalismus des 19. Jahrhunderts. Daß dem individuellen Menschen, der im Grundrechtskatalog des GG – angefangen mit Art. 1 I GG – in die Position des Inhabers subjektiver Rechte gehoben wird, auch Pflichtigkeiten gegenüber dem Kollektiv auferlegt werden, zeigt eine Reihe von Vorschriften:

- Art. 2 I HS 2, setzt mit seiner Schrankentrias „Auslegungsmaßstäbe für Gemeinschaftswerte"[505].
- Art. 12 I 2, 14 I 2, II GG bieten „generelle Einzugsmöglichkeiten für das Gemeinwohl" (die erst wieder durch die Anordnung des Art. 19 II GG gesperrt werden)[506].
- In der Sozialentscheidung des Art. 20 I GG zeigt die Verfassung, daß sie „von einem sozial bereiten Menschen und seiner sozial gebundenen Freiheit ausgeht"[507].
- Der Bürger ist als Amtsträger an Gesetz und Recht gebunden, Art. 20 III GG, als Abgeordneter ist er seinem Gewissen unterworfen, Art. 38 I 2 GG[508].
- Art. 33 I GG spricht von „Rechten und Pflichten"[509].
- Schließlich wirkt auch die in Art. 1 I 2 GG ausgesprochene Schutzverpflichtung des Staates über den Gedanken der Mitbestimmung des Aktivbürgers iRd Staatsgewalt (Schlagwort: „Identität von Regie-

---

504 vgl. zum Menschen als Würdeträger *Wertenbruch* S. 24 ff., insb. S. 27; *Nipperdey* aaO; *Zippelius* BK Art. 1 Rdn 22

505 *Dürig* in *Maunz-Dürig-Herzog* Art. 1 I Rdn 50; auch *Zippelius* BK Art. 1 Rdn 27

506 *Dürig* aaO; für Art. 14 GG auch *Zippelius* aaO

507 *Dürig* aaO Rdn 52; auch *Wintrich*, Grundrechte S. 20 und *Zippelius* aaO

508 *Wertenbruch* S. 57

509 *Wertenbruch* aaO

renden und Regierten"[510]) als Pflichtigkeit gegenüber den Individuen[511].

Diese Reihe veranschaulicht, daß die Verfassung von dem Worte *Heideggers*[512] geleitet zu sein scheint, nach dem unser Sein wesentlich Mitsein ist, nach dem menschliches Sein mit Mitmensch-Sein gleichzusetzen ist[513]. Ihr liegt – unstreitig – ein Bild zugrunde, in dem der Mensch im Spannungsfeld zwischen Individuum und Kollektiv aufgrund seiner naturgegebenen Gemeinschaftsbezogenheit gemeinschaftsgebunden ist, ohne daß dabei sein Eigenwert als Person verletzt wird[514]. In der gleichzeitigen Anordnung von „Koexistenz und Kooperation der Individuen"[515] zeigt sich die Entscheidung des GG für eine „mittlere Linie des Personalismus"[516], dessen Basis wieder Art. 1 I 1 GG ist[517].

Die Inhaltsbestimmung des unbestimmten Rechtsbegriffs ‚Menschenwürde' läßt sich dadurch vertiefen, daß man vom Verletzungsvorgang ausgehend konkrete **Verletzungstatbestände** aufzählt[518]: Neben eklatanten Verletzungen der Menschenwürde aus der Rechtspraxis[519] gehören hierher auch Verletzungen der Intimsphäre[520] und der Ehre[521]. Diese Rechte haben wir oben als Bestandteile des aPR bzw. als bPR kennengelernt[522]. Die Tatsache, daß der Persönlichkeitsbe-

---

510 *Wertenbruch* S. 56
511 *Dürig* aaO Rdn 48
512 S. 118; vgl. auch *Feick* S. 47
513 „Jeder Mensch ist nicht nur ein Einzelwesen, sondern zugleich ein ‚zoon politikon' ...", *Helle*, Schutz S. 76
514 BVerfG 4, 15 f.; 7, 323; 8, 329; 28, 189
515 *Wintrich*, Grundrechte S. 7
516 *Dürig* aaO Rdn 47 mwHinw in Fußn 3; im Ergebnis übereinstimmend *vMangoldt-Klein* I Art. 1, III 3 b und *Leibholz-Rinck* Art. 1 Rdn 2
517 *Wertenbruch* S. 209; darin, daß jeder zugleich Individuum und Mitglied der Gesellschaft ist, sieht *Helle* (Schutz S. 71) die „besondere Problematik des Persönlichkeitsschutzes".
518 vgl. auch *Dürig* aaO Rdn 28
519 vgl. dazu die Bsple bei *Nipperdey* aaO S. 27, *Dürig* aaO Rdn 30 ff. und AöR 81, 127 f.
520 *Dürig* in *Maunz-Dürig-Herzog* aaO Rdn 37 und AöR 81, 129; *Zippelius* aaO Rdn 17; *Hamann-Lenz* Art. 1, B 1 b
521 *Zippelius* aaO Rdn 12; *Dürig* in *Maunz-Dürig-Herzog* aaO Rdn 41
522 vgl. oben Einl A I; auf das Verhältnis von aPR und bPR sind wir dabei eingegangen. Dort wurde gezeigt, daß eine endgültige Abgrenzung wegen der – auf dem sich ständig wandelnden Rechtsbewußtsein beruhenden – Dynamik der bPR nicht möglich ist. Eine solche Abgrenzung ist auch für diese

reich des Menschen schon in spezielleren Grundrechtstatbeständen geschützt wird –

– Art. 2 II 1 GG schützt die körperliche Integrität;
– Art. 4 GG schützt die Freiheit des Gewissens;
– Art. 6 GG schützt den Menschen in seiner Zugehörigkeit zu Ehe und Familie;
– Art. 10 GG schützt Brief-, Post- und Fernmeldegeheimnis;
– Art. 13 GG schützt den Menschen in seiner Behausung –

bestätigt, daß Art. 1 I GG das Rechtsgut Persönlichkeit (subsidiär) als Auffangtatbestand sichern will[523,524]. Ehrverletzungen (z. B.) bilden aber nur dann iRd Art. 1 I GG relevante Verletzungstatbestände, wenn man sie als „entwürdigend", „erniedrigend", „demütigend", usf. bezeichnen kann[525], also nur dann, wenn ihnen eine gewisse Schwere und Bedeutung zukommt. Wenn (andere) Verletzungen von minderer Wirkung den Tatbstand des Art. 1 I GG nicht ausfüllen, so bemerken wir eine vom Inhalt des Menschenwürde-Begriffs des Art. 1 I GG ausgehende Eingrenzung von Verletzungstatbeständen, auf die wir sowohl bei der Konstruktion eines Lösungsweges für unser Problem, als auch bei der Untersuchung der sogenannten Anspruchsbeschränkungen noch zurückkommen werden[526].

Der Menschenwürde in dem oben dargestellten Sinn kommen vier **Beschaffenheitsmerkmale** zu:

1) Da sie als ein mit dem menschlichen Sein unmittelbar verknüpfter Wert auch „Zustand" ist (und zwar ein Zustand, den der Verfassungsgeber nach hL nicht geschaffen, sondern vorgefunden und aner-

---

Untersuchung nicht nötig, weil die bPR keinen weitergehenden Schutzbereich haben als das aPR, die rechtliche Behandlung also insoweit die gleiche ist.

523 s. o. zu aaa

524 So auch *Dürig* (aaO Rdn 37 und AöR 81, 129 f.), der aber in Art. 1 I GG nur deshalb eine Generalklausel sieht, weil er dessen Wertgehalt in das Hauptfreiheitsrecht des Art. 2 I GG einbezieht (und damit zu einem subjektiv-öffentlichen (Grund-)Recht auf „Achtung der ureigensten Privatsphäre" gelangt), Art. 1 I GG also nur als Maxime, nicht aber als selbständiges Grundrecht versteht.

525 *Zippelius* aaO Rdn 12; *Dürig* in *Maunz-Dürig-Herzog* aaO Rdn 41

526 Zum letzteren vgl. unten B, insb. III 1.

kannt hat[527]), und da ein Zustand als Gegebenes seinem Wesen nach unteilbar ist, ist auch die Würde unteilbar[528].

2) Daß die Würde unantastbar sei, sagt die Verfassung in Art. 1 I 1 GG ausdrücklich selbst. Hierbei handelt es sich aber nicht – wie die etwas fragwürdige Akzentuierung des Wortes „ist" nahelegen könnte – um ein Merkmal ihrer Seins-Beschaffenheit, denn an dem historischen Faktum der Antastbarkeit (iSv Verletzbarkeit) der Menschenwürde[529] kann die Verfassung nicht vorbei-normieren. Vielmehr muß der Satz 1 des Art. 1 I GG wohl dahingehend verstanden werden, daß die Würde des Menschen nicht angetastet (verletzt) werden dürfe oder solle, also iSe Verbotes[530]. Damit ist die Unantastbarkeit ein Merkmal der Soll-Beschaffenheit der Würde. Wir kommen daher auf dieses Merkmal bei der Prüfung der Aussage des Art. 1 I GG zurück.

3) Die Unverzichtbarkeit der Würde ergibt sich daraus, daß – und insoweit ließe sich unsere Definition der Menschenwürde komplettieren – sie dem Menschen aufgrund von Fähigkeiten zukommt, die nicht zu seiner Disposition stehen[531]: Den objektiven Wert ‚Würde' kann die subjektive Willensäußerung des einzelnen nicht abschaffen[532]. (Daß im Bereich des Privatrechts möglicherweise anderes gilt[533], können wir erst unten bei der Untersuchung der Drittwirkung der Grundrechte[534] besprechen.)

4) Schließlich ist die Menschenwürde unverwirkbar. Das folgt nicht nur aus schlüssigem Schweigen des Verfassungsgebers iRd Art. 18 S. 1 GG[535], sondern auch aus den Qualifikationsmerkmalen, die uns ver-

---

527 vgl. oben aaa
528 *Leisner* S. 146 ff.
529 Aus jüngster Vergangenheit erinnern wir z. B. an die Behandlung, Verfolgung und Ausrottung der europäischen Juden während des Nazi-Regimes (vgl. *Nipperdey*, GR II S. 27; *Dürig* in *Maunz-Dürig-Herzog* Art. 1 I Rdn 30 und AöR 81, 127 f.).
530 *Wertenbruch* S. 28 f.; im Ergebnis auch *Dürig* in *Maunz-Dürig-Herzog* aaO Rdn 2 und AöR 81, 117 f.
531 vgl. *Leisner* S. 149
532 so auch *Dürig* in *Maunz-Dürig-Herzog* aaO Rdn 22 und AöR 81, 126; *Nipperdey* aaO S. 22; *Zippelius* aaO Rdn 40; *vMangoldt-Klein* I Art. 1, III 8
533 vgl. *Nipperdey* aaO S. 45
534 vgl. 2.2.2.3 a
535 vgl. *vMangoldt-Klein* I aaO; *Zippelius* aaO Rdn 40

anlaßten, dem Art. 1 I GG den ersten Rang unter den Verfassungsnormen zuzubilligen[536],[537].

ccc) Aussage

Bei der – aus seinem Inhalt folgenden – Aussage des Art. 1 I GG ist einmal zu unterscheiden zwischen den Aussagen seiner zwei Sätze, und innerhalb beider Sätze wiederum zwischen a) den in den Aussagen enthaltenen Forderungen und b) den Richtungen dieser Forderungen:

1) a) Wir hatten soeben oben festgestellt, daß **Satz 1** des Art. 1 I GG das Verbot enthält, die Menschenwürde anzutasten iSv zu verletzen. Der Verfassungsgeber will also hiermit die Menschenwürde (negativ) gegen Angriffe und Verletzungen abschirmen, d. h. er normiert insoweit einen reinen Unterlassungsanspruch[538].

b) Aus der – oben festgestellten – Unteilbarkeit der Würde folgt ihre Richtungslosigkeit: Die Würde „ist nicht ‚gerichtet', (sie) ‚ist' einfach"[539]. Der in Satz 1 enthaltene Unterlassungsanspruch richtet sich daher gegen jedermann[540], und zwar als

- sozial-ethischer Anspruch gegen die Gemeinschaft – das ist der – von der Gemeinschaft getragene und insoweit auf einer höheren Ebene liegende – Staat, und als
- individual-ethischer Anspruch gegen das – auf gleicher Ebene liegende – individuelle Mitglied dieser Gemeinschaft[541,542].

2) a) Wir hatten oben[543] bereits festgestellt, daß der **Satz 2** des Art. 1 I GG die in Satz 1 nur grob umrissene Pflichtigkeit, die Menschenwürde nicht anzutasten, konkretisiert, indem er ihre Achtung und ihren Schutz anordnet. Hiermit ist ein zweifaches gesagt:

---

536 s. o. aaa Fußn. 453–462

537 ebenso *vMangoldt-Klein* aaO, der dasselbe Argument aus der Stellung des Art. 1 I im GG begründet

538 BVerfG 1, 97, 104; *Dürig* in *Maunz-Dürig-Herzog* aaO Rdn 2; *vMangoldt-Klein* I aaO III 4

539 *Leisner* S. 146 f.

540 so einstimmig *Wintrich*, Grundrechte S. 12; *Zippelius* aaO Rdn 29; *Dürig* aaO

541 *Dürig* aaO und AöR 81, 118

542 Der individual-ethische Anspruch gehört in den unten zu diskutierenden Problemkreis der Drittwirkung, vgl. 2.2.2.3 a.cc

543 vgl. zu aaa

- Mit der Anordnung des Achtens wird (negativ) befohlen, alles zu unterlassen, was die Menschenwürde beeinträchtigt (status libertatis);
- mit der Anordnung des Schutzes wird (positiv) befohlen, abwehrend tätig zu werden, wenn die Menschenwürde beeinträchtigt wird (status positivus)[544]. Damit sind Beeinträchtigungen von allen Seiten gemeint, nicht nur Beeinträchtigungen aus dem außerstaatlichen Bereich[545]; denn es wäre widersinnig, dem Staat zunächst eine (negative) Achtungspflicht aufzuerlegen, ihn aber nicht zugleich auch zu verpflichten, die Menschenwürde dann (positiv) zu schützen, wenn er selbst (etwa durch eine andere Staatsgewalt) die Menschenwürde angreift[546]. Die Anordnung des Schützens umfaßt sowohl präventiven als auch repressiven Schutz[547].

b) Anspruchsgegner aus Art. 1 I 2 GG ist „alle staatliche Gewalt", also auch die im Hinblick auf unser Thema relevanten Gewalten Gesetzgebung und Rechtsprechung[548].

Hierzu gilt im einzelnen
- für die Gesetzgebung, daß ein erlassenes Gesetz mit Art. 1 I GG im Einklang stehen muß. Hieraus ergibt sich aber nach wohl überwiegender Ansicht keine Rechtspflicht des Gesetzgebers, etwa ein Gesetz zum Schutze der Menschenwürde zu erlassen[549].
- für die Rechtsprechung, daß sie Art. 1 I GG in allen Rechtsgebieten als aktuell geltendes und – da Verfassungsrecht – vorrangiges Recht anzuwenden hat, d. h. keine Entscheidung treffen darf, die den Forderungen des Art. 1 I GG nicht gerecht

---

544 *Wertenbruch* S. 149; *Nipperdey*, GR II S. 17, 26 f.; *vMangoldt-Klein* I Art. 1, III 5; *Zippelius* aaO Rdn 28; *Hamann-Lenz* Art. 1, B 5

545 zumindest mißverständlich insofern *Wertenbruch* (S. 150), *vMangoldt-Klein* I (Art. 1, III 5), *Leibholz-Rinck* (Art. 1 Rdn 3), die die Schutzverpflichtung des Staates offenbar nur auslösen wollen, wenn die Menschenwürde „von anderer Seite" beeinträchtigt wird

546 so im Ergebnis wohl auch *Dürig* in *Maunz-Dürig-Herzog* aaO Rdn 3 und AöR 81, 118 („... gegen alle möglichen Angreifer gerichtet ...") und *Hamann-Lenz* Art. 1, B 5 („... in allen Fällen einer Verletzung der Menschenwürde")

547 *Nipperdey* aaO S. 28

548 BVerfG NJW 1973, 1223; *Zippelius* aaO Rdn 28; *vMangoldt-Klein* I Art. 1, III

549 *Nipperdey* aaO S. 28 f.; *Dürig* in *Maunz-Dürig-Herzog* aaO Rdn 16 und AöR 81, 118, 123; aA *Hamann-Lenz* Art. 1, B 6

wird. Eine Entscheidung, die – angeblich – auf ‚geltendem Recht' beruht, dieser Anforderung aber nicht entspricht, ist aus doppeltem Grund verfassungswidrig: erstens, weil dieses ‚Recht' im Hinblick auf Art. 1 I GG nicht gilt, zweitens, weil die Entscheidung selbst an Art.1 I GG vorbeigeht (vgl. Art. 20 III, 97 I GG)[550].

Satz 2 des Art. 1 I GG konkretisiert also nicht nur die in Satz 1 allgemein ausgesprochene Pflichtigkeit, sondern beschränkt darüber hinaus auch die Anspruchsgegnerschaft auf die staatliche Gewalt allein[551].

ddd) rechtliche Absicherung

Als Normen, die Inhalt und Aussage des Art. 1 I GG rechtlich absichern, kommen in Betracht:
- Art. 1 GG selbst,
- Art. 19 II GG und
- Art. 79 III GG.

1) Innerhalb des **Art. 1 GG** finden sich zwei Vorschriften, denen eine Absicherungsfunktion zukommt: Satz 2 des Abs. I und Abs. III. Wenn Abs. III von den „nachfolgenden Grundrechten" spricht, so sichert er den Abs. I nur insoweit ab, als dieser in seiner Eigenschaft als Maxime die „nachfolgenden Grundrechte" überlagert und dadurch mitgestaltet[552] – also nur mittelbar. Unmittelbar sichert Abs. III des

---

550 so *Nipperdey* aaO S. 34 f.

551 Dies widerspricht nur scheinbar unserer Aussage, die Würde sei aufgrund ihrer Unteilbarkeit richtungslos: Zunächst bezog sich diese Aussage auf den – inhaltlich weiteren – Satz 1 des Art. 1 I GG und sollte für diesen dartun, daß er sich sowohl an den Staat als auch an das einzelne Mitglied der staatlichen Gemeinschaft wendet. Diese Richtungslosigkeit kommt in der allgemeinen Aussage des Art. 1 I 1 GG zum Ausdruck. Darüber hinaus ist es dem Verfassungsgeber unbenommen, diese Aussage dadurch fortschreitend zu konkretisieren, daß er in Satz 2 nur einige Anspruchsgegner verpflichtet (nämlich nur die staatliche Gewalt). Ein Recht, das den Schutz der Menschenwürde des einzelnen Rechtsgenossen schlechthin jedem einzelnen Rechtsgenossen auferlegt, wäre auch kaum praktikabel.
Zur aA *Helles* (Schutz S. 74 ff.) und *H. Kaufmanns* (JuS 1963, 381) nehmen wir unten bei der Drittwirkung Stellung, vgl. 2.2.2.3 a.cc.

552 s. o. zu aaa

Art. 1 GG eben nur die ihm „nachfolgenden Grundrechte" ab[553,554]. Wie wir oben bereits feststellten[555], übernimmt diese Funktion der unmittelbaren Absicherung für den Art. 1 I GG – (auch) für seine Eigenschaft als Grundrecht – der Satz 2 des Abs. I[556]. Wir beobachten an Art. 1 I GG also eine – seine Bedeutung bestätigende – Selbst-Absicherung.

2) Ob und inwieweit Art. 1 I GG durch die Wesensgehalts-Garantie des **Art. 19 II GG** abgesichert wird, ist streitig. Eine solche Absicherung lassen wir nicht daran scheitern, daß Art. 19 II GG eine Wirkung nur gegenüber den Grundrechten hat, die überhaupt zur Disposition des Gesetzgebers stehen, d. h. keine Wirkung hat für überpositives Recht[557], da wir uns – durch die Verneinung der Frage nach der Geltung überpositiven Rechts[558] – bei unserer Untersuchung des Art. 1 I GG allein auf dessen positivrechtliche Regelung beschränken[559]. Auch kann uns der Streit darüber, ob Art. 19 II GG mit „ein Grundrecht" die Grundrechtsbestimmung als solche meint oder das subjektiv-öffentliche Recht des einzelnen (aus einer solchen Grundrechtsbestimmung)[560], nicht davon abhalten, Art. 19 II GG grundsätzlich für eine taugliche Absicherungsnorm des Art. 1 I GG zu halten, denn wir haben dessen Eigenschaft als subjektiv-öffentliche Rechte verleihendes Grundrecht bereits bejaht[561].

Die (absichernde) Anwendung des Art. 19 II GG auf Art. 1 I GG scheitert vielmehr an einer anderen Problematik – der Frage nämlich, ob Art. 19 II GG nur diejenigen Grundrechte absichert, die „durch Gesetz oder aufgrund eines Gesetzes eingeschränkt werden"

---

553 s. o. zu aaa

554 So können auch *Maunz* (Staatsrecht § 15 II 3) und *vMangoldt-Klein* I (Art. 1, V 2) zu verstehen sein, wenn sie ausführen, das Art. 1 III GG Vorausgehende sei damit als nicht zu den bindenden Grundrechten gehörig charakterisiert.

555 s. o. zu aaa

556 ebenso *Zippelius* BK Art. 1 Rdn 37; undurchsichtig *Nipperdey* (GR II S. 20 f.), der (im Zusammenhang mit der Drittwirkungsproblematik) einmal Art. 1 I 2 GG in dieser Funktion „in erster Linie" gelten läßt, daran anschließend aber Art. 1 I über Abs. III GG als „unmittelbar geltendes Recht" ansieht; zur Bedeutung des Art. 1 III GG für die Drittwirkung noch unten zu 2.2.2.3 a.bb

557 *Hamann-Lenz* Art. 19, B 6

558 vgl. dazu oben b

559 s.o. aaa

560 Für die erste Ansicht hat sich *vMangoldt-Klein* (I Art. 19 V 2 c) ausgesprochen; die zweite Ansicht vertritt *Leisner* (S. 153).

561 s. o. aaa

(Art. 19 I GG) können, d. h. die unter (irgendeiner Art von) Vorbehalt stehen, oder ob seine Absicherungswirkung für alle Grundrechte – also auch für Art. 1 GG – gilt (eine Frage, die sich auch dahingehend stellen ließe, ob der Abs. II des Art. 19 GG als Satz 3 seines Abs. I zu lesen ist). *Wernicke*[562] begründet seine die Globalabsicherungs-Wirkung des Art. 19 II GG bejahende Ansicht mit dessen kategorischer Fassung („In keinem Fall darf ...") – ein Argument, dem sich entgegenhalten läßt, daß dieser Wortlaut auch pathetisch-unterstreichend gedeutet werden kann[563]. Gegen das Verständnis des Abs. II als den Abs. I fortsetzender Satz 3 scheint vielmehr ein anderes Bedenken zu sprechen: Abs. I wendet sich – wenigstens formal – nur an den Gesetzgeber, eine diesen Abs. I lediglich fortführende Wesensgehalts-Garantie würde daher ebenfalls nur den Gesetzgeber binden und Exekutive und Rechtsprechung als solche ungebunden lassen[564]. Auch dieses Bedenken schlägt aber nicht durch: Die in Abs. I ausgesprochene Bindung des Gesetzgebers setzt sich sowohl in der vollziehenden als auch in der rechtsprechenden Gewalt durch die (verwaltungsrechtlichen) Grundsätze der Gesetzmäßigkeit (vgl. Art. 20 III GG) und des Vorbehalts des Gesetzes fort und bindet diese Gewalten daher mittelbar. Es ist nicht ersichtlich, daß der Verfassungsgeber in Art. 19 II GG Exekutive und Jurisdiktion als solche, d. h. unmittelbar, binden wollte.

Dementsprechend geht die wohl hM davon aus, daß Art. 19 II GG (wie Abs. I) allein solche Grundrechtsbestimmungen absichern kann, die (in irgendeiner Weise) einschränkbar sind (vgl. den „Soweit"-Satz in Abs. I des Art. 19 GG)[565], und somit als Schranke von Einschränkungen fungiert[566]. Art. 1 I GG wird mithin durch Art. 19 II GG nicht geschützt[567] – wenigstens nicht in seiner Eigenschaft als Grundrecht. Anderes gilt für Art. 1 I GG in seiner Eigenschaft als Maxime: Insoweit der Art. 1 I GG in andere Grundrechtsbestimmungen hineinwirkt, die unmittelbar von Art. 19 (I und) II GG abgesichert werden, erstreckt sich dieser Wesensgehalts-Schutz

---

562 in BK Art. 19, II 2 b
563 so *Leisner* S. 155
564 *Leisner* aaO
565 vgl. etwa *Krüger* DÖV 1955, 599; *Dürig* AöR 81, 121 und 136; *vMangoldt-Klein* I Art. 19, V 1; *Hamann-Lenz* aaO; *Zippelius* BK Art. 1 Rdn 37
566 *vMangoldt-Klein* I aaO; *Wernicke* BK Art. 19, II 2 b
567 so ausdrücklich *Nipperdey*, GR II S. 21; zu entnehmen auch *vMangoldt-Klein* I Art. 19, II 3 a

auch auf den Menschenwürde-Gehalt der einzelnen Grundrechtsnormen[568]. Insoweit sichert Art. 19 II den Art. 1 I GG also mittelbar ab[569]. IR dieser mittelbaren Absicherung ist der Menschenwürde-Gehalt der einzelnen einschränkbaren Grundrechte auch deren Kern (Wesensgehalt), aber nicht ihr alleiniger Kern: Der Wesensgehalt der Einzelgrundrechte geht insofern über ihren Menschenwürde-Gehalt hinaus, als neben diesen noch andere – einzelgrundrechts-spezifische – Kernelemente treten, die ebenso noch durch Art. 19 II GG geschützt werden[570].

Festzuhalten ist, daß Art. 1 I GG als Grundrecht nicht von der (unmittelbaren) Absicherungwirkung des Art. 19 II GG gedeckt wird. Da diese Inkongruenz aber allein darauf zurückzuführen ist, daß Art. 1 I GG vom Verfassungsgeber erst gar nicht mit der Möglichkeit zu Einschränkungen versehen worden ist, spricht sie nicht für seine Schutzlosigkeit, sondern bestätigt – im Gegenteil – erneut, daß Art. 1 I GG aufgrund seiner Erhabenheit als Primärnorm[571] der Verfassung[572] den Schutz des Art. 19 II GG gar nicht benötigt.

3) **Art. 79 III GG** stellt gewisse Einrichtungen und Verfassungsentscheidungen außerhalb der Disposition des Verfassungs-Gesetzgebers[573], indem er sie für unabänderbar erklärt[574]. Bei der Gesamtschau des Art. 79 GG zeigt sich, daß innerhalb der hier geschützten Normen eine Unterscheidung zwischen Normen mit lediglich erhöhter Bestandsgarantie (vgl. Art. 79 I und II GG) und Normen mit absoluter Bestandsgarantie („Fundamentalnormen") erfolgt ist – eine Unterscheidung, der eine Rangfolge von Verfassungsnormen zu entnehmen ist, die für ihre jeweilige Interpretation heranzuziehen ist[575]. An der in Abs. III des Art. 79 GG erfolgten „axiomatischen

---

568 so *Dürig* AöR 81, 121, 136 und *Maunz-Dürig-Herzog* Art. 1 I Rdn 8
569 so auch *Leisner* S. 158
570 *Leisner* aaO und *Wintrich*, Grundrechte S. 19; die Gleichung „Menschenwürde-Gehalt = Wesensgehalt (z. B.) des Gleichheitssatzes" (*Maunz-Dürig* in *Maunz-Dürig-Herzog* Art. 79 Rdn 42) stimmt also nicht.
571 Primärnorm nicht iSv *Hamann-Lenz* (Art. 2, A 2 und 4), der hierunter offenbar das versteht, was wir mit ‚Maxime' (Rechtsgrundsatz) ausgedrückt haben, sondern iSv erstrangiger Bedeutung
572 s. o. aaa
573 Diesen Begriff erläutern *Maunz-Dürig* (*Maunz-Dürig-Herzog* Art. 79 Rdn 22) als „Gesetzgeber über Verfassungsänderungen" (im Gegensatz zum Verfassungsgeber, vgl. oben aaa Fußn. 402).
574 *Maunz-Dürig* aaO Rdn 24
575 *Wintrich* aaO S. 10 f.

Ewigkeitsentscheidung" – Art. 79 III GG ist seinerseits durch schlüssig in ihm enthaltene Selbstabsicherung unabänderlich[576] – des Verfassungsgebers hat auch Art. 1 (I) GG teil[577].

Die Absicherung des Art. 1 GG durch Art. 79 III GG erstreckt sich im einzelnen

- (materiell) auf die Unantastbarkeit der Menschenwürde (Abs. I Satz 1) und die sie konkretisierende entsprechende Achtungs- und Schutzverpflichtung des Staates (Abs. I Satz 2) (Art. 1 I GG als Grundrecht);
- (materiell) auf die Einwirkung dieses Rechtswerts in die Art. 1 GG folgenden Grundrechte (Art. 1 I GG als Maxime);
- (formell) auf die Grundrechts-Adressierung in Art. 1 III GG[578].

Die Erstreckung der Absicherung auf die Art. 1 GG nachfolgenden Grundrechte durch das Medium des Art. 1 I GG (als Maxime) bedeutet eine mittelbare Absicherung (auch) der Art. 2 ff. GG durch Art. 79 III GG und erklärt sich – trotz der schlüssigen Nicht-Aufnahme der Art. 2 ff. GG in den Art. 79 III GG („... die in den Art. 1 und 20 niedergelegten Grundsätze ...")[579] – aus der Eigenheit des Art. 1 I GG als Maxime.

Die Unzulässigkeit allein der „Berührung" (Art. 79 III GG) des in Art. 1 I GG enthaltenen Grundsatzes will eine Beeinträchtigung nicht nur seines Inhaltskerns, sondern auch seiner Randzonen ausschließen[580, 581]. Mit der Absicherung durch Art. 79 III GG hat Art. 1 I GG „den höchsten Grad von Bestandsfestigkeit, den eine Verfassung ihren Normen (überhaupt) geben kann"[582].

eee) Zusammenfassung und Ergebnis

Damit ergibt die Analyse des Art. 1 I GG in der **Zusammenfassung** folgendes:

- Art. 1 I GG gewährt als erstrangige Verfassungsnorm und Haupt-

---

576 *Nipperdey*, GR II S. 22

577 vgl. *Dürig* in *Maunz-Dürig-Herzog* Art. 1 I Rdn 19 und AöR 81, 121

578 vgl. *Maunz-Dürig* in *Maunz-Dürig-Herzog* Art. 79 Rdn 43

579 vgl. *Maunz-Dürig* aaO Rdn 39

580 *Maunz*, Staatsrecht § 15 II 2

581 Hier bestätigt sich, daß der bloße Kernschutz durch Art. 19 II GG der Bedeutung des Art. 1 I GG gar nicht gerecht würde – der Menschenwürde kommt ausschließlich eine absolute Sicherung zu, wie sie Art. 79 III GG bietet.

582 *Nipperdey*, GR II S. 22

grundrecht subjektive Rechte und sichert das gesamte Anspruchssystem der Grundrechte lückenlos ab.
- Der sich aus ihm ergebende Einzelanspruch umfaßt inhaltlich den Schutz der Würde des einzelnen, d. h. den Schutz seines ihm als Person zukommenden Respektswertes, der sich in die Einzelrechte auf Ehre, Intimsphäre, usf. auflöst – Rechte, die wir kennengelernt haben als bPR bzw. als solche Rechte, die in den Schutzbereich des aPR fallen.
- Dieser Anspruch zerfällt (in Satz 2 des Art. 1 I GG) in einen Unterlassungsanspruch, der sich auf das Achten dieses Persönlichkeitwertes richtet, und einen Tätigkeitsanspruch, der dessen Schutz umfaßt.
- Gegner dieses Anspruchs sind (auch) Gesetzgebung und Rechtsprechung. Danach muß ein erlassenes Gesetz (hier: § 253 BGB) dem aus Art. 1 I GG folgenden Achtungs- und Schutzanspruch entsprechen, die Rechtsprechung darf nur solche Gesetze anwenden, die diesem Erfordernis genügen.
- Dieser Anspruch aus Art. 1 I GG genießt den höchsten Absicherungsgrad, den die Verfassung bietet.

Durch die (nur in Satz 2 des Abs. I erfolgte) Gerichtetheit des Wertes Menschenwürde auf einen anderen (die staatliche Gewalt) verwandelt sich der Persönlichkeitswert in ein Persönlichkeitsrecht, d. h. aus einer dem einzelnen Menschen attributiv (deklaratorisch) zugeordneten Seinsgegebenheit wird durch die Inbezugnahme eines anderen eine Position, aus der er (diesem anderen gegenüber) Rechte herleiten kann. Diese Rechte haben wir zusammengefaßt in dem Generalrecht ‚aPR', das wir definierten als Recht auf Achtung und Schutz der Menschenwürde, auf Respektierung der Persönlichkeit, und dessen gesetzliche Grundlage wir in – ua – Art. 1 I GG fanden, der diese Definitionsmerkmale zTl wörtlich enthält[583].

Der Forderung des Art. 1 I GG (iVm seiner verfassungsmäßigen Absicherung) würde die in § 253 BGB (im Zusammenwirken mit dem Schweigen des übrigen Zivilrechts) getroffene Regelung dann nicht entsprechen, wenn sich ein materiell-inhaltlicher Widerspruch zwischen beiden Anordnungen feststellen läßt. Aus der Grundaussage des § 253 BGB, der prinzipiell keinen Ersatz immateriellen Schadens in Geld vorsieht, immateriellen Schaden aber ausnahmsweise da in Geld ersetzt, wo das Gesetz dies ausdrücklich anordnet, sowie aus der Tat-

583 s. o. Einl A I

sache, daß eine ausdrückliche Anordnung des Geldersatzes für immaterielle Schäden bei Verletzungen des aPR im Gesetz fehlt[584], hatten wir gefolgert, daß der Gesetzgeber in § 253 BGB für diesen Falltyp den Ersatz immaterieller Schäden in Geld verbietet[585]. Wenn das GG nun eben den Persönlichkeitswert des Menschen einschließlich der Umformung dieses Wertes in ein Persönlichkeitsrecht in seiner höchstrangigen und best-abgesicherten Hauptnorm (aus der subjektive Rechte fließen und die zudem als Maxime in die gesamte Rechtsordnung einwirkt) aufstellt und – konkretisierend – dem Gesetzgeber (und der Rechtsprechung) eine Achtungs- und Schutzpflicht auferlegt, nach der sie alles zu unterlassen haben, was dieses Persönlichkeitsrecht beeinträchtigt und – vor allem – nach der sie abwehrend tätig werden müssen, wenn dieses Persönlichkeitsrecht beeinträchtigt wird, dann trifft es hiermit eine Anordnung, die dem Verbot des § 253 BGB materiell-inhaltlich widerspricht. Das bedeutet im **Ergebnis**, daß diese sich aus § 253 BGB ergebende Regelung durch Art. 1 I GG derogiert wird.

Dieses Ergebnis entspricht der – von *Werner*[586] so bezeichneten – überwiegenden Auffassung im Schrifttum[587] und der fast einhelligen Rechtsprechung[588]. (Die gegen die Verfassungswidrigkeit des § 253

---

584 s. o. 2.2.1.1 und 2.2.2.2 c. aa

585 s. o. 2.2.1.1

586 JR 1959, 382

587 *Nipperdey*, GR II S. 20, 42. DJT II D S. 21 und in *Enneccerus-Nipperdey* Hbd 1 § 101; *Stoll*, Gutachten S. 50 ff., 125; *Grossfeld* S. 120 (mFußn 6); *Wiese* S. 42; *Hubmann*, Persönlichkeitsrecht § 50, JZ 1962, 122 und Ufita 70, 79; *Helle*, Schutz S. 86 f. und NJW 1963, 1404; *Rötelmann* NJW 1962, 737 und NJW 1964, 1458; *Bußmann* Ufita 37, 18 ff.; *Coing* JZ 1958, 559 f.; *W. Weiß* BB 1962, 527; *Werner* aaO und in *Staudinger-Werner* II § 253, 7; zögernd *Mertens* JuS 1962, 267; *Hauss* LM § 847 BGB Nr. 23;
aA – ohne Begründung – *Lieberwirth* S. 52; *Schultz* MDR 1962, 957; *Giesen* NJW 1971, 802 („Daß § 253 BGB angesichts der Wertentscheidung des GG im Bereich des aPR nicht mehr geltendes Recht sein soll, ist eine petitio principii, für deren Richtigkeit (?) der BGH bislang ... jeden überzeugenden Beweis schuldig geblieben ist.") und *Larenz* SchR II § 72 III a („Daß § 253 BGB mit dem GG unvereinbar sei, ist nicht erweislich.")

588 BGHZ 26, 349 ff., 354 ff. (Herrenreiter-Entscheidung) ist mit seiner Konstruktion einer „Freiheitsberaubung ‚im Geistigen'" (vgl. oben 1.1.1) stillschweigend über die Problematik des § 253 BGB hinweggegangen (!) – möglicherweise hat der BGH die Verfassungswidrigkeit und Nichtigkeit dieser Vorschrift unterstellt; BGHZ 35, 363 ff., 367 f. (Ginsengwurzel-Entscheidung) führt aus, die Regelung des § 253 BGB würde der „Wertentscheidung" und dem „Wertsystem" des GG nicht mehr gerecht; vgl. weiter BGHZ NJW 1962, 1004 f. (Kinoreportagen-Entscheidung); BGHZ LM § 23

BGB gerichteten Einwendungen beziehen sich immer auf eine (behauptete) Übereinstimmung des § 253 BGB mit Art. 1 und 2 GG; wir untersuchen daher zunächst, ob § 253 BGB eventuell auch durch Art. 2 I GG derogiert wird).

cc) Art. 2 I GG

aaa) Rechtsnatur

(Auch) Art. 2 I GG wird (wie Art. 1 I GG) seiner Rechtsnatur nach teilweise als Norm des **überpositiven Rechts** angsehen, die der Verfassungsgeber als Wert vorgefunden und lediglich anerkannt hat[589]. Die Begründung findet sich in der naturgegebenen Anlage des Menschen zur „Seins- und Ordnungserfüllung (actus)"[590], die ihn (moralisch) verpflichtet, sich seiner Fähigkeiten bewußt zu werden und sie auszubilden. Aus dieser ontologischen Anlage folgt das Recht des Menschen zur Selbstbestimmung, das ihn wiederum als Person bzw. Persönlichkeit kennzeichnet – „anlagemäßig (potentia)" ist seine Persönlichkeit also bereits vorhanden, denn zur „Entfaltung" (Art. 2 I GG) kann nur bereits Vorhandenes gelangen[591]. – Wie zu Art. 1 I GG[592] beschränken wir uns im folgenden auf die Kontrolle der Übereinstimmung des § 253 BGB mit der Regelung, die in der Vorschrift des Art. 2 I GG ihren positivrechtlichen Ausdruck gefunden hat.

KUG Nr. 5 (Hochzeitsbild-Entscheidung); BGHZ BB 1964, 150 = DB 1964, 31 = MDR 1964, 136 (schwere öffentliche Ehrenkränkung); OLG Hamburg MDR 1960, 1008 ff., 1010; Ufita 60, 327; OLG Köln GRUR 1967, 319 ff., 323; OLG Düsseldorf GRUR 1970, 194;
aA OLG München VersR 1963, 1086 f. und in Ufita 60, 302, 306, 312 (in der letzteren Entscheidung, die von BGHZ NJW 1971, 698 ff. aufgehoben wurde – Pariser Liebestropfen –, unter dem Vorbehalt einer bundesverfassungsgerichtlichen Unbedenklichkeitsbescheinigung der stRspr, die inzwischen von BVerfG NJW 1973, 1221 ff. erteilt worden ist, s. sogleich unten) sowie aus der älteren Rspr BGHZ 20, 70 und 20, 352 f. (Paul-Dahlke-Entscheidung);
das BVerfG aaO meint, der BGH habe § 253 BGB „weder im ganzen als nicht mehr bindendes Recht betrachtet noch gar als verfassungswidrig kennzeichnen wollen (eine Möglichkeit, die ihm, da es sich um vorkonstitutionelles Recht handelt, offengestanden hätte)."

589 vgl. (auch im folgenden) *Wintrich*, Festschrift Apelt S. 1 ff.
590 *Wertenbruch* S. 213
591 *Wertenbruch* aaO
592 s. o. bb. aaa, vgl. auch (2.2.2.2) b

Die weit überwiegende Ansicht sieht in Art. 2 I GG ein **Grundrecht** iSe subjektiven (öffentlichen) Rechts[593]. Die gegenteilige Meinung spricht dem Art. 2 I GG diese Qualität ab, im wesentlichen mit dem Hinweis auf das Fehlen seiner (selbständigen) Bestimmtheit und der hieraus sich ergebenden Ungeeignetheit, spezielle Rechtsansprüche zu begründen[594], und erblickt in ihm (lediglich) eine „aktuell geltende Norm des objektiven (Verfassungs-)Rechts"[595], einen „Ordnungsgedanken"[596] oder eine „richtungsweisende Generalklausel"[597] – dies zTl auch im Hinblick auf die enge Verbindung des Art. 2 I mit Art. 1 I GG[598] (was freilich voraussetzt, daß man – anders als wir[599] – Art. 1 I GG nicht als Grundrecht ansieht).

Gegen den Vorwurf der mangelnden Bestimmtheit des Art. 2 I GG wendet die hM zu recht ein, daß in ihm sowohl der Anspruchsberechtigte als auch der Anspruchsverpflichtete und das Anspruchsobjekt feststehen, und daß somit Art. 2 I GG nicht unbestimmter ist als die in den Art. 3 ff. GG nachfolgenden Grundrechtsbestimmungen, die ebenfalls noch ausfüllungsbedürftig sind und (trotzdem) unstreitig als Grundrechte iS subjektiver Rechte angesehen werden[600]. Hier gilt das gleiche, was wir oben zur Justiziabilität des Art. 1 I GG als Verfassungs-Generalklausel ausgeführt haben[601]. Deutlicher noch als in Art. 1 I GG spricht in Art. 2 I GG dessen Wortlaut, nach dem „jeder ... das Recht (hat) auf ...", für seine Einordnung als Grundrecht[602]. Schließlich begründet Art. 1 III GG, indem er die Bindung der drei Gewalten an die ihm nachfolgenden Grundrechte anordnet (und insofern auch Art. 2 I GG rechtlich absichert) eine (kaum widerlegbare) Vermutung für die optimale Wirkkraft des Art. 2 I GG[603], die vor allem

593 so *Nipperdey*, GR IV 2 S. 742 f. mNachw aus der Rspr des BVerfG (Das BVerfG hat die Grundrechtsnatur des Art. 2 I GG ständig bejaht.) und der hL; *Enneccerus-Nipperdey* Hbd 1 § 15 II 5 b; *Dürig* in *Maunz-Dürig-Herzog* Art. 2 I Rdn 5, 26; *Hamann-Lenz* Art. 2, 1; *Wintrich* aaO S. 8; *Laufke*, Festschrift Lehmann S. 158 f.; *Geiger* S. 10; *Staudinger-Werner* II § 253 Rd 7

594 *vMangoldt-Klein* I Art. 2, III 1, 5 b; *Wertenbruch* S. 127 f.; vgl. auch *Enneccerus-Lehmann* § 233 I 3

595 *vMangoldt-Klein* I Art. 2, III 5 b

596 *Wertenbruch* S. 128

597 *Enneccerus-Lehmann* aaO

598 Auf den Zusammenhang dieser beiden Vorschriften kommen wir noch unten (zu bbb und ccc) aus der Sicht unseres Problems.

599 vgl. oben bb.aaa

600 *Nipperdey*, GR IV 2 S. 757; *Dürig* aaO Rdn 5

601 vgl. oben bb.aaa

602 *Nipperdey* aaO S. 745

603 *Dürig* aaO

dann gewährleistet ist, wenn er als subjektive Rechte verleihendes Grundrecht fungieren kann.

Die Charakterisierung des Art. 2 I GG als Grundrecht schließt freilich nicht aus, ihn (insoweit in Übereinstimmung mit der Mindermeinung[604]) zusätzlich als „Rechtsgrundsatz"[605], als „Auslegungsregel"[606], als – in die gesamte Rechtsordnung einwirkende – **Maxime** zu begreifen[607]. Es gilt auch hier das zu der Doppelrechtsnatur des Art. 1 I GG als Grundrecht und Maxime Ausgeführte entsprechend[608].

Sofern Art. 2 I GG als Grundrecht subjektive Rechte gewährleistet, sind diese subjektiven Rechte als subjektiv-öffentliche und auch als subjektiv-private Rechte denkbar[609]. Allein die aus Art. 2 I GG fließenden subjektiv-öffentlichen Rechte sind uU in der Lage zu zeigen, daß Art. 2 I GG die Vorschrift des § 253 BGB derogiert, während die subjektiv-privaten Rechte in den Problemkreis der später zu erörternden Drittwirkung gehören und daher hier zunächst ausgeklammert bleiben[610].

bbb) Inhalt

Die – schließlich auch noch die Rechtsnatur des Art. 2 I GG betreffende – Streitfrage, ob dieser Verfassungsrechtssatz als **allgemeines Hauptfreiheitsrecht** die menschliche Handlungsfreiheit schlechthin schützt, oder ob er als Persönlichkeitskernschutz-Rechtssatz

---

604 Doppelt widersprüchlich insofern *vMangoldt-Klein* I, der in Art. 2 I GG zunächst (aaO III 1) eine „Grundsatznorm für die gesamte Rechtsordnung" sieht, um anschließend (aaO III 5 b) auszuführen, Art. 2 I GG sei „keine Grundsatznorm", weil (?) ihm die dazu notwendige Bestimmtheit fehle, die (auch) ein oberster Rechtssatz haben müsse, um zur Nichtigkeit niederrangigen Rechts führen zu können.

605 *Hamann-Lenz* Art. 2, A 4

606 *Nipperdey*, GR IV 2 S. 757, ebenso *Wintrich*, Grundrechte S. 31

607 *Nipperdey*, aaO S. 746 und 757; *Dürig* aaO Rdn 5 und 72; *Hamann-Lenz* aaO A 1 und *Wintrich* aaO und in Festschrift Apelt S. 8, wo er meint, aus dem objektiven Rechtssatz des Art. 2 I GG werde ein subjektives Recht desjenigen hergeleitet, dessen Persönlichkeit in dieser Vorschrift geschützt sei.

608 vgl. oben bb.aaa

609 *Wintrich* (Festschrift Apelt S. 11) spricht von Art. 2 I GG (im Zusammenhang mit Art. 1 I GG) als „privatrechtlicher Generalklausel", *H. Kaufmann* (JuS 1963, 381) bezeichnet ihn schlicht als „Privatrechtsnorm".

610 vgl. zu dieser Unterscheidung schon oben 2.2.2.1 und später unten zur Drittwirkungsdiskussion, 2.2.2.3 a.cc

lediglich ein Mindestmaß an menschlicher Handlungsfreiheit schützt, läßt sich nicht ohne eine Analyse seines Inhalts beantworten. Herrschende Rechtsprechung und hL[611] sprechen sich für die erste Ansicht aus und ziehen zur Begründung folgende Gesichtspunkte heran:

1) Dem Wortlaut des HS 1 des Art. 2 I GG ist eine Beschränkung iSd Kernschutztheorie nicht zu entnehmen[612] – dort ist nicht die Rede von freier Entfaltung zur Persönlichkeit, sondern es soll dem einzelnen offenbar selbst überlassen bleiben, ob und wie er sich entfaltet[613].

2) Die Einschränkungen, die erforderlich sind, um Art. 2 I GG nicht in rein individualistisch-liberale Bahnen abgleiten zu lassen, folgen vielmehr erst in seinem HS 2.

3) Die historische Auslegung bestätigt die Richtigkeit der hA:
   – Art. 2 II des Herrenchiemsee-Entwurfs („Jedermann hat die Freiheit ... alles zu tun, was anderen nicht schadet")[614] und
   – Art. 2 in den Fassungen des Allgemeinen Redaktionsausschusses („Jedermann ist frei, zu tun und zu lassen..."[615] und „jedermann hat die Freiheit, zu tun und zu lassen, ...")[616]

   wichen der heutigen Fassung des Art. 2 I HS 1 GG nicht aus inhaltlichen, sondern allein aus sprachlich-ästhetischen Gründen[617]. Dem Verfassungsziel, eine all-umfassende Freiheitsgrundlage zu normieren, wird die Kernschutztheorie nicht gerecht, weil sie einen grundrechtsfreien Raum bestehen läßt.

---

611 BVerfG 6, 36; *Nipperdey*, GR IV 2 S. 768, 770 ff. und *Enneccerus-Nipperdey* Hbd 1 § 15 II 5 b; *Wintrich*, Grundrechte S. 26, Festschrift Apelt S. 4; *Dürig* in *Maunz-Dürig-Herzog* Art. 2 I Rdn 11; *Leibholz-Rinck* Art. 2 Rdn 2; *D. Küchenhoff* DÖV 1966, 225 f.

612 vgl. im folgenden insb. *Nipperdey*, GR IV 2 S. 770 ff.; aA *Ehmke* (VVDStRL 20, 83), der – ohne Begründung – das Verständnis des Art. 2 I GG als Kernschutz-Norm als „zunächst naheliegend" bezeichnet und im Ergebnis (aaO S. 83 ff.) hierbei bleibt.

613 Auch *vMangoldt-Klein* I (Art. 2, III 6 b) ist der Ansicht, daß die Formulierung des Art. 2 I HS 1 GG, in dem es nicht heißt „freie Entfaltung zur Persönlichkeit", sondern „freie Entfaltung der Persönlichkeit" keinen Anlaß gibt, seinen Inhalt zu beschränken; er schließt sich dann aber trotzdem der Kernschutztheorie an.

614 vgl. JöR nF 1, 54

615 vgl. JöR nF 1, 56

616 vgl. JöR nF 1, 59

617 *Nipperdey* aaO S. 774 f.; *Wintrich*, Grundrechte S. 26

4) Es ist nicht ersichtlich, wie die Entfaltung des Minimalbereichs ‚Persönlichkeitskern' gegen die Schrankentrias des HS 2 verstoßen könnte[618]. Die Kernschutztheorie kann daher den 2. HS des Art. 2 I GG nicht hinreichend erklären[619].

5) Schließlich weist *Wintrich*[620] auf einen Zusammenhang zwischen Art. 1 I GG und 2 I GG hin: Der in Art. 1 I GG normierte ontologische Satz von der Menschenwürde, die wir als unteilbar bezeichnet hatten[621], setzt sich dadurch in Art. 2 I HS 1 GG fort, als sie hier aktualisiert wird. Danach nimmt auch das Recht auf die freie Entfaltung der Persönlichkeit in HS 1 des Art. 2 I GG an der Unteilbarkeit der Menschenwürde teil, und ist deshalb nicht auf bestimmte „Seinsentfaltung" beschränkt, sondern als allgemeine Handlungsfreiheit zu verstehen.

Nach wohl richtiger Meinung schützt Art. 2 I GG mithin eine sich auf alle Gebiete menschlichen Verhaltens und Betätigens (auf sein Denken, Werten, Wollen und Handeln[622]) erstreckende Handlungsfreiheit und enthält somit eine **allgemeine Freiheitsgarantie**[623]. Rückwirkend auf seine Rechtsnatur folgt hieraus nach hA zweierlei:
- Die in den Art. 3 ff. GG aufgeführten Grundrechtsbestimmungen sind aus dem allgemeinen „Freiheitsgedanken"[624] des Art. 2 I GG abgeleitet und stellen sich damit als Anwendungsfälle dieser Basisnorm dar. Sie sind die leges speciales, Art. 2 I GG die lex generalis[625].
- Als Freiheitsgarantie ist Art. 2 I GG über seine Eigenschaft als Basisnorm hinaus Auffangtatbestand, der all die Freiheitsrechts-Verletzungsfälle regelt, die die Spezialgrundrechte (Spezialfreiheitsrechte)

618 Bei dem Gegenbeispiel von *Ehmke* (aaO S. 83), in dem die Freiheit der religiösen Betätigung am Sittengesetz unserer historisch-kulturellen Ordnung ihre Grenze finden soll, fehlt der Nachweis, daß die religiöse Freiheit zum Kernbereich der Persönlichkeitsentfaltung gehört.

619 vgl. *Nipperdey* und *Wintrich* jeweils aaO

620 Festschrift Apelt S. 4; auf diesen Zusammenhang verweist auch *Dürig* AöR 81, 125

621 s. o. bb.bbb und ccc

622 *Wintrich*, Festschrift Apelt S. 4, Grundrechte S. 26

623 *Enneccerus-Nipperdey* Hbd 1 § 15 II 5 b; an anderer Stelle spricht *Nipperdey* von einer in Art. 2 I GG enthaltenen „praesumtio pro libertate" (GR VI 2 S. 760)

624 *vMangoldt-Klein* I Art. 2, III 2

625 so vor allem *Nipperdey* aaO S. 758 ff.; 762; *Wernicke* BK Art. 2 II, 1 b; *Leibholz-Rinck* Art. 2 Rdn 4; *vMangoldt-Klein* I Art. 2, III 5 c; ebenso *Laufke*, Festschrift Lehmann S. 160 f.

in den Art. 3 ff. GG aufgrund ihrer tatbestandlichen Enge nicht erfassen können[626]. Die Freiheitsrechte, bei deren Verletzung Art. 2 I GG als Auffangnorm (unmittelbar) eingreift, bezeichnet *Nipperdey*[627] – im Gegensatz zu den in den Art. 3 ff. GG benannten Freiheitsrechten – als „Innominatrechte"[628].

Zurück zum Inhalt des Art. 2 I GG: Sein Zentralbegriff ist der der **Persönlichkeit**. Von den drei denkbaren Interpretationen dieses Begriffs[629]

- Identifikation mit dem Begriff der Person (Personenhaftigkeit, Personalität);
- Persönlichkeit „gleichsam als Übermensch"[630], als höherrangig gegenüber der Person mit dem Schluß von der Verschiedenheit der Ränge auf eine Verschiedenheit im Sein;
- Persönlichkeit als Endstufe einer Entwicklung (Entfaltung) aus anlagebegabter Person zur Persönlichkeit[631]

ist der ersten der Vorzug zu geben. Dies ergibt sich im Wege einer Aussonderung: Die Interpretation, die eine Seins-Verschiedenheit

---

626 *Nipperdey* aaO S. 762; *Dürig* in *Maunz-Dürig-Herzog* Art. 2, Rdn 3, 6; *Hamann-Lenz* Art. 2, A 3 a, b; *Wintrich*, Festschrift Apelt S. 8 und Grundrechte S. 31

627 aaO S. 761

628 Diese Charakterisierung des Art. 2 I GG als Auffangnorm (aller ihm folgenden Freiheitsrechte) widerspricht nicht unserer oben (bb.aaa) getroffenen Feststellung, daß Art. 1 I GG in seiner Grundrechtseigenschaft – noch vor Art. 2 I GG – als (weiterer) Auffangtatbestand fungiert: Erstens hat Art. 1 I GG einen von Art. 2 I GG verschiedenen Inhalt (dazu näher gleich unten); zweitens ist es wegen dieser Inhaltsverschiedenheit möglich, daß Art. 1 I und 2 I GG zwei – sich teilweise überlappende, teilweise übereinander hinausgehende – Auffangnetze bilden, die sich jeweils dann zusammenziehen, wenn a) Spezialgrundrechte den vorliegenden Fall nicht mehr beherrschen, und b) der jeweilige Gehalt des Art. 1 I oder 2 I GG berührt wird. Sollte ein Fall eintreten, der den Inhalt des Art. 2 I GG nicht trifft, wohl aber die Menschenwürde eines aus Art. 1 I GG Berechtigten beeinträchtigt, so wirkt sich die (zusätzliche) Auffangfunktion des Art. 1 I GG praktisch aus (vgl. unser Bspl unten Fußn. 661).

629 vgl. im folgenden *Wertenbruch* S. 128 ff.; *Helles* Deutungen dieses Begriffs (Schutz S. 4: „...für menschliches Begreifen nicht faßbar..."; der „soziologische Begriff der Persönlichkeit" beruht auf dem „Widerspiel zwischen dem Individuum und der Gesellschaft") eignen sich kaum als Arbeitsgrundlagen; die letzte Deutung scheint uns auch eher in der Schrankentrias des Art. 2 I GG zutagetreten als im Persönlichkeitsbegriff (dazu noch unten ccc).

630 *Wertenbruch* S. 128

631 Dieser Interpretation folgt *Westermann*, Person S. 19 f. („‚Person als potentielle Persönlichkeit', ‚Persönlichkeit als Fortentwicklung der Person'").

nach sich zieht, widerstrebt den Gleichheitstendenzen der Verfassung (vgl. Art. 3 GG). Die dritte Auslegungsmöglichkeit übersieht, daß Art. 2 I HS 1 GG nicht formuliert „... freie Entfaltung zur Persönlichkeit". Allerdings ist der von uns bevorzugten ersten Interpretation entgegenzuhalten, daß sie sowohl dem Sprachgebrauch als auch dem Sprachgefühl widerspricht – herkömmlich unterscheidet man sehr wohl zwischen einer Person und einer Persönlichkeit[632]. Diesem Einwand kann man aber mit der Feststellung begegnen, daß der Verfassungsgeber offenbar geneigt war, die überragende Bedeutung der von ihm konzipierten Normen durch pathetisch-eindringliche Formulierungen zu unterstreichen. Der Begriff ‚Persönlichkeit' des Art. 2 I GG ist daher als ‚Person' iSv Personenhaftigkeit und Personalität[633] zu verstehen[634].

Das **aPR** ist nicht identisch mit dem Persönlichkeitsbegriff des Art. 2 I GG[635]. Das folgt zunächst daraus, daß das aPR nicht allein auf der Freiheitsnorm des Art. 2 I GG fußt, sondern „in gleicher Weise"[636] auf Art. 1 I GG[637,638]. Darüber hinaus sieht *Leisner*[639] zwischen dem aPR und Art. 2 I GG einen – entwicklungsgeschichtlich bedingten – Unterschied im Schutzbereich beider: Während Art. 2 I GG „Minimalbereichschutz" garantiert[640], bietet das aPR seiner Ansicht nach „globalgesetzesvertretenden" Schutz – eine Meinung, der man jedoch uE nicht zustimmen kann, weil der – in Art. 2 I GG wurzelnden – grundrechtlichen Schrankensystematik iRd aPR das Phänomen der Anspruchsbeschränkungen entspricht[641,642]. Sofern man bei der Verletzung des aPR subjektive Momente (z. B. den Mangel an Schuldschwe-

---

632 Hierauf weist *Westermann* (Person. S. 17 f.) hin.

633 *Wertenbruch* beklagt, daß noch nicht einmal klar ist, was unter ‚Person' zu verstehen sei (S. 130); *Westermann* (Person S. 7) identifiziert „Person im Rechtssinne ... mit dem Menschen".

634 *Nipperdey*, GR IV 2 S. 770; *Wertenbruch* S. 128 ff. und 213

635 so übereinstimmend *Nipperdey* aaO S. 836; *Leisner* S. 240 ff., 247; Ref-Entwurf II S. 58 f.; zust. *Koebel* JZ 1961, 522 f.; aA *Larenz* NJW 1955, 521

636 *Nipperdey* aaO

637 *Nipperdey* aaO

638 s. zu den gesetzlichen Grundlagen des aPR oben Einl A I und (HT A I 2.2.2.2 c) bb.eee

639 S. 244, 247

640 nicht iSd oben abgelehnten Kernschutztheorie zu Art. 2 I GG, sondern iSd allgemeinen *Leisner*schen „Minimalbezugs" (aaO S. 398 ff.)

641 so auch *Koebel* aaO S. 523

642 Wir erklären das unten zu B, insb. III 1, genauer.

re auf seiten des Schädigers) anspruchsbeschränkend wirken läßt[643], ergibt sich hieraus eine weitere Differenz zum Persönlichkeitsbegriff des Art. 2 I GG[644]. Zusätzlich findet *Leisner* „eine schwer definierbare, aber doch fühlbare Verschiedenheit" zwischen einem privatrechtlichen Institut wie dem aPR, das die Rechte einer Persönlichkeit „mit ausschließlicher Blickrichtung auf die des Rechtsgenossen abwägt", und dem zentralen Begriff einer Verfassungsnorm, bei der sich von selbst die Erinnerung an die Staatsrichtung aufdrängt, und deren „Endzweck" der freie Staatsbürger ist, „dessen Freiheit ‚auch nicht von dritter Seite' gefährdet werden darf"[645]. Der entscheidende Unterschied zwischen dem Persönlichkeitsbegriff des Art. 2 I GG und dem aPR liegt uE schließlich in den verschiedenen Schwerpunkten beider: Art. 2 I GG trägt seinen Schwerpunkt in der Erhaltung der Freiheit iS freier Willensentschließung und -betätigung der Persönlichkeit; das aPR hat seinen Schwerpunkt dagegen im Schutz der der Persönlichkeit zugehörigen Eigenwerte und Interessen (z. B. Name, Individual-, Privat-, Geheim-[Intim-]sphäre, Ehre, Gewissen, Urheberrechte), die wir oben[646] als bPR kennengelernt haben. Diese Eigenwerte und -interessen sind teils (wie der Name) ungewollte Fernfolge von Willensentschluß und -betätigung (anderer), teils haben sie sich gegenüber der ihnen einst zugrundeliegenden Willensentschließung und -betätigung inzwischen (historisch und rechtlich) verselbständigt (wie Individual-, Privat-, Geheim-[Intim-]sphäre, Ehre, Gewissen, Urheberrechte)[647]. Diesen Unterschied werden wir sogleich vertiefen.

Auch wenn dem Persönlichkeitsbegriff des Art. 2 I GG zentrale Bedeutung zukommt, heißt das nicht, daß Art. 2 I GG seinen **Regelungsschwerpunkt** in der Beschreibung dieses Begriffs trägt. Der Persönlichkeitsbegriff des GG ist vielmehr bereits in der die Menschenwürde aussprechenden Norm des Art. 1 I GG vorgeformt und wird in Art. 2 I GG lediglich übernommen, um ihn teil-inhaltlich zu präzisieren[648]. Sein inhaltlicher Schwerpunkt ist weiter nach vorn verlagert: Er postuliert das Recht dieser – (aus der Sicht des Art. 2 I GG:) in Art. 1 I GG vorgefundenen – Persönlichkeit zur freien Entfaltung ihrer selbst.

643 so die hA in Rspr und Lehre (vgl. näher unten B III 4 und IV 3)
644 so – auch im folgenden – *Leisner* S. 247 f.
645 *Leisner* S. 248
646 Einl A I
647 so auch *Leisner* S. 247 mZustv *Koebel* aaO S. 523
648 vgl. *Dürig* in *Maunz-Dürig-Herzog* Art. 1 I Rdn 10; *Zippelius* (BK Art. 1 Rdn 27) spricht nur undeutlich von einer „Wechselbeziehung" zwischen den Art. 1 I und 2 I GG

Hierin liegt die Präzisierung. Während Art. 1 I GG also das statische Sein des Menschen zu Inhalt hat, verlagert sich der Art. 2 I GG inhaltlich auf die Dynamik des Menschen[649]. Dies zeigt sich deutlich beim postmortalen PR[650]: Der BGHZ[651] hatte dessen Anerkennung u. a. auch auf Art. 2 GG gestützt und mußte sich daraufhin vom BVerfG[652] erklären lassen, daß dieses Grundrecht nur einer lebenden Person zustehen kann, daß es mit dem Tode dieser Person erlischt, weil es die „Existenz einer wenigstens potentiell oder zukünftig handlungsfähigen Person als unabdingbar" voraussetze[653]. Es ist deshalb zwar richtig, wenn die Verletzung des Rechts am eigenen Willen (Selbstbestimmungsrecht) – etwa durch List, Täuschung, Drohung, „seelische Mißhandlung" – unter den Tatbestand des Art. 2 I GG subsumiert wird[654].

Ein solcher Verletzungstatbestand ist aber für unser Thema nicht einschlägig: Wir haben oben[655] dargelegt, daß durch eine Verletzung des aPR die Freiheit des Verletzten (iSe Willensentschluß- und -betätigungsfreiheit) nicht beeinträchtigt wird. Allein aus diesem Grund kann Art. 2 I GG keine Aussage darüber treffen, ob § 253 BGB als Vorschrift, die Geldersatz für immaterielle Schäden nach Verletzung des aPR verbietet, mit ihm übereinstimmt oder nicht – die Tatbestände beider Normen sind in ihren Schwerpunkten nicht kongruent.

Etwas anderes könnte aber gelten, wenn sich (z. B.) das bPR ‚Intimsphäre'[656] in den Tatbestand des Art. 2 I GG aufnehmen ließe. Dies wird in der Tat versucht[657]. In all diesen Fällen wird dabei aber auf Art. 1 I GG zurückgegriffen: „Das ... Gebot der Achtung der Intimsphäre des einzelnen hat seine Grundlage in dem durch Art. 2 I GG

---

649 so auch *Nipperdey*, GR II S. 15 f. mBspln, IV 2 S. 760; RefEntwurf II S. 58 f.; *Helle* (Schutz S. 72) differenziert nach „aktiven" und „passiven Wirkungen" der Art. 2 I und 1 I GG

650 s. o. Einl A I

651 NJW 1968, 1774 (Mephisto-Urteil)

652 NJW 1971, 1647 (Mephisto-Beschluß)

653 Gegen diese Aussparung des Art. 2 GG wendet sich *Hubmann* (Ufita 70, 80 f.) mit dem Bedenken, aus dem übrig gebliebenen Art. 1 GG ließen sich keine Schranken des Persönlichkeitsrechts mehr ableiten – „Persönlichkeitsschutz ohne Grenzen?" Wir greifen dieses Bedenken unten zu c.c.c wieder auf.

654 so *Dürig* in *Maunz-Dürig-Herzog* Art. 2 I Rdn 34 (Bsple von ihm)

655 zu 1.1.1

656 s. o. Einl A I

657 BVerfG 6, 433; 27, 6; 27, 350 f.; *Dürig* aaO Rdn 10; *Leibholz-Rinck* Art. 2 Rdn 3

verbürgten Recht auf freie Entfaltung der Persönlichkeit. Bei der Bestimmung von Inhalt und Reichweite dieses Grundrechts ist zu beachten, daß nach der Grundnorm des Art. 1 I GG die Würde des Menschen unantastbar ist und von aller staatlichen Gewalt geachtet und geschützt werden muß"[658]. Nach *Dürig*[659] schützt Art. 2 I GG „gewisse Erscheinungsformen der freiheitlichen Intimsphäre ... und ... sonstige spezielle Erscheinungen der Menschenwürde ...". Es ist zwar nicht zu verkennen, daß gewisse Zusammenhänge zwischen den Art. 1 I und 2 I GG bestehen. Das ändert aber nichts daran, daß auch Art. 1 I und 2 I GG verschiedene Regelungsschwerpunkte besitzen: Art. 1 I GG im statischen Sein des Menschen, Art. 2 I GG in dessen dynamischer „Entfaltung". Auch geben wir zu, daß die Intimsphäre einmal (von außen) als ruhendes, dem menschlichen Sein zugehöriges Phänomen betrachtet werden kann, daß aber auf der anderen Seite (von innen) auch die Intimsphäre einen Lebensbereich darstellt, in dem dynamische Entfaltung denkbar ist; insofern wird die Intimsphäre sowohl von Art. 1 I als auch von Art. 2 I GG – jeweils teil-inhaltlich – getragen. Schutz der Intimsphäre als bPR bzw. als Bestandteil des aPR[660] bedeutet aber Schutz des Phänomens Intimsphäre an sich, nicht bedeutet es Schutz der Entfaltungsfreiheit innerhalb dieses Phänomens. Die Unterbringung dieses Rechts in Art. 2 I GG scheint daher wenig glücklich – was das BVerfG und die oben genannten Autoren offenbar auch gespürt haben; sonst wäre eine Zuflucht in den eigentlichen (grundgesetzlichen) Sitz der Intimsphäre – Art. 1 I GG – wohl unterblieben[661].

ccc) Ergebnis

Materiell-inhaltlich gibt also Art. 2 I GG für das **aPR** wenig her – dessen eigentliche verfassungsrechtliche Grundlage findet sich vielmehr in Art. 1 I GG. Die hA, die die Verfassungsgrundlagen für das aPR in beiden Artikeln sieht[662], braucht trotzdem nicht korrigiert zu werden: Während nämlich Art. 1 I GG in seinem Satz 1 die Persönlichkeit des Menschen stillschweigend dadurch postuliert, daß er ihm Würde zuordnet[663], spricht Art. 2 I GG – wenn auch nur formell – erstmals aus-

---

658 BVerfG 27, 350; im Anschluß hieran auch *Leibholz-Rinck* aaO
659 aaO
660 vgl. oben Einl A I
661 Hier haben wir ein Bspl für unsere These von der Auffangsystematik der Art. 1 I und 2 I GG, vgl. oben Fußn. 628
662 s. o. Einl A I
663 s. o. bb.aaa

drücklich von der „Persönlichkeit" des Menschen. Dieser Begriff ist auch das wesentliche Bindeglied zwischen beiden Artikeln.

Hieraus folgt auch, daß Art. 2 I GG nichts hergibt für die hier anstehende Frage, ob **§ 253 BGB** mit ihm in Widerspruch steht: Inhaltlich sagt Art. 2 I GG nichts darüber aus, ob der Geldersatz immaterieller Schäden nach Verletzung des aPR in Geld für den einfachen Gesetzgeber möglich/unmöglich, zulässig/unzulässig, empfehlenswert/nicht empfehlenswert ist – die Inhalte beider Vorschriften sind inkongruent.

Ein Eingehen auf die in Art. 2 I HS 2 GG angesprochenen **Schranken** ist deshalb nicht erforderlich. Lediglich für die unten zu erörternden Beschränkungen des Anspruchs auf Geldersatz bei immateriellen Schäden (Anspruchsbeschränkungen dem Grunde nach) ist die Erkenntnis wichtig, daß (auch) der Art. 2 I GG in seinem HS 2 eine Abkehr sowohl vom kollektivistischen[664] als auch rein individualistisch-liberalen Denken[665] vollzieht und – wie Art. 1 I GG[666] – eine „mittlere Linie des Personalismus"[667] verfolgt[668]. (Da Art. 2 I GG für die in Frage stehende Derogation des § 253 BGB schon inhaltlich nicht hinreicht, erübrigt sich ein Eingehen auf die weiteren Kriterien ‚Aussage' und ‚rechtliche Absicherung'.)

dd) Das Ausmaß der Derogation

Wir stellten schon oben[669] die Frage, ob die (von Art. 1 I GG ausgehende) Derogationswirkung sich auf den gesamten Geltungsbereich des § 253 BGB erstreckt (Fall der Abrogation), oder ob nach der sog. Einschränkungstheorie[670] nur ein Teil seines Geltungsbereiches als verfassungswidrig nichtig ist. Wir haben diese Frage auch oben[671] schon beantwortet: Nur eine Derogation iSd Einschränkungstheorie kommt in Betracht, und zwar aus zwei Gründen:

– Unsere Untersuchung bezog sich allein auf die Frage, ob die Teilaussage des § 253 BGB (‚Bei Verletzung des aPR kein Geldersatz für immaterielle Schäden'), die sich aus dem Fehlen einer gesetzlichen An-

---

664 *Nipperdey*, GR IV 2 S. 771; *vMangoldt-Klein* I Art. 2 III 3
665 *Nipperdey* aaO S. 773; *vMangoldt-Klein* I aaO
666 s. o. bb.bbb
667 *Dürig* in *Maunz-Dürig-Herzog* Art. 1 I Rdn 47
668 *Wintrich*, Festschrift Apelt S. 3 f., Grundrechte S. 21; *Nipperdey* und *vMangoldt-Klein* jeweils aaO
669 vgl. 2.2.2.2 a
670 vgl. *Stoll*, Gutachten S. 46
671 aaO

ordnung ergibt, Art. 1 I GG widerspricht. (Zu den übrigen Aussagen des § 253 BGB, die als Aussagen für das gesamte Schuldrecht Wirkung haben, vgl. unsere Analyse des § 253 BGB[672]). Unsere Untersuchung kann daher schon allein von der Fragestellung her zu keiner anderen Lösung als der Einschränkungstheorie gelangen.

- § 253 BGB wirkt als Norm des Allgemeinen Schuldrechts in das gesamte Schuldrecht ein[673], also in alle Fälle, in denen der Gesetzgeber entweder Geldersatz für immaterielle Schäden ausdrücklich anordnet oder durch sein Schweigen schlüssig untersagt. Eine Nicht-Weiter-Geltung des § 253 BGB für die Fälle der ausdrücklichen gesetzlichen Anordnung und für die übrigen Fälle des beredten Schweigens des Gesetzgebers haben wir anhand der Vereinbarkeitsprüfung mit Art. 1 I GG nicht feststellen können.

Es bleibt also dabei, daß § 253 BGB durch Art. 1 I GG nur insoweit derogiert wird, als er – im Zusammenspiel mit dem übrigen Schweigen des Gesetzgebers zu diesem Falltyp – den Geldersatz für immaterielle Schäden bei Verletzung des aPR verbietet[674].

d) Kritik (mit Entgegnung)

Die unmittelbar gegen eine Verfassungswidrigkeit des § 253 BGB gerichtete Kritik läßt sich in sieben Gesichtspunkte aufteilen:

aa) Wirkweise des GG auf das BGB

Das LG München I[675] stützt seine Kritik auf die Ansicht, die Grundrechte gestalteten als Abwehrrechte das BGB nur insoweit, als es sie „als schutzwürdige Rechtsgüter nicht anerkennt". Unterstellt, daß hiermit die Anerkennung der in Grundrechtsnormen enthaltenen und geschützten Rechtsgüter gemeint ist[676], und abgesehen davon, daß

---

672 s. o. 2.2.1.1

673 s. o. 2.2.1.1

674 ebenso *Helle*, Schutz S. 87; auch die einschlägigen Rspr-Entscheidungen konnten wegen ihrer Bindung an den zu beurteilenden Rechtsfall eine Nicht-Mehr-Geltung nur in diesem Umfang feststellen, vgl. *Mertens* JuS 1962, 266; insofern ist *Stoll* (aaO S. 46 ff.) nur teilweise recht zu geben, wenn er ausführt, daß der BGH den § 253 BGB als nicht mehr geltendes Recht betrachtet (aaO S. 48), und sich damit offenbar gegen die Einschränkungstheorie aussprechen will.

675 Urteil vom 11. 12. 1962, rekr, unveröff, zit. bei *Hartmann* NJW 1964, 793 Fußn. 6 und 63

676 Grundrechte sind keine Rechtsgüter.

auch hier nicht klar ist, ob die Derogations- oder die Drittwirkung von Verfassungsrecht beschrieben wird[677], ist diese Ansicht richtig und widerspricht nicht der von uns festgestellten Derogation des § 253 BGB durch Art. 1 I GG. Unpassend und unrichtig ist uE die weitere Aussage des LG München, die Grundrechte „erweiterten zwar die Tatbestände des BGB, rührten aber nicht an den Rechtsfolgen". Denn erstens ist § 253 BGB ein Normtyp, auf den die Einteilung ‚Tatbestandsseite – Rechtsfolgeseite' (wie im klassischen Fall der Anspruchsnorm) nicht paßt, weil § 253 BGB aufgrund seiner Struktur nur auf der (Schadensersatz zusprechenden) Rechtsfolgeseite anderer Normen (insbesondere Anspruchsnormen) zusätzlich herangezogen werden kann (indem er den Ersatz immaterieller Schäden untersagt). Zweitens erstreckt sich die derogierende Wirkung vorrangigen Rechts grundsätzlich nicht auf Normteile, sondern – je nach Inhalt – auf die gesamte unterrangige Norm. Eine – von unserer Teilaufhebung des § 253 BGB iSd Einschränkungstheorie[678] zu unterscheidende – (Teil-)-Aufhebung allein der „Tatbestandsseite' des § 253 BGB erscheint daher abwegig.

bb) Analogieverbot

Bötticher[679] versucht, das in § 253 BGB enthaltene Analogieverbot gegen seine Verfassungswidrigkeit ins Feld zu führen. Damit setzt er den Inhalt des verfassungsuntergeordneten Rechtssatzes innerhalb der Rangordnung der Normen über die Verfassung. Die Absurdität dieses Vorhabens ergibt sich daraus, daß an der Verfassung ja nie inhaltsentleerte Vorschriften unterrangigen Rechts, sondern immer der Inhalt dieser Vorschriften gemessen wird. Der einzig insoweit gangbare Weg scheint daher uE der zu sein, Inhalt und Aussage des § 253 BGB (z. B. auch sein Analogieverbot) an der Verfassung zu messen, seine Verfassungswidrigkeit festzustellen und damit das in ihm ausgesprochene Analogieverbot zu beseitigen.

cc) Rechtssicherheit

Wie wir gesehen haben[680], wurde § 253 BGB ua aus Überlegungen der Rechtssicherheit konzipiert; er dient damit einem tragenden Prin-

---

677 vgl. oben 2.2.2.1
678 vgl. oben c.dd
679 MDR 1963, 360
680 s. o. 2.2.1.1

zip unserer Verfassung[681]. Hieraus jedoch den Schluß zu ziehen, § 253 BGB stimme mit der Verfassung überein[682], erscheint voreilig: Richtig ist, daß § 253 BGB in seiner Zielrichtung auf Rechtssicherheit im Einklang mit der Verfassung steht. Das schließt aber nicht aus, daß er mit seinem Inhalt und seiner Aussage im übrigen – wie gezeigt – gegen Art. 1 I GG verstößt und deshalb (teil-)nichtig ist.

Das Argument der Rechtssicherheit ist zudem aus einem anderen Grunde nicht mehr stichhaltig: Seitdem die Rechtsprechung – angefangen mit der Herrenreiter-Entscheidung des BGHZ vom 14. 2. 1958[683] – (auf dem Wege der unmittelbaren oder der analogen Anwendung des § 847 I BGB) auch bei Verletzung des aPR immateriellen Schaden ersetzt, wird ihr der Vorwurf gemacht, die aus dem Gebot zum Schutz der Menschenwürde (Art. 1 I GG) abgeleitete Durchbrechung des § 253 BGB führe – auch wenn sie sonst legitim sei – zu „beträchtlicher Rechtsunsicherheit" dadurch, daß unklar sei, ob und in welchem Maße die unteren Gerichte dem BGH folgen würden[684]. Diese Befürchtung kann heute, da sich die Rechtsprechung zu unserem Problem beinahe einhellig auf unser Ergebnis eingependelt hat[685], und nachdem unser Ergebnis im Einklang auch mit der überwiegenden Auffassung der Lehre steht[686], nicht mehr aufrecht erhalten werden[687]. Es steht auf einem anderen Blatt, daß sich die ständige Rechtsprechung zu unserem Problem den Vorwurf dogmatisch bedenklicher Rechtsfindung gefallen lassen muß. Was aber das – ständig im wesentlichen gleichbleibende – Ergebnis dieser Rechtsfindung anlangt, so kann man sagen, daß die Rechtssicherheit am besten durch das Belassen des bislang geübten Rechtsgebrauchs gewahrt wird[688].

681 stRspr, vgl. BVerfG 2, 381 ff.
682 so *Löffler*, Gutachten S. 13 f. und NJW 1962, 227; im Anschluß daran auch *Schultz* MDR 1962, 957
683 BGHZ 26, 349 ff.
684 vgl. *Stoll*, Gutachten S. 12 und 126; *Larenz* NJW 1958, 829 (mZustv *Bötticher* AcP 158, 401); *Hartmann* NJW 1964, 797
685 s. o. c.bb.eee mFußn 588; BGHZ NJW 1971, 699 und OLG Köln NJW 1973, 850 berufen sich lakonisch auf die „unterdessen gefestigte Rechtsprechung"
686 s. o. c.bb.eee mFußn 586 f.
687 BVerfG NJW 1973, 1224: „Im Laufe der Entwicklung der Rspr haben die Fallgruppen, in denen Ersatz für den immateriellen Schaden geleistet werden muß, klare Konturen gewonnen."
Schon 1957 meint *Hubmann* (JZ 1957, 528), das Gebot der Rechtssicherheit würde einen legislativen Eingriff ins BGB nicht erfordern. Gegen die Befürchtung der Rechtsverunsicherung vgl. auch – allerdings wenig überzeugend – *Helle*, Schutz S. 87 und *Krüger-Nieland* 45. DJT II C S. 35 f.
688 vgl. allgemein *Leisner* S. 318

dd) hinreichender Schutz gewährleistet?

Das LG München[689] führt aus: Der vom GG in den Art. 2 I iVm 1 III GG geforderte Schutz sei durch die §§ 22, 33 I Nr. 2, 35 KUG; 823 ff., 826 BGB hinreichend gewährleistet[690]. Auch aus diesem Grund erübrige sich eine Derogation des § 253 BGB. Gewährleistet wird in den Vorschriften des KUG aber nur das Recht am eigenen Bild, das wir als besonderes PR bzw. als Ausschnitt des aPR kennengelernt haben[691]. Ein Schutz des allgemeinen PR in seiner gesamten Breite wird durch diese Vorschriften also nicht gewährt. Fehlt es iRd alten Bestimmungen des KUG mithin an der Tatbestandsseite, so fehlt es iRd §§ 823 ff., 826 BGB an der Rechtsfolgeseite, um zum Ersatz immaterieller Schäden bei Persönlichkeitsrechtsverletzungen zu gelangen[692] – jedenfalls dann, wenn man mit dem LG München[693] § 847 BGB als Anspruchsgrundlage hierfür nicht anerkennen will. Die hierzu vom LG (ua) vorgebrachte Begründung schlägt also fehl – es sei denn, man könne die derogierende Norm des Art. 1 I 2 GG so interpretieren, daß sie allein den in den Rahmen der §§ 22, 33 I Nr. 2, 35 KUG aF; 823 ff., 826 BGB fallenden (Teil-)Schutz gewährleisten will. Unsere Analyse des Art. 1 I GG hat aber gezeigt[694], daß er die gesamte Persönlichkeit des Menschen umfassend schützt und keinerlei Anlaß für eine so enge Interpretation bietet. Auch aus der Natur der Sache – nämlich einer Gegenüberstellung des Rechts am eigenen Bild mit dem aPR – läßt sich die in den §§ 33 I Nr. 2, 35 KUG aF zutagegetretene Privilegierung des Rechts am eigenen Bild nicht herleiten bzw. fortführen: Das seinem Umfang nach weitere aPR kann nicht weniger häufig, kann (objektiv und subjektiv) nicht weniger schwer verletzt werden als das bPR am eigenen Bild – es ist also nicht weniger schutzwürdig.

ee) fehlendes Anspruchsverlangen des Art. 1 I GG?

Die Notwendigkeit, Persönlichkeitsrechtsverletzungen über den bestehenden Schutz hinaus **zivilrechtlich zu sanktionieren**, ergibt sich aus den unter dd) soeben dargestellten unzureichenden Möglichkeiten, die positiv-rechtliche Bestimmungen bislang bieten, und eben insbeson-

---

689 Urteil vom 15. 2. 1963, rekr, unveröff, zit. bei *Lieberwirth* S. 51
690 vgl. oben 2.1; mit Wirkung vom 1. 1. 1975 wurde § 33 KUG neugefaßt, § 35 KUG wurde aufgehoben (BGBl S. 469).
691 vgl. oben Einl A I
692 Das werden wir sogleich unter ee näher ausführen.
693 aaO
694 s. o. c.bb. eee und bbb

dere aus Art. 1 I GG[695]. Es leuchtet deshalb nicht ein, wenn behauptet wird, das GG enthalte zwar wohl eine erhöhte Bewertung und einen erhöhten Schutz des Persönlichkeitsbereiches, es enthalte aber keine Begründung dafür, daß „Persönlichkeitsverletzungen gerade einer zivilrechtlichen Sanktion bedürfen"[696]. Denn auch der Zivilgesetzgeber und die Zivilrechtsprechung werden aus dem in Art. 1 I 2 GG ausgesprochenen Schutzanspruch des einzelnen verpflichtet[697].

Auch „sprachlogische Überlegung(en)", die zu der Erkenntnis gelangen, daß die (in Art. 1 I GG ausgesprochene) Verpflichtung zum Schutz eines Wertes „nicht gleichbedeutend" sei mit der Verpflichtung zur Zubilligung von Ersatz im Fall des Schadenseintritts[698], übersehen das **Verhältnis** der (verfassungsrechtlich fundierten) **Wertschutzverpflichtung** zu der (zivilrechtlichen) **Anspruchsgewährung**: Letztere ist die schadensrechtliche Ausführung des grundgesetzlichen Schutzbefehls; beide sind zwar nicht „gleichbedeutend" – was auch nicht erforderlich ist, ja eine von beiden überflüssig erscheinen ließe –, sondern sie entsprechen einander in einem Normensystem, in dem die Verfassung die Aufgabe wahrnimmt, Gesetzgebung und Rechtsprechung in ihren Tätigkeitsbereichen (Schadensersatz-Gesetzgebung, Schadensersatz-Rechtsprechung) an gewisse Grundentscheidungen zu binden.

Die Behauptung, die Existenz eines aPR und die Rechtsfolge des Schmerzensgeldes seien wesensmäßig nicht so eng miteinander verbunden, daß die Bejahung des einen zur Gewährung des anderen zwänge[699], leugnet zwei Bindeglieder zwischen beiden: Erstens leugnet sie die Wirkungen des Art. 1 I GG, der ja nicht nur als verfassungsrechtliche Grundlage einen Wert aufstellt, sondern der, wie wir gesehen haben:

- diesen Wert zwar voraussetzt,
- darüber hinaus als Grundrecht aber noch positiv eine Schutzverpflichtung anordnet[700]

---

695 vgl. oben c.bb.eee

696 so *Medicus* § 24 II 2d; OLG München VersR 1963, 1087; ebenso *Schultz* MDR 1962, 956 f. und *Giesen* NJW 1971, 801 f.

697 s. o. c.bb.eee

698 Diese Überlegung stellt *H. Kaufmann* (JuS 1963, 382) an; auch *Larenz* (42. DJT II D S. 37) unterscheidet zwischen der Existenz des aPR, das „juristisch entdeckt", und dem Anspruch auf Ersatz immaterieller Schäden, der lediglich „gewünscht" (iSv rechtspolitisch erforderlich) sei.

699 *Hartmann* NJW 1962, 15; *Giesen* aaO

700 vgl. oben c.bb.eee

(**rechtliches Bindeglied**). Nun entspricht die bloße Aufnahme des aPR in den Rechtsgüterkatalog des § 823 I BGB der Aufstellung des Wertes Menschenwürde (iSv Persönlichkeit[701]), die in Art. 1 I GG erfolgt ist; hierüber hinausgehend entspricht sie auch noch einem unzureichenden Teilschutz hinsichtlich atypischer materieller Schadensfolgen. Erst die Ausstattung des aPR mit einer einschlägigen Rechtsfolge – der Anordnung des Ersatzes typischer immaterieller Schäden nämlich – kommt der in Art. 1 I GG zudem ausgesprochenen Verpflichtung zu wirksamem Schutz nach.

Das zweite Bindeglied zwischen dem aPR und der sich aus seiner Verletzung ergebenden Rechtsfolge ist logischer Natur (**logisches Bindeglied**) und knüpft unmittelbar an das rechtliche Bindeglied an. Wir haben soeben daran erinnert, daß bei Verletzungen des aPR regelmäßig und typischerweise Schäden im immateriellen Bereich eintreten. Dieser Zusammenhang ergibt sich zwangsläufig aus der Art des betroffenen Rechts[702]. Aus dem Schutzbefehl des Art. 1 I GG ergibt sich die Notwendigkeit, ein (in seiner Existenz anerkanntes) Recht da abzusichern, wo es beeinträchtigt werden kann – maW: Ein in der erstrangigen Verfassungsnorm verankerter Anspruch des einzelnen auf Schutz kann nur als Anspruch auf wirksamen Schutz verstanden werden[703]. Hiergegen führt *Münzel*[704] aus, die Tatsache, daß Verletzungen des aPR in erster Linie immaterielle Schäden hervorrufen, sei „ein gar zu schwacher Grund" für die Folgerung, zum Schutze dieses Rechts müsse ein (Geld-)Ersatzanspruch gegeben werden. Als Gegenargument verweist er auf das KUG, das keinen Ersatz für immaterielle Schäden bei Verletzungen des Rechts am eigenen Bild vorsehe, obwohl auch bei diesem Verletzungstatbestand Schäden wohl schon

701 s. o. c.bb.eee
702 s. o. Einl B
703 ebenso (zusammenfassend) BVerfG NJW 1973, 504; BGHZ LM § 23 KUG Nr. 5; *Stoll* (Gutachten S. 46) formuliert so: „Eine Rechtsordnung, die sich dem bestmöglichen Schutz der Persönlichkeit verschreibt, muß auch bei Verletzung solcher (vertraglich geschützter) Persönlichkeitsinteressen angemessene Sanktionen bereithalten" (Klammer von uns) – ein Gedanke, der sich ohne weiteres auf die deliktische Persönlichkeitsverletzung übertragen läßt. Für *Krüger-Nieland* (45. DJT II C S. 32) ist die Gewährung von Geldersatz „nur die logische und zwangsläufige Folgerung aus der Anerkennung des aPR". Im selben Sinn äußern sich auch *Nipperdey* (GR IV 2 S. 855 f.) und *vCaemmerer* (Festschrift DJT S. 108), der meint, die Erstrekkung des § 847 I BGB auf Persönlichkeitsrechtsverletzungen sei „notwendige Konsequenz" der Aufnahme des aPR in § 823 I BGB; ebenso *Wiese* S. 42
704 NJW 1960, 2027

immer hauptsächlich immaterieller Art gewesen seien. Hierbei übersah er offenbar die Möglichkeit der Gewährung von Schadensersatz, die § 35 KUG aF im Falle des Nichteingreifens von Abs. I bot[705], und die sich auch auf den Ersatz immaterieller Schäden erstreckt.

Einen vertiefenswerten Gedanken verfolgt hierzu *E. Kaufmann*[706], der ausführt, die Verfassung könne zwar den Befehl geben, ein bestimmtes neues Recht (hier: das aPR) zu schützen (wie geschehen in Art. 1 I GG), müsse aber die Ausführung dieses Befehls im Zivilrecht dem geltenden Schadensersatzrecht (also nach seiner Ansicht auch der Regelung des § 253 BGB) überlassen. Zu einem anderen Ergebnis (also zur Gewährung eines Anspruchs auf Ersatz immaterieller Schäden trotz § 253 BGB) könne man nur dann gelangen, wenn bei Verletzung des aPR materielle Schäden gar nicht denkbar wären, wenn die Schädigung also ausschließlich im immateriellen Bereich eintreten könnte: Dann müsse § 253 BGB fallen, weil eine Aufnahme des aPR in den Schutzgüterkatalog des § 823 I BGB sonst sinnlos wäre. Die Aufnahme des aPR in § 823 I BGB ist uE aber schon vorher, nämlich dann sinnlos, wenn – wie gezeigt – seine Verletzungen sich fast ausschließlich im immateriellen Bereich niederschlagen. Bei der von *E. Kaufmann* vorgeschlagen Grenzziehung würde das aPR nur in den wenigen Fällen geschützt, in denen ausschließlich Vermögensschäden eintreten; in den Fällen, in denen materielle und immaterielle Schäden eintreten, würde nur Teilschutz gewährt; und in den – typischen – Fällen, wo durch die Verletzung allein immaterielle Schäden eintreten, würde das aPR ganz schutzlos bleiben. Bei dieser Grenzziehung wäre die Aufnahme des aPR in § 823 I BGB daher – um bei *E. Kaufmann*s Ausdruck zu bleiben – fast sinnlos. Auch dieses Ergebnis widerspräche dem höchstrangigem Verlangen des Art. 1 I GG nach wirksamem Schutz des aPR.

ff) Unbestimmtheit des Art. 1 I GG

Daß Art. 1 I GG weder eine Einschränkung der Voraussetzungen einer etwaigen Schadensersatzpflicht noch einen Ersatzpflichtigen erkennen läßt[707], steht der von ihm ausgelösten Derogation des § 253 BGB nicht entgegen. Wie unten bei der Untersuchung der Anspruchsbe-

---

705 *Ulmer*, Urheberrecht § 92 III 1
706 AcP 162, 422
707 vgl. *H. Kaufmann* JuS 1963, 382

schränkungen noch zu zeigen sein wird[708], enthält Art. 1 I GG (andeutungsweise) Einschränkungsrichtlinien[709], die sich – aus der Rechtsnatur des aPR als Generaltatbestand entspringend – in den §§ 823 I, 847 I BGB als Anspruchsbeschränkungen fortsetzen – getreu dem Verhältnis von Befehls- und Ausführungsnorm. Dieses Verhältnis erklärt auch, warum Art. 1 I GG keinen Hinweis auf einen Ersatzpflichtigen enthalten muß: Die (zivilrechtliche) Ausführung des in ihm gegebenen Schutzbefehls muß dem Schadensersatzrecht vorbehalten bleiben[710]; und die in §§ 823 I, 847 I BGB erfolgte Bestimmung des Anspruchsverpflichteten reicht aus.

gg) Unnötigkeit gerade des Ersatzes in Geld wegen anderer Sanktionsmöglichkeiten

Auf der gleichen Linie wie die oben zu ee) angeführte Kritik (wenn auch durch die Anerkennung bzw. Unterstellung, daß Art. 1 I GG bei Verletzung des aPR den Ersatz des daraus entstandenen Schadens erfordere, schon einen Schritt weiter) liegt der gegen die Verfassungswidrigkeit des § 253 BGB gerichtete Vorwurf, auch wenn man davon ausgehe, daß

- aufgrund der Art. 1 und 2 GG, § 823 I BGB ein aPR existiere, und daß
- Art. 1 I GG bei Verletzung dieses Rechts Ersatz des (immateriellen) Schadens erfordere,

so folge hieraus noch nicht, daß dieser Schadensersatzanspruch in Geld gewährt werden müsse. § 253 BGB, der sich ja ausdrücklich auf „Entschädigung(en) in Geld" bezieht, kann nach dieser Ansicht nur dann als verfassungswidrig angesehen werden, wenn Art. 1 I GG (als derogierende Norm) bei Verletzungen des aPR (schlüssig[711]) Schadensersatz in Geld verlangt[712].

Dieser Meinung ist insoweit zuzustimmen, als der Geldersatz für immaterielle Schäden bei Verletzung des aPR aus zwei Gründen zunächst nur eine mögliche, aber noch keine zwingende Folge des Schutzbefehls aus Art. 1 I GG ist[713]:

---

708 s. noch B II, III 1
709 Wir wiesen schon oben darauf hin, vgl. c.bb.bbb
710 *E. Kaufmann* AcP 162, 422
711 vgl. oben c.aa
712 Dieses Bedenken wird geltend gemacht vom LG München (rekr, unveröff, zit bei *Lieberwirth* S. 51); *Löffler*, Gutachten S. 12 f. und NJW 1962, 227; *Nörr* AcP 158, 3; vgl. auch *Mertens* JuS 1962, 267
713 vgl. *Nörr* aaO S. 9

- Art. 1 I GG legt sich auf die Art der Schadensersatzleistung nicht fest (was auch nicht erforderlich ist, weil die Ausführung des Befehls dem Zivilrecht vorbehalten bleibt);
- das geltende Recht hält für die Fälle der Verletzung des aPR andere Sanktionen bereit.

Zum endgültigen Nachweis der Derogation des § 253 BGB durch Art. 1 I GG ist daher der Beweis erforderlich, daß alle anderen Sanktionen dem höchstrangigen Verlangen des Art. 1 I GG nach wirksamem Schutz nicht gerecht werden. Als solche anderen Sanktionen kommen bzw. kamen in Betracht

- der Anspruch auf Naturalrestitution, § 249 BGB
- der allgemeine Beseitigungsanspruch (allgBA)
- der presserechtliche Entgegnungsanspruch
- der allgemeine Unterlassungsanspruch (allgUA)
- der Anspruch auf entgangene Lizenzgebühr
- der Anspruch aus § 842 BGB
- der Anspruch auf Buße, §§ 188 StGB aF, 35 KUG aF
- der bürgerlich-rechtliche Aufopferungsanspruch (brAA).

Wir wollen sie auf ihre Effizienz, auf ihr Verhältnis zum Schadensersatzanspruch aus § 847 I BGB analog und auf das Verhältnis ihres Effiziensgrades zu Art. 1 I GG hin untersuchen.

aaa) Naturalrestitution, § 249 S. 1 BGB

Die Rechtsfolgeseite des bei aPR-Verletzungen einschlägigen § 823 I BGB (bzw. § 826 BGB) – Anordnung der Schadensersatzverpflichtung – wird näher bestimmt in den (die Form des Schadensausgleichs festlegenden) Nachfolgenormen der § 249 ff. BGB, zunächst also mit der Anordnung der Verpflichtung zur Naturalrestitution (§ 249 S. 1 BGB). Grundsätzlich kommt also auch bei Verletzungen des aPR Schadensersatzleistung durch Naturalrestitution in Betracht[714]. Da unter Naturalrestitution allgemein nicht die Schaffung desselben, vor der Verletzung gegebenen Zustands, sondern die Schaffung eines faktisch gleichen bzw. gleichwertigen Zustands verstanden wird[715], ist der Grundsatz der Naturalrestitution auch beim Ersatz immaterieller Schäden

---

714 BVerfG NJW 1973, 1221; vgl. auch *Hubmann*, Persönlichkeitsrecht §§ 50 f. und JZ 1957, 527 f.

715 allgemeine Ansicht, vgl. *Enneccerus-Lehmann* § 18 I 1; *Fikentscher* § 55 II 1; *Larenz* SchR I § 28 I

– einschließlich des Affektionsinteresses[716] – **anwendbar**[717]. *Zeuner*[718] schlägt diesen Weg zum Persönlichkeitsschutz vor, um § 253 BGB nicht preisgeben zu müssen – was insofern richtig ist, als § 253 BGB unanwendbar ist[719]. Das ergibt sich aus den der Konzeption des § 253 BGB zugrundeliegenden Überlegungen des Gesetzgebers, der – wie wir gesehen haben[720] – Bemessungsschwierigkeiten befürchtete, wenn immaterielle Schäden in Geld zu bewerten sein würden, und daraus, daß diese Schwierigkeiten nicht auftauchen, wenn Schäden naturaliter ersetzt werden[721].

Über die **Art**, wie per Naturalrestitution die durch Verletzung des aPR entstandenen Schäden ausgeglichen werden sollen, bestehen verschiedene Vorstellungen: In Frage kommen

- Widerruf (Zurücknahme) einer entsprechenden Äußerung bei Ehrverletzungen all denen gegenüber, vor denen sie erfolgt sind[722]; ein Widerruf ist nur bei – unwahren[723] – Tatsachenbehauptungen möglich[724];
- Entschuldigung für persönlichkeitsverletzendes Verhalten gegenüber dem Verletzten[725]; die Entschuldigung kommt vor allem bei den sog. Formalbeleidigungen (vgl. §§ 192 iVm 185, 193 StGB) in Betracht[726];
- richterlicher Ausspruch, in dem das Verhalten des Verletzers mißbilligt wird[727].

Die Ansprüche auf Widerruf und Entschuldigung erstrecken sich nicht auf solche Handlungen, die den Verletzer demütigen würden (wie z. B.

716 s. o. Einl A II

717 vgl. *Mugdan* (Mot) zu § 221 und (Prot) zu § 728; BGHZ 7, 225 f.; RGZ 94, 1, 3; Entwurf 1959 S. 28; RefEntwurf II S. 148; *Hubmann*, Persönlichkeitsrecht aaO; *Remé* S. 64 ff.; *Nipperdey*, GR IV 2 S. 854; *Medicus* § 31 III 1; *Palandt-Heinrichs* § 253, 2

718 in *Soergel-Siebert-Zeuner* § 847 Rdn 4

719 *Palandt-Heinrichs* § 253, 2; vgl. auch *Medicus* aaO 2 a

720 oben 2.2.1.1

721 *Medicus* aaO 2 a

722 *Nipperdey* aaO mHinw auf Rspr und Lit; *Helle*, Schutz S. 32; Entwurf 1959 aaO mHinw RGZ 88, 129, 133; 148, 114, 122; vgl. speziell zum Widerrufsanspruch *Helle* aaO S. 29 ff.

723 *Helle* aaO S. 84 f.; *Hubmann*, Persönlichkeitsrecht § 51

724 BGHZ 10, 105; *Hubmann* aaO; *Schröder* DR 1941, 367; *Erman-Drees* Rdn 99 vor § 823

725 *Bötticher* 45. DJT II C S. 25; *Soergel-Siebert-Zeuner* III § 847 Rdn 4

726 vgl. *Schröder* aaO 368, der die Entschuldigung als – zivilrechtliches – Schadensersatzmittel allerdings wegen ihres angeblichen Strafcharakters ablehnt

727 *Soegel-Siebert-Zeuner* aaO

auf die Leistung einer Abbitte)[728] – eine Grenzziehung, die *Bötticher*[729] als zu „engherzig" ansieht, wobei er darauf verweist, daß die negatorischen Ansprüche auf Widerruf, die sich auf § 1004 BGB stützen[730], großzügiger behandelt werden. Beide – Widerruf und Entschuldigung – sind gerichtlich einklagbar, und können durch richterliches Urteil ersetzt werden. Das Urteil soll auf Kosten des Verletzers in einer Weise veröffentlicht werden[731], die die Verbreitung von unerwünschten Einzelheiten über die Verletzungshandlung vermeidet[732].

Soweit diese Mittel entweder nicht möglich, nicht ausreichend, oder nur mit unverhältnismäßigem Aufwand möglich sind, oder sobald die Voraussetzungen des § 250 BGB vorliegen, wandelt sich der Anspruch auf Naturalrestitution in einen Geldanspruch um (§§ 250, 251 BGB)[733]. Dasgleiche gilt, wenn der Geschädigte von der facultas alternativa des § 249 S. 2 BGB Gebrauch macht[734]. Diese **Umwandlung** ist iRd §§ 249 S. 1, 250 BGB vermeidbar, indem der Verletzte bei § 249 S. 2 BGB von seiner Ersetzungsbefugnis keinen Gebrauch macht, bzw. indem er von der Fristbestimmung und der Ablehnungserklärung des § 250 BGB absieht (§ 250 BGB: „Der Gläubiger kann ..."); iRd § 251 I BGB tritt die Umwandlung in einen Geldersatzanspruch aber zwingend ein, sobald seine Voraussetzungen (alternativ) vorliegen. IRd § 251 II BGB hängt die Umwandlung sowohl von einer objektiven Voraussetzung (der Unverhältnismäßigkeit des Herstellungsaufwands) als auch von einer subjektiven Entscheidung des Verletzers (§ 251 II BGB: „Der Ersatzpflichtige kann ...") ab.

Für unser Problem ist die Schilderung der Schadensersatzabwicklung durch Naturalrestitution allein insoweit wichtig, als zu beweisen ist, daß sie den Ersatz immaterieller Schäden in Geld über § 847 I BGB (analog) nicht ersetzen kann. Es liegt in der ideellen Natur des verletzten Rechtsgut ‚Persönlichkeit', daß die durch die Verletzung einge-

---

728 stRspr., vgl. BGHZ 10, 104, 106; *Helle* aaO S. 31; *Hubmann* aaO; Entwurf 1959 aaO; RefEntwurf II S. 149

729 aaO S. 25 f. mHinw auf die Unentschlossenheit der Rspr in RGZ 148, 114 und OGHZ 1, 182, 192 und die begrenzende Entscheidung des BGHZ 10, 104, 106

730 dazu gleich unter bbb

731 *Hubmann* aaO

732 vgl. *Soegel-Siebert-Zeuner* aaO und Entwurf 1959 aaO; zu den Einzelheiten des Urteils und der Vollstreckung vgl. *Helle*, Schutz S. 35 ff.

733 vgl. *Nipperdey* aaO; Entwurf 1959 aaO

734 *Palandt-Heinrichs* § 249, 2 a

tretenen ideellen Schäden durch Wiederherstellung des vorherigen Zustands nicht (immer) hinreichend ausgeglichen werden können[735].

Das ergibt sich bei **Widerruf und Entschuldigung**, solange sie unveröffentlicht bleiben, daraus, daß die in der Öffentlichkeit bekannt gewordene Ansehensschädigung des Verletzten dort weiterwirkt, solange ihr nicht durch Widerruf oder Entschuldigung in quantitativ derselben Weise (d. h. in derselben Streubreite) widersprochen wird. Für den Fall der Veröffentlichung dieser naturalrestituierenden Schadensersatzmittel folgt ihre Untauglichkeit daraus, daß durch sie die für den Verletzten leidige Affäre entweder wieder aufgerollt, oder – schlimmer – einem noch größeren Kreis der Öffentlichkeit zugänglich gemacht wird, nämlich dem Teil, der zuvor von der Ansehensschädigung des Verletzten noch gar keine Kenntnis erlangt hatte[736]. Schließlich ist ein Rest von Öffentlichkeit vorstellbar, der zwar von der Verletzungshandlung, nicht aber von der – ihre Kompensation anstrebenden – Schadensersatzmaßnahme erfährt[737,738]. Der Vorschlag, Widerruf und Entschuldigung in einer Weise abzufassen, die unliebsame Einzelheiten der Verletzungshandlung ausspart, hilft keinem dieser Nachteile der Naturalresitution ab: Für ein Wiederaufleben der Verletzungshandlung bzw. ihre Weiterverbreitung reicht es, wenn allein ihre groben Umrisse neu veröffentlicht werden; läßt man dagegen – aus Rücksicht auf den Verletzten – auch deren Darstellung fort, so erweist sich die Veröffentlichung der Kompensationsmaßnahme als endgültig wirkungslos.

Ist die Verletzungshandlung dagegen einem Dritten gar nicht bekannt geworden, sondern ‚unter vier Augen' geblieben, so findet ein Wider-

---

735 BGHZ 7, 226; *Wiese* S. 40; vgl. im Ergebnis auch *Helle*, Schutz S. 84 f., 87; vgl. zu den folgenden Gefahren auch *Fromm* NJW 1965, 1205; Entwurf 1959 S. 28 und RefEntwurf II S. 148 f.; eine entsprechende Andeutung findet sich auch bei *Mugdan* (Mot) § 221, wonach Naturalrestitution trotz § 253 BGB möglich sein soll, „wenn und soweit diese . . . praktisch werden kann".

736 vgl. etwa BGHZ NJW 1965, 1375; BGHZ LM § 23 KUG Nr. 5; OLG Hamburg Ufita 60, 331

737 vgl. zu diesem Falltyp BGHZ NJW 1963, 905

738 Nach *Helle* (Schutz S. 32) genügt es iRd Widerrufsanspruchs schon, wenn jeder an der Angelegenheit Interessierte Gelegenheit hat, vom Widerruf Kenntnis zu erlangen; vgl. aber auch *Helle* aaO S. 84 f.

ruf nach durchgängiger Auffassung überhaupt nicht statt[739]; hier kann allein eine Entschuldigung weiterhelfen.

Ein weiterer Nachteil der Naturalrestitution ist die ihr gesetzte Grenze. Krasse Fälle von Persönlichkeitsrechtsverletzung – z. B. im Fernsehansagerin-Fall[740] – erschweren das Verständnis der Rechtsprechungs-Ansicht, in keinem Fall von Persönlichkeitsverletzungen dürften iRd Widerrufs demütigende Handlungen des Schädigers verlangt werden[741]. Das – schwer abzuwägende – Problem, ob in solchen Fällen eine Demütigung des Schädigers die (einzig) adäquate Sanktion für die von ihm veranlaßte Demütigung des Verletzten ist, macht die Naturalrestitution als Kompensationsmöglichkeit zumindest schwerfällig.

Bötticher[742] weist zusätzlich auf das Bedenken hin, daß durch Richterspruch erzwingbare bzw. erzwungene Widerrufe und Entschuldigungen ihren eigentlichen Kompensationswert verlieren, schwächt dieses Bedenken aber damit ab, daß er ausführt, letztlich seien diese Entschädigungsmittel gar nicht erzwingbar, und deshalb müsse für den Fall, daß der Beklagte nicht widerruft (sich nicht entschuldigt), (subsidiär) eine Schadensersatzklage in Geld bereit gehalten werden. Dieser Vorschlag räumt den Nachteil der Naturalrestitution durch Widerruf bzw. Entschuldigung freilich nicht aus[743], sondern bestätigt ihn vielmehr.

Schließlich erweist sich auch ein **richterlicher Ausspruch**, in dem das Verhalten des Verletzers mißbilligt wird, aus mehreren Gründen als untauglich: In der Öffentlichkeit hervorgerufene Auswirkungen der Verlet-

---

739 BGHZ 10, 104 f.; OLG München HRR 1942 Nr. 200; *Hubmann*, Persönlichkeitsrecht § 51; *Erman-Drees* Rdn 99 vor § 823; aA *Helle* (aaO S. 33 f.) mit – sachlich uE unzutreffendem – Begründungsversuch aus der Wahrnehmung berechtigter Interessen durch den Verletzer

740 BGHZ 39, 124 ff., 127 f.: Von der Klägerin wurde behauptet, sie passe „in ein zweitklassiges Tingeltangel auf der Reeperbahn", sie sehe aus wie eine „ausgemolkene Ziege", und bei ihrem Anblick werde den Zuschauern „die Milch sauer"; die Verletzungshandlung umfaßte auch die Anspielung, die – unverheiratete – Klägerin habe „eine Freundin und einen Hund, denen ihr Herz gehört – was soll sie dann mit einem Mann?"

741 z. B. BGHZ 10, 104, 106; ebenso *Helle*, Schutz S. 31; dies kritisiert *Bötticher* 45. DJT II C S. 25 f.

742 aaO S. 26

743 Dies gibt *Bötticher* (aaO) auch zu.

zung werden hierdurch weder angehalten noch revidiert; dem Verletzten wird sich das Gefühl aufdrängen, daß hier nicht vom Schädiger Schaden ersetzt worden ist, sondern daß eine neutrale Stelle ein Urteil über den Vorgang abgegeben hat, das über sich selbst hinaus keine Wirkungen zeitigt, indem es den Schädiger unbeeindruckt lassen wird und deshalb auch keinen Schutz vor solchen Verletzungen in der Zukunft gewähren kann[744].

Endlich wird die Naturalrestitution weder der Absicht gerecht, in ihr einen Schadensersatzmodus zu finden, der eine Geldleistung ausschließt, noch entspricht sie dem Wunsch, § 253 BGB zu umgehen. Die **Schadensersatzsystematik** der §§ 249 ff. BGB sieht nämlich in den oben genannten Fällen der §§ 249 S. 2, 250, 251 BGB eine Umwandlung des Anspruchs auf Wiederherstellung in einen Geldersatzanspruch vor, und macht diese Umwandlung teilweise vom Willen des Geschädigten (§§ 249 S. 2, 250, 251 II BGB), teilweise von objektiven – d. h. unbeeinflußbaren und daher zwingenden – Umständen (§§ 251 I und II BGB) abhängig[745]; die Behandlung dieses Geldanspruchs mündet dann also doch wieder in die Problematik des § 253 BGB ein. Um den der Fürsprache für die Naturalrestitution zugrundeliegenden Absichten gerecht zu werden (kein Schadensersatz durch Geldleistung; keine Preisgabe des § 253 BGB) müßte man dem Geschädigten allein den Wiederherstellungsanspruch des § 249 S. 1 BGB ohne dessen gesetzessystematische Vervollkommnung in den § 249 S. 2, 250, 251 BGB geben, also einen gesetzessystematisch gestutzten Anspruch auf Naturalrestitution, der hinter den Anspruchsmöglichkeiten aus der Verletzung eines materiellen Rechts(-guts) zurückbliebe. Dieses Ergebnis steht nicht im Einklang mit dem höchstrangigen Schutzbefehl des Art. 1 I 2 GG.

Die Aufzählung dieser Nachteile des Anspruchs auf Naturalrestitution nach Verletzung des aPR zeigt, daß dieser Anspruch einen Anspruch auf Schadensersatz in Geldleistung gemäß § 847 I BGB (analog) nicht ersetzen kann.

---

744 Zu den (general- und spezial-) präventiven Wirkungen des Anspruchs aus § 847 I BGB analog kommen wir noch, vgl. unten II 1.3.2 und 1.3.3.
745 vgl. oben

bbb) allgemeiner Beseitigungsanspruch (allgBA)[746]

Mit RGZ 148, 114, 123 wurde ein allgBA anerkannt, der – als negatorischer BA – jedes absolute Recht (also auch das aPR[747]), – als quasinegatorischer BA – Rechtsgüter und sonstige durch Schutzgesetze geschützte rechtliche Interessen ohne Rücksicht auf ein etwaiges Verschulden des Schädigers erfaßt[748]. **Rechtsgrundlage** dieses Anspruchs bildet eine Rechtsanalogie der §§ 1004 I 1, 12 S. 1, 823 ff. BGB[749].

Voraussetzungen des allgBA sind:
- die Verletzung (z. B. des aPR);
- eine fortdauernde Störung dieses Rechts, die vorliegt, wenn die Einwirkungen auf das Recht entweder dadurch fortdauern, daß sie ständig neu entstehen, oder dadurch, daß ein einmal erfolgter Eingriff ständig weiterwirkt[750];
- Nichteingreifen des § 1004 II BGB; dieses (negative) Erfordernis ist bei Rechtswidrigkeit der Störung gegeben[751].

Rechtsfolge des allgBA ist die Beseitigung der Störung[752], d. h. der Störungsquelle und damit die Verhinderung weiterer Störungen. Bezogen auf eine Verletzung des aPR bzw bPR bedeutet Störungsbeseitigung bei unzulässiger Anfertigung oder Veröffentlichung eines Bildes oder einer Schallaufnahme Vernichtung oder Unbrauchbarmachung des Bildes bzw Löschen des Tonträgers; bei Ehrverletzungen bedeutet sie Widerruf[753], Berichtigung oder Gegendarstellung[754,755]. Ziel spe-

---

746 *Hubmann* (Persönlichkeitsrecht § 51) bezeichnet ihn als „wiederherstellenden Unterlassung(-sanspruch)".
747 Der allgBA ist auch auf das aPR anwendbar, *Palandt-Thomas* § 823, 15 F.
748 vgl. die stRspr des BGHZ 10, 104 f.; 37, 189; *Enneccerus-Lehmann* § 252 II; *Larenz*, SchR II § 76; *Esser*, SchR § 113 II 3; *Fikentscher* § 114
749 vgl. *Nipperdey*, GR IV 2 S. 857; *Helle*, Schutz S. 30
750 *Westermann*, SaR § 36 III 1; vgl. auch *Helle*, Schutz S. 30
750 *Westermann*, SaR § 36 III 1; vgl. auch *Helle* aaO S. 30 f.
751 *Helle* aaO S. 30; *Hubmann* aaO § 51
752 *Hubmann* aaO; *Helle* aaO S. 53
753 vgl. speziell zum Widerrufsanspruch *Helle*, Schutz S. 29 ff.; auch *Hubmann* aaO
754 vgl. *Nipperdey*, GR IV 2 S. 857 f., der auch auf die einzelnen Voraussetzungen des Widerrufs iRd allgBA eingeht; *Palandt-Thomas* § 823, 15 F; *Fikentscher* § 114 I; vgl. *Helle*, Schutz S. 84; *Hubmann* aaO § 50
755 zur presserechtlichen Gegendarstellung vgl. unten ccc

ziell des Widerrufsanspruchs ist, daß der Verletzte seine Äußerung all denen gegenüber widerruft, denen er sie kundgetan hat[756].

Die Nichtersetzbarkeit des Geldanspruchs zum Ausgleich immaterieller Schäden durch den allgBA bei Verletzung des aPR ergibt sich aus ihrer unterschiedlichen **Rechtsnatur**[757]: Der eine ist Schadensersatzanspruch, der andere Beseitigungsanspruch. Während der Beseitigungsanspruch sich damit begnügt, Störungsquellen zu beseitigen und damit weitere Störungen für die Zukunft zu verhindern, gewährt der Schadensersatzanspruch (in Geld) Ausgleich für den in der Vergangenheit erlittenen Schaden. Beide haben also verschiedene Rechtsschutzziele[758]. Dieser Unterschied wird auch nicht dadurch eliminiert, daß sowohl das Schadensersatzbegehren iRd Naturalrestitution als auch das Beseitigungsbegehren iRd allgBA sich auf Widerruf richten können[759]. Diese Überschneidung ergibt sich daraus, daß Naturalrestitution mit der Beseitigung fortdauernder Störungen geleistet werden kann – z. B. in dem Falltyp, in dem die Rückgängigmachung der in der Vergangenheit eingetretenen nachteiligen Veränderungen gleichzeitig a) Beseitigung von Störungsquellen und damit Verhinderung weiterer Störungen für die Zukunft ist und zudem b) die Wiederherstellung des vorherigen Zustands hinreichend Schadensausgleich bietet. Umgekehrt kann mit dem allgBA kein Schadensersatz begehrt werden[760].

Dementsprechend wird der allgBA als nicht ausreichend angesehen, um den Geldersatzanspruch für immaterielle Schäden zu ersetzen[761].

---

756 *Helle* aaO S. 32

757 Die Nichtersetzbarkeit ergibt sich nicht aus den unterschiedlichen Voraussetzungen beider Ansprüche (Der allgBA setzt im Gegensatz zum Schmerzensgeldanspruch kein Verschulden voraus.) – diese Erleichterung käme einer Präferenz des allgBA ja nur entgegen.

758 vgl. zum Unterschied zwischen allgBA und Schadensersatzanspruch *Larenz*, SchR II § 76 und *Helle* aaO S. 85, 177

759 Hierauf macht auch *Helle* (Schutz S. 84) aufmerksam; zur Naturalrestitution durch Widerruf s. o. aaa

760 hM; aA offenbar *Fikentscher* (§ 114 I 1), der den allgBA „nur insoweit" für „möglich und begründet" hält, „als ein unmittelbarer Vermögensschaden vorliegt.... Folgeschäden können nicht Gegenstand eines Beseitigungsanspruchs sein".

761 so *Wiese* S. 40; vgl. auch *Rötelmann* (NJW 1962, 737), der den Schwerpunkt des Persönlichkeitsschutzes trotzdem nicht in den Schmerzensgeldanspruch, sondern in den allgUA (dazu gleich unten ddd), den allgBA und in den Anspruch auf Naturalrestitution legen und den Schmerzensgeldanspruch als (subsidiären) „Notbehelf" für die Fälle aufheben möchte, in

Die Inkongruenz beider Ansprüche hat auch der BGHZ gesehen, wenn er bei der Frage, ob der in seinem aPR Verletzte, der (neben einem Unterlassungstitel) einen Widerruf erlangt hat, „außerdem noch" Geldentschädigung über § 847 BGB (analog) erhalten solle, den Umstand der Widerrufs-Erlangung mit in Betracht zieht[762]; desgleichen, wenn er den Schadensersatzanspruch aus § 847 BGB nicht dadurch ausgeschlossen sehen will, daß (bei Ehrverletzungen durch die Presse) eine Gegendarstellung oder eine Berichtigung ergangen ist[763].

ccc) presserechtlicher Entgegnungsanspruch

Der presserechtliche Entgegnungsanspruch (Anspruch auf Gegendarstellung) hat seine **gesetzliche Grundlage** nach dem Auslaufen des Bismarckschen RPressG vom 7. 5. 1874[764] in den entsprechenden – weitgehend übereinstimmenden – presserechtlichen Vorschriften der Bundesländer, zumeist in den §§ 11 der jeweiligen Landespressegesetze, in Bayern, Berlin und Hessen in den §§ 10 ihrer Landespressegesetze[765,766,767].

Nach allgemeiner Ansicht handelt es sich hierbei um einen Anspruch zivilrechtlicher Art, der vor den ordentlichen Gerichten verfolgbar ist[768]. Die – ältere – Gegenmeinung, die bei Verletzung des § 11 RPressG nur strafrechtliche Sanktionen bereithielt[769], wurde durch die

---

denen Verletzungen des aPR sonst ohne erforderliche Sanktionen blieben, weil andere Genugtuungsmittel versagen. (Zur Subsidiarität des Anspruchs aus § 847 BGB analog kommen wir unten zu B III 2.)

762 NJW 1970, 1077 f. (= DB 1970, 1125 f.); in dieser Entscheidung gelangt der BGH zu der Ansicht, daß der Anspruch auf Ersatz immaterieller Schäden hinter dem allgBA (subsidiär) unter der Bedingung zurückzutreten habe, daß die Verletzung durch den allgBA „hinreichend ausgeglichen werden kann". Hier könnte er übersehen haben, daß über den allgBA kein Schadensausgleich erfolgen kann, zumindest liegt ein terminologischer Mißgriff vor. (Zu der auch hier aufgeworfenen Frage der Subsidiarität kommen wir unten ausführlich, vgl. B III 2.)

703 NJW 1963, 904; allerdings könne hierdurch die Höhe des Schadensersatzanspruchs beeinflußt werden – vgl. dazu unten B IV 2

764 RGBl S. 65; den Anspruch auf Gegendarstellung regelte dort § 11

765 vgl. *Löffler*, Presserecht § 11 LPG und JA 1973, 74 (= ZR S. 28)

766 für Bayern vgl. § 10 bayPressG

767 zur Ablösung des RPressG durch die Ländergesetze vgl. *Löffler* NJW 1965, 942 ff. und für Bayern § 20 bayPressG

768 *Löffler*, Presserecht § 11 LPG Rdn 35; *Helle*, Schutz S. 188, 194; *Hubmann*, Persönlichkeitsrecht § 54

769 so noch RGZ 50,108, 110

Rechtsentwicklung auf dem Gebiet des Persönlichkeitsschutzes, der die Notwendigkeit insbesondere des Ehrenschutzes gegenüber unbegründeten Angriffen der Presse deutlich machte, überholt[770]. Da der Anspruch auf Gegendarstellung weder auf Erbringung einer vermögensrechtlichen Leistung gerichtet ist, noch sich auf die Beeinträchtigung von Vermögensrechten gründet, ist er nicht vermögensrechtlicher Natur[771]; er trägt „starke persönlichkeitsrechtliche Züge" und stellt einen „gesetzlich näher ausgestalteten Rechtsschutz auf einem Sondergebiet" dar[772].

Vom Widerrufsverlangen iRd allgBA unterscheidet er sich dadurch, daß er keinen Deliktstatbestand voraussetzt und nicht negatorischer Natur ist[773].

Seine Unfähigkeit, den Schadensersatzanspruch in Geld wegen Verletzung des aPR zu ersetzen, ergibt sich offenkundig sowohl aus seiner **Rechtsnatur** als auch aus seinem **Anwendungsbereich**: Der Anspruch auf Gegendarstellung ist kein Schadensersatzanspruch[774], und als „spezifisches Rechtsinstitut des Presserechts"[775] in seiner Anwendung auf eben nur dieses beschränkt[776].

ddd) allgemeiner Unterlassungsanspruch (allgUA)

Der allgUA hat seine **Rechtsgrundlage** in einer Rechtsanalogie der §§ 1004 I 2, 12 S. 2, 862 I 2, 823 ff. BGB[777]; (vgl. im übrigen §§ 47 I PatG, 15 I GebrMG, 24 I, 25 I WZG). Gegen eine Schädigung des aPR

---

770 BGHZ NJW 1963, 1155; vgl. *Nipperdey*, GR IV 2 S. 859 f. und *Palandt-Thomas* 9 b vor § 823

771 *Helle* aaO S. 194

772 BGHZ NJW 1963, 151; *Löffler* aaO § 11 LPG Rdn 31 ff.; *Hubmann* aaO; *Palandt-Thomas* aaO; vgl. auch *Nipperdey* aaO, der den Anspruch auf Gegendarstellung als „Ausfluß des aPR" versteht

773 *Esser*,SchR § 113 II 3 d

774 OLG Köln NJW 1973, 851; *Löffler* aaO Rdn 28; *Hubmann* aaO; *Palandt-Thomas* aaO

775 BGHZ NJW 1965, 1230; *Löffler* aaORdn 25

776 *Hubmann* (aao) möchte den presserechtlichen Entgegnungsanspruch analog auf Rundfunk-, Film und „sonstige öffentliche Behauptungen" erstrecken.

777 vgl. BGHZ 30, 14 mHinw RGZ-Rspr; *Helle*, Schutz S. 38

gerichtet[778], ist er wegen der Einordnung des aPR als absolutes Recht negatorischer Natur[779]. Er ist materiell-rechtlicher Anspruch[780].

Der allgUA erfordert folgende **Voraussetzungen**:
- die Verletzung (hier: des aPR);
- keine Duldungspflicht des Verletzten, d. h. die Rechtswidrigkeit der Verletzung, § 1004 II BGB[781];
- die Befürchtung weiterer Beeinträchtigungen (Wiederholungsgefahr), § 1004 I 2 BGB[782].

Insbesondere durch *Münzberg*[783] hat die Einsicht, daß kein Grund dafür besteht, den Inhaber einer Rechtsposition erst dann Unterlassung verlangen zu lassen, wenn diese Rechtsposition bereits (einmal) verletzt worden ist, dazu geführt, das Institut des sog. „vorbeugenden Unterlassungsanspruchs" zu entwickeln[784] (womit freilich das Tatbestandsmerkmal „weitere" in § 1004 I 2 BGB geopfert wurde). Bei diesem „Unterlassungsanspruch ohne vorgängige Beeinträchtigung" wird die letzte der oben genannten Voraussetzungen ersetzt durch das Erfordernis der Drohung einer ernsthaften Verletzungsgefahr. Ist die Verletzung bereits erfolgt (Fall des herkömmlichen allgUA), so ist sie Indiz für die Befürchtung weiterer Verletzungen[785].

Zur Wiederholungsgefahr bei Presseveröffentlichungen (Fall des herkömmlichen allgUA) stellt *Löffler*[786] – im Ergebnis unergiebig – die zwei denkbaren Auffassungen einander gegenüber,
- ein die Öffentlichkeit beschäftigender Vorgang wird in der Presse voraussichtlich weiter erwähnt werden, die Wiederholungsgefahr liegt mithin „in der Natur der Sache";

---

778 zur Anwendbarkeit des allgUA auf diesen Falltyp *Palandt-Thomas* § 823, 15F

779 *Helle* aaO; als quasi-negatorischer Anspruch erfaßt er Rechtsgüter und in Schutzgesetzen gesicherte rechtliche Interessen;

780 *Baur* JZ 1966, 382 f.; *Münzberg* JZ 1967, 692 f.; *Fikentscher* § 114 II 2; inzwischen auch *Larenz* (SchR II § 76), der bis zur Vorauflage (9. Aufl, München 1968, § 70 II) im allgUA „nicht eine Weiterbildung des materiellen Rechts, sondern eine solche des prozessualen Güterschutzes" erblickte

781 *Hubmann*, Persönlichkeitsrecht § 51; *Helle* aaO S. 38

782 *Hubmann* aaO

783 aaO S. 689 ff.; vgl. auch *Hubmann* aaO

784 Da jeder Unterlassungsanspruch – im Gegensatz zum repressiven Charakter des Schadensersatzanspruchs – vorbeugenden (präventiven) Charakter hat, zieht *Baur* (aaO S. 382) zu recht den – allerdings schwerfälligen – Ausdruck „Unterlassungsanspruch ohne vorgängige Beeinträchtigung" vor.

785 *Münzberg* aaO

786 GRUR 1966, 159

– wegen des in der Presse vordringlichen Anliegens der Aktualität pflegt sie ein abgehandeltes Thema nicht wieder aufzugreifen – diesmal folgt „aus der Natur der Sache" die Verneinung einer Wiederholungsgefahr.

Die Entscheidung für eine der beiden Möglichkeiten entnimmt *Löffler* den konkreten Umständen des Einzelfalles.

Rechtsfolge des allgUA ist die Unterlassung weiterer Störungen[787]. Dieses Rechtsschutzziel ist bei gewissen Falltypen ebenso erreichbar über den Schadensersatzanspruch auf Naturalrestitution nach § 249 BGB in Gestalt des Unterlassungsanspruchs[788]. Dogmatisch jedoch sind beide Ansprüche ihrer unterschiedlichen Rechtsnatur gemäß zu trennen: Der eine ist – präventiver – Unterlassungsanspruch, der andere – repressiver – Schadensersatzanspruch.

Entsprechend den Ausführungen zum allgBA[789] zeigt die Unterschiedlichkeit von Rechtsnatur und Rechtsschutzziel auch beim allgUA seine Untauglichkeit, den auf Geldersatz gerichteten Ausgleichsanspruch bei Verletzungen des aPR zu ersetzen[790]: Während der eine als – herkömmlicher oder ‚vorbeugender' – Unterlassungsanspruch die Unterlassung zukünftiger Störungen des aPR im Auge hat, will der andere als Schadensersatzanspruch einen Ausgleich für durch in der Vergangenheit erlittene Störungen (Verletzungen) schaffen. Demgemäß wird der allgUA als nicht ausreichend angesehen, an die Stelle des Anspruchs aus § 847 BGB (analog) zu treten[791]. Die rechtspraktische Verschiedenheit beider Ansprüche wird schließlich auch im Paul-Dahlke-Fall[792] deutlich: Nachdem sich die beklagte NSU-AG auf Verlangen des Klägers (Paul Dahlke) bereit erklärt hatte, von weiteren Veröffentlichungen des ihn darstellenden Bildes abzusehen (womit das auf Unterlassung weiterer Beeinträchtigungen gerichtete Rechtsbegehren

---

787 *Helle*, Schutz S. 53

788 vgl. *Palandt-Thomas* 8 c vor § 823 mBspl

789 s. o. bbb

790 Die Nichtersetzbarkeit ergibt sich auch hier nicht aus den unterschiedlichen Verschuldensvoraussetzungen beider Ansprüche – daß der allgUA im Gegensatz zum Anspruch aus § 847 I BGB kein Verschulden voraussetzt (*Hubmann*, Persönlichkeitsrecht § 51), kommt seiner Präferenz ja nur entgegen.

791 BGHZ NJW 1971, 699; *Wiese* S. 40; *Helle*, Schutz S. 84, 177; *vCaemmerer*, Festschrift DJT S. 107

792 BGHZ 20, 346 ff., 347; s. auch BGHZ NJW 1971, 699 und OLG Hamburg Ufita 60, 323

des Klägers befriedigt war), klagte Paul Dahlke anschließend auf Schadensersatz als Ausgleich für die vorgängigen Rechtsverletzungen.

eee) Anspruch auf entgangene Lizenzgebühr

Rechtsgrund für diesen Anspruch ist der sog. Eingriffserwerb aus dem Gesichtspunkt entgangener Lizenzgebühr[793]. Die (ursprünglichen) Herleitungsnormen sind die – als Grundlage für das Recht des Eingriffserwerbs anerkannten – Vorschriften der §§ 687 II (unechte Geschäftsführung ohne Auftrag[794]) und 812 I 1 Alt 2 BGB (Eingriffskondiktion[795]). In der wissentlichen Benutzung eines geschützten fremden absoluten Rechts (hier des aPR) wird sowohl die unberechtigte Vornahme eines fremden Geschäfts als Eigengeschäft (§ 687 II BGB) als auch die rechtsgrundlose Erlangung eines Bereicherungsgegenstandes unter Verletzung der absolut geschützten Rechtsposition des Verletzten auf dessen Kosten (§ 812 I 1 BGB Alt 2) gesehen[796]. Lehre und Rechtsprechung haben diesen Anspruch stets auch für die unberechtigte Ausnutzung von Immaterialgüterrechten (vor allem Urheber- und Patentrechten) anerkannt. Weil sich auch aus der Benutzung fremder Persönlichkeitsrechte wirtschaftliche Konsequenzen ergeben können[797], wird dieser Anspruch schließlich auch auf die unberechtigte Ausnutzung des aPR erstreckt[798]. Inzwischen kommt ihm gewohnheitsrechtlicher Rang zu; als Rechtsgrundlage führt die Rechtsprechung Bedürfnisse der Praxis und die Billigkeitserwägung an, daß niemand durch unerlaubte Eingriffe in vermögenswerte Ausschließlichkeitrechte eines anderen besser gestellt sein dürfe als im Fall der Erlaubniserteilung durch den Rechtsinhaber[799]. Ursprünglich war dieser Anspruch nicht Schadensersatzanspruch sondern Bereicherungsanspruch. Im Laufe der Zeit hat die Rechtsprechung ihn in einen **Schadensersatzanspruch**[800] umfunktioniert. Zum selben Ergebnis gelangt *Bötticher*[801], wenn er – um den dogmatischen Schwierigkeiten einer Einordnung dieses Anspruchs beizukommen – über eine

---

793 vgl. – auch im folgenden – *Mertens* JuS 1962, 268 f.
794 *Palandt-Thomas* § 687, 2 a
795 vgl. *vCaemmerer*, Festschrift vHippel S. 38
796 vgl. BGHZ 20, 354 f.; *Staudinger-Nipperdey* II § 687 Rdn 9; *vCaemmerer*, Festschrift Rabel S. 352 f.; *Esser*, SchR § 104 I 4; *Fikentscher* § 99 IV 2 a
797 s. o. Einl B
798 so *Mertens aaO; Bötticher* 45. DJT II C S. 24 f.
799 BGHZ 20, 353; 26, 352
800 vgl. *Däubler* JuS 1969, 49 ff.
801 aaO S. 22

Ergänzung des § 252 BGB entgangenen Gewinn fingieren möchte („Als entgangen gilt auch der Gewinn, den der Täter unter Verletzung fremden Rechts gemacht hat."): Auch dieser Vorschlag an den Gesetzgeber läuft nämlich auf die Klassifizierung dieses Anspruchs als Schadensersatzanspruch hinaus.

Beim Anspruch auf die entgangene Lizenzgebühr taucht die **Frage** auf, ob die Anspruchsgewährung davon abhängig ist, daß der durch den unerlaubten Eingriff Verletzte seine Einwilligung gegeben hätte, wenn er darum gebeten worden wäre. Die **Rechtsprechung des BGH** geht durchweg davon aus, daß die – nach Eintritt der Verletzung (stillschweigend oder ausdrücklich) geäußerte – Bereitschaft des Verletzten Anspruchsvoraussetzung ist[802]: Die (sich über das tatsächliche Vorliegen einer Einwilligung in die Verletzung hinwegsetzende) bloße Fiktion einer entgangenen Lizenzgebühr, die damit notwendigerweise zugleich eine Abmachung zwischen dem Verletzten und dem Verletzer über den Verletzungsvorgang fingiert, widerspreche der Geltendmachung eines Schadensersatzanspruchs[803], denn „wer erklärt, daß er niemals sein Bild oder seinen Namen ... zur Verfügung gestellt hätte, kann nicht gut den Anspruch erheben, nunmehr dafür Schadensersatz zu erhalten, daß er aus (deren) Benutzung ... bislang keine Einnahmen gezogen hat"[804]. Ergänzend führt der BGH aus, diese Fiktion unterstelle dem Verletzten ein Verhalten, das eine (weitere) Persönlichkeitsminderung beinhalten würde[805]. Diese Ansicht läuft also darauf hinaus, den Anspruch auf Gewährung einer entgangenen Lizenzgebühr zu verwerfen, wenn der (konkret) Verletzte eine Lizenz nie erteilt hätte.

Die von *Fromm*[806] als **überwiegende Lehrmeinung** bezeichnete Gegenansicht läßt die Gewährung des Anspruchs auf entgangene Lizenzgebühr unabhängig davon zu, ob der Verletzte seine Einwilligung erteilt hätte oder nicht[807]. Zu recht meint *E. Kaufmann*[808], es sei „schwer einzusehen", daß der BGHZ in seiner Herrenreiter-Entschei-

---

802 so BGHZ 26, 352 (Herrenreiter-Fall); 30, 17 (Caterina-Valente-Fall); 35, 366 (Ginsengwurzel-Fall)
803 BGHZ 30, 17; *Wiese* S. 40
804 *Bußmann* GRUR 1959, 434
805 BGHZ 26, 353; ebenso *Larenz* NJW 1958, 827 f.
806 NJW 1966, 254; vgl. *Ulmer*, Urheberrecht § 91 II 2
807 ebenso (ohne Begründung) *Stoll*, Gutachten S. 16 f. und die folgenden
808 AcP 162, 439

dung[809] in der Unterstellung einer Abmachung eine erneute Persönlichkeitsminderung erblicke, nachdem der Kläger selbst vorgetragen habe, daß er sich uU für die Zahlung von DM 15 000 in eine „demütigende und lächerliche Lage"[810] hätte bringen lassen[811]. Freilich ist dies ein Einwand, der sich nur auf die spezielle Gestaltung des vom BGH zu entscheidenden Falles bezieht.

Mertens[812] versucht eine dogmatische Begründung: In seinem Kern sehe der (ursprünglich als Herleitungsnorm für den Anspruch auf entgangene Lizenzgebühr dienende) § 687 II BGB nicht Schadensersatz, sondern Gewinnherausgabe vor, biete also keinen Schadensausgleichsanspruch, sondern eine Sanktion besonderer Art für deliktische Eingriffe in einen fremden Rechtskreis; dieser Anspruch hänge zusammen mit dem absoluten Rechten zukommenden Zuweisungsgehalt, aus dem sich ergebe, daß alle Nutzungen dieser Rechte allein dem Inhaber gebühren – unabhängig davon, ob er selbst solche Nutzungen gezogen oder gestattet hätte.

Ein anderer Teil der Literatur knüpft bei der Begründung der von ihr vertretenen Ansicht wiederum an die Schadensersatznatur des Anspruchs auf entgangene Lizenzgebühr an. So z. B. *Nörr*[813], der meint, auch wenn der Verletzte nie an eine Einwilligung gedacht hätte, so sei er doch durch den lizenzfreien Gebrauch seines Rechts in seinem Vermögen geschädigt. Ebenso *Reinhardt*[814], wenn er ausführt, es ginge nicht darum, dem Verletzten ein Verhalten zu unterstellen, sondern darum, daß er als Schadensersatz den Betrag einer objektiv angemessenen Lizenzgebühr erhalte; deshalb sei seine subjektive Einstellung gleichgültig. Dieses Argument zieht freilich nicht:Die objektive Angemessenheit eines zu entrichtenden Schadensersatzes betrifft dessen Höhe, während die subjektive Einstellung des Betroffenen hier daraufhin untersucht werden soll, ob sie Voraussetzung des Anspruchs (d. h. eine von mehreren Anspruchsgründen) ist.

Während *Reinhard*[815] also die subjektive Einstellung des Betroffenen grundsätzlich außer Betracht lassen will, eine Ausnahme aber da

809 BGHZ 26, 349 ff., 352
810 BGHZ aaO S. 353
811 BGHZ aaO S. 350
812 JuS 1962, 268
813 AcP 158, 9
814 in *Schulze* I Nr. 43 S. 17 f.
815 aaO S. 18

gelten läßt, wo die Betroffenen ihr Bild nie zu Werbezwecken hergeben oder hergeben dürfen (z. B. Diplomaten, Soldaten), weil sich in diesem Fall ein Vermögenswert solcher Abbildungen nicht herausgebildet (objektiviert) habe[816], geht *Bötticher*[817] noch einen Schritt weiter: Auch der Geistliche, dem die Einwilligung zu derlei Veröffentlichungen verboten sei, könne sich auf das durch den Verletzer geschaffene „fait accompli" berufen. *Bötticher* führt für seine Ansicht zwei Gründe an: Einmal werde der Anspruch auf eine Lizenzgebühr auch bei der herkömmlichen Schadensberechnung im Urheber- und Erfinderrecht nicht davon abhängig gemacht, ob der Verletzte die – im Zwangswege verschaffte – Lizenz erteilt haben würde. Zweitens komme ja die Aufstellung der zusätzlichen Anspruchsvoraussetzung, daß der Verletzer einen zur Verwertung Bereiten angegriffen habe (nach *Bötticher*: einen Betroffenen, der die Güterqualität seines Bildes „präformiert" habe), dem Verletzer zugute. Dies sei nicht einzusehen, weil der Verletzer das Bild des Betroffenen als Vermögenswert behandelt habe. In dieser Bewertung müsse der Verletzte ihm folgen dürfen. „Nicht der Verletzte macht sich eines venire contra factum proprium schuldig, wenn er sich darauf beruft, daß sein Bild jetzt in die Güterwelt eingegangen sei, sondern es ist der Verletzer, der sich mit seinem eigenen Verhalten in Widerspruch setzt, wenn er jetzt den Gedanken an die Güterwelt ferngehalten sehen möchte, weil er zwar seinem Gewinnstreben entspreche, aber doch nicht der ideellen Auffassung des Geschädigten."[818]

Gegen die in der Literatur vertretene Ansicht läßt sich folgendes vorbringen: Wenn der Anspruch auf entgangene Lizenzgebühr seiner Rechtsnatur nach inzwischen einhellig als Schadensersatzanspruch eingestuft wird, muß konsequent in dieser Kategorie weitergedacht werden. Der Rückblick auf die – in diesem Zusammenhang inzwischen nur noch rechtsgeschichtlich relevante – Herleitungsnorm des § 687 II

---

816 Ebenso argumentiert das OLG Frankfurt (NJW 1966, 254 ff.), das Schadensersatz über den Lizenzgebühr-Gedanken mit der Begründung zuspricht, der Schaden bestehe im Verlust der üblichen Vergütung für die Einwilligung zur Veröffentlichung eines Bildes, weil dies „üblicherweise" nur gegen Entgelt gestattet sei (mHinw Rspr). Der Einwand des Klägers, er hätte eine solche Einwilligung nie erteilt (mit dem er sich zudem in Widerspruch zu seinen schriftsätzlichen Ausführungen setzte), sei irrelevant, weil ein „vergleichbarer" Schauspieler „unter den gleichen Umständen" gegen eine Vergütung eingewilligt hätte.

817 AcP 158, 404

818 *Bötticher* aaO

BGB und ihre Anspruchsnatur taugt nicht für die Untersuchung der Voraussetzungen eines Anspruchs, der inzwischen von Gewohnheitsrecht getragen wird. Aus derselben Überlegung erübrigt sich ein Rückblick auf die Anspruchsvoraussetzungen bei der herkömmlichen Schadensberechnung im Urheber- und Erfinderrecht.

Gegen die insbesondere von der BGHZ-Rechtsprechung vertretene Meinung hingegen spricht folgende Überlegung: Verbleibt man konsequent in der Kategorie ‚Anspruch auf entgangene Lizenzgebühr ist Schadensersatzanspruch', so muß für die weitere Untersuchung des in Frage stehenden Problems geklärt werden, welcher Schaden ersetzt wird – Vermögens- oder Nichtvermögensschaden? Es ist unstreitig, daß mit dem Anspruch auf entgangene Lizenzgebühr nur Vermögensschaden begehrt werden kann[819]. Unsere Kategorie muß also ausgeweitet werden in die Aussage ‚Anspruch auf entgangene Lizenzgebühr ist Anspruch auf Ersatz materiellen Schadens'. Bei der Untersuchung der Voraussetzungen eines solchen Anspruchs können nur solche Kriterien zugelassen werden, die Bezüge zu materiellen Schäden haben. Diese Kriterienauswahl wird vor allem in den Falltypen wichtig, in denen durch eine Verletzung sowohl materielle als auch immaterielle Schäden entstanden sind, und Ersatz beider gefordert wird[820].

Bei diesen Falltypen[821] ist aus dem Klägervortrag herauszudestillieren, welche Zielrichtung das Klagebegehren hat – Ersatz materiellen oder immateriellen Schadens oder Ersatz beider Schäden? Die Beantwortung dieser Frage hängt freilich von der jeweiligen Sachverhaltsgestaltung ab. Prototypen für solche Fälle sind der Paul-Dahlke-Fall[822] und der Herrenreiter-Fall[823] des BGH: Während sich der Rechtsverletzer im Paul-Dahlke-Fall die in der Publizität des Klägers begründeten Erwerbschancen rechtswidrig zunutze gemacht hat, bestanden für den

---

819 BGHZ 26, 353; 30, 17; *Fromm* NJW 1966, 255; *Reinhardt* aaO S. 17 f.; *Nörr* AcP 158, 9; vgl. *vCaemmerer*, Festschrift vHippel S. 38; dem widerspricht aus dem oben angeführten Grund nicht die rechtsgeschichtliche Aussage von *Mertens* (JuS 1962, 268 f. mHinw *Staudinger-Nipperdey* II § 687 Rdn 10), § 687 II BGB setze keinen Vermögensschaden des Anspruchsberechtigten voraus.

820 Wir haben oben zu Einl B darauf hingewiesen, daß Verletzungen des aPR solche Falltypen bilden können.

821 Auch der Herrenreiter-Fall (BGHZ 26, 349 ff.) gehört nach Ansicht von *Reinhardt* (aaO S. 17) hierhier.

822 BGHZ 20, 345 ff.

823 BGHZ 26, 349 ff.

,Herrenreiter' Neckermann keine solchen Erwerbschancen, sondern hier beschränkte sich die begangene Rechtsverletzung auf die Schädigung fremder ideeller Interessen zum eigenen Vorteil[824] – im ersten Fall wird daher – über den Anspruch auf entgangene Lizenzgebühr – Ersatz von Vermögensschaden, im zweiten Fall – über den Anspruch aus §§ 823 I, 847 I BGB (analog[825]) – Ersatz immaterieller Schäden verlangt[826].

Damit löst sich zugleich das Problem auf: In den Fällen, in denen Ersatz materieller Schäden gefordert wird, ist der Anspruch auf entgangene Lizenzgebühr taugliche Anspruchsgrundlage, und Erwägungen aus der Verletzung ideeller Rechte mit Schadenseintritt im immateriellen Bereich müssen außer Betracht bleiben – z. B. die Erwägung, die Unterstellung einer entsprechenden Lizenzvereinbarung widerspreche der Geltendmachung einer Persönlichkeitsrechtsverletzung. Diese Argumentation liefe – unter Anwendung der oben erarbeiteten Unterscheidungskriterien – darauf hinaus, entweder die Geltendmachung von materiellen oder die Geltendmachung von immateriellen Schäden zuzulassen, aber nicht beide gemeinsam – eine Argumentation, deren Unrichtigkeit wir mehrfach erwähnt haben. Ebenso muß bei der Untersuchung eines Anspruchs auf entgangene Lizenzgebühr die Erwägung unberücksichtigt bleiben, die Fiktion einer entsprechenden Abmachung beinhalte eine (weitere) Persönlichkeitsminderung des Verletzten. *Raeder*[827] hat uE richtig erkannt, daß bei solchen Gedanken ideelle Beeinträchtigungen zu Voraussetzungen für materielle Schäden gemacht werden, maW, daß Kriterien aus dem immateriellen Schadensbereich mit solchen aus dem materiellen Schadensbereich vermengt werden. Eine Anwendung dieser Grundsätze ist auch dort möglich – und eben gerade da wichtig – wo Ersatz des materiellen und des immateriellen Schadens (das eine unter dem Gesichtspunkt der entgangenen Lizenzgebühr, das andere aus Verletzung des aPR) verlangt wird.

---

824 *Stoll*, Gutachten S. 16 f.

825 BGHZ 26, 349 ff. gewährt den Anspruch über die Konstruktion des Freiheitsentzugs „im Geistigen" (aaO S. 356), die wir oben (unter 1.1.1) als unmittelbare Anwendung des § 847 BGB (nicht als analoge Anwendung, wie der BGHZ aaO meint) bezeichneten und scheitern lassen mußten (aaO). Es kommt daher nur noch eine analoge Anwendung in Betracht, die wir in diesem Kapitel untersuchen.

826 vgl. BGHZ 20, 352 f. einerseits und BGHZ 26, 352 f. andererseits sowie die Kritik der Herrenreiter-Entscheidung bei *Reinhardt* aaO S. 18

827 MDR 1967, 928

Im **Ergebnis** ist also der in der Lehre vertretenen Ansicht recht zu geben: Der Anspruch auf entgangene Lizenzgebühr erfordert nicht die – nachträgliche – Einwilligung des Verletzten in die Verfügung über seine verletzte Rechtsposition; diese Einwilligung kann vielmehr fingiert werden. Uns hat der Einblick in dieses Problem gezeigt, daß der Anspruch auf entgangene Lizenzgebühr ein anderes Ziel hat als der sich aus der Verletzung des aPR ergebende Anspruch auf den Ersatz immateriellen Schadens, nämlich den Ersatz von **Vermögensschaden**.

Eine weitere Unterscheidung liegt möglicherweise in der **Zuweisungsgehalts-Problematik**, die der Anspruch auf entgangene Lizenzgebühr berührt. Einen Zuweisungsgehalt besitzen grundsätzlich alle absoluten Rechte. Da unter Zuweisungsgehalt im Recht des Eingriffserwerbs die Zuweisung wirtschaftlicher Verwertung verstanden wird[828], kann bei (grundsätzlich) nichtvermögenswerten Rechten (wie dem aPR und dem bPR am eigenen Bild) nicht wie bei (eindeutig) vermögenswerten Rechten (wie z. B. dem Eigentumsrecht, § 903 BGB) ohne weiteres von deren Zuweisungsgehalt ausgegangen werden. Ob solche Rechte wirtschaftlich verwertbar sind und damit einen Zuweisungsgehalt besitzen, ist vielmehr einzeln zu prüfen[829].

Einen Zuweisungsgehalt des bPR am eigenen Bild (§ 22 KUG) hat die Rechtsprechung unter der Voraussetzung bejaht, daß die Einwilligung zur Abbildung üblicherweise gegen Geld erteilt wird[830]. Diese Voraussetzung liegt insbesondere bei Abbildungen bekannter Persönlichkeiten vor[831]. *Mestmäcker*[832] verneint einen Zuweisungsgehalt des Rechts am eigenen Bild mit der Begründung, es sei eine „Erscheinungsform" des aPR. Abgesehen davon, daß sich das bPR am eigenen Bild mit seiner – letztlich auch durch das Gesetz selbst in § 22 KUG vollzogenen – Anerkennung inzwischen hinreichend institutionalisiert und damit zu einem selbständigen Recht verdichtet hat[833], das nicht (mehr)

828 vgl. *Mestmäcker* JZ 1958, 521 ff.; *Larenz*, SchR II § 68 II; *Esser*, SchR § 104 I 3 und 4; *Hubmann* (Persönlichkeitsrecht § 18 f.) schlägt vor, statt von einer „Zuweisung von Rechtsgütern"von „Interessen" zu sprechen.

829 *Hubmann* aaO S. 52

830 vgl. BGHZ 26, 352 mHinw BGHZ 20, 353 ff.; BGHZ JZ 1956, 657 f. mit zustimmender Anm von *Kleine* JZ aaO S. 658 f.; OLG Frankfurt NJW 1966, 254 ff.; LG Köln MDR 1967, 926 f.; vgl. auch *Esser* aaO 3b und *Larenz* aaO

831 LG Köln aaO

832 JZ 1958, 525

833 vgl. oben Einl A I

am Schicksal des aPR teilnimmt, ist selbst beim aPR umstritten, ob – und wenn ja: inwieweit – ihm ein Zuweisungsgehalt zukommt.

Diese Frage bejahen *Bötticher*[834] und *Mertens*[835]. Nach *Bötticher* ist das Ansehen (der Ruf) einer Person „immaterielles ‚Aktivum'"; die Verletzung des aPR richtet sich gegen dieses „objektivierte immaterielle Gut", und der Schaden läßt sich an der „Verminderung dieses immateriellen ‚Aktivums' ablesen". Das aPR „rückt" somit „vorstellungsmäßig in die Nähe der sog. Immaterialgüterrechte" (wie die Urheber- und Patentrechte), „die aber bereits zu den Vermögensgütern zählen". Der Vergleich mit den Immaterialgüterrechten legt für *Bötticher* den Gedanken der unbefugten Ausnutzung nahe: „In der Tat kann die Persönlichkeit ja auch dadurch verletzt werden, daß ihr Ansehen nicht gemindert, vielmehr zu fremden Zwecken, etwa zur Werbung, ausgenutzt wird". Mit dieser Konstruktion gelangt *Bötticher* zu dem Ergebnis, daß Verletzungen des aPR schlechthin mit dem Anspruch auf entgangene Lizenzgebühr sanktioniert werden können.

UE ist diese Ansicht dogmatisch nicht haltbar. Wenn die Rechtsprechung ausführt, daß Recht am eigenen Bild sei seinem Wesen nach nicht Urheberrecht, sondern Persönlichkeitsrecht[836], dann unterscheidet sie damit klar zwischen solchen Rechten, die einen selbständigen Vermögenswert haben (Immaterialgüterrechte), und solchen, die ihn (grundsätzlich) nicht haben (aber uU bekommen können). Dabei wird die letzte Frage dann unter Zuhilfenahme tatsächlicher Beobachtungen über die Häufigkeit einer bestimmten Verhaltensweise in der Gesellschaft beantwortet[837]. Entsprechend kann das aPR ausnahmsweise nur dann einen (materiellen) Zuweisungsgehalt besitzen, wenn sich in tatsächlicher Sicht eine bestimmte Häufigkeit von kommerzieller Nutzbarmachung dieses Rechts zeigt. Auf die Frage, ob das der Fall ist, braucht aber nicht näher eingegangen zu werden, weil feststeht, daß eine wirtschaftliche Verwertung des aPR nicht die Regel ist. Damit erweist sich *Böttichers* Vorschlag als untauglich, denn eine Indienstnahme des Anspruchs auf entgangene Lizenzgebühr für die Fälle von Verletzungen des aPR ist nur dann praktisch und sinnvoll, wenn er ausnahmslos alle Fälle erfassen kann. Weitere Bedenken gegen die

834 45. DJT II C S. 24
835 JuS 1962, 268
836 BGHZ 20, 347; OLG Frankfurt NJW 1966, 256; LG Köln MDR 1967, 927
837 ebenso *Hubmann* aaO § 52

Meinung *Böttichers* ergeben sich daraus, daß er durch seine Gedankenkette

- ‚Immaterialgüterrechte sind Aktiva';
- ‚das aPR ist immaterielles Aktivum';
- ‚Verletzungen von Immaterialgüterrechten resultieren in Vermögensschäden';
- ‚Verletzungen des aPR resultieren in Vermögensschäden' –

die – im wesentlichen dogmatisch gefestigten – Grenzen zwischen Vermögens- und Nichtvermögensschäden[838] verwischt. Die Ursache hierfür ist wohl die Ungenauigkeit in der ersten Prämisse dieser Kette, die richtig beginnen müßte mit der Aussage ‚Immaterialgüterrechte sind materielle Aktiva' – materiell deshalb, weil sie einen selbständigen Vermögenswert besitzen. Von dieser Prämisse aus ist der Schritt zur nächsten Prämisse ‚das aPR ist immaterielles Aktivum' dann nämlich kaum noch vollziehbar.

Wir halten also fest, daß das aPR grundsätzlich keinen (materiellen) Zuweisungsgehalt hat, und untermauern diese **Ergebnis** unserer Untersuchung mit dem Hinweis auf die oben[839] getroffene Aussage, daß Verletzungen des aPR regelmäßig und typischerweise Schäden im immateriellen Bereich eintreten lassen. Eine Anwendung des Anspruchs auf entgangene Lizenzgebühr, der als Anspruchsgrundlage im Recht des Eingriffserwerbs auf die Zuweisungsgehalte von Ausschließlichkeitsrechten abstellt, auf die Fälle von Verletzungen des aPR erweist sich also auch im Hinblick auf dessen fehlenden Zuweisungsgehalt als grundsätzlich nicht möglich.

Sowohl vom unterschiedlichen Anspruchsbegehren her (Vermögensschaden dort – Nichtvermögensschaden hier), als auch von der – damit zusammenhängenden – Verschiedenheit in den Zuweisungsgehalten der zu schützenden Rechte aus besteht also im **Endergebnis** eine Divergenz zwischen dem Anspruch auf entgangene Lizenzgebühr und dem Anspruch auf § 847 I BGB (analog). Dementsprechend weist auch die Literatur darauf hin, daß der Anspruch auf entgangene Lizenzgebühr im Bereich des Persönlichkeitsschutzes „nur in Ausnahmefällen (weiter-)hilft"[840]. Einen Beispielsfall für die Unanwendbarkeit

---

838 s. o. Einl A II
839 s. o. Einl B
840 *vCaemmerer*, Festschrift vHippel S. 38; ebenso *Stoll*, Gutachten S. 16 f. und *Mertens* JuS 1962, 268; vgl. auch *Nörr* AcP 158, 9

des Anspruchs auf Lizenzgebühr in diesem Bereich hatte der BGHZ am 5. 1. 1962[841] zu entscheiden: Dort brachte die Verletzung des (a)PR dem Verletzer nicht einmal mittelbar einen Gewinn[842], der immaterielle Schaden wurde dem Verletzten über § 847 I BGB ersetzt. Es hat den Anschein, daß die Befürchtung von *Mertens*[843], der „allen mit § 253 BGB zusammenhängenden Schwierigkeiten aus dem Wege" gehen will, den Blick auf eine analoge Anwendung des § 847 I BGB zuweilen verstellt hat; solange es möglich war, hat man deshalb offenbar versucht, Schäden an Persönlichkeitsrechten auf den eingefahrenen Gleisen des Anspruchs auf entgangene Lizenzgebühr zu ersetzen.

fff) § 842 BGB

Stoll[844] macht den **Vorschlag**, § 842 BGB für den Ersatz immaterieller Schäden bei Verletzungen des aPR heranzuziehen. Nachdem sämtliche einem Verletzten entstandenen Schäden grundsätzlich über die §§ 249 ff. BGB abgewickelt werden, stellt § 842 BGB (als Deliktsfolgenregelung) für die unerlaubten Handlungen klar, daß auch die „Nachteile, welche die Handlung für den Erwerb oder das Fortkommen des Verletzten herbeiführt" alsVermögensschäden anzusehen sind[845]. Dabei ist § 842 BGB für reine Vermögensschäden unanwendbar[846]. Er erfaßt vielmehr die Deliktsfolgen aller gegen Personen gerichteten unerlaubten Handlungen, und schützt damit auch die – in § 823 I BGB verankerten – bPR des Namens und der Ehre sowie das aPR schlechthin[847], indem er die durch ihre Verletzung eingetretenen Schäden ersetzbar macht.

Zu diesem **Zweck** unternimmt § 842 BGB zweierlei: Einmal will er die Grenzfälle solcher Interessenverletzungen erfassen, die zwischen immateriellem und materiellem Schaden einzuordnen sind, und sie „gewissermaßen in den Bereich des letzteren hinüberziehen"[848], um sie

841 NJW 1962, 1004 f. (Kinoreportage-Fall)
842 vgl. *Mertens* aaO S. 269 Fußn. 47
843 aaO S. 268
844 vgl. – auch im folgenden – Gutachten S. 12 ff. und die Zusammenfassung S. 40
845 RGZ 141, 172; im Anschluß hieran *Palandt-Thomas* § 842, 1; Motive II zu § 728 (aF)
846 vgl. RGZ 95, 174; im Ergebnis treffen die §§ 249 ff. BGB bei reinen Vermögensschäden die gleiche Regelung, *Palandt-Thomas* aaO
847 *Palandt-Thomas* aaO
848 *Stoll* aaO S. 13, *Mugdan* (Prot) zu § 727 b (entspricht § 842 hF) BGB

ersatzfähig zu machen (vgl. § 253 BGB). Zum andern sollte § 842 BGB den in §§ 218 II aF (§ 252 hF) BGB, 260 aF (§ 287 hF) ZPO eingeschlagenen Trend fortsetzen und verstärken, nämlich ziffernmäßig nicht ohne weiteres nachweisbare Schäden abschätzbar und damit ersetzbar machen – einen Trend, den auch der Entwurf 1959[849] mit seiner Fassung des § 252 a BGB verfolgt.

Stoll **wirft** der Rechtsprechung **vor**, § 842 BGB – seiner Ansicht nach die einzige Vorschrift des Gesetzes, die ein aPR anklingen läßt – ungenutzt gelassen zu haben. Im Caterina-Valente-Fall[850], im Ginsengwurzel-Fall[851], im Fernsehansagerin-Fall[852] und im Fall der ehrverletzenden Gerichtsberichterstattung[853] sei § 842 BGB einschlägig gewesen, weil jedesmal Schädigungen des wirtschaftlichen bzw. des beruflichen Ansehens vorgelegen hätte, und deshalb Nachteile für den Erwerb bzw das Fortkommen des Verletzten eingetreten seien[854]. Er schlägt für diese Falltypen vor, bei der iRd § 842 BGB erforderlichen freien Schadensschätzung die (subjektiv-)persönliche Kränkung zugleich mitzuberücksichtigen, da eine genaue Trennung dieses ideellen Schadensfaktors von den in § 842 BGB aufgeführten (objektiven) Nachteilen kaum möglich sei.

Gegen die Indienstnahme des § 842 BGB für Ansprüche aus Verletzung des aPR sprechen aber zwei Gründe. Auf einen weist *Stoll* selbst hin[855]: § 842 BGB **versagt tatbestandlich** bei allen Persönlichkeitsrechtsverletzungen, die nicht die objektiven Auswirkungen des Persönlichkeitsrechts (die äußere Ehre, das Ansehen, den Ruf), sondern seine subjektiven Komponenten (wie die Intim- bzw Geheim- und Privatsphäre)[856] treffen. Da das aPR beide Bereiche umfaßt, könnte § 842 BGB nur – unzureichenden – Teilschutz leisten.

Der zweite Grund liegt uE in der Vermischung der in § 842 BGB angesprochenen **Vermögensschäden** mit den den Persönlichkeitsrechts-

---

849 S. 4
850 BGHZ 30, 7 ff.
851 BGHZ 35, 363 ff.
852 BGHZ 39, 124 ff.
853 BGHZ NJW 1963, 904 f.
854 *Stoll* (aaO S. 14 f.) belegt das ausführlich für den Caterina-Valente-Fall (vgl. Fußn. 850).
855 aaO S. 16, 40
856 vgl. oben Einl A I

verletzungen eigentümlichen immateriellen Schäden[857]. UE läßt sich aufgrund der – im wesentlichen dogmatisch feststehenden – Abgrenzungskriterien zwischen materiellen und immateriellen Schäden[858] sehr wohl eine Grenze ziehen. Es ist ein Unterschied, ob der in seinem aPR Verletzte Vermögensnachteile durch die Behinderung seines Erwerbs oder Fortkommens hat, oder ob er – sei es, weil solche Tatbestandsvoraussetzungen in seiner Person gar nicht vorhanden sind, sei es, daß sie durch die Verletzung unberührt geblieben sind – (allein) in seinem ideellen Ansehen in der Gesellschaft[859] geschädigt wurde und hierfür den Ersatz immaterieller Schäden fordert. Hier hilft auch die von *Stoll*[860] bemühte Brücke zur Bußgeldvorschrift des § 188 StGB aF[861] nicht weiter: Die Tatsache, „daß die hL und die neuere Rechtsprechung keine Bedenken tragen, iRd für § 842 BGB vorbildlichen Vorschrift des § 188 StGB bei Bemessung der Buße auch dem immateriellen Schaden des Opfers Rechnung zu tragen", hat in diesem Zusammenhang angesichts des unten[862] näher zu zeigenden Unterschieds zwischen der Buße (des ehemaligen § 188 StGB) und dem Schadensersatzanspruch (aus § 847 BGB) keine Bedeutung.

Auch § 842 BGB ist daher nicht in der Lage, den Anspruch aus § 847 I BGB zu ersetzen.

ggg) Anspruch auf Buße, §§ 188 StGB, 35 KUG[863]

Im Anschluß an den oben[864] zitierten Einwand, ein Geldanspruch auf Ersatz der immateriellen Schäden aus §§ 823 I, 847 I BGB lasse sich

---

857 vgl. oben Einl B
858 s. dazu Einl A II
859 Die subjektiven Komponenten des aPR haben wir schon oben tatbestandsmäßig ausgeklammert.
860 aaO S. 15, 28: *Stoll* vertritt die Ansicht, daß § 842 BGB seine Aufnahme ins Gesetz „nicht zuletzt dem Bedürfnis (verdankt), die damals gültigen Vorschriften über die Buße – nämlich die §§ 188, 231 StBG – gleichsam ins Zivilrecht zu ‚übersetzen'" (vgl. *Mugdan* [Mot] zu § 728 und [Prot] zu § 734 b BGB aF [„Aufbewahrung leicht entzündlicher Sachen", Rdn])
861 § 188 StGB aF ist durch Art. 19 Nr. 78 EGStGB inzwischen aufgehoben worden, *Dreher* § 188.
862 s. ggg und II 1.3.3
863 Die §§ 188, 231 StGB; 35 KUG sind inzwischen nicht mehr geltendes Recht; § 188 StGB wurde durch Art. 19 Nr. 78 EGStGB (*Dreher*, § 188), § 231 StGB wurde durch Art. 19 Nr. 103 EGStGB (*Dreher* § 231), § 35 KUG mit Wirkung vom 1. 1. 1975 durch Art. 17 EGStGB aufgehoben (BGBl I S. 469).
864 2.1

durch das Eingreifen bußrechlicher Vorschriften wie der §§ 35 KUG[865], 188 StGB ersetzen[866], prüfen wir hier, ob eine solche Ersetzbarkeit die Derogation des § 253 BGB möglicherweise überflüssig macht. *Lieberwirth*[867] begründete seinen Einwand damit, der Schutz des aPR sei insbesondere durch die Buße des § 188 StGB aF „weitgehend" gewährleistet, zudem stehe diese Bestimmung in „ausdrücklicher Wechselwirkung" zu § 847 BGB, wie aus § 231 StGB aF zu entnehmen sei. Daß „weitgehender" Schutz des aPR nicht ausreicht, um die Überflüssigkeit anderer (Schadensersatz-)Ansprüche darzutun, stellten wir bereits oben[868] zu der Untersuchung der entsprechenden Ansicht des LG München fest. Auch ist nicht ersichtlich, wie § 231 StGB aF („In allen Fällen der Körperverletzung ...") in der Lage sein soll, eine – geschweige denn „ausdrückliche" – „Wechselwirkung" zwischen den §§ 188 StGB aF und 847 BGB anzuordnen. Gegen die Versuche, aus § 188 StGB aF (iVm den hier in Verweisung genommenen §§ 186 f. StGB) die Unnötigkeit eines Schadensersatzanspruchs aus § 847 BGB herzuleiten, sprechen denn auch folgende Gründe[869]:

- Die Buße aus § 188 StGB aF gibt nur einen an den Erlaß eines Strafurteils gebundenen Rechtsschutz.
- Dieser Rechtsschutz erstreckt sich nur auf Verletzungen, die in die Tatbestände der §§ 186, 187 StGB fallen, während der Schutzbereich des das aPR in seiner ganzen Breite[870] umfassenden Anspruchs aus § 847 I BGB (analog) weiter ist.
- Der Antrag auf Bußgeldverhängung wurde in der Praxis selten gestellt, weil nach § 188 II StGB aF die erkannte Buße die Geltendmachung eines „weiteren Entschädigungsanspruchs" ausschloß.
- § 188 StGB aF knüpfte nicht an die persönlichkeitsrechtlichen Momente der Verletzung an, sondern an die „nachteiligen Folgen für die Vermögensverhältnisse, den Erwerb oder das Fortkommen des Beleidigten" – und hat daher in § 842 BGB weit eher sein zivilrechtliches Pendant[871] als in § 847 I BGB.
- Es bestehen grundsätzliche Unterschiede zwischen Bußanspruch und Schadensersatzanspruch. (Wir kommen auf diese Unterschiede im einzelnen noch an geeigneter Stelle zu sprechen[872].)

---

865 bzgl § 35 KUG vgl. bereits oben unter 2.1 und (2.2.2.2 d) dd
866 so *Löffler*, Gutachten S. 12 f. und *Lieberwirth* S. 52
867 aaO
868 vgl. oben (2.2.2.2 d) dd
869 vgl. im folgendes BGHZ DB 1964, 31 (= MDR 1964, 136 = BB 1964, 150)
870 vgl. oben Einl A I
871 vgl. oben unter fff.
872 s. u. II 1.3.3

Daß die Kongruenz von Schadensersatzanspruch aus § 847 I BGB (analog) und Bußgeldanspruch aus § 188 StGB aF, die erforderlich war, um die Ersetzbarkeit des ersten Anspruchs durch den zweiten darzutun, fehlte, bestätigt ein (Zivil-)Urteil des LG Freiburg[873]: Es sprach dem in seinem aPR verletzten Kläger den Ersatz des immateriellen Schadens aus § 847 BGB zu, ‚obwohl' ein strafrechtlich relevantes Verhalten des Beklagten iSd §§ 185 ff. StGB aF nicht vorgelegen hatte, § 188 StGB aF also gar nicht hätte eingreifen können.

hhh) bürgerlich-rechtlicher Aufopferungsanspruch (brAA)

Hubmann[874] macht den Vorschlag, für bestimmte **Falltypen** von Persönlichkeitsrechtsverletzungen einen brAA zu gewähren: so, wenn jemand rechtmäßig in das aPR eines anderen eingegriffen hat, ohne auf dessen Kosten einen Vermögensvorteil erlangt zu haben, so, wenn aus anderen Gründen ein Bereicherungsanspruch[875] ausscheidet. Praktische Bedeutung soll diesem Anspruch auch dort zukommen, wo durch eine gerechtfertigte Verletzung von Persönlichkeitsrechten dem Betroffenen ein großer Schaden erwachsen ist; nachdem sich der Verletzungstatbestand herausgestellt hat, soll der Betroffene diesen Schaden nicht tragen müssen, während dem Schädiger der etwaige Vorteil verbleibt[876]. Praktische Bedeutung soll der brAA also insbesondere dort haben, wo der allgUA (z. B.) „zu einer unverhältnismäßigen Wertvernichtung führen würde", und deshalb das „persönliche Interesse aufgeopfert" werden müsse mit der Folge, daß dem Beeinträchtigten – nicht unbedingt vom Verletzer selbst – eine Entschädigung zu zahlen sei[877]. Dieser Anspruch soll auf dem **Grundsatz** beruhen, daß bei bestehender Interessenkollision das überwiegende Interesse durch Eingriff in das geringere verfolgt werden darf, dem dadurch Verletzten

---

873 BB 1963, 329 f.

874 Persönlichkeitsrecht § 53 und JZ 1957, 528; auf diesen Lösungsvorschlag weist auch *Hartmann* (NJW 1962, 13) hin.

875 vgl. oben eee

876 *Hubmann* (Persönlichkeitsrecht aaO) bringt dazu folgendes Bspl: In einem Film wird der Name einer bestimmten Person unverschuldet so verwendet, daß die Rezipienten eine negative Beziehung zum Namensträger herstellen. Um eine wirtschaftlich sinnlose Vernichtung der hohen in die Produktion gesteckten Investitionen zu vermeiden, müsse – so *Hubmann* (aaO) – der Betroffene die Beeinträchtigung seiner Persönlichkeits-Interessen dulden; jedoch „erscheint (es) billig, ihm dafür eine Geldentschädigung zuzusprechen".

877 *Hubmann* JZ 1957 und Persönlichkeitsrecht jeweils aaO

aber eine Entschädigung für dieses so erbrachte Sonderopfer zu gewähren ist.

Die Untauglichkeit des brAA, an die Stelle des Anspruchs aus § 847 I BGB zu treten, ergibt sich sowohl aus seinen Voraussetzungen als auch aus seinen Rechtsfolgen. Der brAA ist in Rechtsanalogie zu den §§ 906 II 2, 904 S. 2 BGB, 26 GewO aF entwickelt worden[878] und hat folgende **Voraussetzungen**:

- Der Anspruchsberechtigte muß eine Unterlassung der beeinträchtigenden Einwirkungen verlangen können (vgl. den allgUA[879]).
- Die Geltendmachung dieses Unterlassungsanspruchs ist (ausnahmsweise) aus besonderen Gründen eines überwiegenden – z. B. öffentlichen – Interesses ausgeschlossen.

Damit ist der brAA teilweise abhängig von den tatbestandlichen Voraussetzungen des oben[880] erörterten allgUA, denn er setzt wie dieser eine Verletzung (des aPR) und – anders als der allgUA – eine Duldungspflicht des Verletzten voraus, die sich an einem überwiegenden Interesse orientiert. Mit diesem zweiten Erfordernis erweist sich der brAA für eine Vielzahl von Persönlichkeitsrechtsverletzungen als unanwendbar, weil ein Eingriff in das aPR nur unter besonderen Voraussetzungen in bestimmten Ausnahmefällen von einem vorherrschenden Interesse getragen ist[881] und daher für all die Falltypen versagt, in denen eine entsprechend Duldungspflicht des Verletzten nicht besteht.

Der zweite Einwand richtet sich gegen die **Rechtsfolge** des brAA. Ein Entschädigungsanspruch umfaßt nämlich nicht immer vollen Schadensersatz, sondern beschränkt sich auf einen angemessenen Ausgleich für das erbrachte Opfer[882]. Der Entschädigungsanspruch bleibt also seiner Höhe nach hinter dem Schadensersatzanspruch zurück[883].

878 vgl. *Hubmann*, Persönlichkeitsrecht aaO und JZ 1958, 489 ff.; *Schack* NJW 1968, 1914 f.; *Soergel-Siebert-Baur* IV Rdn 65 ff. vor § 903; BGHZ 16, 369 ff.; 48, 100 ff.

879 s. o. ddd

880 zu ddd

881 Den Hauptfalltypen bilden massenmediale Publikationen (insb. der Presse); auf die einzelnen Voraussetzungen gehen wir daher unten iRd Meinungs- und Medien- (Presse-)Freiheit (II 2.1) ein.

882 BVerwG DVBl 1958, 871 ff., 872, 874; Wolff § 62 V b; *Hubmann*, Persönlichkeitsrecht aaO

883 Es würde für den Rahmen unserer Arbeit zu weit gehen, sich mit den einzelnen Unterschieden zwischen Schadensersatz und Entschädigung auseinanderzusetzen.

Im Anschluß an unsere Ausführungen oben[884] stellen wir fest, daß – insbesondere – das Zivilrecht keine Sanktionen bereithält, die in der Lage wären, einen Anspruch auf Schmerzensgeld bei Persönlichkeitsrechtsverletzungen aus § 847 I BGB analog zu ersetzen. Damit ist endgültig erwiesen, daß Art. 1 I GG den § 253 BGB insoweit derogiert, als er dem Anspruch aus § 847 I BGB analog entgegensteht[885].

e) § 253 BGB und Europäisches Recht

Das bisher gewonnene Ergebnis läßt ein Eingehen auf die Frage, ob § 253 BGB (zusätzlich) noch durch Normen des Europäischen Rechts derogiert wird, unnötig erscheinen. Weil jedoch in der Literatur für die Lösung unseres Problems zuweilen auch Europäisches Recht herangezogen wird[886], wollen wir ergänzend auch zu dessen Einwirkungen auf § 253 BGB Stellung nehmen. Die hierfür in Betracht kommenden Normen sind Art. 8 der Konvention zum Schutz der Menschenrechte und Grundfreiheiten (Menschenrechtskonvention – MRK)[887] und Art. 12 der Allgemeinen Erklärung der Menschenrechte (Menschenrechtserklärung – MRE).

aa) Die Menschenrechtskonvention (MRK)

aaa) Allgemeines

Die MRK ist in der BRD seit dem 3. 9. 1953 durch Gesetz vom 7. 8. 1952[888], das Zusatzprotokoll durch Gesetz vom 20. 12. 1956[889] in Kraft getreten[890]. Ihrer **Rechtsnatur** nach ist sie völkerrechtlicher Ver-

---

884 vgl. den Beginn dieses Abschnitts (gg)

885 Unter dieser Bedingung – Schutzlosigkeit des aPR, Sanktionslosigkeit von Persönlichkeitsrechtsverletzung – sind auch *Mertens* (JuS 1962, 267) und *Helle* (NJW 1963, 1404) bereit, die Unvereinbarkeit des § 253 BGB mit der Verfassung anzuerkennen.

886 so z. B. *Nipperdey* 42. DJT II D S. 9; *Staudinger-Werner* II § 253 Rdn 7; Beschluß 42. DJT II D S. 155; Entwurf 1959, S. 6

887 Der Entwurf 1959 (aaO) führt zusätzlich Art. 10 MRK „als Grundlage für (die) Fortentwicklung unseres Zivilrechts (auf dem Gebiet des Persönlichkeitsschutzes)" an.

888 BGBl II S. 685 und Berichtigung in BGBl II S. 953

889 BGBl II S. 1879

890 vgl. *Klug*, Gedächtnisschrift H. Peters S. 435; *Partsch*, GR I 1 S. 281, 284; *Nipperdey*, GR II S. 47

trag mit bindender Wirkung[891]. Ihre Funktionen beschreibt *Klug*[892] als Garantiefunktion, Bindungsfunktion und Rechtsintegrationsfunktion. Danach hat die MRK die Aufgaben,
- die Wahrung bestimmter Mindestrechte des Individuums sicherzustellen (Garantiefunktion);
- die nationale Rechtsetzung zur Einhaltung bestimmter Rechtsgrundsätze zu verpflichten (Bindungsfunktion);
- eine Mehrheit von staatlichen Rechtsordnungen zu erfassen und sie hinsichtlich der in der MRK geregelten Rechte gleichmäßig in diese aufgehen zu lassen (Rechtsintegrationsfunktion).

Die **Einordnung** der MRK in den Stufenaufbau der jeweiligen Rechtsordnung ist jedem nationalen Gesetzgeber selbst überlassen (vgl. Art. 57 MRK)[893]. Für die BRD ist die Rangfrage umstritten. Im wesentlichen werden die Ansichten vertreten,
- der MRK komme der Rang formellen Gesetzes zu;
- ihr komme – mit dem GG gleichgesetzt – Verfassungsrang zu;
- sie sei als supranationale Normenordnung verfassungsvorrangig[894].

Die Entscheidung dieser Frage sei völkerrechtlicher Diskussion vorbehalten[895]. Rechtsprechung und Lehre haben sich den Standpunkt zu eigen gemacht, der der MRK den Rang eines formellen Gesetzes zugesteht[896]. Diese Ansicht wird in erster Linie damit begründet, daß die MRK keinen höheren Rang einnehmen könne als dasjenige Gesetz, das sie in innerstaatliches Recht transformiert hat. Die Gesetze, durch die die MRK und das Zusatzprotokoll in der BRD als innerdeutsches Recht in Kraft traten, sind einfache Bundesgesetze. Danach kommt

891 so *C. Weiß*, Dokumente S. 30
892 aaO S. 437
893 *C. Weiß* aaO S. 31
894 nach *Klug* aaO S. 434 ff. mit Begründung der einzelnen Meinungen
895 vgl. hierzu neben den von *Klug* (aaO) aufgeführten Autoren insb. *Klug* selbst, der durch alleiniges Abstellen auf die oben genannten Funktionen der MRK im Wege der teleologischen Interpretation zu dem Ergebnis gelangt, ihr komme Verfassungs-Vorrang zu; ebenso entscheiden sich im Ergebnis *Verdross* (S. 47 f., 51), der seine Ansicht auf die Grundlage seiner gemäßigten monistische Theorie stellt, und *Guradze* (Menschenrechte S. 58).
896 *Partsch*, GR I 1 S. 281 ff.; *Dürig* in *Maunz-Dürig-Herzog* Art. 1 II Rdn 57 (mHinw auf Lit und Rspr); *vMangoldt-Klein* I Art. 25, III 3 c (mÜbersicht über den Meinungsstreit); auch *Klug* (aaO S. 437) und *Guradze* (aaO S. 56) räumen ein, daß sie die Mindermeinung vertreten.

auch der MRK nur dieser Rang zu. Als einfaches Gesetz bindet sie die deutschen Gerichte unmittelbar[897].

bbb) Art. 8 MRK und § 253 BGB

Auch von diesem Rang her übt die MRK jedoch als lex posterior eine Wirkung auf solches formelles Gesetz aus, das vor dem Datum ihres völkerrechtlichen Inkrafttretens – am 3. 9. 1953 – erlassen worden ist, also auch auf § 253 BGB. Art. 8 MRK würde § 253 BGB dann aufheben, wenn sich ein materiell-inhaltlicher Widerspruch zwischen beiden aufzeigen ließe[898,899]. Hierbei ist zu unterscheiden zwischen Abs. I und Abs. II des Art. 8.

Abs. I enthält (ua) einen Anspruch des Individuums auf Achtung seines Privatlebens und seines Briefverkehrs[900]. Wir haben die Privatsphäre des Menschen und sein Recht auf das im Brief geschriebene Wort als Bereiche des aPR bzw. als bPR kennengelernt[901]: Art. 8 I MRK ist also inhaltlich – wenigstens teilweise – einschlägig[902]: Er gewährt ein – absolutes[903] – Recht auf Achtung dieser Persönlichkeitsbereiche. Im Vergleich zu Art. 1 I GG entspricht die Regelung des Art. 8 I MRK insoweit dessen Satz 2, als auch dort ein Achtungsanspruch normiert wird (der sich aber nur gegen die staatliche Gewalt richtet[904]), und insoweit dessen Satz 1, als Anspruchsgegner auch dort jedermann ist (wohingegen Satz 1 aber keinen – positiven – Anspruch auf Achtung, sondern ein Verletzungsverbot iSe Unterlassungsanspruchs enthält)[905].

---

897 *Dürig* aaO Rdn 59

898 vgl. *Partsch* aaO S. 283; *Guradze*, Menschenrechte S. 56, indem er in der Rangfrage von der hM ausgeht; *Dürig* aaO Rdn 59

899 Zu einer im Ergebnis gleichen Wirkweise der MRK käme man auch, wenn man ihr – entgegen der hA – Verfassungsvorrang oder Verfassungsrang einräumen würde. Auch deshalb sparen wir diese Diskussion hier aus.

900 Nach *C. Weiß* (Dokumente S. 31) ist die MRK „eigentlich die ‚Rechtsnorm des einzelnen'". Träger des Rechts auf Achtung der Privatsphäre kann nur eine natürliche Person sein (*Guradze*, MRK Art. 8,5). Hingegen ist Art. 8 I MRK, soweit er sich auf die Achtung des Briefverkehrs bezieht, auch auf juristische Personen des Privatrechts anwendbar (*Guradze* aaO Art. 8, 24).

901 s. o. Einl A I

902 vgl. *Guradze*, MRK Art. 8, 4

903 *C. Weiß* aaO

904 dazu noch unten 2.2.2.3 b

905 vgl. oben c.bb.ccc

Ein materiell-inhaltlicher Widerspruch zwischen Art. 8 I MRK und § 253 BGB ist uE nicht zu beweisen. Das folgt aus zweierlei Überlegungen. Die erste ergibt sich aus dem oben begonnenen Vergleich mit Art. 1 I GG: Die die Derogation des § 253 BGB eigentliche bewirkende Kernstelle dieser Norm haben wir in der – (auch) den Gesetzgeber und die Rechtsprechung verpflichtenden – Schutzanordnung des Satzes 2 gefunden und mit dem Argument der Höchstrangigkeit dieser Verfassungsnorm belegt[906]. Dem Art. 8 I MRK fehlt nicht nur ein vergleichbarer Rang, ihm fehlt vor allem eine entsprechende Schutzanordnung. Es ist nämlich zu unterscheiden zwischen Achtungsanordnung, Schutzanordnung und Schadensersatzanordnung[907]: Die Achtungsanordnung verlangt die Respektierung einer Rechtsposition. Die Anordnung eines Schutzes ist die Anordnung von Präventionen, damit es nicht zu Verletzungen (Mißachtungen) kommt, und von Repressionen, die nach erfolgter Verletzung dieser Rechtsposition eingreifen sollen. Die Schadensersatzanordnung schließlich (die z. B. bei Verletzungen des aPR von den §§ 823 I, 847 I BGB ausgesprochen wird) verlangt eine bestimmte Sanktion bei bestimmten Falltypen und führt damit den in der Schutzanordnung erlassenen Befehl zu Repression und Prävention[908] aus. Alle drei Anordnungen sind also zwar miteinander verknüpft, die Anordnungen der Achtung und des Schutzes aber nur iS zweier – sich ergänzender – Verhaltensweisen im Hinblick auf eine Rechtsposition, die Anordnung von Schutz und Schadensersatz dagegen iSv Befehl und Ausführung, also integrierend. Achtungsanordnung und Schadensersatzanordnung hängen somit nur mittelbar – nämlich über das Bindeglied der Schutzanordnung – zusammen. Der Raum zwischen beiden bleibt iRd Art. 8 I MRK frei. Der in ihm normierte Anspruch auf Achtung allein kann nicht als Widerspruch zu einer Bestimmung aufgefaßt werden, die für bestimmte Falltypen bestimmte Sanktionsarten untersagt[909].

Zu einer anderen Ansicht könnte man nur gelangen, wenn man den Begriff der „Achtung" iSd Art. 8 I MRK ausweitet – etwa indem man ‚Achtung' (iwS) als Oberbegriff zu den Unterbegriffen ‚Achtung' (ieS)

---

906 s. o. c.bb.eee

907 Dies übersieht uE *Guradze* (aaO) in dessen Kommentierung des Art. 8 I MRK sich zuweilen Wendungen wie „schutzwürdiges Interesse der Intimsphäre" und „Schutz" einschleichen (z. B. MRK Art. 8, 22).

908 speziell zur Prävention des Schadensersatzanspruchs noch später unter II 1.3.2 und 1.3.3

909 vgl. oben 2.2.1.1

und ‚Schutz' begreift: Nach dieser Interpretation würde der Achtungsanspruch des Art. 8 I MRK auch einen Schutzanspruch mitumfassen, die erforderliche Brücke zur Schadensersatzanordnung (bzw dem Verbot des Schadensersatzes durch § 253 BGB) wäre vorhanden. Für diese Auffassung spricht aber nichts, insbesondere nicht die – gemäß der Schlußklausel der Konvention allein authentischen[910] – englischen und französischen Texte, die in Art. 8 I MRK „... the right to respect..." bzw. „...droit au respect ..." formulieren und damit unsere Auffassung von den Inhalten des Begriffs ‚Achtung' stützen[911]. Beide verwendeten Wörter tragen keinen Hinweis auf irgendeine Art von Schutzanordnung in sich. Gegen diese Auffassung aber spricht, daß sie den Verfassern des Vertragstextes[912] Ungenauigkeit in der Terminologie unterstellt.

Unsere zweite Überlegung gegen eine Derogation des § 253 BGB durch Art. 8 I MRK stützt sich auf einen Vergleich der Tatbestände beider Normen: Während das Verbot des § 253 BGB sich auf Verletzungen des aPR schlechthin erstreckt, beschränkt sich der – tatbestandlich engere – Art. 8 I MRK auf die Persönlichkeitsbereiche ‚Privatsphäre' und ‚Briefverkehr'. Eine Derogation des § 253 BGB ließe sich also nur insoweit feststellen, als er Geldersatz für Verletzungen dieser beiden Bereiche untersagt. Dieses Ergebnis aber würde zu einer Ungleichbehandlung von einzelnen Persönlichkeitsrechten und -bereichen hinauslaufen, die nicht gerechtfertigt erscheint: Sie würde z. B. das bPR der Ehre schadensersatzrechtlich unterprivilegieren, dessen Schutz eher wichtiger als der des Briefverkehrs erscheint; und es würde z. B. die Geheim- bzw. Intimsphäre schadensersatzrechtlich vernachlässigen, obwohl dieser Schutzkreis nach der Struktur des aPR als dessen Kernbestandteil gerade den stärksten Schutz genießen soll[913].

Abs. II des Art. 8 MRK gibt für eine Derogationswirkung auf die Regelung des § 253 BGB tatbestandlich-inhaltlich nichts her.

---

910 *Verdross* S. 50; die deutsche Übersetzung folgt dem französischen Text (*Guradze*, MRK Art. 8, 3).

911 *Langenscheidt*, Englisch-Deutsch übersetzt mit „Rücksicht, Achtung", *Langenscheidt*, Französisch-Deutsch mit „Ehrfurcht, Achtung".

912 Das waren die Regierungsvertreter (*Guradze* aaO Einl § 7 IV).

913 s. o. Einl A I

bb) Die Menschenrechtserklärung (MRE)

Nach inzwischen übereinstimmender Ansicht ist die Allgemeine Erklärung der Menschenrechte durch die Generalversammlung der Vereinten Nationen vom 10. 12. 1948 kein „ius gentium mit unmittelbarer Wirkung innerhalb der Staaten"[914]. Sie fällt wegen ihrer fehlenden Völkerrechtsvertrags-Qualität nicht unter die Regelung des Art. 25 GG; ihr kommt als „bloße Empfehlung"[915] – auch nach dem Willen der Mehrheit der Kommission – nur moralische Bedeutung zu. Ihre rechtliche Bedeutung erschöpft sich darin, die Menschenrechte zu einer Angelegenheit von internationaler Bedeutung emporgehoben zu haben[916]. Sie beinhaltet kein geltendes Recht iS echter Rechtssätze und übt keine rechtlich bindenden Wirkungen aus[917].

Eine Prüfung des Art. 12 MRE auf seine Derogationstauglichkeit[918] erübrigt sich deshalb (Nach *Nipperdey*[919] kann Art. 12 MRE allerdings zur Auslegung der in Art. 1, 2 GG, 8 MRK niedergelegten Rechtssätze herangezogen werden, „da (er) der allgemeinen Rechtsüberzeugung und dem Geltungswillen der Völker der freien Welt entspricht".)

2.2.2.3 Drittwirkung

a) des GG
aa) Vorbemerkung

Einige Autoren wollen die Frage der Drittwirkung von Grundrechten für unser Problem offenlassen – so *Hartmann*, weil sich „die konkrete und sehr spezielle Rechtsfolge eines Schmerzensgeldanspruchs bei Verletzung irgendwelcher Rechtsgüter keineswegs aus den Art. 1, 2 GG herleiten" lasse[920], und ähnlich *Stoll*, der es für „abwegig" hält, „aus dem durch Art. 1 und 2 GG gebotenen ‚Mindestschutz' der Per-

---

914 *Friesenhahn* S. 75
915 *vMangoldt-Klein* I Art. 25, III 3 c mNachw
916 *Friesenhahn* S. 76
917 *Dürig* in *Maunz-Dürig-Herzog* Art. 1 II Rdn 56; *Nipperdey* 42. DJT II (1957) D S. 9; aA aber früher in GR II S. 48 (Die erste Aufl. erschien 1954, die zweite Aufl. von 1968 blieb unverändert.): Danach war die MRE nur insoweit kein geltendes Recht, als sie keine allgemeinen Regeln des Völkerrechts iSd Art. 25 GG enthielt; dies aber sei dagegen bei Art. 12 MRE doch „anzunehmen" (ohne Begründung).
918 Art. 12 MRE hat bei der Konzeption des Art. 8 MRK als Vorbild gedient (*Guradze*, MRK Art. 8, 1).
919 42. DJT II aaO
920 NJW 1964, 797

sönlichkeit konkrete Folgerungen für die Voraussetzungen und den Inhalt des Geldausgleichs immaterieller Schäden ableiten zu wollen"; es dürfe daher „als ausgeschlossen gelten, ..., die Lösung eines der schwierigsten Probleme des Schadensersatzrechtes aus dem GG gewissermaßen herauszudestillieren"[921]. Unsere gegenteilige Auffassung haben wir oben zu begründen versucht, indem wir darstellten, daß

- keine andere zivilrechtliche Schadensersatzmaßnahme geeignet ist, einen vergleichbar wirksamen Schutz gegen Persönlichkeitsrechtsverletzungen zu bieten wie ein Anspruch auf Schmerzensgeld nach §§ 823 I, 847 I BGB analog[922];
- eben gerade eine Grundrechtsvorschrift – nämlich Art. 1 I GG – in der Lage ist, den der analogen Anwendung des § 847 I BGB entgegenstehenden § 253 BGB zu derogieren[923];
- damit im Ergebnis der Weg zur Gewährung des wirksamsten Rechtsschutzes aus der Verfassung heraus freigemacht wird[924,925].

Unbeantwortet bleiben könnte die Frage nach der Drittwirkung von Grundrechten für unser Problem vielmehr aus einem anderen Grund: Nachdem die von Art. 1 I GG ausgehende Derogationswirkung eine analoge Anwendung des § 847 I BGB für unseren Falltyp dadurch ermöglicht, daß sie ein entsprechendes Analogieverbot beseitigte, erscheint eine Untersuchung der Frage, ob nicht vielleicht eine Drittwirkung des Art. 1 I GG noch mehr ermöglicht, überflüssig zu sein; denn für die Gewährung des Schmerzensgeldanspruchs bei Persönlichkeitsrechtsverletzungen scheinen allein durch die Derogationswirkung schon alle nötigen dogmatischen Voraussetzungen geschaffen. Wir gehen auf die Drittwirkungsproblematik trotzdem ein, weil Literatur und Rechtsprechung sie ständig bemüht haben, um unser Problem zu lösen, und weil eine Drittwirkung des Art. 1 I GG unser oben gewonnenes Ergebnis möglicherweise noch abstützen oder ergänzen kann.

---

921 Gutachten S. 47
922 s. o. 2.2.2.2 d.gg
923 s. o. 2.2.2.2 c.bb.eee
924 Deshalb ist *Wiese* (S. 38 f.) zuzustimmen, wenn er meint, es gehe hier nicht um das Problem der absoluten Wirkung der Grundrechte ieS, sondern allein darum, inwieweit die Grundrechte die Normen des Bürgerlichen Rechts überhaupt beeinflussen.
925 *Hartmann* und *Stoll* (jeweils aaO) müssen sich im übrigen entgegenhalten lassen, daß eine Frage nicht dadurch offengelassen wird, daß man sie negativ beantwortet.

bb) Allgemeines

Der von *Ipsen* geprägte Ausdruck ‚Drittwirkung der Grundrechte'[926] wird **definiert** als Wirkung der Grundrechte über den – aus Grundrechten im klassischen (engeren) Sinne allein verpflichteten – Staat hinaus gegen die Beteiligten (Dritten) des Privatrechtsverkehrs[927]. Diese Wirkung entfaltet sich durch die – direkte (unmittelbare) oder indirekte (mittelbare)[928] – Übertragung des Normgehalts von Grundrechten ins Privatrecht[929], wodurch bestehende privatrechtliche Bestimmungen aufgehoben, abgeändert oder ergänzt und neue privatrechtliche Bestimmungen geschaffen werden können[930,931].

Die Frage nach dem **Bestehen einer Drittwirkung** ist inzwischen von Rechtslehre und Rechtsprechung positiv beantwortet worden. Die Vorstellung, daß das Grundrechts- und das Privatrechtssystem ein beziehungsloses Eigendasein führen, ist endgültig ausgeräumt[932]. Diese dualistische Betrachtungsweise scheiterte an der unbestrittenen These von der Einheit der Rechtsordnung[933], die (auch) das Privatrecht als integrierenden Bestandteil der Gesamtrechtsordnung ansehen mußte[934], wenn sie nicht zu einem – schizophrenen – „Dualismus in der Rechtsmoral"[935] werden wollte[936]. Insbesondere *Leisner*[937] hat sich zusammenfassend mit der Kritik an der (von *Nipperdey*[938] anläß-

---

926 *Dürig* in *Maunz-Dürig-Herzog* Art. 1 III GG vor Rdn 127
927 vgl. *Dürig* aaO sowie *Reimers* S. 21 f. Fußn. 12 und *H. Kaufmann* AcP 161, 295
928 dazu gleich unten zur Frage der Art des Funktionierens der Drittwirkung
929 *Leisner* S. 286
930 *Nipperdey*, Festschrift Molitor S. 24 und *Enneccerus-Nipperdey* Hbd 1 § 15 II 4 c
931 *Nipperdey* (an beiden angeführten Orten) hält den Begriff der Drittwirkung für zu ungenau, da Grundrechte im herkömmlichen Sinn sich nur als subjektiv-öffentliche Rechte gegen den Staat richten, und schlägt den Terminus „absolute Wirkung" als Ersatz vor. *Raiser* (46. DJT II B S. 10) will mit der Einführung des – uE zu schwerfälligen – Begriffs „privatrechtsgestaltende Kraft des GG" Abhilfe schaffen. Der Ausdruck ‚Drittwirkung' hat sich aber inzwischen so eingefahren, daß wir ihn beibehalten.
932 *Dürig* in *Maunz-Dürig-Herzog* Art. 1 III Rdn 131; *Hubmann*, Persönlichkeitsrecht § 18 a
933 vgl. oben zu 2.2.2.2 c.aa
934 vgl. *Nipperdey*, Festschrift Molitor S. 17
935 *Dürig* aaO
936 *Coing*, Ehrenschutz S. 11 f.; vgl. auch *Reimers* S. 14
937 S. 309 ff.
938 RdA 1950, 121 ff.; BB 1951, 282 ff.

lich eines Streits im Arbeitsvertragsrecht angeregten) Drittwirkungslehre auseinandergesetzt[939]:

1) Dem Argument, eine Drittwirkung widerspreche sowohl der Tradition als auch dem Begriff der Grundrechte[940], tritt *Leisner* mit einer detaillierten Untersuchung der Grundrechtstraditionen von der ältesten Verfassungsentwicklung bis hin zur nachweimarer Zeit entgegen. Das „Begriffsargument" entlarvt er als einen Zirkelschluß, bei dem in den zu definierenden Begriff die zu beweisende ausschließliche Staatsrichtung von vornherein mit aufgenommen wird[941], und der zudem an den „Bedeutungswandlungen" des Grundrechtsbegriffs vorbeigeht.

2) *Leisner* hält auch das Verlangen einer ausdrücklichen Normierung der Drittwirkung[942] (wie geschehen in Art. 9 III GG) für eine petitio principii[943], weil eine Aufnahme der Drittwirkung in den Wortlaut der Grundrechtsbestimmungen dann überflüssig ist, wenn eine Drittwirkung schon im neutralen (zusatzlosen) Wortlaut vorhanden sein kann, und weil eben dieses Vorhandensein zu beweisen ist.

3) Die Auffassung, der Verfassungsgeber habe keinen Auftrag zur Regelung privatrechtlicher Verhältnisse gehabt[944], baut nach *Leisner* auf einem viel zu engen Verfassungsbegriff auf.

4) Aus der Vorgeschichte der Verfassung wird zwar zu recht entnommen, daß der Verfassungsgeber den Grundrechtsbestimmungen eine Drittwirkung nicht hatte beilegen wollen[945]; dieses Argument zieht sich allerdings auf eine nicht herrschende Auslegungstheorie (subjektive Auslegung ex tunc) zurück[946].

---

939 Wir berufen uns im folgenden auf *Leisner* (S. 311 ff.).
940 *Knolle* BB 1949, 451 f.; *Schmidt-Rimpler, Giesecke, Friesenhahn, Knur* AöR 76, 169 ff.; *Hueck* S. 10 f.
941 vgl. *Diederichsen*, Einführung III 1 d und JurA 1970, 782
942 Dieses Erfordernis stellen *Schmidt-Rimpler* usf. (aaO S. 170 f.) auf.
943 vgl. Fußn. 941
944 *Schaetzel* RdA 1950, 250 f.; *Loppuch* DÖV 1951, 123
945 *Schmidt-Rimpler* usf. aaO S. 169, 177; *Hueck* S. 16 ff.; *Schaetzel* aaO; auch *Leisner* S. 313
946 Die herrschende Auslegungstheorie folgt der objektiven Auslegung ex nunc (vgl. etwa BVerfG 1, 229, 312; *Larenz*, Methodenlehre S. 298 ff.; *Engisch*, Einführung S. 88 ff.; *Zippelius*, BK Art. 1 Rdn 7).

5) Auch Art. 19 IV GG gibt für die Drittwirkungsdiskussion nichts her[947]: Daß diese Vorschrift sich – unstreitig – nur auf die „öffentliche Gewalt" bezieht, bedeutet nicht, daß Grundrechte nicht auch von privater Seite (auf privatrechtlicher Ebene) verletzt werden können.

6) Art. 1 II GG läßt sich weder zur Bejahung noch zur Verneinung einer Drittwirkung der Grundrechte heranziehen[948], weil er materiell-inhaltlich nichts über die Richtung der Grundrechte aussagt[949]. Seine Funktion besteht vielmehr darin, durch Bindung der drei Staatsgewalten Rechtsnormen und Einzelentscheidungen unmöglich zu machen, die zu den Grundrechten in Widerspruch stehen[950], also zu verhindern, daß Grundrechte nur als bloße Programmsätze wirken[951]. Diese Funktion hat mit der Drittwirkung der Grundrechte nichts zu tun[952].

7) Eine letzte Kritik befürchtet schließlich, daß die sublimierte Struktur des Privatrechts dem Einbruch der – durchweg generalklauselartig normierten – Grundrechte nicht standhalten könnte[953]. Hiergegen läßt sich vorab feststellen, daß der Generalklauselcharakter der Grundrechte ihrem Eindringen in das Privatrecht grundsätzlich deshalb nicht entgegensteht, weil auch für das private Recht der Satz gilt, daß allein generalklauselartige Normen in der Lage sind, die vielfältigen Sachverhalte des Lebens rechtlich zu beherrschen[954].

---

947 Diese Ansicht vertritt allerdings *Schaetzel* (aaO S. 251).

948 Für einen positiven Zusammenhang des Art. 1 III GG mit der Drittwirkung von Grundrechten haben sich ausgesprochen: BVerfG 7, 198 ff., 206 (Lüth-Fall; ohne Begründung) mit Zustv *Coing* JZ 1958, 560; BGHZ 24, 72 ff., 76 f.; *Dürig* in *Maunz-Dürig-Herzog* Art. 1 III Rdn 121, vgl. auch Rdn 127 ff.; *Nipperdey*, GR II S. 20 f. und *Enneccerus-Nipperdey* Hbd 1 § 15 II 4; *Bosch-Habscheid* JZ 1956, 299; offenbar auch *G. Küchenhoff*, Festschrift Nipperdey S. 319, 322 und *Hubmann*, Persönlichkeitsrecht § 18 a;
einen – allerdings negativen – Zusammenhang sehen *Schmidt-Rimpler* usf. (aaO S. 176 f.); *Hueck* (S. 12 f.) und *Schaetzel* (aaO S. 250), der meint, Art. 1 III GG beweise im Gegenteil, daß die Grundrechte „nicht die Aufgabe haben, die (privat-)rechtlichen Beziehungen der Bürger als Gleichberechtigte untereinander zu regeln".

949 *Leisner* S. 315; *Reimers* S. 23 f. (Fußn. 17)

950 *Reimers* S. 22 ff. (Fußn. 12 und 17)

951 *Raiser* 46. DJT II B S. 10 f.

952 so ausdrücklich *Reimers* (aaO S. 22 Fußn. 12); ebenso *Leisner* und *Raiser* (jeweils aaO)

953 *Hueck* S. 23 f.; *Schmidt-Rimpler* usf. aaO S. 172 f.; auch *Geiger* S. 37

954 *Leisner* S. 316

Der erhobene Vorwurf läßt sich aber am überzeugendsten bei der Frage nach der Art des Funktionierens der Drittwirkung widerlegen, und seine Berechtigung hängt sowohl von dem einzelnen Grundrecht als auch von dem privatrechtlichen Falltyp ab, in den es hineinwirkt"[955].

Leisner[956] **faßt** denn auch die für eine Drittwirkung sprechenden Argumente wie folgt **zusammen**:

1) Die allgemeine Entwicklungsgeschichte der Grundrechte läßt eine Entwicklungslinie feststellen, die zeigt, daß Grundrechte mit „allseitiger Tendenz" entstanden sind[957].

2) Nur eine allgemeine Drittwirkung entspricht der seit der WV „im wesentlichen feststehenden formalen Struktur der Grundrechte"[958].

3) Der insbesondere in den Grundrechten des GG normierte materielle Wertgehalt kann sich zufolge der – zustandsbedingten – Unteilbarkeit von Werten[959] nur richtungslos entfalten und muß sich daher auch in der Drittrichtung auswirken[960].

4) Die Analyse verschiedener grundlegender GG-Artikel beweist, daß eine alleinige Staatsrichtung dem „Geist" des GG nicht entspricht[961].

5) Die sich im neueren Privatrecht – insbesondere im Arbeitsrecht – abzeichnende Entwicklung eines „freiheitlichen Bereichsschutzes"[962] macht das Privatrecht für das Eindringen der Grundrechte „aufnahmebereit".

6) Die Verfassungsrechtstendenzen laufen auf eine fortschreitende „Gleichschaltung" des öffentlichen und des privaten Rechts hinaus,

---

955 vgl. *Hubmann* aaO § 18 a; wir nehmen daher unten zu dieser Kritik gesondert iR unseres Problems Stellung
956 S. 332 ff.
957 *Leisner* S. 3 ff.
958 *Leisner* S. 52 ff.
959 s. dazu schon oben 2.2.2.2 c.bb.bbb
960 *Leisner* S. 113 ff., 139 ff.
961 *Leisner* S. 139 ff.; er führt als Bsple Art. 1 II, 19 II, 20 GG an (S. 333).
962 *Leisner* S. 215 ff., 249 ff.

die es gleichwohl zuläßt, die herkömmliche dualistische Konstruktion beizubehalten.

Der Ansicht, die eine generelle Drittwirkung der Grundrechte bejaht, haben sich Rechtsprechung[963] und Literatur[964] inzwischen so gut wie einhellig angeschlossen.

Hingegen herrscht Unstimmigkeit über die **Art des Funktionierens** der Drittwirkung[965]. Hierzu sind folgende Ansichten denkbar[966]:
- Die Grundrechte wirken als subjektive öffentliche Rechte gegen Dritte[967];
- die subjektiven Rechte des Grundrechtskatalogs sind als private Rechte im Privatrechtsverkehr unmittelbar anwendbar (unmittelbare bzw. direkte Drittwirkung);
- die Grundrechte wirken auf das Privatrecht durch das Medium seiner Generalklauseln und seiner allgemeinen Rechtsbegriffe ein (mittelbare bzw. indirekte oder mediatisierte Drittwirkung).

---

963 vgl. etwa BVerfG NJW 1957, 417 ff. (Ehegattenbesteuerungs-Fall); BVerfG 7, 198 ff., 205 (Lüth-Fall); BVerfG NJW 1960, 811 f.; NJW 1969, 1161 ff. (= DVBl 1969, 497 ff., Blinkfüer-Fall); NJW 1971, 1645 ff., 1647; NJW 1972, 524 (Steinmetz-Fall);
BGHZ NJW 1954, 1404 f.; NJW 1957, 1146 (= BGHZ 24, 72 ff., 76); BGHZ 26, 349 ff., 354; BGHZ NJW 1958, 1344; BGHZ 30, 7 ff., 10;
BAG 1, 185 ff., 193 (= NJW 1955, 606 f.); BAG NJW 1957, 924 f.; NJW 1957, 1376 (Leitsätze a, d und e).

964 vgl. die umfassende Lit-Übersicht bei *Leisner* (S. 339 f. Fußn. 124)

965 *Hubmann*, Persönlichkeitsrecht § 18 a

966 vgl. *Leisner* S. 355; *Dürig* in *Maunz-Dürig-Herzog* Art. 1 III Rdn 128 ff.; *vMangoldt-Klein* I (Vorb A II 4 f.) verwischt die Abgrenzung zwischen mittelbarer (Auslegungs-)Drittwirkung und unmittelbarer Drittwirkung, indem er bei der Beschreibung „einer weiteren Art von Drittwirkung" mal von „Auslegungsregeln auch für die außerverfassungsrechtlichen Rechtsgebiete", mal von „unmittelbarer Anwendung des Wertungsprinzips einer Grundrechtsbestimmung auf den Privatrechtsverkehr" spricht.

967 *vMangoldt-Klein* I (aaO d) unterscheidet iRd Drittwirkung iSv Grundrechten als subjektiv-öffentlichen Rechten zwischen
- unmittelbarer Drittwirkung der subjektiv-öffentlichen Rechte als solcher gegen Private;
- einfach-mittelbarer Drittwirkung durch Ableitung von subjektiven Privatrechten aus subjektiv-öffentlichen Rechten und
- zweifach-mittelbarer („übermittelbarer") Drittwirkung durch Ableitung von subjektiven Privatrechten aus Gesetzen, die der einfache Gesetzgeber aufgrund einer einschlägigen, in einem Grundrecht verankerten Verpflichtung erlassen hat.

Die Drittwirkungstheorie, die Grundrechte als subjektive öffentliche Rechte gegen Private wirken läßt, wird – soweit ersichtlich – von niemandem vertreten[968]. Strittig ist allein, ob die Grundrechte unmittelbar oder mittelbar in das Privatrecht hineinwirken.

Die **Befürworter der mittelbaren Drittwirkung**[969] gehen davon aus, daß die Grundrechte in erster Linie Abwehrrechte des Bürgers gegen den Staat sind (These 1), daß aber auf der anderen Seite das GG keine wertneutrale Ordnung ist (These 2) und deshalb (auch) das Bürgerliche Recht beeinflußt. Ergebnis dieser beiden Thesen ist eine „Ausstrahlungswirkung", die dadurch funktioniert, daß die Auslegung des Bürgerlichen Rechts den Wertsetzungen des Verfassungsrechts folgt[970]. IR dieser verfassungsorientierten Auslegung privaten Rechts („Wertrealisierung") werden nach *Dürig*[971] drei Intensitätsgrade unterschieden:
- Wertdifferenzierung und Wertverdeutlichung;
- Wertakzentuierung und Wertverschärfung;
- Wertschutzlückenschließung.

Diese Austrahlungswirkung wahrt einerseits die Einheit des Gesamtrechts, zum anderen auch die Eigenständigkeit und „Eigenverantwortlichkeit" des Privatrechts gegenüber „öffentlich-rechtlicher Überfremdung"[972]. Die privatrechtlichen Generalklauseln spielen iR dieses Ein-

---

968 *Leisner* S. 355; diese Art von Drittwirkung kritisieren *Nipperdey (Enneccerus-Nipperdey* Hbd 1 § 15 II 4 a und Festschrift Molitor S. 23); *Geiger* (S. 13, 18) und *vMangoldt-Klein* I (aaO d).

969 Neben den unten zitierten Autoren gehören hierzu auch *Geiger* (S. 45, der sich der Entscheidung des BVerfG 7, 198 ff., 207 anschließt) und *Stein* (NJW 1964, 1751).

970 BVerfG 7, 198 ff., insb. 204 ff., 207 (Lüth-Urteil, von dem *Leisner* [S. 375 ff.] annimmt, es habe in den Drittwirkungsstreit gar nicht eingegriffen, sei aber im Ergebnis doch „zu einer Art von mittelbarer Drittwirkung gelangt".);
auch BVerfG NJW 1969, 1161 ff. (= DVBl 1969, 497 ff., Blinkfüer-Urteil) und BVerfG NJW 1972, 573 f. (= DB 1972, 523 f., Steinmetz-Urteil) haben sich für die mittelbare Drittwirkung entschieden, nachdem BVerfG NJW 1957, 417 ff. (in Art. 6 I GG) eine „wertentscheidende Grundsatznorm" gesehen hatte, die auch für das private Recht gelte, die Frage nach der Drittwirkungs-Modalität also unbeantwortet gelassen hatte. Ebenso unentschlossen formulieren BGHZ 13, 334, 338; 26, 349 ff., 354; BGHZ NJW 1958, 1344; BGHZ 30, 7 ff., 10 und BAG NJW 1957, 924 f.

971 in *Maunz-Dürig-Herzog* Art. 1 III Rdn 133 und in Festschrift Nawiasky S. 177 ff.

972 *Dürig* in *Maunz-Dürig-Herzog* Art. 1 III Rdn 132 und in Festschrift Nawiasky S. 176 f., 181, 183

flusses die Rolle von „Grenzpfählen des Öffentlichen Rechts", die durch die exzessive Gestaltung privatrechtlicher Beziehungen überschritten werden können und dann „verfassungsmäßige Grundentscheidungen" wirksam werden lassen. Die bei „grundrechtsbedingter Wertkollision im Privatrechtsverkehr" erforderlichen „Wertabwägungen" lassen sich nach dieser Ansicht besser im Einzelfall treffen; bei der unmittelbaren Anwendung von Grundrechten im Privatrecht würden sie zu schematisch erfolgen[973].

Den Verfechtern der unmittelbaren Drittwirkung wird vorgeworfen, eine ihr entsprechende Entscheidung des GG-Gebers sei nicht ersichtlich[974]. Die unmittelbare Drittwirkung widerspreche einem soziologisch bedingten Subsidiaritätsprinzip, demzufolge der „natürliche Aufbau des Gemeinschaftslebens in einem Volk" (einzelner – Familie – Regional- und Sozialgemeinschaften – Staat) gebietet, daß die jeweils höhere Gemeinschaftsform nichts regeln soll, was die jeweils niedrigere Gemeinschaftsform selbst regeln kann[975]. Insbesondere entspreche die unmittelbare Drittwirkung nicht der Unterschiedlichkeit zwischen Öffentlichem und Privatem Recht, die sich stetig darin zeige, daß Rechtmäßigkeits- und Rechtswidrigkeitsfragen trotz desgleichen zugrundeliegenden Lebenssachverhalts anders zu beantworten seien, je nachdem, ob der Staat oder ob Private beteiligt sind[976]. Das GG habe die Grundrechte als von vornherein um die anderen Privaten gegenüber bestehenden subjektiven privaten Rechte vermindert gedacht und setze mithin voraus, daß sie in der Privatrechtsordnung bereits aktualisiert sind (Argument aus der Schranke der „Rechte anderer" des Art. 2 I GG)[977].

Wenn Verfassungsrechtssätze, die dem Individuum eine „staatsfreie Sphäre" sichern sollen, unmittelbar auf das Privatrecht übertragen werden, so wirke diese Übertragung insofern auf das Individuum zurück, als ihm dadurch eben diese „individuellen Grundwerte" im Privatbereich wieder genommen werden: (Beispiel:) Eben der Menschenwürde wegen müsse das Individuum das Recht haben, innerhalb

973 *Reimers* S. 16 f.
974 *Reimers* S. 20
975 *Reimers* S. 15 f., 20
976 *Dürig*, Festschrift Nawiasky S. 167, 173
977 *Dürig* (aaO S. 173 f.) mit dem Bspl, eine privatrechtliche Eigentumsverletzung berühre Art. 14 GG ebensowenig, wie eine privatrechtlich unzulässige Kündigung Art. 13 GG verletze.

des Privatrechtsverkehrs in rechtlich zulässiger Weise auch dort noch über sie zu verfügen, wo der Staat nicht mehr eingreifen dürfe – die Schutzintensität der Grundrechte in der Staats- und in der Drittrichtung decken sich nämlich nicht[978]. Die „innere Verflechtung" der Privatrechtsordnung vertrage das Eindringen des nur punktuell-fragmentarischen Grundrechtskatalogs nur schwer, gibt *Raiser*[979] zu bedenken. Eine unmittelbare Drittwirkung führe daher zu unangemessenen Ergebnissen[980], sie gefährde insbesondere die Vertragsfreiheit[981] und die Rechtssicherheit[982]. *Dürig*[983] sieht in ihr das Gespenst einer „Verstaatlichung (Sozialisierung)" des Privatrechts aufziehen. Eine unmittelbare Grundrechtswirkung im Privatrecht sei auch unnötig, weil eine mittelbare Wirkung ausreiche[984]. Schließlich werden Rechtsprechungskompetenz-Konflikte befürchtet: Bei einer unmittelbaren Anwendung der Grundrechte im Privatrecht müßte das BVerfG Privatrecht entweder in vollem Umfang selbst prüfen, wodurch ihm die Rolle einer ‚Super-Revisions-Instanz' zukäme[985] oder die Prüfung von Privatrecht einschließlich der – eben auch privatrechtlich wirkenden – Grundrechte müßte allein der Zivilrechtsprechung überlassen bleiben, und zwar eben auch dann, wenn Grundrechtsverletzungen Prüfungsgegenstand sind[986].

Die **Vertreter einer unmittelbaren Grundrechts-Drittwirkung** argumentieren zunächst verfassungshistorisch: Ausgehend von der These, daß jede Verfassung „Spiegelbild einer staatlichen Ordnung"[987] zZt ihres Erlasses ist, seien bei ihrer Auslegung grundsätzlich die zu diesem Zeitpunkt herrschenden rechtsethischen und rechtspolitischen Vorstellungen zu berücksichtigen (historisch-subjektive Auslegung). So sei die Bedeutung der Grundrechte vor allem im 19. Jahrhundert in

978 *Dürig* AöR 81, 124; Festschrift Nawiasky S. 168 ff. (mw Bspln für den Rückwirkungseffekt der unmittelbaren Drittwirkung anhand von Art. 2 I, 3 II, III, 5, 6 I, 14 II GG); *Maunz-Dürig-Herzog* Art. 1 III Rdn 130
979 46. DJT II B S. 19
980 *Koebel* JZ 1961, 525
981 *Reimers* S. 19 f.; *Dürig* in *Maunz-Dürig-Herzog* Art. 1 III Rdn 129
982 *Reimers* S. 20; *Dürig* aaO
983 Festschrift Nawiasky S. 184
984 *Koebel* aaO S. 526
985 *Hubmann* (Ufita 70, 83) für das Lebach-Urteil des BVerfG (NJW 1973, 1226 ff.), das sich hier seiner Ansicht nach zugleich zur neuen Tatsacheninstanz aufschwingt
986 *Koebel* aaO S. 525; vgl. auch *Reimers* S. 17, 20
987 *Nipperdey* in *Enneccerus-Nipperdey* Hbd 1 § 15 II 4 c, ebenso in Festschrift Molitor S. 25

der Staatsrichtung gesehen worden. Inzwischen habe sich aus dem unabhängigen Besitzbürgertum jener Zeit eine pluralistische Massengesellschaft entwickelt, die den einzelnen mehr und mehr von – auf der soziologischen Skala zwischen dem Individuum und dem Staat stehenden – (außerstaatlichen) Gruppen, Verbänden usf. („intermediären Gewalten"[988]) abhängig mache[989]. Die so von 1789 bis 1949 historisch veränderte soziologische Situation erfordere – sowohl bei historisch-subjektiver wie auch bei objektiver Auslegung – eine ihr entsprechende Anpassung des Grundrechtsdenkens, das dem einzelnen nun Schutz (auch) vor jenen „anonymen Mächten" zukommen lassen müsse. Ein solcher Schutz sei aber nur bei unmittelbarer Grundrechtsanwendung wirksam[990], und deshalb entspreche nur sie dem Streben des GG nach weitgehender Effektivität[991]. Dieses gewandelte Grundrechtsdenken habe sich im Wortlaut des GG auch niedergeschlagen: Die Formulierung der Art. 1 I, II, III; 3 II iVm 117[992]; 4; 7; 9 III[993]; 14; 15 GG sowie das in Art. 20 I, 28 GG verankerte Sozialstaatsprinzip[994] gäben zu erkennen, daß das GG – trotz seiner Präambel, die von „staatlichem Leben" spricht[995] – nicht nur „Verfassung des

---

988 *Raiser* 46. DJT II B S. 12 f.

989 Auf diese Entwicklung und die sich hieraus für das Individuum ergebenden Gefahren machen auch *Coing* (Ehrenschutz S. 11), *Bosch-Habscheid* (JZ 1956, 299) und *Wernicke* (BK Art. 1 Rdn 34) aufmerksam.

990 *Nipperdey* in *Enneccerus-Nipperdey* aaO und in Festschrift Molitor S. 25 f.; vgl. auch in 42. DJT II D S. 9 f.; ebenso *Laufke*, Festschrift Lehmann S. 147 ff., mit einem Abriß der Verfassungsentwicklung seit der Französischen Revolution sowie dem Hinweis auf die grundsätzlichen Bedenken gegen die historische Auslegungsmethode; seine „grundsätzliche Ablehnung" einer Drittwirkung der Grundrechte auch im Verhältnis zwischen Verbänden usf. und dem einzelnen begründet *Reimers* (S. 17 ff.) mit dem Gleichheitsgedanken des Art. 3 GG.

991 *Laufke* aaO S. 154

992 *H. Kaufmann* (AcP 161, 295 f. Fußn. 44) belegt die unmittelbare Drittwirkung des Art. 3 II GG mit der entsprechenden Absicht des Parlamentarischen Rates.

993 Nach *Raiser* (46. DJT II B S. 19) soll die – dort ausdrücklich angeordnete – unmittelbare Drittwirkung nur für Art. 9 III GG selbst gelten.

994 BAG 1, 185 ff., 193 (= NJW 1955, 606 f.) zieht ausdrücklich das normative Bekenntnis des GG zum sozialen Rechtsstaat für eine Bejahung der unmittelbaren Drittwirkung von Grundrechtsbestimmungen heran; ebenso *Laufke* aaO S. 153; *Nipperdey* (GR II S. 20) leitet aus dem Sozialstaatsgedanken nur eine „gewisse Vermutung" für die (unmittelbare) Geltung der Grundrechte im Privatrecht ab.

995 Die Formulierung der Präambel ziehen *Schmidt-Rimpler, Giesecke, Friesenhahn, Knur* (AöR 76, 170) mit heran, um ihre ablehnende Haltung gegenüber der (unmittelbaren) Drittwirkung zu begründen.

Staates", sondern „Verfassung des Lebens im Staate" sei und als solche nicht nur das „staatliche Leben" (Präambel), sondern „die Ordnung des Lebens im Staatsgebiet" regele[996].

Auch die Anhänger der unmittelbaren Drittwirkung gehen von der unterschiedlichen Wirkungsstärke der Grundrechte im Verhältnis Bürger–Staat einerseits und im Verhältnis Bürger–Bürger andererseits aus[997]. Sie werden dieser Unterschiedlichkeit dadurch gerecht, daß sie dem Bürger im Verhältnis zum Staat eine weitergehende Möglichkeit zur Berufung auf Grundrechte einräumen als im Verhältnis zum Mitbürger – der Bürger kann dem Mitbürger im privatrechtlichen Raum die ja auch ihn schützenden Grundrechte entgegensetzen. Die bei solchen – privatrechtlichen – Grundrechtskollisionen erforderlichen Grundrechtsabwägungen führen eben gerade im Interesse der am Privatrechtsverkehr Beteiligten („im Interesse des gebundenen sozialen Lebens") zur wechselseitigen Einschränkung der sich gegenüberstehenden Grundrechtspositionen[998].

Leisner[999] macht darauf aufmerksam, daß unmittelbare Drittwirkung nicht ungeteiltes Eindringen der Grundrechte (als Block) ins Privatrecht bedeutet. Erstens behauptet die unmittelbare Drittwirkung nur das Eindringen einzelner Grundrechte[1000], zweitens unterstellt sie ihre Anwendung den Regeln des Privatrechts, d. h. sie richtet die Rechtsfolgen der Grundrechte nach privatrechtlichem Recht aus (z. B. auf die Rechtsfolge Schadensersatz), was a) eine Inhaltserforschung der Grundrechte, b) eine aus diesen Inhalten zu gewinnende Privatrechtskonformität, und c) eine gewisse Elastizität der Grundrechte voraussetzt – wobei zu erinnern ist, daß sich letztlich Privatrecht nach Verfassungsrecht zu richten hat und nicht umgekehrt[1001,1002]. *Leisner*[1003]

---

996 *Laufke* aaO S. 150 ff.

997 *Hubmann*, Persönlichkeitsrecht § 18 a

998 *Nipperdey*, Festschrift Molitor S. 27 und *Enneccerus-Nipperdey* Hbd 1 § 15 II 4 c

999 S. 357

1000 *Leisner* S. 356; *Nipperdey* in *Enneccerus-Nipperdey* Hbd 1 § 15 II 5, 42. DJT D S. 9, GR II S. 18 f.; *Hubmann* aaO; vgl. auch *Laufke* (aaO S. 152, 155), der die Art. 102, 103 und 104 GG als Bsple für nur gegen den Staat zu richtende Grundrechte nennt (S. 152)

1001 *Leisner* S. 357 f.; vgl. auch *Hubmann* aaO; hier tauchen Derogationsgesichtspunkte in der Drittwirkungsdiskussion auf (vgl. oben 2.2.2.1), etwa in dem Sinne, daß die Drittwirkungsmöglichkeiten durch das Rechtsphänomen der Derogation begrenzt werden.

weist auch zu einzelnen Grundrechtsbestimmungen[1004] nach, daß die unmittelbare Grundrechtsanwendung keineswegs zu unerträglichen Ergebnissen kommt, wie ihre Gegner behaupten.

Eine unmittelbare Drittwirkung löst schließlich auch keine Rechtsprechungskompetenz-Probleme aus. Sie arbeitet mit zwei sich überlagernden Normschichten, der Interpretationsnorm (lex interpretatoria) – das ist die Grundrechtsbestimmung – und der zu interpretierenden Norm (lex interpretanda), die (einfachem) Privatrecht angehört. Das BVerfG hat die lex interpretatoria des Grundrechtskatalogs nur insoweit zu prüfen, als Art und Weise (zivil-)richterlicher Tätigkeit gerügt werden. Soweit hingegen Grundrechtsnormen nach der Lehre von der unmittelbaren Drittwirkung (unmittelbare) privatrechtliche Grundlage von Rechten und Pflichten der streitenden Parteien sind, so obliegt ihre Prüfung den Zivilgerichten[1005].

Die Anhänger der mittelbaren Grundrechtsanwendung müssen sich entgegenhalten lassen, daß (auch) ihre Ansicht keine Stütze im GG findet[1006]. Dem historisch belegten Erfordernis des ‚neuen Grundrechtsdenken', das a priori und in reinster Form durch die unmittelbare Drittwirkung der Grundrechte realisiert wird, müßte der Nachweis für die Notwendigkeit eines Mediums entgegengesetzt werden[1007]. Ohne diesen Nachweis ist die mittelbare Grundrechtsdrittwirkung eine unerklärliche, das ‚neue Grundrechtsdenken' nur teilweise vollziehende Ausweich-(Kompromiß-)Position zwischen einseitiger Staatsrichtung und allseitiger Drittrichtung, die sich rechtsmethodisch nicht halten läßt[1008].

1002 Die in den Punkten (b) und (c) geforderte Interdependenz von Grundrechten und Privatrecht erinnert an die Wechselwirkungstheorie des BVerfG (vgl. BVerfG 7, 198 ff., 209; 12, 113 ff., 124 ff.); dazu noch unten bei II 2.1.

1003 S. 358 ff.

1004 Art. 2 I; 3 I, II, III; 5; 6 GG

1005 *Leisner* S. 375 f.; vgl. in diesem Zusammenhang auch BVerfG DB 1972, 523 f. (= NJW 1972, 573 f.); BVerfG 18, 85, 92 f.; 22, 93, 98; BVerfG NJW 1973, 1223 ff.; NJW 1971, 1212; BVerfG 7, 198 ff., 207; BVerfG NJW 1973, 1223.

1006 *H. Kaufmann* AcP 161, 295 f.

1007 vgl. *Nipperdey* in *Enneccerus-Nipperdey* Hbd 1 § 15 II 4 c und in Festschrift Molitor S. 26

1008 vgl. *H. Kaufmann* aaO

Rechtsmethodische Bedenken gegen die mittelbare Drittwirkung äußert vor allem *Leisner*[1009]: Inhalt dieser Lehre ist die Auslegung der privatrechtlichen Generalklauseln durch Grundrechte. Auslegung setzt einen gewissen „inhaltlich-präzisen"[1010] Aussage-Gehalt der zu interpretierenden Norm voraus, maW, die privatrechtlichen Generalklauseln müßten – wenn auch nur virtuell – entscheiden und nicht nur verweisen. Einen solchen Aussage-Gehalt aber besitzen die bürgerlichrechtlichen Generalklauseln (§§ 138, 242, 823 I, II BGB) gerade nicht, sie haben nach *Leisner* nicht einmal ein Minimum von interpretierbarem konkretem Normgehalt, sie sind keine in diesem Sinne auslegungsfähigen, sondern nur „erfüllungsbedürftige" Normen. Die mittelbare Einwirkung der Grundrechte ins Privatrecht durch diese Klauseln besteht deshalb nach *Leisner* nicht in der Auslegung dieser Klauseln, sondern in ihrer „Sinnerfüllung"[1011]. Gegen solche Sinnerfüllung privatrechtlicher Generalklauseln aus Grundrechtsinhalten sprechen aber zwei Gesichtspunkte:

– Die bürgerlichrechtlichen Generaltatbestände sind nicht als Blankettformeln für die Aufnahme anderer Norminhalte gedacht, sondern als Verweis auf die jeweils geltenden Verkehrsauffassungen, also auf etwas „grundsätzlich Unnormierbares"[1012]. Geht man mit *Wieacker*[1013] davon aus, daß in den Generalklauseln auf „außerrechtliche Sozialvorstellungen"[1014] verwiesen wird, so läßt sich eine mittelbare Drittwirkung nur noch bejahen, wenn man den „rezipierten" Grundrechten ihre Normqualität aberkennt. Diese Lehre stellt sich mithin als – anachronistischer – Versuch dar, den Rechtsanwendenden von der Lebenswirklichkeit abzulenken, um ihn auch iRd Generalklauseln noch an positives Recht zu binden.

1009 S. 363 ff.; vgl. auch die Zusammenfassung seiner Argumentation bei *Koebel* JZ 1961, 324

1010 *Leisner* S. 363

1011 vgl. die *Leisner*sche Definition dieses Begriffs bei ihm S. 364

1012 Auch wenn *Zippelius* (BK Art. 1 Rdn 26) die in der Verfassung niedergelegten Wertvorstellungen als Anhaltspunkte für die rechtsethischen Auffassungen der Rechtsgemeinschaft ansieht, und *Nipperdey (Enneccerus-Nipperdey* Hbd 1 § 15 II 4 c; ebenso in Festschrift Molitor S. 25) in der Verfassung das Spiegelbild der staatlichen Ordnung wiedererkennt (s. o. Fußn. 987), decken sich die Grundrechte als politische Entscheidungen des Verfassungsgebers nicht immer mit den allgemeinen sittlichen Anschauungen, wie sie in den bürgerlichrechtlichen Generalklauseln unterzubringen sind (*Leisner* S. 365 f.).

1013 § 242, insb. S. 12 ff.

1014 *Leisner* S. 367

– Da nach der – für alle Grundrechtsbestimmungen geltenden[1015] – Sittengesetz-Schranke des Art. 2 I GG auch von Grundrechten nicht in sittenwidriger Weise Gebrauch gemacht werden darf, ist die Sinnerfüllung des Begriffs der Sittenwidrigkeit (vgl. §§ 138 I, 826 BGB) aus den Grundrechten ein Zirkelschluß[1016].

Lasse man das Einfließen der Grundrechte in die privatrechtlichen Generalklauseln trotzdem zu, so verlieren die Generalklauseln ihr „normatives Eigengewicht" und können deshalb weder zur „Wertverdeutlichung" und zur „Wertverschärfung" noch zur „Wertschutzlückenschließung"[1017] verwandt werden[1018]. Die sog. mittelbare Drittwirkung entlarvt sich so im Ergebnis entweder als unmittelbare Drittwirkung oder – indem man dem Rechtsanwendenden nur „unverbindliches Informationsmaterial" zur Verfügung stellt – als Ablehnung einer Drittwirkung überhaupt. In maßstablosen Begriffen des „Wertes" („Wertverdeutlichung" usf.[1019]) und in deren „Manipulation" erkennt *Leisner*[1020] zu recht die tieferen Ursachen von Unklarheit und von Gefahren für die Rechtssicherheit.

Auch die Rechtsprechung wendet Grundrechte im Privatrecht zuweilen unmittelbar an[1021]. Daß sie sich andererseits mal für eine mittelbare Drittwirkung ausspricht, mal unentschlossen scheint[1022], hält *H. Kaufmann*[1023] für die „Fortsetzung bewährter richterlicher Rechtsfindungsmethode" auf unübersichtlichem Neuland (und daher insoweit für vertretbar).

1015 *Dürig* in *Maunz-Dürig-Herzog* Art. 2 I Rdn 72 ff.; *vMangoldt-Klein* I Art. 2 IV (vor 1); *Wernicke* BK Art. 2, II 1 b

1016 *Diederichsen*, Einführung III 1 d und JurA 1970, 782

1017 vgl. *Dürigs* drei Intensitätsgrade der Wertrealisierung (in *Maunz-Dürig-Herzog* Art. 1 III Rdn 133 und in Festschrift Nawiasky S. 177 ff.; s. o. Fußn. 971)

1018 zu *Leisners* Verständnis vom Verhältnis zwischen Grundrechten und Generalklauseln vgl. ihn selbst S. 369 f.

1019 s. o. (Fußn. 1017 mit 971)

1020 S. 371 ff.

1021 BGHZ 13, 334 ff., 338 (= NJW 1954, 1404 f.; Art. 1, 2 GG sind „privates, von jedermann zu achtendes Recht"); BGHZ 24, 72 ff., 76 (= NJW 1957, 1146; Art. 1, 2 GG gewährleisten ein Grundrecht, das „auch im Privatrechtsverkehr gegenüber jedermann gilt"); BAG 1, 185 ff., 193 (= NJW 1955, 606 ff.; Art. 5 und 3 III GG haben „unmittelbare Bedeutung" für den Privatrechtsverkehr.); auch BVerfG NJW 1960, 811 f. hat nach *Leisner* (S. 378) einer unmittelbaren Bedeutung (des Art. 2 II 2 GG) zugestimmt.

1022 vgl. unsere Aufstellung oben in Fußn. 970

1023 AcP 161, 297 f.

cc) Die Drittwirkung des Art. 1 I GG

Beziehen wir die unmittelbare Drittwirkung – der wir nach der Gegenüberstellung der einzelnen Argumente und Gegenargumente zustimmen – auf unser Problem, so lauten unsere **Ausgangsfragen**:

1) Welche Grundrechtsbestimmungen kommen für eine unmittelbare Drittwirkung auf die für unser Problem einschlägigen §§ 253, 823 I, 826, 847 I BGB überhaupt in Betracht?

2) Welche zivilrechtlichen Reaktionen zieht die unmittelbare Drittwirkung dieser Grundrechtsbestimmungen nach sich?

(zu **Frage 1**) Die erste Frage ist schnell beantwortet: Aus den überhaupt nur in Betracht kommenden ersten zwei Artikeln des Grundrechtskatalogs scheidet Art. 2 (I) GG aus, weil sich – wie oben gezeigt – sein Inhalt (insbesondere sein Persönlichkeitsbegriff) nicht mit dem aPR deckt[1024], und weil er – daraus folgend – (erst recht) nichts abgibt für die Lösung unserer Frage, ob Persönlichkeitsrechtsverletzungen zivilrechtlich durch den Ersatz immaterieller Schäden sanktioniert werden müssen[1025]. Zu prüfen bleibt daher allein Art. 1 I GG.

(zu **Frage 2**) Die **Drittwirkungsfrage** muß bei jedem einzelnen Grundrecht gesondert beantwortet werden[1026]. Art. 1 I GG hat sie „verfassungsrechtlich-grundsätzlich" gestellt und – positiv – beantwortet[1027]. Alle Autoren und die höchstrichterliche Rechtsprechung sind sich darüber einig, Art. 1 I GG „Eingang ... in das Privatrecht zu verschaffen"[1028]. Die Ableitung des aPR aus (ua) dieser Verfassungsnorm, seine Anerkennung und seine Unterbringung im Rechtsgüterkatalog des § 823 I BGB beweisen, daß Art. 1 I GG (auch) in der Drittrichtung wirkt[1029]. Die Drittwirkung war von den Verfassungsvätern auch angestrebt: Der Verfassungskonvent wollte durch Art. 1 GG „auch Privat-

---

1024 s. o. 2.2.2.2 c.cc.bbb
1025 s. o. 2.2.2.2 c.cc.ccc
1026 *Nipperdey* GR II S. 18; *Hubmann*, Persönlichkeitsrecht § 18 a; s. auch oben unter bb
1027 *Leisner* S. 151
1028 *Dürig* in *Maunz-Dürig-Herzog* Art. 1 I Rdn 16; ebenso *Hubmann* aaO
1029 *Wernicke* BK Art. 1 Rdn 35; vgl. auch BGHZ 13, 334 ff., 338; 24, 72 ff., 76; 26, 349 ff., 354; 30, 7 ff., 10 f.; OLG München GRUR 1959, 435 (rekr); vgl. auch *H. Kaufmann* AcP 161, 297.

personen verpflichten"[1030], und im Grundsatzausschuß wurde Art. 1 I 1 GG erläutert als „eine absolute Feststellung, die sich gegen jedermann wendet, ... auch gegen jeden Privaten und jede (private) Institution"[1031].

Allerdings ist **nicht der gesamte Abs. I** des Art. 1 GG drittwirkungstauglich: Unsere Analyse der Aussage des Art. 1 I GG hat gezeigt, daß sein Satz 2 sich ausdrücklich nur in die Staatsrichtung wendet („... Verpflichtung aller staatlichen Gewalt")[1032]. Dieser Feststellung widerspricht *H. Kaufmann*[1033], der ausführt, der Schutzauftrag des Satzes 2 beziehe sich nicht „eigentlich" auf die von seiten der staatlichen Gewalt drohenden Beeinträchtigungen, sondern – über die dann zum Tätigwerden verpflichtete Rechtsprechung – „vornehmlich" auf die von privater Seite kommenden Bedrohungen. Begründung: die staatliche Gewalt habe die Menschenwürde ja bereits zu „achten"[1034]. Diese Ansicht läßt sowohl die Verschiedenheit der Begriffe ‚achten' und ‚schützen'[1035] außer acht, die beweist, daß diese Begriffe sich nicht gegenseitig ersetzen können, als auch die Syntax des Satzes 2, die verbogen scheint, wenn man der staatlichen Gewalt allein die Achtungsverpflichtung auferlegt. Auch die Schutzverpflichtung wendet sich also allein in die Staatsrichtung, sie trifft nicht Private[1036]. Wegen der rechtspraktischen Undurchführbarkeit wäre es auch verfehlt, den Privatrechtsteilnehmern eine gegenseitige Pflicht zum Schutz ihrer Menschenwürde aufzuerlegen.

(Satz 2 des Art. 1 I GG gelangt – wie wir gesehen haben[1037] – vielmehr auf anderem Wege zur Schaffung einer Sanktionsmöglichkeit bei Verletzung des aPR und damit zur Lösung unseres Problems: nämlich durch die von seiner Achtungs- und Schutzverpflichtung ausgehende Derogation des § 253 BGB.)

Schon oben bei der Untersuchung der Aussage des Art. 1 I GG hatten wir seinen **Satz 1** zerlegt in einen gegen den Staat gerichteten sozial-

---

1030 HChB S. 21
1031 JöR (nF) 1, 51
1032 s. o. 2.2.2.2 c.bb.ccc
1033 JuS 1963, 381
1034 *H. Kaufmann* aaO
1035 vgl. dazu oben 2.2.2.2 c.bb.ccc und e.aa.bbb
1036 *Nipperdey*, GR II S. 28
1037 oben 2.2.2.2 c.bb.eee

ethischen, und in einen gegen die am Privatrechtsverkehr beteiligten Individuen gerichteten **Individual-ethischen Anspruch**[1038]. Diese ‚Extraktion' bedarf hier iRd Drittwirkung weiterer Erklärung. Sie rechtfertigt sich aus dem – schon oben[1039] geäußerten – Grundgedanken aller Drittwirkungsdiskussion – dem Nicht-Mehr-Ausreichen der herkömmlichen Grundrechts-Denkkategorien, die insbesondere den Gehalt des Art. 1 I 1 GG nicht (mehr) ausschöpfen können. Die Kategorien des status libertatis und des status positivus gegenüber der öffentlichen Gewalt, die wir in Satz 2 des Art. 1 I GG ausdrücklich formuliert vorfanden[1040], und die daher auch in Satz 1 vorhanden sind[1041], erschöpfen seinen Inhalt nicht – Satz 1 normiert zudem den status socialis (negativus) im Verhältnis der am Privatrechtsverkehr gleichberechtigt teilnehmenden Rechtsgenossen[1042].

Zur **Begründung** der speziellen Drittwirkung des Satzes 1 des Art. 1 I GG – also zur Extraktion eines individual-ethischen (Unterlassungs-)-Anspruchs aus seinem Gehalt – lassen sich mehrere Argumente heranziehen:

- Art. 1 I GG kann seine Virtualität als für die Gesamtrechtsordnung geltende Maxime-Norm nur verifizieren, seine Kernaussage ‚Unantastbarkeit der Menschenwürde' kann nur dann „Prinzip"[1043] sein, wenn er in die Lage versetzt wird, das Verhältnis der Privatrechts-Beteiligten mitzuregeln[1044].
- Die Menschenwürde ist als unmittelbar mit dem Sein des Menschen verknüpfter Wert auch ‚Zustand'. Ein Zustand ist als Gegebenes seinem Wesen nach unteilbar. Damit ist auch die Würde unteilbar. Aus

---

1038 s. o. 2.2.2.2 c.bb.ccc

1039 vgl. zu bb

1040 s. o. 2.2.2.2 c.bb.ccc

1041 Wir hatten Art. 1 I 2 GG als Konkretisierung des Satzes 1 für die Staatsrichtung gekennzeichnet, s. o. 2.2.2.2 c.bb.ccc

1042 so *Nipperdey*, GR II S. 20

1043 *Nipperdey* aaO; vgl. auch *Dürig* in *Maunz-Dürig-Herzog* Art. 1 I Rdn 4 und AöR 81, 122 f. sowie *Hamann-Lenz* Art. 1, A 1 a

1044 *Nipperdey* aaO, der allerdings ständig Gesichtspunkte aus der staatlichen Schutzverpflichtung unterschiebt („Das ergibt sich aus ... ihrem [der Menschenwürde] Schutz als Verpflichtung aller staatlichen Gewalt"; „staatlicher Schutz der Würde bedeutet für den Privatrechtsverkehr die Anerkennung eines unverzichtbaren absoluten subjektiven Rechts auf Würde gegenüber den anderen Rechtspersonen und damit den staatlichen Rechtsschutz bei Verletzungen"); damit kommt er, was die – uE separat zu betrachtenden – Wirkungen der staatlichen Schutzverpflichtung betrifft, aber zu demselben Ergebnis wie wir (vgl. oben 2.2.2.2 c.bb.eee).

ihrer Unteilbarkeit wiederum folgt ihre Richtungslosigkeit: Die Würde „ist nicht ‚gerichtet‘, (sie) ‚ist‘ einfach“[1045]. Als derart richtungsloser Wert gestaltet sie auch den Privatrechtsverkehr[1046].

Dieses Ergebnis ist von der **Rechtsprechung** – wie ausgeführt – längst anerkannt. Seine Herleitung ergibt sich allerdings häufig aus diffusen Überlegungen[1047]: Mal wird die Drittwirkung daraus begründet, daß die Unantastbarkeit der Menschenwürde „Grundwert der Rechtsordnung“ ist, (der „auch im privaten Rechtsverkehr von jedermann zu achten“ ist)[1048]; mal folgt die Notwendigkeit einer – drittgerichteten – Schutzgewährung schlicht aus dem GG[1049]; mal wird Art. 1 III GG herangezogen, um zu zeigen, daß Art. 1 GG ein Grundrecht gewährleistet, das „auch im Privatrechtsverkehr gegenüber jedermann gilt“[1050] – obwohl Art. 1 III GG hierzu gar keine Aussage macht[1051]; mal wird die Drittwirkung durch die Erkenntnis ausgelöst, daß Bürgerliches Recht dem übergeordneten Verfassungsrecht zu weichen habe und nur mit den sich hieraus ergebenden Wandlungen weiterbestehe[1052] – womit – offenbar ungewollt – die Derogationswirkung angesprochen wird[1053]; schließlich greift man auch auf die staatliche Schutzverpflichtung des Satzes 2 zurück[1054] (der insbesondere „bindende Wirkung auch für die Rechtsprechung“ hat[1055]), um die „menschliche Personenhaftigkeit“, um „unmittelbar jenen inneren Persönlichkeitsbereich“[1056] zu schützen – obwohl – wie wir gezeigt haben – Satz 2 eben nicht drittwirkungstauglich ist, sondern (nur) derogierend wirkt. Klarer formuliert hingegen die für die Frage der Drittwirkung des Art. 1 I (iVm 2) GG von der späteren Rechtsprechung häufig in Bezug genommene sog. Schacht-Entscheidung, die das Recht des Menschen auf Achtung seiner Würde als „auch privates, von jedermann, zu achtendes Recht“ bezeichnet[1057].

1045 *Leisner* S. 146 f.
1046 s. o. 2.2.2.2 c.bb.bbb und ccc
1047 Dies beklagt auch *Larenz*, SchR II § 72 III a.
1048 BGHZ 30, 10 f.
1049 BGHZ 26, 354 f. (unter Berufung auf BGHZ 13, 334 ff., 338)
1050 BGHZ 24, 76 f. (unter Berufung auf BGHZ 13, 334 ff., 338)
1051 s. o. bb
1052 BGHZ 24, 76 f. (unter Berufung auf BGHZ 13, 334 ff., 338)
1053 vgl. unsere Definition oben 2.2.2.2 a
1054 BGHZ 24, 76 f. (unter Berufung auf BGHZ 13, 334 ff., 338)
1055 BGHZ 26, 354 f. (unter Berufung auf BGHZ 13, 334 ff., 338)
1056 BGHZ 26, 354 f. (unter Berufung auf BGHZ 13, 334 ff., 338)
1057 BGHZ 13, 334 ff., 338

Auch die **Lehre** formuliert ihre – im Ergebnis übereinstimmende – Ansicht unterschiedlich: Art. 1 I GG zwingt den Staat zu einer solchen Ausgestaltung seiner gesamten Rechtsordnung (vor allem des privaten Rechts), die eine Verletzung der Menschenwürde auch durch außerstaatliche Kräfte unmöglich macht[1058]. Dieser Zwang gewährt den Schutzberechtigten zwar nicht ein subjektiv-öffentliches Recht auf den Erlaß zusätzlicher Schutznormen, legt aber den Rechtsanwendern die Verpflichtung auf, die bereits vorhandenen Normen (auch des Zivilrechts) im Hinblick auf Art. 1 I GG zu interpretieren[1059]. Diese Interpretation erfolgt nach *Dürig*[1060] am besten durch die „Anerkennung einer neuen Generalklausel namens ‚Menschenwürde' "[1061]. Nach *H. Kaufmann*[1062] ist Art. 1 I GG privatrechtliche Norm, die die Bürger untereinander verpflichtet, die Menschenwürde zu respektieren, und nach *Nipperdey*[1063] bedeutet die unmittelbare Anwendung des Art. 1 I GG privatrechtlich die „Statuierung eines absoluten und generell geschützten subjektiven Privatrechts".

Nach diesem Vorspann kommen wir zum eigentlichen **Kern der Frage 2**[1064]: Welche Auswirkungen hat die unmittelbare Drittwirkung des individualethischen Anspruchs aus Art. 1 I 1 GG auf die für unser Problem einschlägigen §§ 253, 823 I, 826, 847 I BGB? Die Antwort hierauf ergibt sich

a) aus einem Rückblick auf Inhalt und Aussage des Art. 1 I 1 GG,
b) aus der unmittelbaren Übertragung des so ermittelten Normgehalts auf die zitierten Zivilrechtsvorschriften[1065] und
c) der entsprechenden Aufnahmebereitschaft und Aufnahmekapazität (Reaktionsvermögen) dieser Vorschriften, insbesondere des § 847 I BGB.

1058 *Wintrich*, Grundrechte S. 13

1059 *Dürig* in *Maunz-Dürig-Herzog* Art. 1 I Rdn 16

1060 aaO und AöR 81, 124, nachdem er zuvor für unser Problem sowohl eine unmittelbare als auch eine mittelbare Drittwirkung ablehnt

1061 Vergegenwärtigt man sich, daß *Dürig* Hauptvertreter einer mittelbaren Grundrechts-Drittwirkung ist (s. o. bb), so bestätigt sich der Satz von *Bosch-Habscheid* (JZ 1956, 299), daß es „für das Zivilrecht nicht so sehr darauf (ankomme)", ob man den Weg der mittelbaren oder der unmittelbaren Drittwirkung geht

1062 JuS 1963, 381

1063 GR II S. 22 und *Enneccerus-Nipperdey* Hbd 1 § 15 II 5 a mit Bspln für einzelne bürgerlich-rechtliche Reaktionen auf die unmittelbare Drittwirkung

1064 s. o. zu Beginn dieses Abschnitts

1065 vgl. die Definition der Drittwirkung oben bb

(zu a) Die Unantastbarkeit der Menschenwürde haben wir als Merkmal ihrer Soll-Beschaffenheit (d. h. als Verbot sie anzutasten) gekennzeichnet[1066]. Dieses Merkmal zeigte, daß Art. 1 I 1 GG die Menschenwürde (negativ) gegen Angriffe abschirmen will und damit einen Unterlassungsanspruch normiert[1067]. Wir können unsere Frage einengen: Zieht dieser verfassungsrechtliche Unterlassungsanspruch überhaupt irgendeine zivilrechtliche Reaktion nach sich, wenn man ihn unmittelbar drittwirken läßt? – und wenn ja: welche?

(zu b) Die Antworten hierauf ergeben sich aus der Aufstellung folgender (zTl bereits angestellter) Überlegungen:

- Das zivilrechtliche Pendant zur verfassungsrechtlich normierten (genauer: in Art. 1 I 1 GG stillschweigend vorausgesetzten[1068]) Menschenwürde ist das aPR[1069], das nach gefestigter Ansicht von Rechtsprechung und Wissenschaft in den Schutzgüterkatalog des § 823 I BGB aufgenommen worden ist[1070].
- Die materielle Bedeutung, die überragende Stellung und die optimale Absicherung des Art. 1 I 1 GG[1071] erfordern wirksamen Schutz, d. h. sie erfordern Schutz vor allem gegen den Schadenstypus, der bei Verletzung des aPR üblicherweise eintritt[1072].
- § 823 I BGB ist Voraustatbestand, § 847 I BGB Nachfolgetatbestand solcher Verletzungen[1073]. Die Aufnahme des aPR in den Schutzgüterkatalog des § 823 I BGB entspricht der verfassungsrechtlichen Aufstellung des Wertes ‚Menschenwürde' und darüber hinaus einem – allerdings wenig einschlägigen und daher unzureichenden – Teilschutz dieses Rechts hinsichtlich materieller Schäden[1074]. Dieser Teilschutz, der die typischerweise auftretenden immateriellen Schäden nicht sanktioniert, verbraucht nur einen geringen und unwesentlichen Teil des in Art. 1 I 1 GG aufgestellten (in Drittrichtung wirkenden) Unterlassungsanspruchs und wird daher weder dessen (materieller) Bedeutung, noch seiner (formellen) Höchstrangigkeit gerecht.
- Der Höchstrangigkeit dieses Unterlassungsanspruchs und seiner materiellen Optimierung wird allein wirksamer zivilrechtlicher

---

1066 s. o. 2.2.2.2 c.bb.bbb
1067 s. o. 2.2.2.2 c.bb.ccc
1068 s. o. 2.2.2.2 c.bb.aaa
1069 s. o. Einl A I und 2.2.2.2 c.bb.eee
1070 s. o. Einl A I mit unserer methodisch abweichenden Begründung
1071 vgl. oben 2.2.2.2 c.bb.eee
1072 s. o. 2.2.2.2 d.ee
1073 vgl. oben Einl C und (HT I) 1.2
1074 s. o. 2.2.2.2 d.ee

Rechtsschutz (d. h. die Ausstattung des zivilrechtlichen Rechtsguts mit einer einschlägigen Rechtsfolge) gerecht[1075], nur hierdurch wird das Verlangen des Art. 1 I 1 GG vollends verbraucht. Eine solche Rechtsfolge sieht eben gerade die Nachfolgenorm des § 847 I BGB vor.

(zu c) Die Derogation des § 253 BGB hat das – ursprünglich lückenlose – Netz zerrissen, das diese Vorschrift im Zusammenhalt mit „den durch Gesetz bestimmten Fällen" (§ 253 BGB) gebildet hatte[1076]. Die Frage, ob dieser ‚Riß' lediglich rechtspolitischer Fehler (de lege ferenda) oder **Regelungslücke** ist, beantwortet sich danach, ob er allein aus der der Gesamtheit der vorhandenen Rechtssätze immanenten Zwecksetzung heraus gegeben, oder ob er nur Folge einer vom Gesetz abstrahierten (außergesetzlichen) kritischen Würdigung ist[1077]. Die den Riß hervorrufende Derogationswirkung ist eine Wirkung, die sich aus der Gesamtheit der Normen ergibt[1078] und damit innergesetzlicher (gesetzesimmanenter) Natur. Der Riß stellt sich damit als Fehlen einer Regelung dar, „deren Vorhandensein nach dem Grundgedanken und der immanenten Teleologie der gesetzlichen Regelung erwartet werden kann" – eine Formel, die zur Definition der Regelungslücke dient[1079].

Solche Regelungslücken werden ganz überwiegend als **Gesetzeslükken** anerkannt[1080]. Die methodisch unterschiedliche Behandlung verschiedener Arten von Gesetzeslücken[1081] erfordert weitere Spezifikationen: Von einer verdeckten Gesetzeslücke spricht man, wenn das Gesetz eine einschränkende Regelung („‚negative Geltungsanordnung'") vermissen läßt[1082], eine offene Gesetzeslücke liegt vor, wenn

---

1075 Diesen Gesichtspunkt haben wir bereits oben (2.2.2.2 d.ee) zur Widerlegung der an der Verfassungswidrigkeit des § 253 BGB geübten Kritik herangezogen.

1076 s. o. 2.2.1.1

1077 *Larenz*, Methodenlehre S. 350, 354; wir berufen uns auch im folgenden auf ihn (aaO S. 350 ff.)

1078 vgl. unsere Definition 2.2.2.2 a

1079 *Larenz* aaO S. 354

1080 *Larenz* aaO S. 353

1081 vgl. *Larenz* aaO S. 359 ff. einerseits und S. 369 ff. andererseits

1082 Auf unser Problem bezogen ist die Definition von *Meier-Hayoz* (S. 62 ff.) irreführend, nach der eine verdeckte Lücke vorliegt, wenn „eine erforderliche Ausnahme nicht vorgesehen wurde" – die Statuierung einer solchen Ausnahme des in § 253 BGB niedergelegten Grundsatzes könnte eben gerade in § 847 I BGB unterblieben sein.

eine nach dem der Gesetzesgesamtheit innewohnenden Regelungszweck zu erwartende positive Anordnung fehlt[1083]. Da unser Problem darin besteht, daß eine bestimmte (positive) Schadensersatzanordnung für Fälle von Persönlichkeitsrechtsverletzungen aus dem Gesetz nicht ohne weiteres zu entnehmen ist, haben wir es mit einer offenen Gesetzeslücke zu tun[1084].

Nach den Entstehungsgründen einer Gesetzeslücke unterscheidet man weiter zwischen anfänglichen (primären) und nachträglichen (sekundären) Lücken[1085]. Die Überlegungen und Motivationen des Gesetzgebers zu der Regelung des §§ 253, 847 BGB haben gezeigt[1086], daß er die Frage des Ersatzes immaterieller Schäden bei Persönlichkeitsrechtsverletzungen weder offen lassen wollte, um sie von Rechtsprechung und Lehre beantworten zu lassen (Fall der bewußten Lücke), noch daß er hiermit eine seiner Absicht zufolge eigentlich notwendige Frage entweder übersehen hat oder bereits für gelöst hielt und deshalb selbst unbeantwortet ließ (Fall der unbewußten Lücke) – eine anfängliche Gesetzeslücke liegt mithin nicht vor. Nachträgliche Gesetzeslücken entstehen vorwiegend durch Veränderungen im tatsächlichen oder (und) im rechtlichen Bereich[1087]. In unserem Problemkreis sind relevante Veränderungen in beiden Bereichen zu verzeichnen:

- Die Zusammenballung der Menschen in der modernen Industrie- und Leistungsgesellschaft[1088] und die damit verbundene zunehmende Komplizierung der Lebensverhältnisse[1089] haben soziale Wandlungen bewirkt. Daneben hat die Weiterentwicklung der Technik[1090]

1083 *Larenz* aaO S. 355, 357

1084 so im Ergebnis BGHZ LM § 23 KUG Nr. 5 (Hochzeitsbild-Entscheidung); OLG Hamburg MDR 1960, 1010; *Coing* JZ 1958, 560; *Stoll*, Gutachten S. 48 und 162 (Zusammenfassung); während *Coing* das Vorhandensein einer Gesetzeslücke damit begründet, daß die gesetzliche Regelung den Rechtsschutzbedürfnissen nicht gerecht wird, und das OLG Hamburg ausführt, die Lücke sei durch die Anerkennung des aPR entstanden, meint *Stoll* (alle am jeweils aaO), daß die Lücke auf die Derogation des § 253 BGB zurückzuführen ist.

1085 *Larenz* aaO S. 358; vgl. auch *Michel* JuS 1961, 280

1086 s. o. 2.2.1.1

1087 vgl. allgemein wieder *Larenz* aaO

1088 Hierauf weisen der Entwurf 1959 (S. 6) und *Krüger-Nieland* (45. DJT II C S. 37) hin.

1089 *Stoll*, Gutachten S. 1

1090 *Stoll* aaO

dem modernen Menschen die Möglichkeiten zur phonetischen wie optischen Aufzeichnung durch Abhörgeräte, Kleinstkameras, Teleobjektive, Fernsehkameras usf. sowie zur Speicherung des Aufgenommenen auf Tonband und Film[1091] beschert – und ihm damit Gelegenheit zum Eindringen in die Persönlichkeitssphäre des Mitmenschen eröffnet, die für den BGB-Gesetzgeber unvorhersehbar waren[1092]. Fortschreitende Technik ist auch verantwortlich für größtmögliche Publikation solcher Eingriffe.

- Durch die sozialen und technischen Wandlungen hat sich die „ursprüngliche ‚Normsituation'"[1093] verändert: Der Verfassungsgeber hat durch die in den Art. 1 (und 2) GG getroffene „Wertentscheidung"[1094], Rechtsprechung und Rechtswissenschaft haben insbesondere durch die Anerkennung des aPR[1095] dazu beigetragen, den zivilrechtlichen Persönlichkeitsschutz auszubauen[1096]. Angesichts dieses Wandels im rechtlichen Bereich läßt sich die Aussage von *Larenz*[1097] kaum halten, der meint, iR unseres Problems habe sich ein „‚allgemeines Rechtsbewußtsein'" noch nicht so eindeutig herausgebildet, daß nicht eine Entscheidung des Gesetzgebers hätte abgewartet werden „können oder müssen". Daß eine solche Entscheidung zudem in absehbarer Zeit nicht zu erwarten ist, haben wir bereits oben[1098] festgestellt.

Wir haben es also mit einer „planwidrig (gewordenen) Unvollständigkeit"[1099] zu tun, d. h. mit einer nachträglichen Gesetzeslücke.

Gegen die Anerkennung (irgend-)einer (Art von) Gesetzeslücke sprechen sich *Wiese*[1100], *Lieberwirth*[1101], *Larenz*[1102] und *Löffler*[1103] mit dem Hinweis auf die den §§ 253, 847 BGB zugrundeliegende klare Kon-

---

1091 Entwurf 1959 und *Krüger-Nieland* jeweils aaO
1092 BGHZ 39, 131; Entwurf 1959 aaO
1093 *Michel* aaO
1094 BGHZ aaO; auch Entwurf 1959 aaO
1095 s. o. Einl A I
1096 BGHZ LM § 23 KUG Nr. 9: „Das Recht darf sich... der technischen Entwicklung nicht beugen".
1097 Methodenlehre S. 402
1098 Einl B
1099 vgl. zu diesem Begriff *Larenz* aaO S. 358
1100 S. 44 Fußn. 149
1101 S. 46, 52
1102 NJW 1958, 828
1103 NJW 1962, 226

zeption des Gesetzgebers aus. Dieser Einwand setzt die Rechtsgültigkeit des § 253 BGB voraus und hat sich durch die von uns aufgezeigte Derogation erledigt. *Larenz*[1104] fügt hinzu, eine Gesetzeslücke sei auch nicht aus der zwischenzeitlichen Anerkennung des aPR begründbar, weil es nicht im Wesen des aPR liege, daß seine Verletzungen durch einen Schmerzensgeldanspruch sanktioniert werden müßten – er will das aPR also offenbar da schutzlos lassen, wo es typischerweise beeinträchtigt wird. Auch zu diesem Einwand haben wir schon Stellung genommen, indem wir auf das höchstrangige und hochgradig virtuelle, auch im Zivilrecht geltende Achtungs- und Schutzverlangen des Art. 1 I GG hingewiesen haben[1105,1106].

Grundsätzlich befugen und verpflichten „echte Lücken" den Rechtsanwendenden zu ihrer **Ausfüllung**[1107]. Ein Teil es Schrifttums beruft sich für unser Problem auf die Ausnahme dieses Grundsatzes, die dort eingreift, wo der Gesetzgeber eine abschließende, erschöpfende Regelung hat treffen wollen, wo sein Schweigen also „beredt" ist[1108], und die für diese Fälle ein Ausfüllungsverbot aufstellt[1109]. Zur Begründung dieser Ansicht wird teilweise das in § 253 BGB enthaltene Analogieverbot angeführt[1110], teilweise die – durch seinen Charakter als Ausnahmevorschrift bedingte[1111] – enge Fassung des § 847 I BGB[1112]; *E. Kaufmann*[1113] beruft sich auf die § 253 BGB zugrundeliegenden Motivationen des Gesetzgebers. Sofern sich die Begründungen auf § 253 BGB stützen, hat sich der Einwand auch hier durch die Derogation dieser Vorschrift erledigt. Die objektive Fassung des § 847 I BGB kann die hier gestellte Frage nach der generellen Ausfüllungsbefugnis (Frage des ‚Ob') nicht verneinen, sondern gehört in das Problem des

---

1104 aaO
1105 2.2.2.2 c.bb.eee und d.ee
1106 Gegen das Bestehen einer Gesetzeslücke iRd §§ 253, 847 I BGB wenden sich weiter *Kuner* (BB 1962, 1393) und *Hartmann* (NJW 1964, 798).
1107 *Larenz*, Methodenlehre S. 357; *Michel* JuS 1961, 280
1108 vgl. *Larenz* aaO
1109 Bei den unten noch zu nennenden Autoren ist allerdings nicht immer deutlich, ob sie sich gegen die Anerkennung einer Lücke wenden (s. o.), oder ob sie sich für dieses Ausfüllungsverbot aussprechen.
1110 *Lieberwirth* S. 52; *Kuner* aaO; *Hartmann* NJW 1962, 14 und 1964, 798
1111 Ausnahmevorschriften sind eng auszulegen und grundsätzlich analogieunfähig (*Larenz*, Methodenlehre S. 329); zu den Ausnahmen von diesem Grundsatz vgl. BGHZ 2, 306 und BAG 1, 329
1112 so *Löffler*, Gutachten S. 9 f. und OLG Karlsruhe BB 1962, 1393 (aufgehoben durch BGHZ BB 1964, 150 = DB 1964, 31 = MDR 1964, 136)
1113 AcP 162, 422 f.

Ausfüllungsmodus (Frage des ,Wie')[1114]. Allein soweit gesetzgeberische Überlegungen die (subjektive) Fassung des § 847 I BGB bewußt eng gestaltet haben, könnten sie Einfluß auf die Frage nach der Ausfüllungsbefugnis beantworten. Diese Überlegungen des Gesetzgebers aber haben wir als konsequente Fortführung seiner Gedanken zur Grundsatznorm des § 253 BGB iRd Ausnahmenorm des § 847 I BGB erkannt[1115]. Insoweit die Konzeption des § 253 BGB auf diese Weise mit in § 847 I BGB hineingetragen worden ist, übt die Derogation des § 253 BGB auch auf § 847 I BGB Wirkungen aus – maW: § 847 I BGB kann nur dann als Ausnahmevorschrift angesehen werden, wenn § 253 BGB als Grundsatznorm rechtsbeständig bleibt, und seine Fassung wirkt nur solange eng, als er im Schatten des § 253 BGB steht[1116]. Auch der sich auf § 847 I BGB beziehende Einwand hat sich also durch die Derogation des § 253 BGB erledigt; diese Derogation ist es, die eine Ausfüllung der entstandenen Gesetzeslücke ermöglicht.

Die Ausfüllung hat da stattzufinden, wo die Derogation die Lücke ,gerissen' hat. Da wir eine Derogation des § 253 BGB nur insoweit feststellten, als er (im Zusammenspiel mit dem übrigen Schweigen des Gesetzgebers zu diesem Falltyp) dem Geldersatz für immaterielle Schäden bei Verletzung des aPR entgegensteht[1117], da die gesetzlichen Grundlagen des aPR sich (neben in § 826 BGB) in § 823 I BGB finden[1118], und da § 847 I BGB in seiner Eigenschaft als Nachfolgetatbestand zu den §§ 823, 826 BGB[1119] Ersatz immateriellen Schadens gewährt, kommt § 847 I BGB als geeigneter **Ausfüllungsort** in Betracht.

Die Ausfüllung offener Gesetzeslücken erfolgt insbesondere durch **Analogie**[1120,1121]: Analogie ist – auf unser Problem bezogen – die Übertragung der für die Tatbestandsteile des § 847 I BGB (Verletzung

1114 s. dazu sogleich unten
1115 s. o. 2.2.1.1
1116 zum Verhältnis von §§ 253 BGB und 847 I BGB vgl. oben 1.2
1117 s. o. 2.2.2.2 c.dd
1118 s. o. Einl A I
1119 s. o. Einl C und (HT I) 1.2
1120 *Larenz*, Methodenlehre S. 359 (ff.)
1121 zur rechtsmethodischen Abgrenzung zu extensiver Interpretation und zu teleologischer Extension vgl. oben 1.1.1 und 1.2; im Gegensatz zur extensiven Interpretation sprengt die Analogie – wie auch die teleologische Extension – den engen Wortsinn des Gesetzes (*Larenz* aaO S. 376). Während bei der Analogie die Tatbestandsteile in allen für die rechtliche Beur-

des Körpers usf.) geltenden Rechtsfolge (Ersatz des Nichtvermögensschadens in Geld) auf den nicht geregelten, erst vom Rechtsanwendenden in der Rechtspraxis vorgefundenen Tatbestandstyp ,Verletzung des aPR'[1122]. Diese Übertragung einer gesetzlich geregelten Einzelregelung auf einen anderen Tatbestand ist Gesetzes-(Einzel-)-Analogie[1123].

Die analoge Anwendung des § 847 I BGB auf die Fälle von Verletzungen des aPR geschieht in folgendem **Verfahren**[1124]:
- Sie verlangt zunächst einen Vergleich des nicht geregelten Tatbestandstyps mit den in § 847 I BGB geschützten Rechtsgütern. Dieser Vergleich muß zu der Feststellung einer – weitgehenden – Gemeinsamkeit (Verwandtschaft) führen.
- Sie erfordert ferner ein Werturteil, das besagt, daß die Übereinstimmungsfaktoren für die rechtliche Wertung der verglichenen Tatbestandsteile „wesentlich", und daß die Unterscheidungsfaktoren „unwesentlich"[1125] sind. Erst diese wertungsmäßige Übereinstimmung in den Schwerpunkten der verglichenen Tatbestandsteile rechtfertigt deren Gleichbehandlung durch analoge Anwendung.

Dieses Verfahren soll nun – im Anschluß an das oben[1126] geäußerte Bedenken, eine **Verwandtschaft** zwischen den in § 847 I BGB geregelten Fällen und dem Fall der Verletzung des aPR liege nicht vor – auf unser Problem angewandt werden. Was die Gleichsetzung der (körperlichen) Bewegungs- und Handlungsfreiheit[1127] mit dem aPR betrifft[1128], so verweisen wir auf unsere oben[1129] gemachten Ausfüh-

---

teilung maßgebenden Punkten übereinstimmen müssen (s. sogleich unten), besteht bei der teleologischen Extension die Notwendigkeit der Einbeziehung eines weiteren Falltyps in die tatbestandliche Regelung (*Larenz* aaO S. 375 f.).

1122 vgl. *Larenz* aaO S. 359

1123 *Larenz* aaO S. 364 f.

1124 vgl. im folgenden *Larenz* aaO S. 360 ff.

1125 *Larenz* aaO S. 360; er weist darauf hin, daß dieses Werturteil nicht eine Frage der Rechtslogik, sondern der Rechtsethik und der Rechtsteleologie ist (aaO S. 361). Insoweit nähert sich die Analogie der teleologischen Extension an (vgl. *Larenz* aaO S. 376).

1126 2.1

1127 s. o. 1.1.1

1128 Auf diesen Fall der ,Analogie' berufen sich *Kuner* (BB 1962, 1393) und *Hartmann* (NJW 1964, 798) mit dem Bemerken, eine die Analogie ermögliche Verwandtschaft liege nicht vor.

1129 1.1.1

rungen zur unmittelbaren Anwendung des § 847 I BGB auf unseren Falltyp. In Frage steht jetzt ausschließlich, ob eine die Analogie ermöglichende Verwandtschaft zwischen den in § 847 I BGB geregelten Rechtsgütern und dem aPR besteht.

An dieser Stelle erinnern wir an unsere Konstruktion des aPR iRd § 823 I BGB[1130]: Wir hatten dort vier der fünf aufgezählten Rechtsgüter (Leben, Körper, Gesundheit, Freiheit) als Lebensgüter gekennzeichnet, die in ihrer Eigenschaft als subjektimmanente Bestandteile der Personenhaftigkeit des Menschen Bestandteile auch des Rechtsguts ‚aPR' sind, und aus diesem Verhältnis gefolgert, daß in § 823 I BGB der Sitz des aPR ist. Dabei hatten wir uns der Analogie bedient. Drei dieser Lebensgüter (Körper, Gesundheit, Freiheit) finden wir in § 847 I BGB wieder; daß das Rechtsgut ‚Leben' nicht mit der Sanktion des Schadensersatzes ausgestattet ist, erklärt sich damit, daß nur der lebende Verletzte Inhaber eines auf Ausgleich und Genugtuung, auf Kompensation und Überwindung gerichteten Anspruchs[1131],[1132] sein kann[1133]. Der Gesetzgeber hat also alle in § 823 I BGB aufgeführten Bestandteile des aPR, die im Fall ihrer Verletzung mit einer Schadensersatzfolge versehen werden können, in § 847 I BGB wiederholt. Entsprechend dem Verhältnis dieser Normen als Voraustatbestand und Nachfolgetatbestand[1134] sind die in § 847 I 1 BGB aufgeführten Lebensgüter mit den drei entsprechenden Lebensgütern des § 823 I BGB gleichzusetzen. Dieselben Gedanken, die uns oben dazu führten, § 823 I BGB als Sitz des aPR anzunehmen, kommen also auch iRd § 847 I BGB zum Zuge: nämlich die Möglichkeit eines Analogieschlusses von den Persönlichkeitsbestandteilen Körper, Gesundheit und Freiheit auf das aPR. In dieser Sicht zeigt sich die Verwandtschaft zwischen den in § 847 I BGB geregelten Fällen und dem sie umfassenden aPR.

Diese Verwandtschaft im Wesen kontrastiert aber mit drei Gesichtspunkten, die der Rechtsprechung und der Literatur zTl Anlaß geben,

1130 s. o. Einl A I
1131 vgl. *Esser*, SchR § 113 I 3 b
1132 zu den Funktionen des Schmerzensgeldanspruchs später in Einzelheiten (II 1)
1133 vgl. auch § 847 I 2 BGB, der für die drei Fälle des Satzes 1 nur ausnahmsweise einen Übergang des Anspruchs auf einen Dritten gestattet
1134 vgl. oben Einl C und (HT I) 1.2

zwischen Körper, Gesundheit und Freiheit auf der einen und dem aPR auf der anderen Seite zu differenzieren[1135]:

1) Das Tatbestandsmerkmal ‚aPR' ist als Generaltatbestand unbestimmter als die übrigen Rechte[1136], seine Abgrenzung ist daher schwieriger[1137].

2) Bei Verletzung des aPR fällt eine Einschätzung des entstandenen immateriellen Schadens in Geld schwerer als z. B. bei einem körperlichen Eingriff[1138].

3) Nach *Krüger-Nieland*[1139] hat der Mensch ein unterschiedliches Verständnis von seelischem und körperlichem Leiden. Weil das Leben ständig fließender Quell von Leid und Lust ist, weil deshalb Seelenschmerz die unvermeidbare Folge des menschlichen Zusammenlebens ist, sei der Mensch eher geneigt, Seelenschmerz als „Schicksal" hinzunehmen als körperliche Schmerzen zu ertragen, ohne dafür einen Ausgleich zu bekommen[1140].

(zu 1) Dieser Gesichtspunkt befaßt sich zunächst mit dem **Umfang** des aPR: Als Generaltatbestand ist es weiter als die Einzeltatbestände Körper, Gesundheit, und Freiheit. Dies ist zunächst eine Aussage über die Möglichkeiten, das aPR als schutzwürdiges Generalrecht anzuerkennen. Diese Möglichkeit haben wir mit der ganz hA bereits bejaht. Fraglich bleibt, ob ein Recht deshalb als nicht verwandt mit anderen Rechten gelten kann, weil es in seinem Umfang weiter geht und diese anderen Rechte mit umschließt. ME kann der weiter gehende Tatbestandsbereich eines Begriffs (Aspekt des Umfangs) die aus dem Wesen

---

1135 Die folgenden Argumente werden von Rspr und Lit meist in anderem Zusammenhang vorgetragen: zu der Frage nämlich, ob jede Verletzung des aPR zum Ersatz immateriellen Schadens führen soll oder nur solche Verletzungen, die entweder der (objektiven) Schwere der Beeinträchtigung oder der (subjektiven) Schuldschwere nach anspruchsauslösend sein können. Zu diesem Problem kommen wir noch unten bei den sog. Anspruchsbeschränkungen, vgl. B, insb. III und V.

1136 vgl. oben Einl A I; BGHZ 35, 368; *Hauss* LM § 847 BGB Nr. 18; *Löffler* NJW 1962, 226

1137 vgl. oben Einl A I; LG München I in *Schulze* VII Nr. 78 S. 5; *Krüger-Nieland* 45. DJT II C S. 44; *Hubmann* JZ 1962, 122 mit Abgrenzungsvorschlägen; vgl. auch *Pecher* AcP 171, 77

1138 BGHZ 35, 369; LG München I aaO

1139 aaO

1140 vgl. auch *Pecher* AcP 171, 75

folgende Verwandtschaft dieses Begriffs mit anderen Begriffen (Aspekt des Wesens) nicht schmälern. Die insoweit vorgetragene Begründung, es könnten Abgrenzungsschwierigkeiten auftreten, erweist sich als Vermischung dieser – an sich unterschiedlichen – Aspekte und zudem als gedankliche Inkonsequenz: Zunächst ist ein neu auftretender Begriff (das aPR) im System der unerlaubten Handlungen unterzubringen – diesen Schritt vollzieht man innerhalb des § 823 I BGB. Dann spürt man, daß die Rechtsanwendung dieses Begriffs aufgrund seines Umfangs iRe Nachfolgenorm Schwierigkeiten bereitet. Um diese Schwierigkeiten zu vermeiden, geht man einen Schritt zurück und verweigert dem Begriff die Eigenschaften, die ihm wesensmäßig zukommen – hier: die Verwandtschaft mit Unterbegriffen, aus denen man den neuen Begriff gewonnen hat. Diese Verweigerung zieht dann schließlich die Ablehnung der Aufnahme dieses Begriffs in den Schutzkatalog des § 847 I BGB nach sich. Wir halten deshalb daran fest, daß der größere Umfang des aPR seiner Verwandtschaft mit den Begriffen des Körpers, der Gesundheit und der Freiheit grundsätzlich keinen Abbruch tut.

(zu 2) Auch dieser Einwand befürchtet Rechtsanwendungsschwierigkeiten und zwar hinsichtlich der **Meßbarkeit** des Schadens. Er stützt diese Befürchtung auf den Vergleich der Verletzung des aPR mit der Körperverletzung – aus gutem Grund: Die Verletzung des Körpers und der Gesundheit ist wegen der Gegenständlichkeit der verletzten Güter leichter meßbar. Ein Vergleich mit dem Freiheitsentzug wäre weniger einleuchtend: Der Begriff der Freiheit ist schwerer zu fassen als der von Körper und Gesundheit, im Falle der Freiheitsverletzung ist es daher schwieriger, den Verletzungsgrad festzustellen und in materiellem Gut zu ersetzen. Diese Schwierigkeiten begegnen uns bei der ins Auge gefaßten Einfügung des aPR in den Tatbestand des § 847 I BGB wieder und sogar in erhöhtem Maße. Dem Schluß, es könne deshalb keine Verwandtschaft zwischen den Schutzgütern des § 847 I BGB und dem aPR bestehen, begegnen wir wie zu Einwand 1) mit der Feststellung, daß auch hier der Gesichtspunkt einer systematischen Unterbringung mit Rechtsanwendungsschwierigkeiten verwischt wird: Dabei geht die Vermeidung von Rechtsanwendungsschwierigkeiten auf Kosten einer systemgerechten Behandlung des aPR. Das Argument, die Einschätzung des immateriellen Schadens bei Verletzung des aPR sei schwieriger als bei Verletzung von Körper und Gesundheit, ist mE – obwohl an sich zutreffend – nicht geeignet, die oben dargelegte Wesensverwandtschaft dieser Begriffe zu zerstören. Der Fall des Freiheitsentzugs – vom Gesetzgeber nach Unterbringung in § 823 I BGB systemgerecht und folgerichtig im Tatbestand des § 847 I BGB wiederholt – wird mit der Sanktion des Ersatzes immateriellen Schadens versehen, obwohl die Einschätzung des Schadensersatzes auch hier schwieriger ist als bei Körper- und Gesundheitsverletzungen. Ebensowenig wie der höhere Abstraktionsgrad des Begriffs ‚Freiheit' und die damit verbundene Schwierigkeit, die an ihr entstandenen Schäden einzuschätzen, dazu führen könnte, dieses Rechtsgut aus dem Katalog des § 847 I BGB zu streichen, ebensowenig kann der (noch) höhere Abstraktionsgrad des Begriffs ‚aPR' und können die hieraus resultierenden Schwierigkeiten der Schadenseinschätzung[1141] dazu führen, diesem Begriff seine systemgerechte Stellung zu verweigern.

(zu 3) Was schließlich den dritten Einwand betrifft, so bestreiten wir ein unterschiedliches **Verständnis des Menschen von seelischem und körperlichem Leid**. Zwar lassen sich Körper und Seele begrifflich trennen. Eben diese Trennung aber erweist sich als Erzeugnis allein begrifflicher Spaltung[1142]. Die Übertragung der begrifflichen Spaltung auf eine Spaltung in die Sache hinein läßt sich – wenn auch nicht widerlegen[1143] – aber in der Bestimmtheit, mit der sie in der Aussage des unterschiedlichen Verständnisses von körperlichem und seelischem Schmerz auftritt, nicht aufrechterhalten. Sie geht sowohl an philosophischen (*Aristoteles, Descartes, Leibniz, Spinoza*[1144]) wie an

---

1141 zu den einzelnen Bemessungsfaktoren s. u. B IV

1142 *Schellworth* S. 52

1143 Einen solchen Versuch unternimmt *Helwig* (Psyche 1950 f. Bd IV, S. 366 ff.), indem er aufzeigt, daß der Begriff ‚Seele' überhaupt erst durch die gedankliche Hypostasierung der Funktionsweisen des Organischen in seiner beim Menschen erreichten hohen Differenzierungsform entstanden ist. Er hält es für einen Fehler, die „nur gedankliche Fürsichsetzung (zweier Merkmale) in ein Fürsichsein (umzudeuten)" (aaO S. 371), so daß zwei wesensverschiedene Substrate entstehen.

1144 Nach der aristotelischen Lehre des Hylomorphismus ist jeder Organismus eine aus Materie und Form bestehende Ganzheit (‚Synholon'), d. h. eine komplette Substanz, der gegenüber Seele und Körper als unvollständige Substanzen gelten. Danach steht fest, daß alle Beobachtungen an Lebewesen jeweils körperlich-seelische Einheiten betreffen. – IRd *Descartes*'schen Zwei-Substanzen-Lehre besteht beim Menschen eine Wechselwirkung zwischen Seele und Körper. Die Seele ist als unteilbare Substanz mit allen Organen des Körpers verbunden. – Nach *Leibniz'* psycho-physischem Parallelismus wirken Körper und Seelen, als ob sie einen Einfluß aufeinander ausübten. – Diesen Parallelismus wandelt *Spinoza* schließlich in eine Identitätslehre, indem er erklärt, Seele und Körper seien keine

empirischen[1145] Erklärungsversuchen vorbei. Auch ohne daß die einschlägigen Wissenschaftszweige der Medizin, der Psychologie und insbesondere der Psychosomatik gedanklich oder empirisch zu unstreitigen Lösungen des Leib-Seele-Problems vorgedrungen wären[1146], müssen wir an Hand der Erkenntnis, daß Bewußtsein niemals isoliert von körperlichen Vorgängen auftritt und umgekehrt[1147], annehmen, daß ebenso, wie beim körperlich Verletzten durch die Verletzung bedingte psychische Störungen auftreten können, der – etwa durch eine Verletzung seines aPR – seelisch Beeinträchtigte hierdurch Schaden an Körper und Gesundheit erleiden kann[1148].

Zudem läßt sich die weitere, auf die Empfindung und Duldung von seelischem Schaden ausgerichtete Argumentation von *Krüger-Nieland*[1149] ebenso auch auf den körperlichen und gesundheitlichen Schaden erstrecken: Die stetig zunehmende Bevölkerungsdichte (insbesondere in den Ballungsgebieten), die fortschreitende Technisierung und Industrialisierung in unserem Lebensraum bringt eine Flut von körperlichen Einwirkungen auf den einzelnen Menschen mit sich – die Skala der einzelnen Immissionen reicht vom Gedränge auf Fußwegen und in den öffentlichen Verkehrsmitteln zur Stoßzeit über die Smog-Immission benachbarter Industriebetriebe bis hin zur Lärmeinwirkung durch (z. B.) Auto- und Flugverkehr. Insofern ist das heutige Leben in unserem dichtbesiedelten, hochzivilisierten Industriestaat auch ein ständiger Quell von körperlichem und gesundheitlichem Leid, sind solche körperlichen und gesundheitlichen Beeinträchtigungen unvermeidbare Folge des menschlichen Zusammenlebens geworden, und der Mensch auch geneigt, diese Beeinträchtigungen –

---

selbständigen Substanzen, sondern nur Daseinsformen (‚modi') der einen unendlichen Substanz, also zwei Seiten derselben Wirklichkeit (*Hofstätter* S. 186 ff.).

1145 vgl. die fünf psycho-physischen Axiome von *G. E. Müller*, die Wechselwirkungstheorie von *Lotze, Külpe, Stumpf, Busse, Becher* und *Wenzl* sowie die Doppel-Ursachen- und Doppel-Wirkungs-Lehre von *Stumpf* und *Becher* (*Hofstätter* S. 189 f.).

1146 Nach *Hofstätter* (S. 190) sind die in diesem Zusammmenhang aufgestellten Denkmodelle durch empirische Operationen weder zu bestätigen noch zu widerlegen; ebenso *Kolle* in Der Nervenarzt 1958, 157

1147 *Hofstätter* S. 189 f.; *Schellworth* S. 50 ff.; vgl. auch *Dürig* in *Maunz-Dürig-Herzog* Art. 1 I Rdn 43 und AöR 81, 131 sowie *Fromm* NJW 1965, 1205

1148 Hierauf haben wir schon oben (1.1.2) hingewiesen.

1149 aaO

bis zu einem bestimmten, aber in Bewegung befindlichen Grade – hinzunehmen, ohne dafür einen Ausgleich zu bekommen.

Das Strafrecht hat sich (auch und gerade für die Körperverletzungstatbestände der §§ 223 ff. StGB) mit den Instituten der – tatbestandsausschließenden – Sozialkongruenz und der – die Rechtswidrigkeit ausschließenden – Sozialadäquanz geholfen[1150], um einen Bereich von Verletzungstatbeständen aus der Strafbarkeit auszugliedern, die unter den heutigen Lebens- und Umweltbedingungen häufig kaum zu vermeiden sind[1151].

Die von Rechtsprechung und Literatur vorgebrachten Differenzierungsgesichtspunkte sind also ungeeignet, die oben dargelegte Wesensverwandtschaft zwischen den in § 847 I BGB geschützten Rechtsgütern und dem aPR zu zerstören.
Wir halten aber folgendes fest:
- Den Argumenten des Umfangs und des unterschiedlichen Verständnisses von Körper und Seelenschmerz;
- dem Zusammenhang, in den Rechtsprechung und Literatur ihre Argumente gegen eine Verwandtschaft der Schutzgüter des § 847 I BGB mit dem aPR stellen[1152];
- schließlich der Parallele zum Strafrecht

entnehmen wir, daß das aPR nur unter gewissen Einschränkungen im Tatbestand des § 847 I BGB Platz haben kann: Genauso, wie nicht jede Körperverletzung die Strafrechtsfolgen der §§ 223 ff. StGB auslöst, genauso, wie – aus demselben Grund – nicht jede Körperverletzung den Tatbestand des § 823 BGB erfüllt und daher auch nicht unter den Nachfolgetatbestand des § 847 I BGB subsumiert werden kann – genauso kann das aPR auch nur bei einschlägigen Verletzungen mit den Schadensersatzfolgen der §§ 823, 847 I BGB ausgestattet sein[1153].

1150 vgl. *Klug*, Festschrift E. Schmidt S. 249 ff.

1151 Zu dieser Problematik und insb. zur Sozialkongruenz nehmen wir unten iRd Anspruchsbeschränkungen (B, insb. III 1) noch ausführlich Stellung.

1152 vgl. Fußn. 1135; die vorgebrachten Argumente laufen darauf hinaus, daß nicht jede Verletzung des aPR einen Anspruch auf Ersatz des immateriellen Schadens auslöst, sondern nur solche, die unter gewissen – erschwerenden – Umständen erfolgen (vgl. dazu noch unter B, insb. III).

1153 Wir kommen hier zur Frage der Grenzen des aPR (vgl. oben Einl A I) zurück; wann solche Verletzungen einschlägig und daher anspruchsauslösend sind, behandeln wir unten zu B, insb. zu III.

Als **(Zwischen-)Ergebnis** von Vergleich und Wertung der in § 847 I BGB enthaltenen Schutzgüter und dem aPR halten wir fest, daß eine Wesensverwandtschaft zwischen ihnen besteht, und daß damit eine analoge Anwendung des § 847 I BGB auf die Fälle von Verletzungen des aPR auch aus der bürgerlichrechtlichen Perspektive möglich und konstruierbar ist; maW, § 847 I BGB ist für den (drittgerichteten) individual-ethischen Unterlassungsanspruch des Art. 1 I 1 GG reaktionsfähig und aufnahmebereit[1154].

Dieser Unterlassungsanspruch führt im **Ergebnis** der Drittwirkungsuntersuchung iRd GG also zu einer „Ausdehnung" des § 847 I BGB[1155]: § 847 I BGB kann und muß auf Verletzungen des aPR analog angewandt werden[1156,1157].

b) (Drittwirkung der) MRK

Ob der MRK eine Drittwirkung beigelegt werden kann, ist **fraglich**. Ohne Begründung gehen z. B. *C. Weiß*[1158] und *Nipperdey*[1159] (*Nipper-*

1154 Hiermit löst sich die Frage von *Giesen* (NJW 1971, 801), der an der stRspr des BGHZ zu unserem Thema beklagt, „daß bis heute eigentlich (nicht) klar geworden (ist), ob der BGH die Rechtsgrundlage des von ihm so beharrlich bejahten Anspruchs auf Schmerzensgeld unmittelbar im GG oder aber in dem vom GG korrigierten § 847 BGB sieht".

1155 so ausdrücklich *Nipperdey*, GR II S. 46, vgl. auch GR IV 2, S. 855, wo er von einer „Ergänzung des § 847 BGB" spricht, und Ufita 30, 22; im Ergebnis ebenso *Wiese* S. 42 f.

1156 *Leisner* (S. 248) fügt hinzu: „Der über die spezielle drittgerichtete Normativität hinausgehende Rechtsgehalt ... (der Art. 1 und 2 GG) – iSe allgemeinen Rechtsgedankens des Persönlichkeitsschutzes – brachte eben, als ‚sekundäres' Ergebnis der Drittwirkung, die im Privatrecht schon vielfach angelegten Persönlichkeitsschutzmomente zu einem integrierenden Gesamtergebnis."

1157 Zu diesem Ergebnis gelangen auch BGHZ 26, 349 ff., 356 (Herrenreiter-Entscheidung, die über die „Freiheitsberaubung ‚im Geistigen'" [aaO S. 356] konstruiert [vgl. dazu bei uns 1.1.1] und damit uE allerdings § 847 I BGB unmittelbar angewandt hat [bei uns aaO]); BGHZ LM § 23 KUG Nr. 5 (Hochzeitsbild-Entscheidung); OLG Hamburg MDR 1960, 1010 und NJW 1962, 2062 f.; LG Freiburg BB 1963, 329; LG Düsseldorf NJW 1965, 697; BFH NJW 1963, 744;
Nipperdey, GR II S. 46 und IV 2 S. 855; *Coing* JZ 1958, 560 und *Staudinger-Coing* I Rdn 22 und 28 vor § 1; *vCaemmerer*, Festschrift vHippel S. 38 und Festschrift DJT S. 107; *Rötelmann* NJW 1962, 736 und 1964, 1458; *Koebel* JZ 1960, 573; *Mertens* JuS 1962, 266;
zu den Gegnern einer analogen Anwendung des § 847 I BGB vgl. oben 2.1 Fußn. 259 bis 262

1158 Dokumente S. 31

dey auch hinsichtlich des Art. 8 II MRK) davon aus, daß die Konventionsrechte sich gegen jedermann (also auch gegen Private) richten und damit eine Wirkung ausüben, die iRd Grundrechte des GG als Drittwirkung bezeichnet wird[1160]. Da eine Teil-Drittwirkung der MRK durch einzelne ihrer Artikel denkbar ist, wollen wir uns auf die Prüfung einer möglichen Drittwirkung des für unser Thema allein einschlägigen Art. 8 MRK beschränken. Auch hier ist zwischen dessen Abs. I und Abs. II zu unterscheiden.

Abs. II bezieht sich wörtlich und ausdrücklich auf den Eingriff einer öffentlichen Behörde („public authority"; „autorité publique") und gibt durch seine weitere – den öffentlich-rechtlichen Grundsatz des Gesetzesvorbehalts ansprechende – Formulierung („... insoweit dieser Eingriff gesetzlich vorgesehen ist") sowie durch die Aufzählung der einzelnen Kautelen dieses Eingriffs (Notwendigkeit der Maßnahme für die „nationale Sicherheit, die öffentliche Ruhe und Ordnung ...", usf.) zu erkennen, daß er allein in die Staatsrichtung wirken soll[1161]. Es ist deshalb schwer zu verstehen, warum *Nipperdey*[1162] Abs. II – abzüglich der Gesetzesvorbehalte – auch für den Privatrechtsverkehr anwenden will; denn die – allein in die Staatsrichtung weisenden – Gesetzesvorbehalte beziehen sich ja unmittelbar auf den Eingriff selbst und sind daher nur sinnvoll, wenn auch der Eingriff an sich ein Eingriff des Staates ist.

Guradze[1163] läßt die alleinige Staatsgerichtetheit des Abs. II auch auf **Abs. I** übergreifen. Hierfür sprechen in der Tat zwei Argumente: Erstens ist auffallend, daß Abs. I nur solche Persönlichkeitsbereiche erfaßt, deren Verletzung hauptsächlich von staatlicher Seite zu befürchten ist, dagegen solche Persönlichkeitsbereiche bzw bPR ausspart, die idR nur durch Private bzw durch die Presse beeinträchtigt werden (z. B. das Namensrecht, das Recht am eigenen Bild, das Recht auf Ehre)[1164]. Zweitens spricht die subjektive Auslegung der Konvention (ex tunc) gegen die Annahme ihrer Drittgerichtetheit: Die in der BRD entwickelte Drittwirkungslehre war zZt der Abfassung der

---

1159 GR II S. 44 f.
1160 vgl. die weiteren Befürworter einer Drittwirkung der MRK bei *Guradze* (MRK Einl § 7 I)
1161 Davon geht auch *Guradze* (aaO IV) ganz selbstverständlich aus.
1162 aaO
1163 aaO
1164 *Guradze*, MRK Art. 8, 4

Konvention im europäischen Ausland so gut wie unbekannt, kann also von den Verfassern des Vertrags nicht gewollt gewesen sein. Die bei der Auslegung von Gesetzen gängige Auslegungstheorie (objektive Auslegung ex nunc), nach der der Wille des Gesetzgebers unbeachtet bleiben kann[1165], läßt sich nicht ohne weiteres auf die Auslegung völkerrechtlicher Verträge übernehmen. Es erscheint vielmehr angesichts der unterschiedlichen Entstehungsweise und Rechtsnatur von gesetztem und vereinbartem Recht bedenklich, die Bedeutung der von den Parteien festgelegten Normen im Nachhinein über ihren Willen hinaus auszudehnen[1166].

Zumindest der für unser Problem einschlägige Art. 8 MRK übt mithin keine Drittwirkung aus[1167].

2.3 Ergebnis

Die Zusammenfassung der Ergebnisse von Derogationswirkung[1168] und Drittwirkung[1169] zeigt folgendes Gesamtbild: Wir erinnern uns daran, daß es die sich aus der Achtungs- und Schutzverpflichtung des Art. 1 I 2 GG ergebende Derogation des § 253 BGB war, die die Möglichkeit geschaffen hat, § 847 I BGB auf Verletzungen des aPR auszudehnen, indem sie das Analogieverbot beseitigte. Wir erinnern uns ferner daran, daß der (drittgerichtete) individual-ethische Unterlassungsanspruch des Art. 1 I 1 GG die analoge Anwendung des § 847 I BGB auf diesen Falltyp verlangt hat. Im Anschluß hieran stellen wir fest:

– Die analoge Anwendung des § 847 I BGB wird – zweifach – bewirkt durch die „Koppelung"[1170] der sich (ua) an Gesetzgebung und Rechtsprechung wendenden Achtungs- und Schutzverpflichtung des

---

1165 vgl. BVerfG 1, 299, 312; *Engisch*, Einführung S. 88 ff.; *Larenz*, Methodenlehre S. 296 ff.; *Zippelius* BK Art. 1 Rdn 7

1166 *Guradze* aaO Einl § 7 IV

1167 ebenso *Guradze* aaO mNachw (aaO § 7 II) und dem Hinweis, daß die Europäische Menschenrechtskommission eine Drittwirkung in stRspr abgelehnt hat (aaO III)

1168 s. o. 2.2.2.2 c.bb.eee

1169 s. o. 2.2.2.3 a.cc

1170 *Wernicke* (BK Art. 1 Rdn 25) spricht von der „Koppelung" des durch die Unantastbarkeitserklärung statuierten (allgemeinen) Eingriffsverbots mit der staatlichen Schutzpflicht.

Satzes 2 des Art. 1 I GG mit dem in Satz 1 enthaltenen (drittgerichteten) individual-ethischen Unterlassungsanspruch[1171].

- Dem Verlangen des derart wirkenden Verfassungsrechts entspricht die Möglichkeit des Bürgerlichen Rechts, dieses Verlangen zu befriedigen – (drittgerichtetes) Verfassungsrecht findet sich in harmonischem Miteinander mit Privatrecht[1172].

II Kritik (mit Entgegnung)

Unsere Lösung, die im Ergebnis mit der ständigen Rechtsprechung insbesondere des BGHZ übereinstimmt, ist vielfach kritisiert worden. Die einzelnen kritischen Äußerungen lassen sich ihrem Inhalt nach zunächst grob aufteilen in

- rechtssystematische,
- verfassungsrechtliche und
- ethische

Bedenken.

1. rechtssystematische Bedenken

Diese Bedenken zielen darauf ab, für den bei Verletzungen des aPR aus § 847 I BGB analog abgeleiteten Anspruch einen Systemverstoß nachzuweisen. Freilich müßte ein Großteil der unten im einzelnen näher zu erörternden Kritik den Vorwurf des Systemverstoßes auch gegen den Anspruch richten, der sich aus einer unmittelbaren Anwendung des § 847 BGB ergibt, wenn die in ihm vom Gesetzgeber aufgeführten Rechtsgüter verletzt werden. Dieser Vorwurf ist aber nicht allein dadurch auch für unseren Anspruch widerlegt, daß die Norm, aus deren unmittelbarer Anwendung sich der Anspruch bei Verletzungen von Körper, Gesundheit und Freiheit ergibt, schlechthin selbst systemwidrig sein kann. Wir haben uns deshalb mit diesen systematischen Bedenken auseinanderzusetzen.

1171 Dieses zweifache Wirken der Verfassung auf sowohl § 253 als auch § 847 I BGB übersieht wohl *Staudinger-Werner* (II § 253 Rdn 7), der meint, die Derogation des § 253 BGB erübrige die „Krücken der Analogie aus § 847".

1172 Mit dieser Feststellung widerlegen wir die oben (2.2.2.3 a.bb) zit. Kritik der Drittwirkungsgegner, die meinen, die feinere Struktur des Privatrechts könne dem Einbruch der Grundrechte nicht standhalten.

1.1 Der Schmerzensgeldanspruch

Der in § 847 BGB vorgesehene Schmerzensgeldanspruch[1173] richtet sich auf den „Ersatz immaterieller Schäden in Geld"[1174]. Er ist damit kein zusätzlicher „Bonus"[1175], der den Ersatz mittelbaren Schadens oder die Privilegierung der in § 847 BGB aufgezählten Rechtsgüter vorsieht; er strebt lediglich eine Gleichbehandlung dieser Lebensgüter mit den Sachgütern an[1176], indem er bei diesen den durch die Verletzung entstandenen immateriellen Schaden, bei jenen den durch die Verletzung entstandenen materiellen Schaden ersetzt[1178].

Nach hM besteht die Funktion[1179] des allgemeinen Schadensersatzes in der Herbeiführung eines Ausgleichs (Ausgleichsgedanke)[1180]. Was

---

1173 Der Begriff des Schmerzensgeldes ist als „zu eng" (*Esser*, SchR § 113 I [vor 1] und *Zeuner* in *Soergel-Siebert-Zeuner* III § 847 Rdn 1), als „schlagwortartig" (*Esser* aaO), als „ungenau" (Entwurf 1959, S. 28), als „wenig zutreffend" (*Münzel* NJW 1960, 2025 mit der Begründung, es werde hierdurch der Eindruck erweckt, § 847 BGB erstrecke sich auf den Ersatz des Affektionsinteresses – vgl. dazu oben bei uns Einl A II), als „unhaltbar" (*Fromm* NJW 1965, 1202) kritisiert worden.
So glücklos dieser Terminus auch gewählt sein mag – *Fromms* Begründung (aaO), dem Gesetz sei der entstandene – körperliche oder seelische – Schmerz gleichgültig, scheint nicht haltbar: Zunächst sprechen die Motive (II zu § 728 [entspricht § 847 hF] BGB) ausdrücklich von „erduldetem Schmerz"; weiter ist einleuchtend, daß die Sanktion des § 847 BGB sich an eine irgendwie geartete Reaktion des Verletzten auf die Verletzung knüpft, für die wir den Begriff ‚Schmerz' beibehalten.
Da die vorgeschlagenen Surrogate für „Schmerzensgeld' (etwa: „billige Entschädigung in Geld für Nichtvermögensschäden", *Nipperdey*, GR II S. 46) zu schwerfällig sind, halten wir an diesem eingefahrenen Ausdruck fest.

1174 Entwurf aaO; vgl. auch *Nipperdey* aaO

1175 *Bötticher* 45. DJT II C S. 9

1176 *Bötticher* aaO

1177 Wir haben oben (I 2.2.1.1) zu § 253 BGB gesehen, daß der Gesetzgeber iR dieser Vorschrift materielle und immaterielle Schäden ungleich behandelt wissen wollte. Als Ausnahme von diesem Grundsatz verlangt § 847 BGB nun die Gleichbehandlung beider Schadensarten.

1178 vgl. zu den Einzelheiten der rechtshistorischen Entwicklung des Schmerzensgeldanspruchs *Remé* (S. 32 ff.) und *Stoll* (Gutachten S. 51 ff.); wir gehen auf rechtshistorische Gesichtspunkte unten iRd Kritik und ihrer Entgegnung (1.2.2, 1.2.3; 1.3.2., 1.3.3) ein.

1179 im allgemein-wissenschaftlichen Sinne, d. h. als „Verrichtung, Tätigkeit, Wirksamkeit, Aufgabe o. ä." (*G. Küchenhoff*, Festschrift Nipperdey S. 320, Fußn. 16)

1180 vgl. *Larenz* , SchR I § 27 I; BGHZ 30, 31; 40, 347

speziell den Ersatz immaterieller Schäden durch das Schmerzensgeld angeht, so standen sich bereits um die letzte Jahrhundertwende zwei Funktionstheorien gegenüber: Die sog. **Äquivalenztheorie** ging auch im Bereich des Ersatzes immaterieller Schäden allein vom Ausgleichs-(Kompensations-, Entschädigungs-)Gedanken aus, weil sich immaterielle Schäden dadurch ausgleichen ließen, daß das für die erlittene Einbuße gewährte Äquivalent – eine Geldsumme – geeignet sei, Genuß zu ermöglichen und dadurch die Beeinträchtigung wettzumachen. Dagegen lehnte die sog. **Satisfaktionstheorie** die Möglichkeit eines Ausgleichs ab, weil Vermögen und Persönlichkeitsgüter inkommensurabel seien, und ein Wertverhältnis zwischen beiden deshalb nicht herzustellen sei; die Möglichkeit einer Naturalrestitution bestehe nicht[1181]. Der Geldersatz sei allenfalls in der Lage, das gestörte Gleichgewicht des Verletzten wieder einzupendeln – und zwar weder durch Entschädigung iSd Ausgleichsgedankens, noch durch Strafe[1182], sondern durch Satisfaktion iSv Genugtuung[1183].

Diese beiden Theorien leben – modifiziert – in der heutigen Rechtsprechung und hL fort. Der BGHZ[1184] hielt zunächst allein am **Ausgleichsgedanken** der Äquivalenztheorie fest (Ausgleichstheorie[1185]), indem er ausführte, der (alleinige) Schadensersatzzweck des Schmerzensgeldes sei der durch ihn herbeigeführte Ausgleich. Denn: Wie immer bei Schadensersatzansprüchen seien nur die Folgen zu berücksichtigen, die die zum Ersatz verpflichtende Handlung hervorgerufen habe[1186]; und: Der Schmerzensgeldanspruch unterscheide sich allein dadurch von anderen Schadensersatzansprüchen, daß hier der Schaden nicht an Vermögen bzw vermögenswertem Gut eingetreten sei[1187] – dieser Unterschied in der Schadensart bedinge nicht eine Unterschiedlichkeit in der Funktion beider Ansprüche. Der BGHZ[1188] führt zur Begründung seiner Ansicht drei Argumente an:
– das Wort „auch" in § 847 I 1 BGB;
– die sowohl in § 847 I BGB als auch in – dem in Wechselbeziehung

1181 vgl. aber oben bei uns I 2.2.2.2 d.gg.aaa
1182 Zu der Problematik des Strafcharakters der Satisfaktionsfunktion kommen wir unten 1.3.2 und 1.3.3.
1183 nach *Remé* S. 30 f.
1184 BGHZ 7, 223 ff. vom 29. 9. 1952
1185 *Grossfeld* (S. 94 ff.) nennt sie Entschädigungstheorie.
1186 aaO S. 226 f.
1187 aaO S. 225
1188 aaO

hierzu stehenden[1189] – § 253 BGB erfolgte Bezeichnung der Verletzungsfolgen als „Schaden"; die Wahl des Wortes „Entschädigung" in § 847 I BGB stehe dem nicht entgegen;
- schließlich die systematische Einordnung des § 847 BGB in den Zusammenhang der Rechtsfolgenregelungen aus unerlaubten Handlungen.

Von dieser Rechtsprechung löste sich der BGHZ später[1190] durch eine Kombination beider o. a. Theorien: „Der Anspruch auf Schmerzensgeld nach § 847 BGB ist kein gewöhnlicher Schadensersatzanspruch, sondern ein Anspruch eigener Art mit einer doppelten Funktion" – mit **Ausgleichs- und Genugtuungsfunktion**[1191]. Hierbei soll der Verletzte „angemessenen Ausgleich" für nichtvermögensrechtliche Schäden erhalten und „zugleich dem Gedanken Rechnung (ge)tragen" werden, daß der Verletzer dem Verletzten Genugtuung schuldet „für das, was er ihm angetan hat"[1192]. Im einzelnen begründet der Große Senat seine Auffassung wie folgt:
- Der Schädiger habe dem Geschädigten „das Leben schwer gemacht", seine Leistung solle helfen, es „iRd Möglichen wieder leichter zu machen"; dieser – allerdings notwendigerweise imperfekte[1193] – Ausgleichs-(Entschädigungs-)Gedanke stehe dabei im Vordergrund[1194].
- Die rechtsgeschichtliche Entwicklung des Schmerzensgeldanspruchs zeige, daß das Schmerzensgeld aus dem Strafrecht entwikkelt wurde[1195]. Zwar besitze es nunmehr keinen „unmittelbaren Strafcharakter" mehr, aber ein Buß- bzw (besser:) Genugtuungsgedanke „schwinge ... mit"[1196].

1189 s. o. I 1.2
1190 BGHZ 18, 149 ff. vom 6. 7. 1955
1191 aaO S. 149 (LS 1), 154
1192 aaO S. 149 (LS 1)
1193 vgl. die Bedenken der o. a. Satisfaktionstheorie
1194 aaO S. 154
1195 ebenso *Stoll*, Gutachten S. 51 ff., 56 (mHinw auch auf römisch-rechtliche Einflüsse), *Remé* S. 32 f. und *Deutsch* JuS 1969, 203 – *Stoll* (aaO S. 57 f.) und *Remé* (aaO S. 34 f.) allerdings mit bedeutsamen Hinweisen auf die Weiterentwicklung des Schmerzensgeldanspruchs in Richtung auf den Ausgleichsgedanken; ohne schon hier einer eigenen Stellungnahme zum Charakter des Schmerzensgeldanspruchs vorgreifen zu wollen, kann die Ansicht des BGHZ (18, 149 ff.) insoweit unwidersprochen bleiben, als das Schmerzensgeld sich ursprünglich wirklich aus dem Strafrecht entwickelt hat.
1196 aaO S. 155

– Dieser Genugtuungsgedanke (die Genugtuungsfunktion) ergänze die mangelhafte Ausgleichsfunktion[1197].

Eine Wiederherstellungsfunktion des Schmerzensgeldanspruchs iSe Naturalrestitution lehnt der BGHZ[1198] wegen der Unmöglichkeit eines Ausgleichs ab.

Die Grundgedanken dieser „Kombinationslösung"[1199] („Mischform"[1200]) haben in der Rechtsprechung[1201] und in der Lehre[1202] allgemein Anklang gefunden und dürfen als hM bezeichnet werden.

Ergänzend zu den beiden Wiedergutmachungsprinzipien ‚Ausgleich' und ‚Genugtuung' schlägt *Remé*[1203] die Einführung eines dritten Prinzips – den sog. **Überwindungsgedanken** – vor[1204], den er aus dem Wesen der immateriellen Schäden entwickelt. Immaterielle Schäden seien (zTl) „intensive subjektive Lebenshemmungen des Verletzten", die (primär) dadurch zu beheben seien, daß der Verletzte sie „überwindet", oder (sekundär) dadurch, daß er sie vermindert. Hierbei helfe ihm aber nicht unmittelbar die Geldentschädigung (die den Schaden vor allem deshalb noch nicht vermindere, weil sie zeitlich erst nach dem Schadenseintritt gezahlt wird), sondern der Verletzte helfe sich „mit ihrer Hilfe selbst", indem er sich durch sie in den Genuß der Mittel versetzt, die er braucht, um den Schaden (die „subjektive Lebenshemmung") durch eigene Aktivität zu mindern oder zu überwinden; die Geldentschädigung spiele also nur eine mittelbare Rolle. Die Überlegenheit des Überwindungsgedankens sowohl gegenüber dem Ausgleichs-[1205] als auch gegenüber dem Genugtuungsgedanken[1206] und gegenüber der Kombinationslösung[1207] der hA begründet *Remé* mit den Ergebnissen der einschlägigen medizinischen Forschung, nach denen die Ablenkung das wirksamste Mittel ist, um

---

1197 aaO S. 157; insoweit zustimmend *Krüger-Nieland* 45. DJT II C S. 38 f.
1198 aaO S. 156
1199 *Stoll* aaO S. 154; vgl. auch *Remé* S. 32 und 134
1200 *Nörr* AcP 158, 15; vgl. auch *Bötticher* 45. DJT II C S. 15
1201 BGHZ 26, 349 ff., 358; 35, 363 ff.; BGHZ VersR 1961, 164 f.; NJW 1965, 1375; LG München I in *Schulze* VII Nr. 78 S. 4 f.
1202 *Wiese* S. 53 ff.; *Larenz* NJW 1958, 828; *Kreft* in RGRK § 847, I 1; ebenso RefEntwurf II S. 153 f.
1203 S. 52 ff., 58 f., 149 (Zusammenfassung)
1204 ihm folgend *Esser*, SchR § 113 I 3 b
1205 *Remé* S. 54 f.
1206 *Remé* S. 55 f.
1207 *Remé* S. 56

die psychologische Einstellung des Verletzten zu seinem Leid zu beeinflussen[1208]. Insgesamt schlägt er ein – seiner Ansicht nach von § 847 BGB voll umfaßtes – Persönlichkeitsschutz-System vor[1209], das alle drei Wiedergutmachungsprinzipien bereithält, und zwar

- „in erster Linie" den Überwindungsgedanken für die „am schwersten wiegenden ideellen Einbußen";
- zweitens den Ausgleichsgedanken für Nichtvermögensschäden, die sich durch Gegenvorteile aufwiegen lassen, und
- schließlich den Genugtuungsgedanken für Ehr- und Rufschädigungen, sowie als „ultima ratio" für all jene Persönlichkeitsbeeinträchtigungen, bei denen Überwindungs- und Ausgleichsgedanke versagen[1210].

Anzumerken ist hier, daß der Überwindungsgedanke als Ausgleichsgedanke in der Entscheidung des Großen Senats[1211] auftaucht, wenn er davon spricht, daß dem Geschädigten „das Leben ... wieder leichter (gemacht)" werden soll. Die Überschneidungen beider Wiedergutmachungsprinzipien sind sowohl quantitativ als auch qualitativ so groß[1212], daß wir für die weitere Erörterung den Überwindungsgedanken als vom Ausgleichsgedanken aufgesogen in diesen miteinbeziehen und uns so zunächst weiter auf dem Boden der hA von einer (bloßen) Doppelfunktion des Schmerzensgeldes bewegen.

Gegen beide Funktionen (1) wird Kritik erhoben (2), die wir in unseren Entgegnungen beantworten werden (3).

1208 S. 53

1209 S. 149 (Zusammenfassung); vgl. auch S. 58 ff. und *Esser* aaO

1210 Angesichts dieser nahtlosen Staffelung erscheint die Kritik von *Stoll* (aaO S. 138 Fußn. 643) unberechtigt: *Remé* empfehle eine „bunte Reihe von Überwindungs-, Kompensations- und Genugtuungsgedanken ... nach dem Rezept: ‚Such' Dir das jeweils Passende heraus'. So geht es nicht." *Stoll* selbst (aaO S. 163 in der Zusammenfassung) eröffnet eine noch buntere Reihe, wenn er bei der Wiedergutmachung immaterieller Schäden
- vorrangig die Naturalrestitution (vgl. bei uns oben I 2.2.2.2 d.gg.aaa),
- hilfsweise eine Entschädigung in Geld,
- ergänzend Genugtuung iSe „Besänftigung des verletzten Rechtsgefühls" und
- „äußerstenfalls" die Privatstrafe (dazu noch unter 1.3.3)

empfiehlt.

1211 BGHZ 18, 149 ff., 154

1212 zur näheren Bestimmung der Ausgleichsfunktion sogleich unter 1.2

1.2 Der Ausgleichsgedanke

1.2.1 Darstellung

Der Ausgleichsgedanke des Schadensersatzrechtes ist als „unmittelbar einsehbares Postulat der Rechtsidee, (als) objektiver Rechtsgedanke, (dem) die speziellen Zwecke des Gesetzgebers untergeordnet sind", seiner Natur nach „‚rechtsethisches Prinzip'"[1213]. Er knüpft iRd Schmerzensgeldanspruchs an die immaterielle Beeinträchtigung von immateriellen Gütern des Verletzten an und läßt den Verletzer hierfür mit seinen materiellen Gütern eintreten[1214]. Das wirkt sich unmittelbar in einer Vermögensminderung auf seiten des Verletzers und in einer Vermögensmehrung auf seiten des Verletzten[1215], und mittelbar[1216] in einer Kompensation von Unlust- durch Lustgefühle[1217] in der Person des Verletzten aus[1218].

1.2.2 Kritik

Gegen den Ausgleichsgedanken wird im einzelnen folgendes vorgebracht:

a) Bei immateriellen Schäden bestehe kein so dringender Grund für einen Ausgleich wie bei materiellen Schäden, weil ökonomische Verluste immer ein Minus bleiben, wohingegen einmal erlittener (psychischer) Schmerz vergänglich sei („... ein Mangel an Wohlbefinden wird häufig nicht mehr verspürt")[1219].

b) Hinzu komme, daß die Kehrseite des in der Einmaligkeit und Unvertauschbarkeit des Individuums begründeten („höchstpersönlichen") aPR die Einmaligkeit und Unaustauschbarkeit des an diesem Recht entstandenen Schadens sei: Diesen immateriellen Schaden „muß jeder für sich tragen. Hier steht der Mensch allein"[1220].

1213 *Larenz*, Methodenlehre S. 317 f.
1214 vgl. *Pecher* AcP 171, 62
1215 *From* NJW 1965, 1205 f.
1216 vgl. den hier wieder auftauchenden Überwindungsgedanken *Remés* (s. o. 1.1)
1217 *Esser*, SchR § 113 I 3 b
1218 vgl. allgemein zur Ausgleichsfunktion auch den Entwurf 1959 S. 29
1219 *Grossfeld* S. 98
1220 *Grossfeld* S. 99

c) Der Hauptvorwurf gegen den Ausgleichsgedanken bezieht sich auf seine ihm immanente und daher unvermeidbare Unvollkommenheit: Sowohl von seiner Qualität her („Schmerzen seelischer Art") als auch von seiner Inkommensurabilität her („Seelischer Schmerz kann in Geld nicht gemessen werden") kann der durch Verletzung des aPR entstandene Nichtvermögensschaden unmöglich in Geld ausgeglichen werden[1221].

1.2.3 Entgegnung

(zu a) Materielle Güter sind – zumindest theoretisch – vermehrbar, materielle Verluste daher grundsätzlich ausgleichbar, auch ohne daß (materieller) Ersatz geleistet wird. Daß immaterieller Schaden (insbesondere psychischer Schmerz) irgendwann vergänglich sein kann, ist unbestreitbar. Daß immaterielle Schadenslagen denkbar sind, die auch im Laufe langer Zeit nicht versickern (z. B. tiefgreifende und aufgrund des erlangten Publizitätsgrads extrem lang anhaltende Persönlichkeitsrechtsverletzungen, insbesondere der Ehre oder der Intimsphäre), ist aber ebenfalls unbestreitbar. Hinzu kommt, daß sich über den jeweiligen Grad der subjektiven Verletzbarkeit der Betroffenen keine generalisierenden Angaben machen lassen. Die Aussage *Grossfelds* zu a) ist also in ihrer dergestaltigen Unbeweisbarkeit und Allgemeinheit nicht haltbar.

(zu b) Einmaligkeit und Unersetzbarkeit des menschlichen Individuums, auf die sich *Grossfeld* beruft, resultieren aus dem in unserem Kulturkreis vorherrschenden Ethos der Werthaftigkeit des Menschen

---

1221 *Grossfeld* S. 96 ff.; s. auch OLG München Ufita 60, 311(aufgehoben durch BGHZ NJW 1971, 698 ff.); diese Schwäche gestehen die Anhänger der von Grossfeld verworfenen Entschädigungstheorie auch unumwunden zu: vgl. grundlegend BGHZ 7, 223, 229; 18, 149 ff., 154; *Stoll*, Gutachten S. 138; *Remé* S. 44; *Wiese* S. 55; *Krüger-Nieland* 45. DJT II C S. 35; *Fromm* NJW 1965, 1204;
Stoll (S. 139) findet eine „terminologische Parallele" in der Leistung an Erfüllungs Statt des § 364 I BGB: Auch sie sei Erfüllung, obwohl sie von der eigentlich geschuldeten Leistung abweicht und diese lediglich in ihrer Funktion vertritt. Er bezeichnet den Geldersatz für immaterielle Schäden „geradezu als gesetzlich zugelassene Leistung an Erfüllungs Statt." Die Unvollkommenheit der Ausgleichslösung war ja auch ein Grund, ihr den Genugtuungsgedanken an die Seite zu stellen (s. o. 1.1 zu der hierfür grundlegenden Entscheidung des BGH in BGHZ 18, 149 ff.; s. auch noch unten 1.3.1).

als Würdeträger – ein Ethos, der sich in Art. 1 I unserer Verfassung positivrechtlich konsolidiert hat[1222]. Eben diese Verfassungsvorschrift fordert (allseitige) Achtung und (staatlichen) Schutz des in ihr positivierten Wertes ‚Menschenwürde'[1223] und weist durch ihren optimalen Absicherungsgrad[1224] (formal) zusätzlich auf seine Bedeutung hin[1225]. Ihr widerspricht *Grossfelds* Ansicht, der Mensch stehe – gerade in diesem Rechtsbereich – allein: Das Gegenteil ist der Fall. Einmaligkeit und Unaustauschbarkeit gewisser Schadenskategorien hindern im übrigen nicht deren Ersetzbarkeit durch den (Ausgleichs-)Gedanken des § 847 I BGB: Dieser Anspruch richtet sich nicht auf Naturalrestitution, und sogar diese könnte nie denselben Zustand wie vor der Verletzung wiederherstellen, sondern nur einen Zustand, der jenem vergleichbar (gleichwertig) ist[1226].

(zu c) Diesem Einwand ist zuzugestehen, daß der aufgrund von Persönlichkeitsrechtsverletzungen entstandene immaterielle Schaden wegen seiner Inkommensurabilität in Geld nicht perfekt ersetzt werden kann[1227]. Die Inkommensurabilität ideeller Werte und Güter macht aus dem – meßbaren – Geldersatz notwendig ein **imperfektes Schadensersatzmittel**[1228].

Zunächst ist dem aber entgegenzuhalten, daß die anderen in § 847 I BGB für den immateriellen Schadensausgleich vorgesehenen Rechtsgüter – insbesondere die Freiheit[1229] – durch Geldersatz ebensowenig perfekt bemessen werden können, weil auch sie iR dieser Vorschrift als ideelle Güter geschützt werden[1230]. Diese Güter – vor allem Körper und Gesundheit – sind lediglich aufgrund ihrer Gegenständlichkeit leichter meßbar – das aber ist im Vergleich mit dem aPR kein qualitativer, sondern lediglich ein **quantitativer Unterschied**[1231]. Im übrigen sieht auch das Allgemeine Schuldrecht für den Fall, daß der Grundsatz

---

1222 vgl. oben I 2.2.2.2 c.bb.aaa und bbb
1223 vgl. oben I 2.2.2.2 c.bb.ccc
1224 vgl. oben I 2.2.2.2 c.bb.ddd
1225 vgl. oben I 2.2.2.2 c.bb.eee
1226 vgl. RGZ 131, 178; *Enneccerus-Lehmann* § 18 I 1; *Fikentscher* § 55 II 1; *Larenz*, SchR I § 28 I
1227 Wir erwähnten das schon eingangs, vgl. Einl A II.
1228 vgl. oben 1.2.2 Fußn. 1221
1229 Hierauf haben wir schon hingewiesen, vgl. I 2.2.2.3 a.cc (zu 2).
1230 ebenso – unter Verweis auf die §§ 1300 BGB, 97 II 1 UrhRG – *Hubmann*, Persönlichkeitsrecht § 50
1231 Wir verweisen auf unsere Ausführungen oben I 2.2.2.3 a.cc (zu 2).

der Naturalrestitution (§ 249 S. 1 BGB) nicht durchführbar ist, nicht etwa den Wegfall jeden Anspruchs, sondern das Ausweichen in einen anderen Anspruch – eben einen Geldersatzanspruch – vor (vgl. § 251 I und II BGB). Die Inkommensurabilität immateriellen Schadens begründet daher noch keine Abweichung von der generellen Anwendbarkeit des Ausgleichsprinzips[1232].

Die **wesentliche Frage** ist im übrigen nicht die, ob und inwieweit Persönlichkeitsverletzungen durch Geld „aufgewogen" werden können, sondern ob der Schadensersatzanspruch aus § 847 I BGB analog bei solchen Verletzungen – präventiv[1233] und (oder) repressiv – wirken kann und deshalb zum Schutz des aPR erforderlich ist[1234]. Hierzu ist zunächst daran zu erinnern, daß keine zivilrechtliche Sanktionsmöglichkeit vorhanden ist, die dem Wirksamkeitsgrad des Anspruchs aus § 847 I BGB analog annähernd entspricht[1235]. Der Schmerzensgeldanspruch ist allein schon dadurch schadensersatz-(rest-)geeignet, als er die oben[1236] näher beschriebenen Wirkungsweisen des Ausgleichsgedankens wahrnimmt[1237].

Angesichts dieser **Rest-Tauglichkeit** erscheint es widersinnig, den Anspruch wegen seiner Unvollkommenheit fallen zu lassen, und den Anspruchssuchenden auf (noch) unzulänglichere Sanktionsmöglichkeiten[1238] zu verweisen[1239] – ein Gedanke, dem auch die einschlägige englische und französische Literatur und Rechtsprechung folgen: „There are some kinds of damage for which no true compensation can be given in this world by any amount of money, no matter how elaborate an arithmetical computation is employed. This is particularly so with claims for loss of amenities and pain and suffering. Yet the courts are obliged to do the best they can. In such cases the plaintiff is entitled to fair and reasonable, as distict from perfect, compensation, assessed in the light of previous rewards in respect of comparable

---

1232 *Pecher* AcP 171, 65
1233 zur Präventivwirkung dieses Anspruchs s. u. 1.3.2 und 1.3.3
1234 *Krüger-Nieland* 45. DJT II C S. 35
1235 s. o. I 2.2.2.2 d.dd und gg
1236 vgl. 1.1 und 1.2.1
1237 ebenso *Hubmann* aaO; vgl. auch *vGierke* (§ 215 I 1 und 4), der die Ersetzbarkeit immateriellen Schadens in Geld mit dessen Eignung zur Kompensation des durch die Verletzung hervorgerufenen Unlustgefühls durch Lustgefühle begründet
1238 vgl. oben I 2.2.2.2 d.gg.aaa–hhh
1239 *Stoll*, Gutachten S. 138 f.; *Nörr* AcP 158, 2

damage. ‚It would be paradoxical if the law refused to give any compensation at all because none could be adequate.' (Rose v. Ford (1837) A. C. 826, at 848, per Lord Wright)."[1240] Und: „Mais pourquoi refuser cette somme si, par les satisfactions que la victime pourra se procurer avec elle, elle atténue au moins sa souffrance? ... La jurisprudence a affirmé que la difficulté d'evaluation ne peut justifier un rejet de la demande"[1241,1242].

1.3 Der Genugtuungsgedanke

1.3.1 Darstellung

Eine **Definition** des Genugtuungsgedankens erscheint kaum möglich, ohne auf die kontroversen Ansichten über seinen Inhalt einzugehen: Wenn *Remé*[1243] meint, Genugtuung sei „Wiedergutmachung des Nichtvermögensschadens durch ‚Kränkung des Unrechts' ", dann trägt er unterschwellig Sühnegesichtspunkte in die Begriffsbestimmung hinein; hingegen sieht *Wiese*[1244] in der Genugtuung lediglich „eine dem Wesen ideeller Schäden entsprechende Form des Ausgleichs auf anderer Ebene". Als unstreitig darf aber die – insoweit neutrale – Formulierung von *Larenz*[1245] gelten, nach der die Genugtuungsfunktion eine „besondere Ausprägung des Gedankens der Wiedergutmachung" ist. UE bedeutet Genugtuung – subjektiv empfundene – Befriedigung; wir berufen uns dabei sowohl auf Namen und Inhalt der Satisfaktionstheorie[1246] als auch auf den allgemeinen Sprachgebrauch.

Der Genugtuungsgedanke[1247] ist **historisch** zuerst im Strafrecht erkannt und in Anlehnung an strafrechtliche Institute herausgebildet worden[1248]. Im germanischen Recht (bis 481 nChr) war der Begriff der

---

1240 *Salmond-Heuston* § 197 (2)

1241 *Esmein* in *Planiol-Ripert* Nr. 546

1242 Die Heranziehung ausländischer Rechtsäußerungen ist iRd Diskussion über eine Frage inländischen Rechts uE deshalb zulässig, weil sie insoweit keinen spezifisch rechtsordnungsgebundenen Inhalt haben, sondern einen – allgemein gültigen – rechtslogischen Gedanken verfolgen.

1243 S. 47

1244 S. 56

1245 SchR II § 75 III

1246 vgl. oben 1.1

1247 Das Wort ‚Genugtuung' im juristischen Sinn stammt aus dem Schweizerischen Recht (vgl. Art. 47, 49 schweizOblR) (*Deutsch* JuS 1969, 201).

1248 vgl. im folgenden *Stoll*, Gutachten S. 105 f. und *Kuschmann*, Rechtsgeschichte Rdn 39

strafrechtlichen Missetat noch identisch mit dem der unerlaubten Handlung – es gab also keine Trennung zwischen strafrechtlicher und zivilrechtlicher Betrachtungsweise; die Rechtsfolge einer solchen unerlaubten Handlung bestand in einer Bußleistung an den Geschädigten. Mit der fränkischen Zeit (481 bis 919) trat an die Stelle der Buße allmählich der Schadensersatz, wodurch die strafrechtlichen Missetaten langsam den zivilrechtlichen Charakter unerlaubter Handlungen annahmen[1249]. Die Berührung des Genugtuungsgedankens mit dem Zivilrecht erfolgte erst weit später in Gestalt der ‚Privatgenugtuung', jedoch ohne daß es zu einer völligen Trennung der Genugtuung vom Strafrecht gekommen wäre, weil man keinen grundsätzlichen Unterschied zwischen Genugtuung und Strafe sah[1250]. Diese Unterscheidung erfolgte erst später[1251]. Ausgangspunkt für die heutige Aufnahme des Genugtuungsgedanken in den Schmerzensgeldanspruch des § 847 BGB war die Erkenntnis der nur unvollkommenen Ausgleichbarkeit immaterieller Schäden in Geld[1252].

Zur **Inhalt**lichen Präzisierung – und damit zugleich zur Aufhellung der **Rechtsnatur** – des Begriffs ‚Genugtuung' (in unserem Sinne einer subjektiv empfundenen Befriedigung) ist vorab mit *Eickhoff*[1253] festzustellen, daß dieser Begriff nur etwas über das Ziel einer (sei es zivil- oder straf-)rechtlichen Sanktion aussagt, nichts aber über die Wahl der Mittel. Daher gibt es eine selbständige Leistungsart ‚Genugtuung' nicht[1254], der Genugtuungsgedanke steht vielmehr sowohl für (strafrechtliche) Sühneleistung als auch für (zivilrechtliche) Ausgleichsleistung zur Verfügung und tritt entweder in dieser oder in jener Gestalt auf[1255].

Die **Kontroverse** in der Lehre geht um die Frage, in welcher Gestalt der Genugtuungsgedanke innerhalb des Schmerzensgeldanspruchs nach § 847 BGB auftaucht. Eine – **zahlenmäßig überwiegende** –

1249 *Kuschmann* aaO Rdn 125
1250 vgl. RGSt 6, 183
1251 in RGSt 73, 26 f.
1252 *Grossfeld* S. 100, der freilich von „Nichtausgleichbarkeit" spricht; vgl. auch *Reinhardt* in *Schulze* I Nr. 43 S. 20
1253 S. 83 ff.
1254 ebenso *Wiese* S. 56
1255 übereinstimmend *Stoll* aaO S. 151

Ansicht schreibt ihm Sühnecharakter zu[1256], wobei allerdings von zTl unterschiedlichen Begründungen ausgegangen wird: Während *Remé*[1257] meint, die Genugtuung wolle weder den Geschädigten entlasten, noch den Schädiger belasten[1258], hält *Stoll*[1259] die Entlastung des Geschädigten (durch Besänftigung seines gekränkten Rechtsgefühls[1260]) und die Belastung des Schädigers (der für sein „moralisches Versagen" zahlen muß[1261]) für den erwünschten Nebeneffekt aller zivil- und strafrechtlichen Sanktionen. Einig ist man sich darüber, daß mit der Genugtuung das geschehene Unrecht („in seinen ideellen Auswirkungen"[1262]) gesühnt werden soll, und dadurch der Schaden wiedergutgemacht und der Rechtsfriede wiederhergestellt[1263] wird. Damit stellt sich die Genugtuung als (objektiv) unrechtsbezogen, nicht als (subjektiv) schadensbezogen dar; sie setzt in ihrer Eigenschaft als „Ersatz für Schadensersatz"[1264] – da ja der Schaden durch den Ausgleichsgedanken nicht hinreichend ersetzt werden kann – voraus, daß der Schaden nicht ersetzt ist[1265]. Nach *Stoll*[1266] verlangt sie noch nicht einmal das Vorliegen eines Schadens[1267].

1256 *Remé* S. 45 ff.; *Stoll* aaO S. 149, 152, 154 f.; *Pecher* AcP 171, 62; *Grossfeld* S. 103; *Bötticher* 45. DJT II C S. 16; *Neumann-Duesberg* Ufita 61, 69 ff.; in diesem Sinne sind auch *Deutsch* (aaO S. 201 f.), der der Genugtuung aber sekundär Ausgleichscharakter bescheinigt, *Reinhardt* (aaO) und *Küster* (JZ 1954, 1 f.) zu verstehen. (*Küsters* Aufsatz befaßt sich mit dem Gesetz über das Entschädigungsabkommen zwischen der BRD und Israel; seine Gedanken zur Genugtuung lassen sich aber wohl auch für die Schmerzensgeld-Diskussion verwenden, vgl. auch *Bötticher* MDR 1963, 358 Fußn. 23.)

1257 aaO

1258 ebenso wohl *Küster* aaO S. 2: Genugtuung werde nicht erlitten, sondern gegeben

1259 aaO S. 149

1260 ebenso *Pecher* und *Bötticher* (jeweils aaO)

1261 so *Reinhardt* aaO

1262 *Pecher* aaO

1263 *Pecher* (aaO) spricht von der „ideellen Wiederherstellung der Rechtsordnung durch repressive Maßnahmen"; nach *Deutsch* (JuS 1969, 202) enthält die Sanktionierung, zu der die Genugtuung führt, Elemente sowohl der Prävention (dazu noch unter 1.3.2 und 1.3.3) als auch der „Bewehrung und Bewährung des Rechts"; *Küster* (aaO S. 1) spricht vom „Ausgleich des Frevels an der Rechtsordnung"

1264 *Remé* S. 46

1265 so *Remé* aaO; aA *Küster* aaO: die Genugtuung setze den Ersatz des Schadens bereits voraus

1266 aaO

1267 *Pecher* (aaO S. 76) will auf die dogmatische Zuordnung des Genugtuungsgedankens zum Begriff des Schadens ganz verzichten.

Anderer Auffassung zufolge ist die Genugtuung „eine dem Wesen ideeller Schäden entsprechende Form des Ausgleichs auf anderer Ebene, ... eine besondere Funktion des Ausgleichsgedankens bei der Geldentschädigung für ideelle Schäden"[1268,1269]. Von dieser Konstruktion gehen – schlüssig – auch einige Entscheidungen des BGH[1270] aus. Dieser Ansicht stimmen wir zu, und zwar aufgrund folgender Überlegungen:

1) Zwar ist der Genugtuungsgedanke **historisch** im Strafrecht entstanden und gewachsen[1271]; in der – für den Genugtuungsgedanken maßgeblichen – Entscheidung des BGHZ[1272] wird er aber für § 847 BGB, also für eine schadensersatzrechtliche Norm des Zivilrechts, in Dienst genommen. Diese Indienstnahme liegt auf der entwicklungsgeschichtlichen Linie der Trennung zwischen Strafrecht und Strafe auf der einen Seite und Zivilrecht und Genugtuung auf der anderen Seite[1273]. Dieser formal-historische Gesichtspunkt indiziert, daß der Genugtuungsgedanke nicht einmal mittelbaren Strafcharakter[1274] tragen muß. Aus diesem Grunde ist die Suggestivfrage *Böttichers*[1275], ob denn nicht die Zuhilfenahme des Ausdrucks

---

1268 *Wiese* S. 56; kritisch gegenüber dieser Definition *Wieses Pecher* aaO S. 78

1269 Diese Ansicht wird ebenfalls vertreten von *vGierke* § 215 I 4; *Esser*, SchR § 113 I 3 b; *Krüger-Nieland* 45. DJT II C S. 39; *Rötelmann* NJW 1962, 1004; ebenfalls noch (bedingt) von *Bötticher* AcP 158, 395 (1959, 1960), anders hingegen *Bötticher* auf dem 45. DJT (1964), vgl. Fußn. 1256; auch der Entwurf 1959 (S. 29) hat sich dieser Auffassung angeschlossen; vgl. auch *Helle* (Schutz S. 44) und *Hubmann* (Persönlichkeitsrecht § 50), der gleichwohl in Übereinstimmung mit der Gegenansicht meint, das Schmerzensgeld wolle das gekränkte Rechtsgefühl des Verletzten besänftigen (dazu sogleich unten (2)).

1270 vgl. etwa BGHZ VersR 1961, 164 f., in der Ausgleichs- und Genugtuungsfunktion als Wirkweisen desselben Schmerzensgeldanspruchs bezeichnet werden, und BGHZ NJW 1965, 1376, wo strafrechtlichen Gesichtspunkten innerhalb des Genugtuungsgedanken kein „zu großer Raum" gewährt werden soll

1271 s. o.

1272 18, 149 ff.

1273 Diesen Trend übersieht möglicherweise *Pecher* (aaO S. 63), der eine wesensmäßige Unterscheidung zwischen öffentlicher Strafe und privater Genugtuung angesichts der „historisch aufweisbaren rechtsethischen Verwandtschaft" für nicht begründbar hält.

1274 Der BGHZ (aaO S. 155) begnügt sich mit der Feststellung, daß dem heutigen Schadensersatzanspruch „kein unmittelbarer Strafcharakter mehr innewohnt".

1275 MDR 1963, 357

‚Genugtuung' sicheres Zeichen dafür sei, daß man sich in den Bereich der Sühne und damit des Strafrechts begibt, Zeichen eines antiquierten Genugtuungs-Verständnisses.

2) Inhaltliche Unterscheidungskriterien zwischen Sühne und Ausgleich sind ihre (Primär-)**Ziele**: Die Sühne verlangt – wie bei Strafe[1276] und Buße – Übelszufügung, während der Ausgleich Befriedigung (im objektiven Sinne, als Erfüllung) beabsichtigt. Befriedigung tritt – dann subjektiv – in der Person des Verletzten auf; dementsprechend stellt die Sühneleistung auf den Verletzer, die Ausgleichsleistung auf den Verletzten ab. Die Genugtuung (nach unserer Definition: subjektiv empfundene Befriedigung) stellt ebenso auf die Person des Verletzten, nicht auf die des Verletzers, ab[1277] und ist deshalb teleologisch-inhaltlich nicht Sühne, sondern Ausgleich.

Die Aussage der Gegenmeinung, durch die Genugtuung solle das gekränkte Rechtsgefühl des Verletzten besänftigt werden, kann unwidersprochen bleiben: Hiermit wird – wie beim Ausgleich – auf den Verletzten abgestellt und das bereits erwähnte[1278] Affektionsinteresse angesprochen, dessen Unterscheidung ‚vom' immateriellen Schaden als Auszugleichendem wir nicht vollziehen konnten, weil Affektionsinteresse selbst immaterieller Schaden und daher zwangsläufig Mit-Auszugleichendes ist[1279].

3) Zutreffend weist *Pecher*[1280] darauf hin, daß in dem „nicht mehr emotional undifferenzierten, sondern rational auf die Technik der

---

1276 vgl. die Definition der Strafe (ieS) als „tatgemäße Übelszufügung" bei *Mezger-Blei* I § 99 (vor 1)

1277 ebenso *Wiese* S. 54 f., *Hubmann* JZ 1964, 294 und (früher) *Bötticher* AcP 158, 395; ebenso auch *Esser* (aaO § 113 I 3 a) mHinw auf den Wortlaut des § 847 I BGB („... kann der Verletzte ... verlangen.") und *Krüger-Nieland* (45. DJT II C S. 39): Im Gegensatz zur Strafe, wo Genugtuung „zuleide" des Verletzers erfolge, werde die Genugtuung innerhalb des Schmerzensgeldes „zuliebe" des Verletzten gewährt;
damit erledigen sich die Einwände *Böttichers* (45. DJT II C S. 19 f.), der meint, vom Standpunkt des Täters aus sei es gleichgültig, ob die ihm zugemutete Leistung die Allgemeinheit oder den Verletzten beruhigen solle, und *Küsters* (aaO S. 2), der auf die Demütigung des Schädigers abstellt und in dieser Demütigung das sowohl der Strafe als auch der Genugtuung gemeinsame Element sieht

1278 s. o. Einl A II

1279 s. o. Einl A II

1280 aaO S. 67 (*Pecher* ist Vertreter des Sühnegedankens, vgl. oben Fußn. 1256)

Rechtsverwirklichung ausgerichteten Rechtsverständnis unserer Zeit" die Vorstellung von einer Rechtsverletzung gespalten ist in die **Verletzung von**

- **Rechtsgegenstand** (die gegenständliche Reparation erfordert) und von
- **Rechtsordnung** (die ideelle Wiederherstellung durch Sühne verlangt).

Eben weil diese Unterscheidung erforderlich ist, und weil auch zwei verschiedene Rechtsgebiete zur Verfügung stehen, um Rechtsgegenstandsverletzungen und Rechtsordnungsverletzungen zu regeln – nämlich das Zivilrecht und das Strafrecht –, ist nicht einsehbar, warum bei Verletzungen immaterieller Rechte wie des aPR (bei Rechtsgegenstandsverletzungen also) Aspekte vom Rechtsordnungsverletzungen untergebracht werden wie ‚Wiederherstellung von Rechtsordnung und Rechtsfrieden' usf.[1281] Eine solche Vermischung ist bei der Verletzung immaterieller Güter ebenso verfehlt wie bei der Verletzung materieller Güter – vielmehr bestehen für alle Rechtsgegenstandsverletzungen zivilrechtliche und für die – dahinter stehenden – Rechtsordnungsverletzungen strafrechtliche Sanktionen nebeneinander[1282]. Dieses Nebeneinander (iSe Doppelspurigkeit) beweist, daß die Genugtuung nicht unrechts-, sondern schadensbezogen ist.

Die Doppelspurigkeit von Rechtsgegenstands- und Rechtsordnungsverletzung beweist zudem die Unfähigkeit des – der Rechtsordnungskategorie zugehörigen – Sühnegedankens, den – am Rechtsgegenstand eingetretenen – (immateriellen) Schaden zu ersetzen: Der Sühnegedanke kann – in seiner Kategorie verbleibend – die Rechtsordnung wiederherstellen, außerhalb dieser Kategorie (an den Rechtsgegenständen nämlich) zeitigt er keine Wirkung. Eine andere Ansicht müßte den z. B. durch Betrug verursachten Vermögensschaden schon allein durch eine Verurteilung des Täters nach § 263 StGB ausgeglichen sehen.

4) Die **Schadensbezogenheit** der Genugtuung (d. h. die Notwendigkeit eines Schadenseintritts) ergibt sich nicht nur aus dem Doppelspurigkeitsgedanken, sondern – vor allem – aus dem Gesetz selbst:

1281 vgl. die Formulierung der aA oben einschl. Fußn. 1263
1282 so ausdrücklich BGHZ 10, 106 für Ehrverletzungen

Nur „im Falle der Verletzung ..." kann der Betroffene „... wegen des Schadens ... Entschädigung ... verlangen" (§ 847 I 1 BGB)[1283]. Diese Entschädigung, die bei immateriellen Schäden als Genugtuung geleistet wird, ist daher nicht „Ersatz für Schadensersatz"[1284], sondern sie ist der (eigentliche) Ersatz selbst; d. h. aber auch, daß sie den Ersatz des Schadens nicht bereits voraussetzt[1285]. Hingegen setzt sie voraus, daß der Schaden bislang nicht – etwa durch eine andere Schadensersatzmaßnahme wie z. B. durch Naturalrestitution – bereits ersetzt ist; denn durch die Entschuldigung oder Ehrenerklärung usf.[1286]. ist der Schaden uU schon voll ausgeglichen, eine Genugtuungsleistung ist nicht mehr erforderlich, weil der Entschädigungsanspruch mangels eines auszugleichenden Schadens entfällt[1287].

Der Begriff der Entschädigung taucht ebenso in dem – in enger Beziehung zu § 847 BGB stehenden[1288] – § 253 BGB auf: Was dort in der Grundsatzregelung „Entschädigung in Geld" ist, ist inhaltlich identisch mit der „Entschädigung in Geld", die in § 847 BGB ausnahmsweise gewährt wird[1289]. Ergänzend verweist *Esser*[1290] zur Unterstützung des Ausgleichscharakters der Genugtuungsfunktion des § 847 BGB auf dessen systematische Einordnung in die Schadensersatzvorschriften der §§ 823 ff. BGB.

5) Auch die hinter dem Wortlaut des § 847 BGB stehenden **gesetzgeberischen Motivation und Überlegungen** zeigen, daß der Anspruch aus dieser Norm reinen Ausgleichs- und keinen Sühnecharakter haben sollte:
- Die Ehre wurde nicht in den Schutzkatalog aufgenommen, weil man eine Rückkehr zur actio iniuriam aestimatoriae befürchtete[1291].

1283 Auf den Wortlaut des § 847 I BGB beruft sich auch *Esser* (aaO § 113 I 3 a).
1284 so aber *Remé* S. 46
1285 so aber *Küster* JZ 1954, 1
1286 vgl. oben I 2.2.2.2 d.gg.aaa
1287 *Wiese* S. 50
1288 s. o. I 1.2
1289 Auf diesen Zusammenhang zwischen §§ 253 und 847 BGB beruft sich auch *Remé* (S. 35) – freilich zur Stützung seiner eigenen Ansicht.
1290 aaO
1291 s. schon oben I 2.2.1.1; das bedeutet freilich nicht, daß eine – nachträgliche – Aufnahme des aPR (und damit des bPR der Ehre) in den § 847 I BGB den Schmerzensgeldanspruch zur Privatstrafe machen könnte: Wir

- In den Vorschlägen zur Formulierung des § 847 I BGB ist sowohl in den Motiven[1292] als auch in den Protokollen[1293] von „Entschädigung“ – d. h. Ausgleich[1294] – die Rede.
- Bei der Diskussion über die Vererblichkeit des Anspruchs aus § 847 I 1 BGB tauchte die Streitfrage auf, ob das Schmerzensgeld als Strafe oder als Entschädigung aufzufassen sei. Die Vertreter der Entschädigungstheorie setzten ihre Auffassung von der Unvererblichkeit des Anspruchs mit der Begründung durch, der Schmerzensgeldanspruch sei Entschädigung „für etwas ..., das ebensowenig auf den Erben übergehe, wie die Kränkung“[1295].
- „Die Hereinziehung moralisierender oder strafrechtlicher Gesichtspunkte ... muß bei der Bestimmung der civilrechtlichen Folgen unerlaubten, widerrechtlichen Verhaltens durchaus fern gehalten werden.“[1296].

Daß diese gesetzgeberischen Erwägungen von den Vertretern der Gegenansicht[1297] herangezogen werden, um darzutun, daß der Schmerzensgeldanspruch weder den Charakter einer Privatstrafe noch – entgegen dem BGHZ[1298] – den einer Genugtuung trage, ist mit dem Mißverständnis über die heutige Bedeutung des Genugtuungsgedankens iRd § 847 BGB zu erklären.

6) An dieser Stelle ist daher das uE **heute geltende Verständnis der Genugtuungsfunktion** iRd Schmerzensgeldanspruchs und insbesondere ihr Verhältnis zur Ausgleichsfunktion zu klären und zu erläutern. Ein Teil der Lehre geht von einer Trennung zwischen der Ausgleichs- und der Genugtuungsfunktion des Schmerzensgeldes aus[1299]; *Stoll* treibt diese Trennung so weit, daß er im Ausgleichs- und Genugtuungsgedanken des Schmerzensgeldes getrennte Be-

---

haben das aPR ja in § 847 I BGB unterbringen können, weil er insoweit aufnahmebereit war (vgl. oben I 2.2.2.3 a.cc und 2.3), d. h. seiner Rechtsnatur als Schadensersatznorm nach unverändert bleiben konnte.

1292 vgl. Motive II zu § 728 (entspricht § 847 BGB hF)
1293 vgl. *Mugdan* (Prot) zu § 728 BGB aF
1294 vgl. oben 1.1
1295 Motive II aaO
1296 Motive I zu § 218 (§§ 218 ff. aF entsprechen den §§ 249 ff. BGB hF)
1297 insb. von *Remé* (S. 35 f.); vgl. auch *Löffler*, Gutachten S. 16
1298 vgl. BGHZ 18, 149 ff., vgl. oben zu 1.1
1299 so *Stoll*, Gutachten S. 155; *Grossfeld* S. 102; *Bötticher* MDR 1963, 358 und 45. DJT II C S. 16; *E. Kaufmann* AcP 162, 438; *Reinhardt* in *Schulze* I Nr. 43 S. 20; ebenso auch der Entwurf 1959, S. 29

messungsfaktoren des (einheitlichen) Schmerzensgeldanspruchs sieht[1300]. Die einzelnen Begründungen hierzu sind durchweg mit der Vorstellung vom Sühnecharakter der Genugtuungsfunktion verknüpft[1301,1302] – eine Vorstellung, der wir eben mit den Überlegungen 1) bis 5) entgegengetreten sind.

Aus einem Gedanken von *Pecher*[1303], demzufolge die Genugtuungsfunktion des Schmerzensgeldanspruchs umso mehr in den Hintergrund tritt, je stärker sich die Anknüpfung einer Sanktion von der Person des Betroffenen auf seine beschädigten Güter verlagert, läßt sich der Satz folgern, daß das Verhältnis von Genugtuung und Ausgleich von der Entfernung des verletzten Rechtsguts zum Rechtsgutträger abhängig ist. Das Verhältnis von Ausgleich und Genugtuung wandelt sich also je nachdem, ob ein (materieller) Schaden am – vergleichsweise entfernten – Rechtsgut Vermögen, oder ob ein (immaterieller) Schaden am – vergleichsweise nahen – aPR eintritt; den hier eintretenden immateriellen Schaden hatten wir deshalb als Beeinträchtigung von Interessen höchstpersönlicher Natur gekennzeichnet[1304]. Während nun der Ersatz materieller Schäden unmittelbar durch materiellen ‚Ausgleich' erfolgt – und erfolgen kann, weil materielles Minus durch materielles Plus unmittelbar kompensierbar ist –, tritt der Ersatz immaterieller Schäden durch ‚Genugtuung' (in unserem Sinn von subjektiv empfundener Befriedigung) ein – aber nur mittelbar, nämlich zweifach mediatisiert durch erstens die (materielle) Geldleistung und zweitens durch den im Ausgleichsge-

---

1300 aaO; so versteht ihn auch *Bötticher* 45. DJT II aaO S. 15; gegen *Stoll* wendet sich *Larenz* (SchR II § 75 III), der statt dessen eine Gesamtabwägung vornehmen möchte

1301 *Bötticher* (MRD 1963 aaO) geht davon aus, daß der BGHZ (18, 149 ff.), wenn er zwischen Ausgleich und Genugtuung unterscheide, mit der Genugtuung „wesensmäßig" etwas anderes als Ausgleich gemeint haben müsse; „im Interesse der Klarheit" begrüßt er (45. DJT II aaO S. 16) daher, daß die Genugtuung von der Entschädigung getrennt und „in den Dienst der Sühne" gestellt wird. Auch für *Stoll* (aaO) ist die Genugtuung „wegen des ihr innewohnenden Moments der Sühne grundverschieden von der Entschädigung".

1302 anders aber *Pecher* (aaO S. 62), der als Anhänger des Sühnegedankens gleichwohl von einer Anspruchsform spricht, in der Entschädigung und Genugtuung als unselbständige Funktionen eines einheitlichen Zahlungsanspruchs verschmolzen sind

1303 aaO S. 63

1304 s. o. Einl A II

danken enthaltenen[1305] Überwindungsgedanken. Daß bei immateriellen Schäden ein vom verletzten Rechtsgut andersartiger Stoff (Geld) als Medium eingeschaltet werden muß, liegt an der Eigenart[1306] des verletzten Rechtsguts. Diese Eigenart rechtfertigt nicht die Flucht aus den herkömmlichen und einschlägigen Denkkategorien des Schadensersatzes in sachfremde Sühnegedanken[1307].

Wir gelangen damit zu einer Parallelität der Begriffe ‚Ausgleich' und ‚Genugtuung': Während das Ausgleichsprinzip (iwS) weiterhin das allgemeine Schadensersatzrecht beherrscht, wirkt es als ‚Ausgleich' (ieS) beim Ersatz materieller Schäden, und als ‚Genugtuung' beim Ersatz immaterieller Schäden[1308]. Zur terminologischen Verdeutlichung dieses Modells schlagen wir vor, das allgemeine Ausgleichsprinzip (iwS) als ‚Entschädigungsprinzip' zu bezeichnen, das sich bei materiellen Schäden als ‚Ausgleich', bei immateriellen Schäden als ‚Genugtuung' verwirklicht. Eine derartige Integration des Genugtuungsgedankens in das allgemeine Entschädigungsprinzip, die ihn als immaterielles Pendant zum Ausgleichsgedanken im Recht des immateriellen Schadens definiert, grenzt ihn endgültig vom Sühnegedanken ab.

7) Zuzugeben ist, daß die Anhänger des Genugtuungsgedankens – insbesondere der BGHZ – dessen Einordnung in Strafrechtsnähe oder als Privatstrafe[1309] sowohl durch die Wahl ihrer Formulierungen als auch durch das Aufstellen besonderer Anspruchsvoraussetzungen

---

1305 s. o. 1.1

1306 s. o. Einl A II zur Inkommensurabilität und zur imperfekten Ersetzbarkeit immaterieller Schäden

1307 vgl. BGHZ 7, 225

1308 Dieses Verständnis der Genugtuungsfunktion teilen BGHZ VersR 1961, 164 f. (Ausgleich und Genugtuung seien Wirkungsweisen [Funktionen] desselben Schmerzensgeldanspruchs); *Wiese* S. 56 (s. o. mFußn 1268); *Rötelmann* NJW 1962, 1004 (eine Entschädigungsfunktion neben der Genugtuungsfunktion gebe es nicht; „die Genugtuung ist die [allein mögliche] Entschädigung beim Nichtvermögensschaden"); ebenso *Esser* aaO § 113 I 3 b; in diesem Sinne schon *vGierke* § 215 I 4 und wohl auch *Larenz* 42. DJT II D S. 33 und SchR II § 75 III; *Pecher* (aaO S. 63) zufolge sind Genugtuung und Ausgleich ihrem rechtlichen Schutzzweck nach „nicht schlechthin unvertauschbar", sondern „verschiedene Ausdrucksformen des sich wandelnden rechtsethischen Wertbewußtseins"; eine Regelung, in der die Genugtuung als Ersatz immateriellen Schadens dargestellt wird, lehnt *Pecher* (aaO S. 77) gleichwohl als unzureichend ab.

1309 Zur Privatstrafe kommen wir noch unter 1.3.3.

provoziert haben. Wenn der BGHZ ausführt, dem Schmerzensgeldanspruch nach § 847 BGB komme zwar „kein unmittelbarer Strafcharakter mehr" zu, gleichwohl „(schwinge) auch heute noch etwas vom Charakter der Buße oder ... der Genugtuung mit"[1310]; wenn er unlauterem Gewinnstreben im Ginsengwurzel-Fall[1311] mit dem „Risiko eines fühlbaren materiellen Verlustes"[1312] begegnen will; wenn er zudem in ständiger Rechtsprechung zum Ersatz immateriellen Schadens bei Verletzungen des aPR den Anspruch vom Vorliegen einer besonderen Schuldschwere abhängig macht[1313,1314] – dann hat er Gedanken und Formulierungen gebraucht, die besser ins Strafrecht als ins zivile Schadensersatzrecht passen[1315]. Auf der gleichen Linie liegen Äußerungen von *Coing*[1316], der „zu empfindlichen Geldleistungen als Genugtuung" verurteilen will, und von *Bußmann*[1317], der dieser Rechtsprechung zustimmt, weil Persönlichkeitseingriffe sonst häufig „ungesühnt" blieben.

8) In der Tat ist die funktionelle Zuordnung des Genugtuungsgedankens zum allgemeinen Entschädigungsprinzip des zivilrechtlichen Schadensersatzrecht (auch) durch die Kombinationslösung der hM[1318] derart undeutlich geblieben, daß man mit einem Rückblick auf die – vergleichsweise klaren – Kernsätze der Entscheidung des 3. Senats vom 29. 9. 1952[1319] liebäugelt, nach denen sich der Schmerzensgeldanspruch lediglich durch die Art des verletzten Gutes von anderen Schadensersatzansprüchen unterscheidet[1320], und daß dieser Unterschied keine Unterschiedlichkeit in der Funktion beider Ansprüche bedingt. Diese frühere Ansicht des BGHZ läßt sich durch unsere Parallelsetzung der Unterbegriffe ‚Ausgleich' (für materielle Schäden) und ‚Genugtuung' (für immaterielle Schäden) unter

1310 BGHZ 18, 155
1311 BGHZ 35, 363 ff.
1312 aaO S. 369
1313 z. B. in BGHZ 18, 149 ff. (LS 2), 157 ff.; 35, 369; BGHZ JZ 1965, 413; VersR 1969, 349; DB 1970, 1125
1314 zu dem Problem der Anspruchsbeschränkung vgl. unter B, insb. III 4 und IV 3
1315 vgl. *E. Kaufmann* AcP 162, 438; *Löffler*, Gutachten S. 16 f.; *Schultz* MDR 1962, 957
1316 JZ 1958, 560
1317 GRUR 1958, 411
1318 s. o. 1.1 (mFußn 1199–1202)
1319 BGHZ 7, 223 ff. (vgl. oben 1.1)
1320 BGHZ aaO S. 225

den Oberbegriff ‚Entschädigung' mit der jetzt herrschenden Kombinationslösung (insbesondere der Rechtsprechung) vereinen – wenn man sich dazu durchringen könnte, den reinen Entschädigungscharakter des Genugtuungsgedankens auch dadurch zum Ausdruck zu bringen, daß man Formulierungen und systemwidrige Inkonsequenzen[1321] vermeidet, die Assoziationen an das Strafrecht hervorrufen.

Die **Entwicklung** zu diesem Verständnis der Genugtuungsfunktion hat uE bereits dadurch eingesetzt, daß Rechtsprechung und Lehre bei Verletzungen des aPR die Genugtuungsfunktion gegenüber der Ausgleichsfunktion inzwischen „durchaus in den Vordergrund" rücken lassen[1322] – wohingegen die Ausgangsentscheidung des Großen Senats vom 6. 7. 1955 zur Kombinationslösung[1323] der Ausgleichsfunktion noch den Vorrang eingeräumt hatte. Setzt sich diese Entwicklung fort, dann könnte letztlich der Begriff des Ausgleichs vollends aus dem Ersatzrecht für immaterielle Schäden weichen und dem hierher gehörigen, dem allgemeinen Entschädigungsprinzip (in unserem Sinne[1324]) verpflichteten Begriff der Genugtuung Platz machen.

1.3.2 Kritik

Gegen den Genugtuungsgedanken im Schmerzensgeldanspruch wird im einzelnen eingewandt,

a) er verleihe dem Schmerzensgeld Strafcharakter und durchbreche dadurch die zivilrechtliche Schadensersatzsystematik[1325];

1321 Den Nachweis der Systemwidrigkeit insb. der BGHZ – Rspr zu den Anspruchsbeschränkungen versuchen wir unten (B II–IV) zu erbringen.

1322 so BGHZ 35, 369 unter Berufung auf *Larenz* NJW 1958, 828; im Anschluß an diese Entscheidung BGHZ NJW 1965, 685 f. und 1375 f.; ebenso LG München I bei *Schulze* VII Nr. 78 S. 5; *Wiese* S. 50 und *Schmalzl* VersR 1966, 793;
Stoll (Gutachten S. 5) findet die für diesen „Rangtausch" gegebene Begründung des BGHZ (35, 368 f.; Persönlichkeitsrechtsverletzungen seien schwieriger meßbar) „schwach"; immerhin wird aber doch in dieser Begründung ersichtlich, daß die Rspr der Genugtuungsfunktion deshalb Vorrang einräumt, weil (allein) sie dem Charakter des verletzten Rechtsguts entspricht.

1323 BGHZ 18, 149 ff., 154

1324 vgl. unser terminologisches Modell oben

1325 LG München vom 15. 2. 1963, unveröff, rekr, zit. bei *Lieberwirth* S. 51; *Löffler*, Gutachten S. 17; *Pecher* AcP 171, 60

b) er bleibe auf halbem Wege stehen, weil er das verletzte Rechtsgefühl nur insoweit berücksichtige, als das verletzte Rechtsgut (das aPR) dies erfordere, während er das Sühneverlangen des Verletzten unbeachtet lasse[1326];
c) er verleihe dem Schmerzensgeldanspruch den Charakter einer – zivilrechtsfremden – Buße[1327];
d) seine (general-)präventive Wirkung ordne ihn dem Strafrecht zu[1328,1329].

1.3.3 Entgegnung

(zu a) Auf diesen Vorwurf mußten wir bereits bei der Darstellung der Genugtuungsfunktion[1330] eingehen: Wir stellten dort fest, daß die Genugtuung als Entschädigungsfunktion für immaterielle Schäden reinen Wiedergutmachungscharakter hat, allein bei Rechtsgegenstandsverletzungen eingreift, allein schadensbezogen ist und allein auf die Person des Verletzten abstellt – womit sie sich von der Strafe weit entfernt, die durch ihren Vergeltungszweck[1331] Rechtsordnungsverletzungen korrigiert, die damit unrechtsbezogen ist und auf die Person des Täters abstellt. Die Genugtuung trägt somit **keinen Strafcharakter**[1332]. Vorsorglich zeigt *Wiese*[1333] die Grenzen auf, die eingehalten werden müssen, damit Genugtuung nicht Strafe wird:
- Ihr einziges Ziel müsse die Reparation des entstandenen Schadens bleiben;

1326 *Grossfeld* S. 102
1327 OLG München Ufita 60, 311 (aufgehoben durch BGHZ NJW 1971, 698 ff.); *Hartmann* NJW 1962, 15; *Löffler*, Gutachten S. 16 f.; früher auch *Bötticher* MDR 1963, 359 (anders aber auf dem 45. DJT [1964] II C S. 18)
1328 *Grossfeld* S. 106; *Bötticher* 45. DJT aaO S. 19 f. (Ergebnis); kritisch auch *Stoll*, Gutachten S. 6, 48, vgl. aber auch S. 152, 156 f.
1329 Wir sind uns darüber im klaren, daß die Einwände (a) und (d) auf dasselbe Ergebnis hinauslaufen. Eine Trennung beider Gesichtspunkte empfiehlt sich aber wegen der Schwerpunktverlagerung in (d) auf den Präventivcharakter des Schmerzensgeldanspruchs; zu diesem Aspekt haben wir unter 1.3.1 noch nicht Stellung genommen.
1330 vgl. oben 1.3.1
1331 *Mezger-Blei* I § 101 IV
1332 so übereinstimmend BGHZ 18, 149 ff., 151; *Wiese* S. 54 f.; *Krüger-Nieland* 45. DJT II C S. 39; *Esser*, SchR § 113 I 3 a (der allerdings ein gewisses pönales Element nicht leugnen mag); *Larenz*, SchR II § 75 III; *Hubmann* JZ 1964, 294; auch *Küster* JZ 1954, 2 (mit der Begründung, die Genugtuung werde nicht erlitten, sondern gegeben)
1333 S. 57

– über die jeder Schadensersatzverpflichtung eigenen Präventivwirkung[1334] hinaus dürfen keine weiteren Präventivzwecke verfolgt werden;
– weder der Geschädigte noch die Allgemeinheit dürfen den Schädiger demütigen wollen;
– der Genugtuungsgedanke müsse entfallen, wenn der Geschädigte (z. B. der Geisteskranke) Genugtuung gar nicht empfinden könne; dieses Ergebnis kann sich häufig schon im Vorstadium der rechtlichen Betrachtung dadurch ergeben, daß dieser Typ des Geschädigten im Regelfall eine Verletzung seines aPR gar nicht zur Kenntnis nehmen kann, und deshalb gar kein Schaden eintritt.

(zu b) Mit diesem Einwand bemängelt *Grossfeld* das Fehlen einer Sühnefunktion der Genugtuung – und setzt sich somit in Opposition zu denjenigen ihrer Kritiker, die gerade die angebliche Sühnefunktion der Genugtuung beanstanden[1335]. *Grossfeld* wendet sich im Grunde dagegen, daß die Genugtuung – wie wir sie verstehen, nämlich als **Entschädigungs-(Wiedergutmachungs-)Prinzip bei immateriellen Schäden** – die Trennung zwischen Rechtsgegenstands- und Rechtsordnungsverletzung säuberlich nachvollzieht, indem sie allein die am Rechtsgegenstand eingetretene Verletzung repariert und Sühnegedanken unbeachtet läßt[1336].

Über diese – uE erforderliche – Trennung, ebenso über die inhaltlich-teleologischen Unterschiede zwischen Ausgleich und Sühne[1337] setzt sich *Grossfeld* mit dem Vorschlag einer **Privatstrafe** hinweg: Während nach seiner Vorstellung die Kriminalstrafe bei sozial schädlichen Handlungen eingreift, sei die Privatstrafe Reaktion auf das dem einzelnen zugefügte Unrecht[1338]; ebenso wie die Verletzung öffentlicher Interessen den öffentlichen Strafanspruch auslöse, ziehe die Verletzung privater Interessen einen privaten Strafanspruch nach sich, der von dem des Staates unabhängig sei[1339]. Die Privatstrafe greife auch bei Verletzungen des aPR ein[1340]: Auf dem Gebiet des immateriellen Schadens müsse jeder Schadensersatz zur Strafe werden, weil

---

1334 dazu unten unter (d)
1335 s. o. 1.3.2 (zu a)
1336 s. o. 1.3.1 (zu 3)
1337 s. o. 1.3.1 (zu 2)
1338 *Grossfeld* S. 121
1339 aaO S. 122
1340 aaO S. 104 ff., 113 ff., 125 f. (Gesetzesvorschlag)

dies die „einzig konsequente zivile Rechtsfolge" sei[1341], die sowohl Ausgleich[1342] als auch Genugtuung beinhalte[1343]. Gegen die Einführung einer Privatstrafe sprechen – abgesehen von den bei uns oben[1344] angeführten Gesichtspunkten – hauptsächlich folgende Gründe:

- Die Vermischung von Straf- und Zivilrecht bedeutet einen Atavismus in der deutschen Rechtstradition[1345].
- Für einen solchen Rückfall besteht kein Bedürfnis, weil immaterielle Schäden durch die – vorrangigen – (zivilrechtlichen) Wiedergutmachungsprinzipien (insbesondere den Schmerzensgeldanspruch, aber auch durch die Naturalrestitution) ersetzt werden können[1336].
- Da zivil- und strafrechtliche Deliktshandlungen häufig zusammentreffen, würde die Privatstrafe gegen Art. 103 III GG (ne bis in idem) verstoßen[1347].

(zu c) Dieser Einwand ist erstens nur stichhaltig, wenn die **Buße** dem Zivilrecht wirklich fremd ist. Die hM verstand unter Buße eine im Strafverfahren geltend zu machende, vom Strafrichter zuzusprechende **zivilrechtliche Entschädigung** für entstandene materielle und immaterielle Schäden[1348]. Die Richtigkeit dieser Ansicht, die die Buße materiell dem Zivilrecht zuordnete, ergibt sich aus folgenden Überlegungen:

- Alle ehemals geltenden Bußvorschriften (§§ 188, 231 StGB; 26 UWG; 35 KUG; 29 WZG; 50 PatG; 14 GeschmMG; 17 GebrMG)[1349] schlossen die Geltendmachung eines „weiteren" Entschädigungsanspruchs (Anspruch auf Schadensersatz) ausdrücklich aus (§§ 188 II, 231 II StGB; 26 S. 3 UWG; 35 II KUG; 29 II WZG; 50 II PatG; 14 I GeschmMG

1341 aaO S. 104
1342 aaO S. 105 f., 109, 111
1343 aaO S. 111
1344 1.3.1 (zu 2 und 3)
1345 *Remé* S. 44; *Stoll*, Gutachten S. 139
1346 *Wiese* S. 57 f. Fußn. 202; *Stoll* aaO S. 156
1347 *Remé* aaO
1348 BGHZ 7, 223 f.; RGSt 31, 334; 55, 188; 60, 12; *Wiese* S. 54 mwNachw aus der Lit; *Stoll* aaO S. 27; *Bötticher* 45. DJT II C S. 18; *Nörr* AcP 158, 14; LeipzKommentar § 188, I; undurchsichtig und ohne Begründung OLG Köln GRUR 1967, 324 (rekr), nach dem strafrechtliche Buße und zivilrechtliche Genugtuung „die gleiche Funktion" haben;
1349 Diese Vorschriften sind – mit Ausnahme von § 14 GeschmMG – durch das EGStGB mit Wirkung vom 1. 1. 1975 aufgehoben worden (BGBl I S. 469); § 14 GeschmMG wurde durch dasselbe Gesetz mit demselben Wirkzeitpunkt geändert; vgl. Art. 17, 19 EGStGB

aF iVm 18 V des in 14 I aF zitierten Gesetzes vom 11. 6. 1870[1350]; 17 II GebrMG).
- Gegen den Bußanspruch war Aufrechnung möglich[1351], was dem Strafcharakter zuwiderlaufen würde[1352].
- Aus der rein verfahrensrechtlichen Regelung, daß der Strafrichter über die Buße erkannte, kann nicht gefolgert werden, daß die Buße materiell strafrechtlichen Charakter hatte[1353].

Der Einwand erlischt zweitens dadurch, daß Schmerzensgeld- und Bußanspruch trotz ihrer gemeinsamen materiellen Einordnung ins Zivilrecht noch **nicht identisch** werden. Das folgt zunächst daraus, daß die Buße auch bei Vermögensschäden eingesetzt werden konnte[1354] und verfahrensrechtlich ins Strafrecht gehörte. Eine grundsätzliche Differenz zwischen beiden ergibt sich zudem aus den Überlegungen, die den Gesetzgeber veranlaßten, die Körperverletzung in den Schutzkatalog des § 847 I BGB aufzunehmen[1355,1356]. Er ging dabei von § 231 StGB aF aus: wenn iR dieser Vorschrift der Strafrichter befugt sei, bei Körperverletzungen Buße auszusprechen, so müsse „eine gleiche Befugnis" auch dem Zivilrichter zustehen; nur so werde der Harmonie in der Gesetzgebung, den „fühlbar gewordenen Bedürfnissen" und den Anforderungen der Rechtsordnung genügt. Dies zeigt, daß die Buße der Grund für die Einführung des Schmerzensgeldes war[1357]. Da ein Bußsystem – in den Strafgesetzen geregelt, aber materiell zivilrechtlicher Natur – vorhanden war, bedurfte es keines zweiten (zivilrechtlichen) Bußsystems, das sich im Schmerzensgeldanspruch des § 847 BGB niederschlug – man hätte damit ein überflüssiges und daher sinnloses Doppelphänomen geschaffen. Dementsprechend versteht *Bötticher*[1358] das Schmerzensgeld als „Spiegelbild der Buße" – womit er sowohl der Verwandtschaft beider Sanktionen gerecht wird, die darauf beruht, daß beide zivilrechtliche Entschädigungen

1350 BGBl 1870 S. 339
1351 LeipzKommentar § 188, I
1352 BGHZ 7, 224
1353 BGHZ aaO
1354 s. o. zur Definition
1355 Motive II zu § 728 (entspricht § 847 BGB hF)
1356 vgl. zur rechtsgeschichtlichen Entwicklung näher *Eickhoff* (S. 24 ff.) und *Remé* (S. 32 ff.)
1357 *Deutsch* JuS 1969, 203; vgl. auch *Nörr* AcP 158, 14; zu den allgemeinen rechtshistorischen Wegen von Buße und Schadensersatz s. *Kuschmann*, Rechtsgeschichte Rdn 39, 125 und 277
1358 MDR 1963, 359

gewährten, womit er aber auch eine Identifikation beider ausschließt[1359,1360]. (Auf die Unterschiede zwischen dem Anspruch aus § 847 I BGB und den Bußansprüchen aus den – für unser Thema allein einschlägig gewesenen – §§ 188 StGB und 35 KUG aF sind wir bereits oben[1361] eingegangen.)

(zu d) An diesem Einwand ist richtig, daß der durch Verletzung des aPR ausgelöste Schadensersatzanspruch nach § 847 I BGB analog **präventive Wirkungen** zeitigt – und offenbar auch zeitigen soll, wie z. B. den Formulierungen der Ginsengwurzel-Entscheidung[1362] zu entnehmen ist: „Solchem unlauteren Gewinnstreben kann wirksam nur entgegengetreten werden, wenn es mit dem Risiko eines fühlbaren materiellen Verlustes belastet wird, ..."[1363]. Ähnlich *Bußmann*[1364], der „gerade die Leichtfertigkeit und die Verantwortungslosigkeit, mit der ... solche Eingriffe häufig erfolgen, ... durch fühlbare Belastung mit Schadensersatz" zurückdrängen will. Der Einwand greift aber nur durch, wenn die Prävention allein dem Strafrecht vorbehalten ist[1365].

Prävention hat **im Strafrecht** vor allem nach den sog. relativen Straftheorien[1366] Bedeutung, und zwar als General- und als Spezialprävention: Danach bedeutet Spezialprävention „Einwirkung auf den einzelnen, um ihn von der Begehung von Verbrechen abzuhalten" und beinhaltet Maßnahmen der Sicherung, Besserung, Rehabilitation

---

1359 Von einer – materiellrechtlichen – Unterscheidung zwischen Schadensausgleich und Buße geht auch BGHZ NJW 1965, 1376 aus.

1360 Ein hierüber hinausgehendes Herausarbeiten der Gemeinsamkeiten und Unterschiede von Schmerzensgeld und Buße würde den Rahmen dieser Arbeit sprengen.

1361 vgl. I 2.2.2.2 d.dd (zu § 35 KUG) und gg.ggg (zu § 188 StGB) mit dem Hinweis ihrer Nicht-mehr-weiter-Geltung durch das EGStGB

1362 BGHZ 18, 363 ff., 369 = GRUR 1962, 105 ff.

1363 Hierauf macht Stoll (Gutachten S. 6) aufmerksam; vgl. aus der neueren Rspr BGHZ LM I 847 Nr. 51 aE

1364 GRUR 1962, 108

1365 vgl. dazu *Heck* § 145 I 5; nach *Stoll* (aaO S. 6) gehören (general-)präventive Erwägungen „in erster Linie" ins Strafrecht; *Grossfeld* (S. 106) hält die Prävention nur iRd Vergeltung für berechtigt (Die Vergeltung ist Strafzweck, *Mezger-Blei* I § 101). Im Ergebnis bejaht *Grossfeld* allerdings dadurch eine Präventivwirkung des Zivilrechts, daß er die Privatstrafe – mit der ihr zukommenden Präventivwirkung – ins Zivilrecht (wieder-)einführen möchte (s. *Grossfeld* S. 80; vgl. oben zu b; so versteht ihn auch *Wiese* S. 52 mFußn 184).

1366 vgl. dazu *Mezger-Blei* aaO § 102

usf.[1367]. Als Generalprävention, d. h. als „sozialpädagogische Einwirkung auf die Gesamtheit", verfolgt sie Ziele der Abschreckung und der „Persönlichkeitsachtung"[1368].

Daß solche (general- und spezial-) präventiven Wirkungen auch Platz im Zivilrecht haben, ohne daß sie die Struktur seines Schadensersatzrechts beeinträchtigen würden, indem sie dort Strafgedanken einfließen lassen, zeigen folgende Überlegungen und Beispiele:

- Wenn ein (Rechts-)Phänomen A (die Strafe) die (Rechts-)Funktion x_1 und x_2 (General- und Spezialprävention) ausübt, und wenn das Phänomen B (der Schadensersatzanspruch) ebenfalls die Funktionen x_1 und x_2 wahrnimmt, so folgt daraus noch keine Gleichsetzung von A und B.
- Das Zivilrecht beinhaltet – z. B. in den Gefährdungshaftungsnormen (wie in den §§ 833 S. 1 BGB; 7 StVG; 1 RHG); in den Deliktsnormen der §§ 823 ff. BGB; im Recht der Vertragsverletzungen in den §§ 61 I, 113 I HGB; in den §§ 971 II, 2339 ff. BGB[1369] – häufig Rechtsfolgen (wie Haftung, Anspruchsausschluß, Erbunwürdigkeit), die sich sowohl spezial- als auch generalpräventiv auswirken. *Krüger-Nieland*[1370] findet es zu recht „lebensfremd" anzunehmen, daß (z. B.) die Einhaltung von Verträgen auf einer „hochstehenden Geschäftsmoral beruhe" und nicht auf der Befürchtung andernfalls drohender Schadensersatzansprüche; dieser Gedanke läßt sich auf andere drohende Rechtsverpflichtungen erstrecken.
- „Die Rechtsprechung schützt ... Rechtsgüter auch dadurch vorbeugend, daß sie aufgrund geschehener Verletzung die Verpflichtung zum Ersatz des Schadens ausspricht."[1371]

Das gesamte zivilrechtliche Schadensersatzsystem steht somit im Dienst der Prävention künftiger Schädigungen[1372] – ohne daß hierdurch seine zivilrechtliche Natur und Struktur – etwa in Richtung auf das Strafrecht – verändert würden[1373]. *Stoll*[1374] stellt ergänzend klar,

---

1367 *Mezger-Blei* aaO § 100 II
1368 *Mezger-Blei* aaO § 100 I
1369 Die Bsple sind zTl von *Stoll* (S. 139 und 156 f.).
1370 45. DJT II C S. 20
1371 so *H. Kaufmann* JuS 1963, 382
1372 so übereinstimmend BAG 6, 377; *Larenz* NJW 1959, 865; *Nipperdey* GR IV 2 S. 855 und 42. DJT II D S. 19; *H. Kaufmann* aaO; *Pecher* AcP 171, 65; *Bötticher* AcP 158, 385 und 45. DJT II C S. 20; *Bußmann* GRUR 1962, 108
1373 *H. Kaufmann* aaO
1374 aaO S. 48

daß nach gefestigter Ansicht der Zivilrechtswissenschaft die (General-)Prävention zumindest nicht alleiniger Zweck zivilrechtlicher Sanktion sein soll[1375].

Da der Schmerzensgeldanspruch aus § 847 I BGB analog primär Entschädigungscharakter hat[1376], und sich seine Präventivwirkung – wie die Präventivwirkung jedes zivilrechtlichen (Schadensersatz-)Anspruchs – nur zwangsläufig als Nebenfolge ergibt, liegt er auf der Linie dieser gefestigten Ansicht. Eine systemwidrige Strafrechtsannäherung kann ihm daher auch unter dem Aspekt der Prävention nicht vorgeworfen werden.

2. verfassungsrechtliche Bedenken

2.1 Recht der freien Meinungsäußerung, Art. 5 I, II GG

Gegen unsere Lösung wird weiter der **Einwand** vorgebracht, sie beschneide das Recht der freien Meinungsäußerung, das in Art. 5 I 1 GG als – allgemeine – Meinungsfreiheit, in Art. 5 I 2 GG als – spezielle – Meinungsfreiheit der Medien (Medienfreiheit[1377]) verfassungsrechtlich verankert ist[1378]. Die in diese Richtung zielende Kritik beruft sich vorab darauf, daß die Gewährung eines Geldersatzes aus § 847 I BGB analog insbesondere die Presse treffe[1379]; auf der anderen Seite ist festzustellen, daß Presseeingriffe in das aPR nur einen Ausschnitt von Persönlichkeitsrechtsverletzungen darstellen[1380], so daß sich eine Prüfung dieses Einwands in seiner ganzen Breite – also an Hand des gesamten Art. 5 I GG – empfiehlt[1381].

1375 ebenso *Larenz*, SchR I § 27 I

1376 s. o. 1.1 und insb. 1.3.1 (zu 6)

1377 Der Ausdruck ‚Medienfreiheit' erscheint uns angemessener als der herkömmliche Begriff ‚Pressefreiheit', da Art. 5 I 2 GG neben der Presse auch Rundfunk, Fernsehen und Film in seinen Schutz miteinbezieht; ein ähnlich umfassender Begriff hätte auch in die Formulierungen des BVerfG (NJW 1973, 1228) Eingang finden sollen.

1378 Die Frage der Zulässigkeit der von uns vertretenen Lösung unter diesem Aspekt stellt sich auch BGHZ 39, 124 ff., 132 (Fernsehansagerin-Urteil).

1379 *Löffler*, Gutachten S. 14; ebenso *Schultz* MDR 1962, 957; *Küster* (Persönlichkeitsschutz S. 10) bezeichnet die Pressefreiheit als „Gegeninteresse" des Persönlichkeitsschutzes.

1380 *Krüger-Nieland* 45. DJT II C S. 37; wir deuteten das auch oben (I 2.2.2.2 d.gg.ccc) schon an.

1381 Entsprechend versteht *Hubmann* (Persönlichkeitsrecht § 39) sowohl das Recht auf freie Meinungsäußerung als auch das Recht auf Information als „Gegeninteressen" des Persönlichkeitsschutzes.

Von dem Geldersatzanspruch aus § 847 I BGB analog (einem „nach Grund und Höhe unbegrenzt drohenden Anspruch auf Ersatz des immateriellen Schadens"[1382]) geht nach Ansicht seiner Kritiker eine jede Initiative lähmende Angst vor einer Zensur aus, eine „ernste und unmittelbare („enorme") Gefahr für die Pressefreiheit"[1383], ja eine „Existenzbedrohung"[1384]. Dogmatisch werden diese Befürchtungen mit dem – angeblich verfassungswidrigen – Zurücksetzen des Rechts der freien Meinungsäußerung hinter den Schutz des aPR begründet; nach zutreffender Ansicht stehe Art. 5 I GG gleichrangig („iSe gegenseitigen Wechselwirkung") neben dem in den Art. 1 und 2 GG wurzelnden Persönlichkeitsrecht, „denn die Meinungsfreiheit (sei) ein wesentlicher Bestandteil der Würde des Menschen"[1385].

Diese Prämisse ist richtig: Im Anschluß an unsere oben[1386] gewählte Definition der Menschenwürde, die die Elemente der geistigen Entscheidungsfreiheit, der Fähigkeit zu Selbst-Bewußtsein, Selbst-Bestimmung, zu Selbst- und Umweltgestaltung umfaßt, stellt sich das Recht der freien Meinungsäußerung als Ausprägung des Art. 1 I GG dar; es ist zudem Ausdruck des Rechts auf freie Persönlichkeitsentfaltung iSd Art. 2 I GG[1387]. Als institutionelle Garantie der Medienfreiheit[1388] kommt dem Art. 5 I GG „darüber hinaus ... für die freiheitliche demokratische Grundordnung schlechthin konstituierende Bedeutung" zu[1389].

Versteht man unter dem Recht der freien Meinungsäußerung das Recht, zustimmende oder ablehnende Stellungnahmen (Wertungen, Beurteilungen, Einschätzungen, Ansichten und dgl.), die keine tatsächlich-sachlichen Angaben enthalten, im privaten Kreise oder in der Öffentlichkeit in irgendeiner Form vernehmbar zu machen und entsprechend vernommen zu werden[1390], und sieht man in der Medienfreiheit des Satzes 2 des Art. 5 I GG einen speziellen Fall der (allge-

---

1382 so *Löffler* aaO S. 15
1383 *Löffler* aaO
1384 *Küster* aaO S. 29
1385 *Löffler* aaO S. 15 f., vgl. auch NJW 1962, 227
1386 I 2.2.2.2 c.bb.bbb
1387 BVerfG 12, 125 (= NJW 1961, 820)
1388 *vMangoldt-Klein* I Art. 5, VI 1
1389 BVerfG 10, 118 ff., 121; s. auch 12, 205 ff., 260 (Fernseh-Urteil); 20, 162 ff., 174 ff. (Spiegel-Urteil); NJW 1973, 1228 (Lebach-Urteil); OLG Koblenz NJW 1973, 252 (Lebach-Urteil); *Löffler*, Gutachten aaO
1390 *vMangoldt-Klein* I aaO; *Wernicke* Art. 5, II 1 b; *Ridder*, GR II S. 248, 269 ff.

meinen) Meinungsfreiheit[1391] (**Definition**), dann werden solche Meinungsäußerungen als Eingriffe in das aPR vorstellbar. Fraglich ist, ob die Bedrohung solcher Eingriffe mit dem Schadensersatzanspruch aus § 847 I BGB analog das Recht des Art. 5 I GG gefährdet oder beeinträchtigt.

Aus dieser Frage kann die von *Löffler*[1392] geäußerte Angst vor der **Zensur** (Art. 5 I 3 GG) ausgeklammert bleiben: Mit *vMangoldt-Klein*[1393] und *Herzog*[1394] sind wir der Ansicht, daß der – sich auf die Sätze 1 und 2 des Art. 5 I GG beziehende[1395] – Satz 3 allein die Vor-(Präventiv-)Zensur meint[1396]. Dies ergibt sich uE aus dem Begriff der Zensur, der – im allgemeinen Sprachgebrauch – nur iSe vorherigen (präventiven) Gestattung bzw Verweigerung einer Meinungskundgabe verstanden wird, während solche Maßnahmen, die zeitlich nach einer Meinungsäußerung (repressiv) erfolgen (Verbot, Beschlagnahme, Einziehung [vgl. § 74 d StGB] usf.)nicht mehr als Zensur angesehen werden[1397]. Da der an die erfolgte Meinungsäußerung anknüpfende Schadensersatzanspruch aus § 847 I BGB analog aufgrund der zeitlichen Reihenfolge nie als (Vor-)Zensur verstanden werden kann, bleibt Satz 3 des Art. 5 I GG außer Betracht.

1391 BVerfG 10, 121; ebenso *vMangoldt-Klein* I aaO VI 1; vgl. auch *Wernicke* (aaO II 1 e), der die Ansicht vertritt, in Art. 5 I 2 GG sei vor allem die „passive Funktion" der Medienfreiheit geschützt, ihre „Aktiv-Funktion" schütze im übrigen (d. h. soweit nicht auch sie dem Satz 2 unterliegt) Satz 1 des Art. 5 I GG. (Gegen diese Aufteilung nach Aktiv- und Passivfunktion wendet sich *vMangoldt-Klein* I aaO VI 2.) *Wernicke* müßte mit seiner Konstruktion auch zu dem Ergebnis kommen, daß die Medienfreiheit einen Teil der allgemeinen Meinungsfreiheit darstellt. AA ist *Ridder* (aaO S. 259 f. mFußn 58), der Meinungs- und Medienfreiheit für alia hält. Gegen seine Ansicht läßt sich der Wortlaut des GG in Art. 18 S. 1 („... insbesondere ...") heranziehen.

1392 Gutachten S. 15

1393 I aaO VIII 2

1394 in *Maunz-Dürig-Herzog* Art. 5 Rdn 78; *Herzog* spricht von „absolut herrschender und unzweifelhaft richtiger Lehre";

1395 *vMangoldt-Klein* I aaO VIII 1; *Wernicke* aaO II 1 f.

1396 ebenso *Ridder* aaO S. 280 Fußn. 123; *Klein* in *Schmidt-Bleibtreu-Klein* Art. 5 Rdn 14; aA z. B. *Wernicke* (aaO) und *Löffler* (NJW 1969, 2226 f.) mit entstehungsgeschichtlichen Argumenten;

1397 UE ist der Begriff ‚Nachzensur' daher eine contradictio in subiecto. In unserem Sinne – wenn auch tautologisch – formuliert die BV, die in Art. 111 II eindeutig zwischen „Vorzensur" (Satz 1) und polizeilichen Verfügungen (Satz 2) unterscheidet.

Die Antwort auf unsere Frage ergibt sich vielmehr allein aus der **Beziehung des Abs. I des Art. 5 GG zur Schrankentrias seines Abs. II**, wo u a von den „allgemeinen Gesetzen" und vom „Recht der persönlichen Ehre" die Rede ist. Die Hauptbedeutung des Art. 5 II GG besteht in der Klarstellung, daß sich der aus Abs. I Berechtigte nur solange iR seiner Rechte bewegt, wie er eine[1398] der in Abs. II genannten Schranken[1399] nicht überschreitet[1400]. Die Schranken sind grundsätzlich selbständig, können aber bei bestimmten Falltypen die Rechte aus Abs. I auch gemeinsam begrenzen[1401].

Unter den **„allgemeinen Gesetzen"** des Art. 5 II GG werden alle Vorschriften verstanden, die sich nicht speziell gegen die – allgemeine (Satz 1) oder besondere (Satz 2) – Meinungsfreiheit des Abs. I richten, die aber zum allgemeinen Schutz bestimmter Rechte und Rechtsgüter erlassen sind[1402]. Zu diesen „allgemeinen Gesetzen" gehören auch die zivilrechtlichen Deliktsnormen der §§ 823 ff. BGB[1403]; diese Schranke ist also inhaltlich einschlägig. Unter dem **„Recht der persönlichen Ehre"** ist dasselbe zu verstehen, was Rechtsprechung und Lehre zu den entsprechenden Begriffen iRd §§ 823 I BGB, 185 ff. StGB herausgearbeitet haben[1404,1405]. Wir finden also hier – in zivilrechtlicher Sicht – ein bPR wieder[1406]. Letztlich führt das „Recht der persönlichen Ehre" zur Menschenwürde des Art. 1 I GG zurück[1407,1408]. Die enge

1398 *Herzog* in *Maunz-Dürig-Herzog* Art. 5 Rdn 236
1399 *vMangoldt-Klein* I (aaO IX 3 [vor a]) nennt sie „verfassungsunmittelbare Vorbehaltsschranken".
1400 *Wernicke* aaO II 2 a
1401 *Herzog* aaO Rdn 236 f.; *vMangoldt-Klein* I aaO
1402 BVerfG 7, 209 f. (Lüth-Urteil); *vMangoldt-Klein* I aaO IX 3 a; *Wernicke* aaO II 2 b
1403 BVerfG 7, 211
1404 *Herzog* aaO Rdn 277; *vMangoldt-Klein* I aaO IX 3 c; vgl. auch *Wernicke* aaO II 2 b
1403 BVerfG 7, 211
1404 *Herzog* aaO Rdn 277; *vMangoldt-Klein* I aaO IX 3 c; vgl. auch *Wernicke* aaO II 2 d
1405 Wir hatten die Ehre als bPR iRd § 823 I BGB bezeichnet, s. o. Einl A I.
1406 s. o. Einl aaO
1407 *Nipperdey*, GR IV 2 S. 846; *Herzog* aaO Rdn 276, der in der dritten Schranke des Art. 5 II GG eine „deklaratorische Wiederholung des Art. 1 I GG" sieht.
1408 Eine Beziehung zwischen der Menschenwürde des Art. 1 I GG und der Ehre (iSd zivilrechtlichen bPR) hatten wir schon oben (I 2.2.2.2 c.bb.bbb und eee) hergestellt.

Verbindung von aPR und bPR der Ehre[1409] und die Rückführbarkeit des „Rechts der persönlichen Ehre" auf Art. 1 I GG zeigen, daß auch diese Schranke für unsere Untersuchung inhaltlich einschlägig ist. Wir prüfen daher die Vereinbarkeit des Schadensersatzanspruchs aus den §§ 823 I, 847 I BGB analog mit beiden Schranken[1410].

Zwischen den Schranken der „allgemeinen Gesetze" (und der – uns hier nicht interessierenden – gesetzlichen Jugendschutzbestimmungen) einerseits und der Schranke des „Rechts der persönlichen Ehre" andererseits besteht – wie die Formulierung des Art. 5 II GG zeigt – der **Unterschied**, daß nur die ersten beiden mit einem auch zivilrechtlich relevanten[1411] Gesetzesvorbehalt ausgestattet sind, wohingegen die dritte Schranke bei ihrer Anwendung im Zivilrecht[1412] unmittelbar, d. h.

1409 s. o. Einl A I

1410 Diese Art der Doppeluntersuchung ist nicht unstreitig. *Nipperdey* (GR II S. 45) vertritt z. B. die Ansicht, das aPR zähle zu den „allgemeinen Gesetzen" des Art. 5 II GG; auch das BVerfG (NJW 1973, 1223 f., insb. 1226) beruft sich in diesem Zusammenhang ausschließlich auf § 823 I BGB als allgemeines Gesetz iSd Art. 5 II GG, ohne die Schranke des Rechts der persönlichen Ehre zu erwähnen. *Helle* (Schutz S. 81) beruft sich in diesem Zusammenhang auf die „allgemeinen Gesetze" der Art. 1 und 2 GG; damit aber verschiebt er uE die Fragestellung: Es geht hier nicht primär darum, Art. 1, 2 GG gegen Art. 5 I GG abzugrenzen, sondern darum, festzustellen, ob der bei Persönlichkeitsrechtsverletzungen analog eingreifende Schadensersatzanspruch des § 847 I BGB von (irgend-)einer Schranke des Art. 5 I GG gedeckt wird; vgl. aber auch *Helle* aaO S. 21, wo er Art. 5 I GG durch das „Recht der persönlichen Ehre" des Abs. II begrenzt weiß; *Hubmann* (Persönlichkeitsrecht § 50) erwähnt in diesem Zusammenhang sowohl die Schranke der allgemeinen Gesetze als auch die des Rechts der persönlichen Ehre.

1411 *Herzog* (aaO Rdn 239) weist zutreffend darauf hin, daß im Bereich des Öffentlichen Rechts alle drei Schranken unter dem allgemeinen öffentlich-rechtlichen Prinzip des Gesetzesvorbehalts stehen, maW, daß insoweit auch jede öffentlich-rechtliche Ehrenschutzmaßnahme, die die Rechte aus Art. 5 I GG einschränkt, auf einer gesetzlichen Befugnisgrundlage stehen muß (vgl. allgemein *Wolff* § 30 III).

1412 Nach *Leisner* (S. 344 f.) ist die Drittwirkung des Art. 5 GG unbestritten; vgl. aus der neueren Rspr etwa OLG Stuttgart NJW 1972, 877 f.; ebenso *Herzog* aaO Rdn 240 und *Schmidt-Leichner* NJW 1961, 820; speziell zur Ehre als drittgerichtetem Rechtsgut *Herzog* aaO Rdn 275;
gegen eine Drittwirkung des Art. 5 GG spricht sich offenbar *vMangoldt-Klein* I (aaO IV 1 aE) aus; wir verweisen insoweit auf unsere Ausführungen oben (I 2.2.2.3 a.bb), in denen wir eine unmittelbare Drittwirkung generell bejahten.

ohne formell-gesetzliche Grundlage gilt[1413]. Diese Privilegierung bedeutet, daß das „ ‚Recht der persönlichen Ehre' sich nicht in dem zu erschöpfen (braucht), was die einfachen Gesetze darüber bestimmen"[1414]. Es erscheint daher sinnvoll, mit der Vereinbarkeitsüberprüfung am Maßstab der stärkeren und spezielleren dritten Schranke zu beginnen, d. h., es ist zunächst die **Frage** zu untersuchen, ob die Ausstattung des aPR mit der Schadensersatzfolge des § 847 I BGB analog durch die Schranke des „Rechts der persönlichen Ehre" gedeckt wird.

Hierzu ist einleitend gleich festzustellen, daß die Verfassung in Art. 5 II GG nur vom bPR ‚Ehre' spricht, nicht von einem aPR; dementsprechend versteht die allgemeine Ansicht unter dem im GG verwendeten Wort ‚Ehre' dasselbe, was hierunter in der privatrechtlichen Terminologie verstanden wird[1415]. Wir können daher von der Überprüfung der Vereinbarkeit unseres Schadensersatzanspruchs mit der dritten Schranke des Art. 5 II GG nur eine Teil-Deckung hinsichtlich des bPR der Ehre erwarten.

Zur eigentlichen **Überprüfung** gilt folgendes: Abgesehen von den Schwächen der Wechselwirkungstheorie („Schaukeltheorie"[1416]), die das BVerfG[1417] zum Verhältnis der Rechte aus Art. 5 I GG und den „allgemeinen Gesetzen" des Abs. II[1418] entwickelt hat[1419], ist fraglich,

1413 *Herzog* aaO Rdn 240; *vMangoldt-Klein* I aaO IX 3

1414 *Nipperdey*, GR IV 2 S. 846

1415 s. schon oben: *Herzog* aaO Rdn 277; *vMangoldt-Klein* I aaO IX 3 c; vgl. auch *Wernicke* aaO II 2 d

1416 Dieser Begriff wird verwandt in JA 1969, 214 (= StR S. 66).

1417 BVerfG 7, 198 ff., insb. 207 ff. (Lüth-Urteil)

1418 Das BVerfG (aaO S. 198 [LS 5], 207 ff. und – unter Berufung auf diese Entscheidung – 12, 113 ff., 124 f.) stützt sich ausdrücklich und eindeutig immer nur auf die „allgemeinen Gesetze", ohne die übrigen Schranken des Art. 5 II GG zu erwähnen.

1419 Zur Kritik an der Wechselwirkungstheorie s. *Herzog* aaO Rdn 251 ff., der sich gegen die iRd Wechselwirkungstheorie vorzunehmende Interessenabwägung ... im Einzelfall" mit drei Argumenten wendet: Erstens seien Rechtssicherheit und Vorhersehbarkeit (verfassungs-)gerichtlicher Entscheidungen dadurch gefährdet. Zweitens ergebe sich ein Widerspruch daraus, daß das BVerfG auf der einen Seite verhindern will, daß der die „allgemeinen Gesetze" anwendende Richter die Grundrechte aus Art. 5 I GG beschränken kann (vgl. BVerfG aaO S. 208), ihm aber auf der anderen Seite mit der Möglichkeit einer kasuistischen Interessenabwägung einen Entscheidungsspielraum an die Hand gibt, der viel weiter ist als der Ent-

ob die **Grundsätze dieser Theorie auf die Schranke der persönlichen Ehre überhaupt anwendbar** sind. Diese Frage bejaht *Herzog*[1420] mit dem Bemerken, auch die dritte Schranke könne „nicht aus sich allein ausgelegt", sondern müsse in den „Gesamtzusammenhang des Art. 5 hineingestellt" werden – maW, auch das „Recht der persönlichen Ehre" habe sich „bestimmte Korrekturen aus dem Wesensgehalt des Art. 5 I gefallen zu lassen"[1421]. Hingegen entnimmt *Nipperdey*[1422] (insbesondere) der privilegierten Stellung des Ehrenschutzes in Art. 5 II GG, daß die Wechselwirkungsthesen des BVerfG (nach denen das „Recht der persönlichen Ehre" durch Art. 5 I GG eingeschränkt werden könne[1423]) „unhaltbar" sind.

Die Kernsätze der mit der Lüth-Entscheidung des BVerfG[1424] entstandenen Wechselwirkungstheorie lauten: „Das Grundrecht auf freie Meinungsäußerung ist als unmittelbarster Ausdruck der menschlichen Persönlichkeit in der Gesellschaft eines der vornehmsten Menschenrechte überhaupt. ... Aus dieser grundlegenden Bedeutung der Meinungsäußerungsfreiheit für den freiheitlich-demokratischen Staat ergibt sich, daß es vom Standpunkt dieses Verfassungssystems aus nicht folgerichtig wäre, die sachliche Reichweite gerade dieses Grundrechts jeder Relativierung durch einfaches Gesetz (...) zu überlassen. ...: Die allgemeinen Gesetze müssen in ihrer das Grundrecht

---

scheidungsspielraum, den die „allgemeinen Gesetze" iRd Art. 5 II GG frei lassen. Drittens liege ein – nach *Herzogs* Ansicht allerdings unvermeidbarer – Zirkelschluß „auf der Hand", der darin besteht, daß das BVerfG auf der einen Seite die sich eindeutig aus dem Text der Verfassung ergebende Beschränkung des Abs. I durch den Abs. II des Art. 5 GG (mit-)vollzieht, daß es aber auf der anderen Seite den Abs. II aus dem „Grundgedanken des ... Abs. I" heraus interpretiert;
vgl. auch *Nipperdey*, GR IV 2 S. 845 und *Leisner* S. 393 f., der eine „‚Güterabwägung'" für unklar, „ja (für) unmöglich" hält.

1420 aaO Rdn 280

1421 In diesem Sinne ist offenbar auch *Wiese* (S. 47 f.) zu verstehen, der aber nicht klar macht, ob er unseren Anspruch als von den „allgemeinen Gesetzen" oder vom „Recht der persönlichen Ehre" gedeckt ansieht.

1422 GR IV 2 S. 845 f.

1423 *Nipperdey* (aaO) interpretiert das Lüth-Urteil des BVerfG also in dem Sinne, daß eine Wechselwirkung zwischen Art. 5 I GG und allen drei Schranken des Abs. II besteht. Das ist aber uE nicht gemeint (s. o. mit Fußn. 1418). Wenn *Herzog* (aaO Rdn 280) den „Einfluß des Lüth-Urteils auf den Ehrenschutz" (Rdn-Titel) untersucht, dann hat er das BVerfG in eben unserem Sinne verstanden.

1424 aaO

beschränkenden Wirkung ihrerseits im Lichte der Bedeutung dieses Grundrechts gesehen und so interpretiert werden, daß der besondere Wertgehalt dieses Rechts ... gewahrt bleibt. ...; es findet ... eine Wechselwirkung in dem Sinne statt, daß die ‚allgemeinen Gesetze' ... aus der Erkenntnis der wertsetzenden Bedeutung dieses Grundrechts ... ausgelegt und so in ihrer das Grundrecht begrenzenden Wirkung selbst wieder eingeschränkt werden müssen."[1425] Das BVerfG geht hierbei erkennbar von folgenden Prämissen aus:

- Vordringlich ist ihm der Schutz (des „unmittelbarsten Ausdrucks") der „menschlichen Persönlichkeit in der Gesellschaft".
- Diesen Schutz will es nicht („durch einfaches Gesetz") relativiert wissen.
- Eine solche Relativierung vermeidet es, indem es „die allgemeinen Gesetze" entsprechend „interpretiert".

Diese drei Prämissen führen bei ihrer Anwendung auf die Schranke des „Rechts der persönlichen Ehre" zu einem anderen **Ergebnis**:

- Das bPR der Ehre dient bereits unmittelbar dem Schutz (eines Teils) der menschlichen Persönlichkeit.
- Die Gefahr einer Relativierung dieses Schutzes durch das Recht auf diesen Schutz ist logisch nicht möglich; im Gegenteil wird der in Art. 5 I GG – im Hinblick auf die Meinungsfreiheit – vorgesehene Schutz der Persönlichkeit in seinem Abs. II – diesmal im Hinblick auf die menschliche Ehre – verfestigt.
- Dem „Recht der persönlichen Ehre" fehlt das Maß an Flexibilität, das die „allgemeinen Gesetze" noch interpretierbar macht. Das bPR der Ehre ist vielmehr bereits ein Interpretationsergebnis[1426], das sich durch seine fortschreitende Anerkennung bereits mehr oder weniger institutionalisiert hat[1427].

Der Versuch einer Anwendung der Wechselwirkungstheorie auf die Schranke der „persönlichen Ehre" ist damit gescheitert[1428].

Daß zwischen dem Abs. I des Art. 5 GG und seinem Abs. II keine Beziehung iSd Wechselwirkungstheorie des BVerfG besteht, heißt nicht, daß jede Meinungsäußerung durch jegliche Berufung auf das

---

1425 aaO S. 208 f.
1426 vgl. als Bspl eben unsere Konstruktion des aPR, oben Einl A I
1427 vgl. oben Einl aaO
1428 im Ergebnis ebenso *Nipperdey* aaO

„Recht der persönlichen Ehre" begrenzt werden kann[1429]. Zu diesem Ergebnis würde man allerdings gelangen, wenn man sich der *Leisner*'schen Lösung von Grundrechtskollisionen anschließt[1430]: *Leisner* empfiehlt für derartige Kollisionsfälle – und um einen solchen handelt es sich bei unserem Problem, weil das „Recht der persönlichen Ehre" des Art. 5 II GG ja auf die Menschenwürde des Art. 1 I GG zurückweist – statt der üblicherweise vorgenommenen Güter- und Interessenabwägungen[1431] eine Abgrenzung an Hand der jeweiligen Gesetzesvorbehalte. Bei einer Kollision der Grundrechte aus Art. 5 I und 1 I GG müßte demnach das unter dem Vorbehalt des Abs. II stehende Grundrecht aus Art. 5 I GG dem – vorbehaltlosen und daher vorrangigen – Grundrecht aus Art. 1 I GG stets weichen, das in „‚vollem' Umfang ... zu schützen" sei[1432]. Zwar ist *Leisner* insoweit recht zu geben, als seine Lösung einen „Rückgriff auf ‚Werte'" vermeidet, „und damit die Gefahr der Anerkennung genereller, willkürlicher ‚Höherwertigkeiten', die sich oft nicht auf die Verfassung, sondern auf philosophische Spekulationen gründen"[1433]. Im Ergebnis führt sein Vorschlag aber zu einer undifferenzierten, generellen Privilegierung des aPR gegenüber dem Grundrecht auf freie Meinungsäußerung, die unvereinbar scheint mit dem Funktionieren einer demokratischen Rechtsordnung[1434]. Eine solche Pauschalregelung läßt sich durch die Aufstellung eines – der Vielfalt der Lebenssachverhalte entsprechenden – **Differenzierungsmodells** überwinden.

(An dieser Stelle ist darauf hinzuweisen, daß es nicht unsere Aufgabe ist, ein solches Differenzierungsmodell im Detail zu erstellen. IR unserer Arbeit begnügen wir uns mit einem Hinweis auf die geltenden, von Rechtsprechung und Literatur erarbeitenden Grundsätze:) Ausgangspunkt für ein solches Modell ist die Grundsatzüberlegung *Nipperdeys*[1435], der den Begriff der ‚Wahrnehmung berechtigter Inter-

---

1429 *Helle*, Schutz S. 21; *Hubmann*, Persönlichkeitsrecht § 20 c 3
1430 S. 391 ff.
1431 Hierfür spricht sich *Helle* (aaO S. 21, 81 f., 164) aus.
1432 *Leisner* S. 392 zu b) und c)
1433 aaO S. 394
1434 BVerfG NJW 1973, 1223 f.; *Koebel* JZ 1961, 525; dogmatische Kritik erhebt auch *Reinhardt* (Persönlichkeitsschutz S. 4), der die „vorwiegend am GG allein (?) orientierte Argumentation" iRd Zivilrecht nicht für aussagefähig hält.
1435 GR IV 2 S. 845

essen' (iSd rechtswidrigkeitsausschließenden[1436] § 193 StGB[1437]) durch den Wesensgehalt (vgl. Art. 19 II GG) des Art. 5 I GG neu bestimmen will[1438]. Als Grundlage des Modells kommt eine fünfstufige Interessenleiter in Betracht, deren Stufen die Skala möglicher Interessen des Meinungsäußernden iSe aufsteigenden Schutzwürdigkeit darstellen[1439]:

1) Werbeinteresse: Hier wird auf rein kommerzieller Ebene gehandelt.

2) Sensationsinteresse: Auch bei der Verbreitung aufsehenerregender Ereignisse und Ansichten liegt noch weitgehend – die Sensationslust der Rezipienten einkalkulierendes – kommerzielles Interesse vor, das aber schon – wenn auch idR nur in geringem Maße – durch Informationsinteresse abgedeckt sein kann.

3) Unterhaltungsinteresse: Hier rückt das Informationsinteresse gegenüber dem kommerziellen Interesse vor, das aber noch das Übergewicht behält.

4) Informationsinteresse: Hier korrespondiert die Aufgabe der (Massen-)Kommunikatoren zur Nachrichtenverteilung und zur Aufklärung (insbesondere: zur Mitwirkung an der politischen Meinungsbildung) mit dem Interesse der Rezipienten an Information.

5) qualifiziertes Informationsinteresse: Auf dieser Ebene werden die (Massen-)Kommunikatoren einem (etwa durch das Vorliegen eines sog. Politikums hervorgerufenen) gesteigerten Interesse an Nachricht und Aufklärung gerecht.

1436 *Schönke-Schröder* § 193 Rdn 1; *Dreher* § 193, 1; *Helle* sieht in der Wahrnehmung berechtigter Interessen zuweilen einen Schuldausschließungsgrund (vgl. Schutz S. 24, 45, 62).

1437 der Rechtfertigungsgrund des § 193 StGB gilt nach hA auch im Zivilrecht (RGZ 142, 120 ff.; BGHZ 24, 200 ff., 206 f.; 31, 312 f.; BVerfG NJW 1969, 227; *Hubmann* aaO § 20 c 1; *Reinhardt*, Persönlichkeitsschutz S. 11); *Helle* (Schutz S. 58) will § 193 StGB durch § 823 II BGB ins Zivilrecht einfließen lassen; vgl. im übrigen auch §§ 824 II BGB, 14 II 1 UWG (*Helle* aaO S. 20)

1438 vgl. auch *Hubmann* aaO § 20 c 4

1439 Wir folgen insoweit einer Idee von *Hubmann* (Persönlichkeitsrecht aaO und JZ 1964, 294), der seine Skala allerdings nur auf das Presseinteresse bezieht; vgl. zum folgenden auch BVerfG NJW 1973, 1224; NJW 1973, 1226 ff. (Lebach-Fall) BGHZ NJW 1971, 700 f.; OLG Koblenz NJW 1973, 252 ff. (Lebach-Fall, aufgehoben durch o. a. Entscheidung des BVerfG); *Helle* aaO S.. 82 ff., 160 ff., 163 ff.; RefEntwurf II S. 60 ff.

Auf allen Stufen greift der Gedanke des § 193 StGB ein, der – für die einzelnen Stufen jeweils unterschiedliche – Interessenverschiebungen zwischen dem Wesensgehalt des Art. 5 I GG (Art. 19 II GG) auf der einen, und dem aPR auf der anderen Seite vornimmt. Dabei soll die Wahrnehmung berechtigter Interessen – wenn auch nicht einziger, so doch primärer – Zweck des Handelns sein[1440]. Wir haben mehrfach angedeutet, daß das aPR sich gewisse Beschneidungen gefallen lassen muß, die sich zTl aus Verfassungsentscheidungen – insbesondere des Art. 1 I GG[1441] –, zTl aus dem – notwendigerweise weiten – Begriff des aPR selbst[1442] ergeben[1443]. Ebenso, wie die Interessenverschiebungen auf der einen Seite den Wesensgehalt des Rechts auf freie Meinungsäußerung unangetastet lassen müssen, muß auf der anderen Seite ein Kern von Persönlichkeitsschutz unberührt bleiben[1444].

Zwischen diesen Polen verschiebt der Gedanke des § 193 StGB die betroffenen Interessen (beispielsweise) auf der Stufe 1 weitgehend zugunsten des Persönlichkeitsschutzes[1445], auf der Stufe 5 hingegen weitgehend zugunsten des Rechts auf freie Meinungsäußerung und -unterrichtung[1446], und klärt so das Verhältnis zwischen Zweck (s. o. 1–5) und Grad der jeweiligen Beeinträchtigung[1447] auf jeder einzelnen Stufe entsprechend[1448].

1440 *Helle* aaO S. 22

1441 s. o. I 2.2.2.2 c.bb.bbb

1442 s. o. I 2.2.2.3 a.cc

1443 Wir haben uns vorbehalten, diese Frage unten bei den Anspruchsbeschränkungen (B, insb. III 1) abschließend zu klären.

1444 *Hubmann*, Persönlichkeitsrecht aaO

1445 vgl. für diesen Falltyp BGHZ 20, 345 f., 349 ff. (Paul-Dahlke-Entscheidung); 30, 7, 12 f. (Caterina-Valente-Entscheidung); *Bußmann* GRUR 1962, 107 f. (Anm zur Ginsengwurzel-Entscheidung BGHZ 35, 363 ff. = GRUR 1962, 105 ff.)

1446 vgl. für diesen Falltyp BGHZ 36, 77 ff. und BGHZ LM Art. 5 GG Nr. 9

1447 Auf dieses Verhältnis berufen sich ausdrücklich BGHZ 31, 308 ff. (= NJW 1960, 476 ff.) und BGHZ 36, 77 ff., 82 f.

1448 Dieses Modell der Interessenverschiebung entspricht im Ergebnis der von Rspr und Lit angewandten – allerdings weitgehend unsystematisch belassenen – (Güter- und) Interessenabwägung, die mit (allgemeinen) Aufgaben (insbesondere) der Presse und mit ihren (speziellen) Pflichten (zur Wahrheit, zur Sachlichkeit, zur Gewissenhaftigkeit, usf.) arbeitet; vgl. hierzu aus der Rspr BVerfG 12, 113 ff. (= NJW 1961, 819 ff.); NJW 1973, 1226 ff.; BGHZ 20, 345 ff.; 24, 200 ff.; 31, 308 ff. (= NJW 1960, 476 ff.); 36, 77 ff.; 39, 124 ff.; NJW 1971, 700 f.; OLG Hamburg Ufita 60, 330 und Ufita 74, 334, 340; OLG Koblenz NJW 1973, 252 ff.; LG Hamburg Ufita 74, 325, 329; aus

Dabei sind mit *Hubmann*[1449] drei „Prinzipien der Konfliktlösung" zu beachten:

- Nach dem „Ausweichprinzip" ist zunächst ein Ausweg zu suchen, der es ermöglicht, alle beteiligten Interessen ohne Verletzung der mitbeteiligten Interessen zu verfolgen.
- Versagt dieses Prinzip, so kommt das Ausgleichsprinzip zum Zug; nach ihm müssen sich die kollidierenden Interessen wechselseitige Zurücksetzungen und Beschränkungen gefallen lassen, bis sie nebeneinander bestehen können.
- Versagen beide Prinzipien, darf sich das überwiegende Interesse zu Lasten des geringeren durchsetzen (Durchsetzungsprinzip); hierbei ist das „Prinzip des schonendsten Mittels" zu berücksichtigen.

Mit diesem Modell ist für **unsere Frage** folgendes gewonnen: Solange sich eine Meinungsäußerung iRd Modells hält – und damit notwendigerweise den Kern des aPR unberührt läßt – verbleibt sie im verfassungsrechtlich geschützten Raum des Art. 5 I GG. Eine – zivilrechtliche – Verletzung des aPR liegt sowohl vom Tatbestand (da sein Kern unberührt blieb) als auch von der Rechtswidrigkeit (da rechtfertigend der Gedanke des § 193 StGB eingreift) nicht vor. Demnach kann eine solche Beeinträchtigung auch nicht den Anspruch auf Ersatz immateriellen Schadens auslösen. Bricht eine Meinungsäußerung aus dem Modell aus und tangiert sie damit den Kern des aPR, dann verläßt sie den Schutzbereich des Art. 5 I GG und unterliegt der Regelung seines Abs. II: Es liegt tatbestandsmäßig eine Verletzung des aPR vor, die – da insbesondere der Gedanke des § 193 StGB nicht zieht – (idR) auch rechtswidrig ist. Kommt Verschulden des Meinungsäußernden hinzu, kann nach unserer Lösung (auch) Ersatz des immateriellen Schadens in Geld gefordert werden. Diese Sanktionsmöglichkeit kann dann aber deshalb zwingend nicht gegen das Recht auf freie Meinungsäußerung iSd Art. 5 I GG verstoßen, weil der Handelnde sich seines Rechts aus dieser Verfassungsvorschrift zuvor bereits begeben hatte. Die Schranke des „Rechts der persönlichen Ehre" in Art. 5 II GG deckt also solche Ansprüche auf Ersatz des immateriellen Schadens, die bei der Verletzung des bPR der Ehre eintreten.

---

der Lit.: *Hubmann*, Persönlichkeitsrecht § 20 c 3 (mit Einzelheiten und Bspln) und JZ 1957, 751 ff.; *Nipperdey*, GR IV 2 S. 846; *Wiese* S. 47 f.; *Hauss* LM § 847 BGB Nr. 23 (zu 2); *Bußmann* GRUR 1962, 107 f.; *Neumann-Duesberg* JZ 1973, 262; kritisch *Arndt* NJW 1967, 1845 f.

1449 Persönlichkeitsrecht § 20 c 6

Für alle **übrigen Persönlichkeitsrechtsverletzungen** bietet sich eine Übereinstimmung der hieraus folgenden Ansprüche auf Ersatz des immateriellen Schadens mit der Schranke der „allgemeinen Gesetze" an. Die überwiegende Meinung geht denn auch dahin, den Abs. I des Art. 5 GG durch die „allgemeinen Gesetze" der §§ 823 ff., 847 I BGB (Art. 5 I GG) zu beschränken[1450]. Auf den ersten Blick scheint diese Konstruktion auf einer petitio principii[1451] zu beruhen: Nimmt man nämlich jetzt schon an, daß sich der zu prüfende Anspruch aus den „allgemeinen Gesetzen" ergibt, dann unterstellt man seine verfassungsmäßige Übereinstimmung auch mit Art. 5 I GG – eben diese Übereinstimmung aber gilt es erst zu beweisen. Daß dieser circulus vitiosus nicht vorliegt, wird erst deutlich, wenn man sich klar macht, daß man die Verfassungskonformität des Schadensersatzanspruchs (einschließlich seiner Übereinstimmung mit Art. 5 I GG) zunächst einmal arbeitshypothetisch unterstellt, um sie dann speziell im Hinblick auf diese Verfassungsnorm untersuchen zu können. Die in der Wechselwirkungstheorie des BVerfG[1452] deutlich werdende Interdependenz zwischen den Rechten aus Art. 5 I GG und den Gegenrechten der „allgemeinen Gesetze" des Abs. II führt zu einer Güter- und Interessenabwägung[1453], die im Ergebnis dem oben aufgezeigten Interessenverschiebungs-Modell gleicht[1454]. Auch Ansprüche auf Ersatz des immateriellen Schadens nach solchen Persönlichkeitsrechtsverletzungen, die keine speziellen Ehrverletzungen darstellen, werden daher – als aus den „allgemeinen Gesetzen" abgeleitet – grundsätzlich vom Abs. II des Art. 5 GG gedeckt[1455].

Im **Ergebnis** gelangen wir damit iRd Problematik des Art. 5 GG zu einer verfassungsbedingten Aufsplitterung des Blocks ‚aPR' in ein bPR der Ehre und in übrige bPR. Ansprüche auf Ersatz des immateriellen Schadens nach Verletzung dieser einzelnen Persönlichkeits-Rechtspositionen gehen insofern auch mit Art. 5 I GG konform, als sie – was Ehrverletzungen betrifft – von der Schranke der „persönlichen Ehre", und – was die übrigen Fälle von Persönlichkeitsrechtsver-

---

1450 BVerfG NJW 1973, 1223 f., insb. 1226 und *Hubmann*, Persönlichkeitsrecht § 50; *Nipperdey* (GR IV 2 S. 45) zählt das aPR zu den „allgemeinen Gesetzen" des Art. 5 II GG.

1451 vgl. dazu wieder *Diederichsen*, Einführung III 1 d und JurA 1970, 782

1452 s. o. BVerfG 7, 198 ff., 207 ff.; 12, 113 ff., 124 ff.

1453 vgl. grundlegend BVerfG 7, 210 ff.

1454 vgl. die Ausführungen oben zur Wechselwirkungstheorie und Fußn. 1448

1455 BVerfG NJW 1973, 1223, 1226

letzungen angeht – von der Schranke der „allgemeinen Gesetze" gedeckt sind. Die hierdurch erfolgende Privilegierung des bPR der Ehre[1456] begründet sich aus dem in der Formulierung des Art. 5 II GG zutagetretenden Willen der Verfassungsväter, dieses Recht gesondert zu schützen: Seine Aufnahme in den Schrankenkatalog des Art. 5 II GG erklärt sich nämlich aus der Gefahr des Mißbrauchs der in Abs. I gewährten Rechte – eine Gefahr, die erfahrungsgemäß vor allem der persönlichen Ehre droht[1457].

Für beide Verletzungstypen läßt sich zusammenfassend sagen: „Wenn man sich ... gegen die Schadensersatzpflicht (aus § 847 I BGB) wendet, verlangt man in Wahrheit keine Sicherung der Meinungsfreiheit – was hierzu wirklich gehört, ist nicht widerrechtlich –, sondern man fordert Freistellung von der Verantwortlichkeit für Handlungen, die gerade nicht von dem berechtigten Anliegen der Meinungsfreiheit gedeckt werden!"[1458] Diese Lösung entspricht dem Wunsch, „auch von der Presse" – und das gilt eben auch für andere Medien und letztlich jeden Meinungsäußernden – „... mit der Regelung zum Schutz des Persönlichkeitsrechts nichts anderes (zu verlangen), als daß iRd durchaus Zumutbaren Rücksicht auf den Mitmenschen genommen wird."[1459,1460]

2.2 Gewaltenteilungsgrundsatz, Art. 20 II 2 GG

Flume[1461] fragt andeutungsweise, ob nicht der ‚Herrenreiter' (dessen Werbe-Abbildung zum für unser Problem bahnbrechenden Herrenreiter-Urteil des BGHZ[1462] führte) die Rechtsprechung symbolisiere,

---

1456 Wir hatten oben darauf hingewiesen, daß die dritte Schranke des Art. 5 II GG ohne weiteren (zivil-)gesetzlichen Vorbehalt eingreift.
1457 *Wernicke* aaO II 2 d; im Anschluß hieran auch *vMangoldt-Klein* I aaO IX 3 c
1458 *Reinhardt* (Persönlichkeitsschutz S. 22) angesichts der Pressereaktion auf den Entwurf 1959
1459 *Bußmann* GRUR 1958, 411; vgl. auch *Reinhardt* aaO S. 14, 22 f.
1460 Zu diesem Ergebnis kommen auch BVerfG NJW 1973, 1232 (Lebach-Entscheidung); BGHZ 30, 7 ff., 13 f. (Caterina-Valente-Entscheidung) und BGHZ 39, 124 ff., 132 (Fernsehansagerin-Entscheidung); *W. Weiß* (BB 1962, 527) meint, die Medienfreiheit müsse hinter dem „Erfordernis der Gerechtigkeit" zurücktreten (Auf „Gerechtigkeit" beruft sich auch das Fernsehansagerin-Urteil, aaO S. 132). *Wiese* (S. 48) weist zudem darauf hin, daß die Gewährung eines vergleichbaren Anspruchs in anderen Ländern auch dort die Medienfreiheit nicht gefährdet hat.
1461 46. DJT II K S. 9
1462 BGHZ 26, 349 ff.

die sich mit diesem Urteil über die ihr gezogenen Gewaltenteilungsgrenzen gleichsam wie über eine Hürde hinwegsetze. Die Rechtsprechung des BGHZ zum Ersatz des immateriellen Schadens bei Verletzungen des aPR ist in der Tat ein prägnantes Beispiel von **Richterrecht**[1463] – und Richterrecht berührt das Prinzip der Gewaltenteilung[1464]. Auch aus diesem Gesichtspunkt könnten sich daher Bedenken gegen den von uns vertretenen Lösungsweg ergeben.

Der in Art. 20 II 2 GG normierte Gewaltenteilungsgrundsatz zerlegt die – als solche unteilbare[1465] – Staatsgewalt bezüglich ihrer Ausübung in drei Gewalten; danach werden die verschiedenen materiellen Staatstätigkeiten verfassungsrechtlich auf verschiedene, voneinander weisungsunabhängige Organe bzw Organgruppen verteilt[1466]. Schon hier ist festzustellen, daß dieser Grundsatz nicht starr und ausnahmslos anzuwenden ist[1467], sondern – und das ergibt sich aus dem Sinn dieses Prinzips selbst – daß er durch den **(Gegen-)Grundsatz der Gewaltenhemmung und -kontrolle** beschränkt wird[1468] – eine Beschränkung, die ihre Grenzen wiederum in Verfassungsvorschriften wie Art. 19 I 1, 77, 80 f., 129 III GG[1469] sowie in der Intention, der Intensität und der Quantität des Eingriffs der einen in die andere Gewalt findet[1470]. Die gegen unsere Lösung vorgebrachten Bedenken sind also nur dann erheblich, wenn sie sowohl dem Grundsatz nach gegen das Gewaltenteilungsprinzip (überhaupt) verstößt als auch (insbesondere) in den Kern dieses Prinzips eindringt.

Versteht man unter **Rechtsprechung** alle Bereiche staatlicher Tätigkeit, die von den Gerichten ausgeübt wird, so ist mit dieser Definition zugleich ausgeschlossen, daß die Rechtsprechung Aufgaben an sich nehmen könnte, die der **gesetzgebenden Gewalt** übertragen sind[1471]. Stellt man auf die Aufgaben beider Gewalten ab, so läßt sich sagen,

---

1463 *Brüggemann* JR 1963, 163
1464 vgl. *Brüggemann* aaO S. 167
1465 vgl. *Wernicke* BK Art. 20 II 2 a; *Maunz-Dürig* in *Maunz-Dürig-Herzog* Art. 20 Rdn 76; *vMangoldt-Klein* I Art. 20 V 4 b
1466 *G.* und *E. Küchenhoff*, Staatslehre S. 168
1467 BVerfG 3, 247; BVerwG 1, 9; 7, 295 f.; BGHZ 11, Anhang S. 50; *Maunz-Dürig* aaO Rdn 79
1468 BVerfG 9, 279; vgl. auch BVerfG 12, 186; 22, 111; *Stein* NJW 1964, 1745; *vMangold-Klein* I aaO V 5 b
1469 vgl. BVerfG 4, 234
1470 vgl. *Maunz-Dürig* aaO Rdn 81
1471 *Stein* aaO S. 1746

daß der Gesetzgeber Normen als abstrakt-generelle Regeln schafft, die die Rechtsprechung in konkret-individuellen Entscheidungen anwendet[1472]. Fraglich ist, ob diese Aufgabenverteilung ausschließlich oder schwerpunktmäßig erfolgt, ob die Aufgabengrenzen starr oder fließend sind.

Ausklammern läßt sich vor Beantwortung dieser Frage ein Kernbereich des Gewaltenteilungsprinzips, der (z. B.) verletzt wäre, wenn

- „der Richter ... kraft bloßer eigener Willensentschlüsse rein nach Zweckmäßigkeitsgesichtspunkten allgemeinverbindliches Recht" erzeugt[1473];
- er aufgrund dieser eigenen Entscheidung und unter Hinwegsetzen über (oder Ergänzung des) gesetzgeberischen Willens „einem Gesetz wegen angeblicher Verfassungswidrigkeit die Anwendung (versagt)" (vgl. Art. 100 I GG)[1474];
- er damit „neues Recht, das ein Verfassungsgebot erst voll realisieren würde, aber keinen eindeutig bestimmten Inhalt hat, also näherer Präzisierung durch den Gesetzgeber bedarf, selbst (setzt), indem (er) einen ihm vorliegenden Fall entscheidet, wie wenn dieses Recht schon gälte"[1475].

Ergänzend führt *Löffler*[1476] aus, der Richter dürfe auch ein ihm unzureichend erscheinendes Gesetz nicht abändern; wolle er an die Stelle einer angeblich überholten gesetzlichen Bestimmung eine neue Regelung setzen, so müsse er annehmen können, daß der Gesetzgeber infolge der veränderten tatsächlichen Situation eine gleiche Regelung getroffen haben würde[1477].

Diese Ausführungen leiten zu der Frage nach der Beschaffenheit der Grenzen zwischen Legislative und Jurisdiktion zurück: Das **Verhältnis beider Staatsgewalten** zueinander bestimmt sich dadurch, daß das von der Legislative gefertigte Gesetz nicht identisch ist mit dem von

---

1472 *Stein* aaO; *Brüggemann* aaO S. 164; vgl. auch *Larenz*, Methodenlehre S. 400
1473 BGHZ 11, Inhalt, Allgemeines, zu B
1474 BVerfG 4, 233 f.
1475 BVerfG 20, 218 f.
1476 Gutachten S. 17 f. und GRUR 1966, 159
1477 *Löffler* NJW 1962, 227

der Jurisdiktion zu findenden (oder gefundenen) Recht[1478], sondern daß diese beiden Phänomene hintereinander liegende Entwicklungsphasen des gesamten Rechtsfindungsprozesses bilden. So wie der rechtsordnende Wille der Legislative schon allein deshalb nicht im Gesetzschöpfungsakt zum Abschluß kommt[1479], weil Gesetzesbefehle durchweg verschiedenen „,Rechtserkenntnissen'" offen stehen[1480], so ist Rechtsprechung mehr als bloße – sich in Erkenntnis und logischer Denkfähigkeit erschöpfende – Gesetzesanwendung[1481], weil das Recht kein in sich geschlossenes, lückenloses und (allein) logisches System bildet[1482]. Das Verhältnis beider zueinander ist daher nicht ein sich logisch gegenseitig ausschließendes antithetisches, sondern ein einander ergänzendes dialektisches[1483]. Die Grenzen zwischen Rechtsprechung und Gesetzgebung sind also fließend.

So stellt sich die **Rechtsprechung** als notwendige Endphase des gesamten Rechtsfindungsprozesses, als Mitgestalter des Rechts dar[1484], der nicht eine gesetzeskonservierende Aufgabe versieht, sondern der das offene Gesetzeswerk durch Problemdenken und mit Blick auf die soziale Wirklichkeit und das herrschende Rechtsethos[1485] komplettiert, der damit – von der Basis des Gesetzes aus – von Fall zu Fall fortschreitend[1486] Recht weiterbildet[1487] und dadurch neu erschafft[1488]. „Der Grundsatz der Gewaltenteilung schließt die Bildung von Richterrecht dann nicht aus, wenn der Richter durch die Entfaltung allgemeiner, ihm durch den Gesetzgeber, die Rechtsordnung

---

1478 Zu dem Verhältnis von Gesetz und Recht kommen wir noch unten zu 2.3 und 2.4

1479 *Stein* NJW 1964, 1748

1480 *Leisner* S. 318

1481 *Arndt* NJW 1963, 1280; *Stein* aaO S. 1746 f.

1482 *Stein* aaO S. 1746; *Arndt* aaO S. 1282

1483 *Stein* aaO S. 1748; *Brüggemann* JR 1963, 167

1484 vgl. *Arndt* aaO S. 1279

1485 vgl. *Larenz*, Methodenlehre S. 400

1486 vgl. *Larenz* 42. DJT II D S. 36

1487 *Arndt* aaO S. 1283

1488 Als Bspl der Rechtsschöpfung ohne (gültiges) Gesetz dienen alle in der Zeit vom 1. 4. 1953 bis zum 1. 7. 1958 ergangenen richterlichen Entscheidungen, die das Prinzip des Art. 3 II GG im Familienrecht bereits zur Geltung brachten, bevor der Bundestag Normen verabschiedete, die der Verfassungsaufforderung der Art. 117 I, 3 II GG entsprachen (vgl. *Rehfeldt*, Einführung S. 1 und die diese Entwicklung einleitende Entscheidung BVerfG 3, 225).

oder die allgemeine Wertordnung vorgegebener und vollziehbarer Rechtssätze Recht findet"[1489].

Wendet man diese Erkenntnisse auf unsere **Problemlösung** an, so ergibt sich, daß die Doppelwirkung der Verfassung auf die BGB-Regelung des immateriellen Schadens (Derogationswirkung des Art. 1 I 2 GG auf § 253 BGB; Drittwirkung des Art. 1 I 1 GG auf § 847 I BGB[1490]) aus dem Gesetz selbst zu finden, d. h. vom Verfassungsgeber und vom Gesetzgeber vorgegeben war[1491].
Im einzelnen:

- Der Richter darf vorkonstitutionelles Recht wie § 253 BGB nicht anwenden, soweit es dem GG materiell-inhaltlich widerspricht (Art. 123 I GG)[1492]. § 253 BGB „ist also nicht durch die Rechtsprechung, sondern durch das GG außer Kraft gesetzt"[1493].
- Die Regelung des § 253 BGB widerspricht materiell-inhaltlich dem in Art. 1 I 2 GG normierten Achtungs- und Schutzbefehl, der sich auch an die Rechtsprechung wendet[1494].
- Die Drittwirkung des Art. 1 I 1 GG äußert sich in dem in ihm enthaltenen individual-ethischen Unterlassungsanspruch[1495]. Zwar fehlt eine Schadensersatzregelung im BGB, die diese Drittwirkung bereits normiert. Hier tritt die richterliche Gewalt „notgedrungen als ein ‚Gesetzgebungsersatz' ein, indem sie aus den grundrechtlichen Normen unmittelbar für den Einzelfall diejenigen Lösungen ableitet"[1496], die der Gesetzgeber gefunden haben würde (müßte), wenn er selbst dem – auch an ihn gerichteten (Art. 1 I 2 GG)[1497] – Verfas-

---

1489 BGHZ 11, Inhalt, Allgemeines, zu B
1490 s. o. I 2.3
1491 Nach *Wiese* (S. 43) ist das geltende Zivilrecht in bezug auf den Persönlichkeitsrechtsschutz bereits durch das GG geändert und fortgebildet worden; wir kommen hierauf gleich iRd Art. 20 III GG zurück, vgl. unten 2.3.
1492 vgl. *Menger* JZ 1960, 170; vgl. bei uns oben I 2.2.2.2 c.aa
1493 *Helle*, Schutz S. 87; vgl. auch *Hubmann*, Persönlichkeitsrecht § 50
1494 s. o. I 2.2.2.2 c.bb.eee; nach *Rötelmann* (NJW 1964, 1458) läßt die Anwendung eines höherrangigen und späteren Gesetzes den Gewaltenteilungsgrundsatz unberührt; vgl. auch *Hubmann* aaO.
1495 s. o. I 2.2.2.3 a.cc
1496 *Leisner* S. 316 ff.; der Ausdruck ‚Gesetzgebungsersatz' erscheint allerdings etwas unglücklich, weil sich hier der Eindruck eines Verstoßes gegen das Gewaltentrennungsprinzip geradezu aufdrängt.
1497 s. o. I 2.2.2.2 c.bb.eee

sungsbefehl gefolgt wäre[1498].

– Als Einbruchstelle dieses Verfassungsbefehls und damit als Gestaltungsfeld dieser Richtertätigkeit kommt allein § 847 I BGB in Frage, und zwar – neben rechtssystematischen Gründen[1499] – weil allein diese Vorschrift in der Lage ist, wirksamen Rechtsschutz zu gewähren[1500]. § 847 I BGB – also auch hier das Gesetz selbst – ist auch aufnahmebereit[1591]. Eben weil der – taugliche – § 847 I BGB das einzige allgemein wirksame Mittel für einschlägige Rechtsverletzungen ist, übt der Richter mit der (analogen) Anwendung dieser Vorschrift keine „Wahlfreiheit"[1502], kein dem Gesetzgeber vorbehaltenes Ermessen aus – jede andere Auffassung würde dem Verfassungsgeber vielmehr den – in sich widersprüchlichen – Willen unterstellen, er habe zwar den Befehl zu wirksamem Rechtsschutz erlassen, das zwingend aus diesem Befehl folgende wirksame Rechtsschutzmittel aber versagt. Es bleibt daher nur die Auffassung, daß „mit dem Auftrag auch das Mittel geboten wurde"[1503].

Aus all dem folgt, daß der Richter, der unsere Problemlösung anwendet, lediglich seine soeben dargestellte Aufgabe zu Rechtsfindung, -fortbildung und damit Rechtsschöpfung wahrnimmt, wenn er unmittelbare verfassungsrechtliche Einwirkungen auf die §§ 253, 847 I BGB berücksichtigt, und damit die zivilrechtlichen durch die verfassungsrechtlichen Normen korrigiert: „Damit verwirklicht der Richter seine Bindung an Gesetz und Recht (Art. 20 III GG)"[1504,1505]. Durch das von ihm geschaffene Richterrecht berührt er also zwar den Grundsatz der Gewaltenteilung, nicht aber dessen Kernbereich.

Hiermit erledigen sich die aus dem Gesichtspunkt der Gewaltenteilung gegen unsere Lösung vorgetragenen **Bedenken**:

1498 *Leisner* (aaO) spricht von der Drittwirkung als einer „neuartigen Form einer ‚Untätigkeitsklage gegen den Gesetzgeber'" und von einer „‚Vorformung' gesetzgeberischer Lösungen durch die Rspr", die iR deutscher Rechtstradition liege.

1499 s. o. I 2.2.2.3 a.cc

1500 s. o. I 2.2.2.2 d.gg; vgl. auch *H. Kaufmann* JuS 1963, 382 f.

1501 s. o. I 2.2.2.3 a.cc und 2.3

1502 *H. Kaufmann* aaO

1503 *H. Kaufmann* aaO

1504 *Wiese* S. 43

1505 Zu Art. 20 III GG nehmen wir unten (2.3) gesondert Stellung.

1) Solange man den Schmerzensgeldanspruch bei Persönlichkeitsrechtverletzungen auf der einen Seite rechtspolitisch wünsche, auf der anderen Seite aber eine Kommerzialisierung der Persönlichkeitsgüter befürchte[1506], sei diese Frage rechtspolitisch unentschieden – und solche Fragen müsse der Gesetzgeber entscheiden[1507], dem ein „verfassungsrechtlicher Konkretisierungsprimat"[1508] zustehe. Der Verfassungsgeber aber habe diese Frage nicht beantwortet, sondern lediglich einen „Rahmen" offen gelassen, den die Rechtsprechung nur füllen dürfe, soweit nicht eine gesetzliche Regelung besteht, die diesem Rahmen widerspricht[1509]. – Dieser Einwand übersieht, daß
- das GG im Zusammenwirken mit dem Zivilrecht nicht nur einen Rahmen schafft, sondern nur eine einzige – nämlich die einzig wirksame – Lösung zuläßt, und
- die ‚bestehende' Regelung wegen Verfassungsverstoßes (teil-)nichtig ist.

2) Der Gesetzgeber habe sowohl früher wie heute deutlich zum Ausdruck gebracht, daß er die Lösung einer (analogen) Anwendung des § 847 I BGB nicht wolle: Dies ergebe sich aus den Motiven zum BGB[1510] ebenso wie aus dem Scheitern des „Entwurfs eines Gesetzes zur Neuordnung des zivilrechtlichen Persönlichkeits- und Ehrenschutzes"[1511] und des „Referentenentwurfs eines Gesetzes zur Änderung und Ergänzung schadensersatzrechtlicher Vorschriften"[1512]. Mit diesem Willen dürfe sich der Richter nicht in Widerspruch setzen[1513]. – Dieser Einwand[1514] geht

---

1506 Zu diesen Bedenken kommen wir noch, vgl. unten 3.
1507 *Larenz*, Methodenlehre S. 402; *Löffler*, Gutachten S. 17; *Schultz* MDR 1962, 957
1508 *Larenz*, SchR § 72 III a
1509 *Larenz* 42. DJT II D S. 36
1510 vgl. oben I 2.2.1.1
1511 Entwurf 1959
1512 RefEntwurf I (und II)
1513 *Löffler*, Gutachten S. 17 f.; zu den rechtspolitischen Hintergründen des Scheiterns der Entwürfe s. o. Einl B
1514 vorgebracht auch von: OLG Frankfurt vom 9. 5. 1962 (vgl. NJW 1962, 2062 und *Lieberwirth* S. 49), das das Teilurteil des LG Frankfurt vom 27. 6. 1961 (AnwBl 1961, 263 ff.) aufgehoben hat; OLG München Ufita 60, 305, 308 (aufgehoben von BGHZ NJW 1971, 698 ff.); LG München I vom 11. 12. 1962, unveröff, rekr, zit. bei *Hartmann* NJW 1964, 794 Fußn 20 iVm 6; *Löffler* NJW 1962, 227 f.

– fälschlich von der Rechtsbeständigkeit des § 253 BGB aus, soweit er die Motive des Gesetzgebers anführt, und im übrigen
– an der von uns oben aufgezeigten Funktion der Rechtsprechung bei der Entstehung des Rechts vorbei, die eben nicht allein darin besteht zu behüten und zu bewahren[1515].

Zudem wird nicht gesehen, daß
– sich unsere Lösung aus dem Gesetz selbst – der Verfassung und dem BGB – ergibt.

Im **Ergebnis** ist festzuhalten, daß durchschlagende Bedenken[1516] gegen unsere Lösung aus dem Blickwinkel des Gewaltenteilungsprinzips nicht bestehen.

2.3 Bindung des Richters an Gesetz und Recht, Art. 20 III GG

Schultz[1517] hält die Ginsengwurzel-Entscheidung des BGHZ[1518], nach der die in den §§ 253, 823 I BGB enthaltene Regelung des Persönlichkeitsrechtsschutzes dem in den Art. 1 und 2 I GG zutagetretenden „Wertsystem des GG nicht mehr gerecht" wird[1519], für die „rechtspolitisch motivierte Suche nach einer erwünscht erscheinenden Anspruchsgrundlage"[1520] und unter dem Gesichtspunkt der Bindung des Richters ans Gesetz (Art. 20 III GG) für **bedenklich**. Unsere Lösung ist daher auch auf ihre Verträglichkeit mit der – ua aus der Gewaltenteilungslehre hergeleiteten[1521] – Gesetzes- und Rechtsbindungsklausel des Art. 20 III GG zu untersuchen.

Die Formel des Art. 20 III GG dient als **positivrechtliche Grundlage** für eine – Gesetze nicht nur ergänzende, sondern auch abändernde –

1515 vgl. wieder *Arndt* NJW 1963, 1283

1516 Ohne nähere Begründung befürchten auch das OLG Karlsruhe (BB 1962, 1393; aufgehoben durch BGHZ BB 1964, 150 = MDR 1964, 136 = DB 1964, 31), das OLG München (VersR 1963, 1087), *Lieberwirth* (S. 52) und *Hartmann* (NJW 1964, 797: „Selbstherrlichkeit des Richters"; „richterliche Gesetzgebung") sowie offenbar auch *Giesen* (NJW 1971, 801 f.) durch unsere Lösung einen Verstoß gegen den Grundsatz der Gewaltenteilung; zweifelnd *Ulmer* GRUR 1963, 494 und *Roeber* Film und Recht 1971, 173

1517 MDR 1962, 956

1518 BGHZ 35, 363 ff.

1519 aaO S. 367

1520 aaO

1521 *vMangoldt-Klein* I Art. 20, VI 4; nach BVerfG NJW 1973, 1225 beinhaltet Art. 20 III GG einen „tragenden Bestandteil des Gewaltentrennungsgrundsatzes und damit der Rechtsstaatlichkeit".

richterliche Rechtsfortbildung und Rechtsfindung[1522,1523]. Die Aufgabe zur richterlichen Rechtsfortbildung und -findung ergibt sich aus der Diskrepanz zwischen Gesetz und Recht[1524], die das Gesetz als „Medium des Rechts"[1525] fragwürdig gemacht hat – eine Entwicklung, die sowohl

- darauf zurückzuführen ist, daß das in die Gesetzeskodifikationen einwirkende Axiom von der lückenlosen Kausalität im Naturgeschehen, das der wissenschaftliche Positivismus aufgestellt hatte, zum „Positivismus der Gesetze" und schließlich zur Fiktion geworden ist, als auch
- darauf, daß die technischen und moralischen Fluktuationen in der heutigen Welt die Unzulänglichkeit starrer Gesetze gezeigt haben[1526].

„Gesetz" und „Recht" unterscheiden sich weder dadurch voneinander, daß hier der Gegensatz zwischen geschriebenem (gesetztem) geltenden Recht (Gesetz) und ungeschriebenem (ungesetztem) geltenden Recht (Gewohnheitsrecht) gemeint wäre[1527], noch dadurch, daß unter „Gesetz" – formelhaft ausgedrückt – „Positivität ohne Wertgehalt", und unter „Recht" „Wertgehalt ohne Positivität" zu verstehen wäre[1528]. Gegen diese letzte „positivistische Auffassung"[1529] spricht, daß die Grundrechte – soweit sie Werte aufstellen – gleichzeitig Gesetz und Recht „realisieren" und damit – um die Formel beizubehalten – „Positivität mit Wertgehalt" verbinden[1530]. Solange der Staat durch alle drei Gewalten die positivrechtlichen und in den Art. 1 III, 19 II, 79 III GG abgesicherten Gesetzes-(Verfassungs-)Befehle zur Grundrechts-

---

1522 BGHZ 3, 315 f.; *Larenz*, Methodenlehre S. 400; hingegen meint *Brüggemann* (JR 1963, 166), das GG erteile auch in Art. 20 III keinen Auftrag zur Bildung von Richterrecht, sondern setze „Recht" vielmehr als für die Anwendung gegeben voraus; es „lockere" den Gesetzesbegriff „vom Materialen her (aber) dergestalt auf", daß die Schaffung von Richterrecht verfassungsmäßig abgesichert ist.

1523 Wir stellen hier eine Überschneidung des Art. 20 III GG mit dem Gewaltenteilungsgrundsatz des Art. 20 II 2 GG fest; vgl. schon oben zu 2.2

1524 Wir deuten diese Diskrepanz oben (2.2) an.

1525 *Brüggemann* aaO S. 164

1526 BVerfG NJW 1973, 1225; *Brüggemann* aaO

1527 *vMangoldt-Klein* I Art. 20, VI 4 f.; zum Unterschied zwischen dem „Recht" des Art. 20 III GG und Gewohnheitsrecht vgl. *Larenz*, Methodenlehre S. 340 f.

1528 so aber *vMangoldt-Klein* I aaO

1529 *Stein* NJW 1964, 1748

1530 *Maunz-Dürig* in *Maunz-Dürig-Herzog* Art. 20 Rdn 72; ebenso *Stein* (aaO), der von einer „Bindung an Positivität und Wertgehalt" spricht

verwirklichung ausführt, gibt es keine Diskrepanz zwischen Gesetz und Recht[1531]. Die Grundrechte machen auf diese Weise deutlich, daß das Verhältnis von Gesetz und Recht das Verhältnis von Teilen zum Ganzen ist, „wobei das Ganze mehr als die Summe der Teile und im Verhältnis zu dem einzelnen Teil das Vorhergehende ist"[1532].

Im einzelnen bedeutet die **Bindung des Richters an Gesetz und Recht**
- seine Bindung an das positive Gesetz;
- seine Bindung an die Grundrechte;
- seine Bindung an die „freiheitlich-demokratische Grundordnung ... und damit auch an die verfassungsrechtlichen Grundsätze und die politischen Grundentscheidungen der Verfassung"[1533].

Hierbei ist er – stufenweise – zunächst an das positive Gesetz gebunden, das er dann aus den Wertmaßstäben des GG ergänzt, deren Inhalt und Grenzen sich wiederum aus den verfassungsrechtlichen Grundsätzen und politischen Grundentscheidungen der Verfassung ergeben[1534]. Bindung ans Gesetz bedeutet nicht Bindung an den Gesetzesbuchstaben iSe Zwangs zu wörtlicher Interpretation, es bedeutet auch nicht logisch-methodische Rechtsfindung iS bloßen Nachdenkens über bereits Vor-Gedachtes, sondern es bedeutet nähere Bestimmung und Ausgestaltung des Gesetzes als Teil des Rechts durch das in den Grundrechten, Grundsätzen und Grundentscheidungen der Verfassung angesprochene „Recht" – sie bedeutet seine Konkretisierung durch Zu-Ende-Denken und Zu-Ende-Werten[1535]. Negativ formuliert erinnert Art. 20 III GG den Richter daran, daß „Gesetz" nicht allein deshalb gilt, weil es Positivität besitzt[1536], und daß ihm der unmittelbare Zugriff etwa auf überpositives Recht[1537] ver-

---

1531 *Maunz-Dürig* aaO

1532 *Larenz* aaO S. 346 Fußn 4; ebenso BVerfG NJW 1973, 1225

1533 *Stein* aaO, vgl. auch *vMangoldt-Klein* I (aaO), der zudem darauf hinweist, daß die Begriffe „Gesetz" und „Recht" als „abstrakte Relationsbegriffe" von einer bestimmten Positivität und einem bestimmten Wertgehalt abstrahieren;

1534 *Stein* aaO; *vMangoldt-Klein* I (aaO) begründet die Reihenfolge dieser Stufen mit der Reihenfolge der Aufzählung der Einzelbegriffe „Gesetz" und „Recht" in Art. 20 III GG;

1535 *Stein* aaO S. 1752 und *Larenz*, Methodenlehre S. 298

1536 „Das Dauerproblem der ‚Gesetzestreue' führt zu jenem Versteckspiel, das nicht allein die offene judizielle Fortbildung des Rechts als Rechtsquelle verheimlicht, sondern auch den produktiven Charakter der Interpretation". (*Esser*, Grundsatz und Norm S. 119)

1537 zu unserer Auffassung von überpositivem Recht vgl. oben I 2.2.2.2 b

wehrt ist[1538]. Der Richter ist daher immer nur insoweit an das Gesetz gebunden, als sich das Gesetz als Teil in das „Sinnganze der Rechtsordnung"[1539] einfügt und den ihr innewohnenden Wertungsprinzipien – letztlich der dem rechtsschöpfenden Richter als Orientierungshilfe dienenden (Leit-)Idee des Rechts selbst – nicht widerspricht. Nur wo entweder „rechtloses Gesetz"[1540] vorliegt oder eine gesetzliche Regelung fehlt, darf der Rechtsanwendende unmittelbar auf das „Recht" selbst zurückgreifen[1541,1542]. Der Grundsatz des Art. 20 III GG hat also „nicht die Bedeutung einer Bindung des Richters an das Gesetz als eine nicht mehr fortbildungsfähige Norm. Die richtige, d. h. dem Rechte gemäße Anwendung des positiven Rechts gestattet dem Richter nicht nur, das Recht iS seiner Weiterentwicklung ... fortzubilden, sondern sie verpflichtet ihn sogar hierzu, wenn die Findung einer gerechten Entscheidung dies erfordert. ... Von einer Einengung der richterlichen Befugnisse gegenüber dem gesetzten Recht durch das GG kann daher keine Rede sein".[1543]

Diese allgemeinen Ausführungen zeigen, daß die sich (auch) an die Rechtsprechung wendende Bindungsklausel des Art. 20 III GG unserer **Lösung** nicht widerspricht: Die den § 253 BGB (teil-)vernichtende Derogationswirkung des Art. 1 I 2 GG stellt sich ebenso wie die den § 847 I BGB ausweitende Drittwirkung des Art. 1 I 1 GG als Instrument des Rückgriffs auf ein Grundrecht dar, das als zugleich positive und wertenthaltende Norm („Positivität mit Wertgehalt") „Gesetz" und „Recht" ist[1544,1545]. Mit der methodengerechten Anwendung dieser

---

1538 *Maunz-Dürig* aaO

1539 *Larenz*, Methodenlehre S. 346 Fußn. 4

1540 *vMangoldt-Klein* I aaO

1541 so *Larenz* aaO S. 346, 400 und 42. DJT II D S. 38; ebenso *Stein* aaO S. 1748

1542 Daß er hierbei keine Zweckmäßigkeitsüberlegungen anstellen darf, wenn er nicht gegen das Gewaltenteilungsprinzip verstoßen will, stellten wir oben (2.2) fest.

1543 BGHZ 3, 315 f.; vgl. auch BVerfG NJW 1973, 1225 f.

1544 Für die Derogationswirkung ebenso *Reimers* S. 21 ff. Fußn 12 und 17; vgl. auch *Stein* aaO S. 1752 und *Mertens* JuS 1962, 267;
für die Drittwirkung vgl. BVerfG 7, 206; *Stein* aaO S. 1750 f. und *Michel* JuS 1961, 276;
hierbei berufen sich das BVerfG und *Michel* (jeweils aaO) auf Art. 1 III GG, aus dem aber uE – wie ausgeführt – weder eine Derogationswirkung (ebenso *Reimers* aaO Fußn 12) noch eine Drittwirkung des Art. 1 I GG abzuleiten ist (s. o. I 2.2.2.2 c.bb.ddd und 2.2.2.3 a.bb). Allenfalls ließe sich eine – mittelbare – Derogationswirkung des als Maxime in die Art. 1 GG

Instrumente kommt der Rechtsanwendende seiner in Art. 20 III GG normierten Pflicht zur Rechtsfortbildung auf der zweiten Stufe des oben dargestellten Modells nach[1546] – maW, er „verwirklicht ... seine Bindung an Gesetz und Recht[1547]; „dieses Ergebnis ist ‚Recht' iSd Art. 20 III GG – nicht im Gegensatz, sondern als Ergänzung und Weiterführung des geschriebenen Gesetzes"[1548]. Zu weit gehen uE *Wiese*[1549] und *Reimers*[1550], die übereinstimmend davon ausgehen, eine Derogation ergebe sich unmittelbar durch die objektiven Rechtsnormen selbst, das geltende Zivilrecht sei bereits a priori geändert und fortgebildet, ohne daß richterliche Rechtsfortbildung im technischen Sinne überhaupt vorliege. In Ergänzung auch zu unseren Ausführungen über die Gewaltenteilung[1551] sind wir der Ansicht, daß sich sowohl Derogations- als auch Drittwirkung zwar aus dem (Verfassungs- und formellen) Gesetz ergeben, daß sie aber – und eben das ist richterliche Rechtsfindung und -fortentwicklung – vom Rechtsanwendenden erst entdeckt und angewandt werden müssen.

2.4 Gesetzesunterworfenheit des Richters, Art. 97 I GG

Einwände gegen die von uns vertretene Lösung ergeben sich auch nicht aus der in Art. 97 I GG nomierten Gesetzesunterworfenheit des Richters (vgl. auch §§ 1 GVG und 38 I RiG).[1552]

„nachfolgenden Grundrechte" einwirkenden Satzes von der Menschenwürde behaupten (vgl. oben I 2.2.2.2 c.bb.aaa) – das aber auch nur, wenn primär durch ein nachfolgendes Grundrecht (etwa Art. 2 I GG) derogiert wird. Eine Derogationswirkung des Art. 2 I GG hatten wir indes nicht feststellen können (s. o. I 2.2.2.2 c.cc.ccc).

1545 Mit dieser Aussage läuft der Vorwurf von *Giesen* (NJW 1971, 802) ins Leere, der zur Ablehnung der von uns vertretenen Lösung ausführt, Rechtsfortbildung habe „auf der Grundlage positiven Rechts – nicht etwa von der sehr hohen Warte naturrechtlicher Vorstellungen aus – zu erfolgen": Die Wirkung überpositiven Rechts auf unser Problem haben wir oben (I 2.2.2.2 b und c.bb.aaa) ausgeklammert.

1546 BGHZ 3, 315 f.

1547 *Wiese* S. 43

1548 BVerfG NJW 1973, 1226

1549 aaO

1550 aaO Fußn 17

1551 s. o. 2.2

1552 so aber OLG München Ufita 60, 304 f., aufgehoben von BGHZ NJW 1971, 698 ff. (Pariser Liebestropfen)

Art. 97 I GG dient zunächst durch die Bestärkung der richterlichen Unabhängigkeit („... nur dem Gesetz ...")[1553] dem Schutz der rechtsprechenden Gewalt vor Eingriffen durch Legislative und Exekutive[1554]. Im einzelnen besteht seine **Bedeutung** darin, daß er[1555]
- die Tradition rechtsstaatlicher Verfassungsprogrammatik wiederholt;
- sich zum kodifikatorischen Prinzip der Rechtsordnung bekennt;
- keine über das Gesetz hinausgehende Bindung auferlegt;
- für den Richter das heuristische Prinzip des Gesetzes als „Bezugspunkt richterlichen Ordnungsdenkens" aufstellt, nach dem das Gesetz aufgrund seiner Existenz die Vermutung seiner „materialen Gegründetheit" in sich trägt[1556];
- letztlich den Gesetzgeber mahnt, nur Normen zu erlassen, die dieser Vermutung standhalten können.

Nach allgemeiner Ansicht ist **„Gesetz"** iSd Art. 97 I GG als materielles Gesetz (Gesetz iwS) zu verstehen, also als „Gesetz und Recht" iSd Art. 20 III GG[1557]. Wenn der Verfassungsgeber in Art. 97 I GG enger formulierte, so wohl deshalb, weil er in diesem spezielleren Artikel[1558] deutlich machen wollte, daß Rechtsquelle primär das Gesetz und erst sekundär das Recht als solches ist[1559]. Aus diesen Definitionen ergibt sich, daß zwischen Art. 20 II GG und 97 I GG kein Widerspruch besteht[1560].

Zwar bedeutet die **Gesetzesunterworfenheit** des Art. 97 I GG (auch) das Verbot einer freien Rechtsschöpfung, die in den Gewaltenteilungsgrundsatz einbrechen würde[1561]. Daß **unsere Lösung** diese Gefahr nicht in sich trägt, hatten wir festgestellt[1562]. Wenn unsere Lösung aber Rechtsschöpfung im zulässigen Raum des (Gegen-)Grundsatzes

---

1553 *Holtkotten* BK Art. 87 II (vor a)
1554 BVerfG 12, 71; *Leibholz-Rinck* Art. 97, I 1
1555 so im folgenden *Brüggemann* JR 1963, 166
1556 ebenso *Holtkotten* aaO II 2 b
1557 so übereinstimmend *Holtkotten* aaO; *Hamann-Lenz* Art. 97, B. 3; *Maunz-Dürig* in *Maunz-Dürig-Herzog* Art. 20 Rdn 72; *vMangoldt-Klein* I Art. 20, VI 4 f.
1558 Nach *Brüggemann* (aaO) ist Art. 97 I GG die „Gegenvorschrift" des Art. 20 III GG.
1559 vgl. dazu oben 2.3
1560 *Holtkotten* aaO II 2 a; *Maunz-Dürig* und *vMangoldt-Klein* I jeweils aaO; *Brüggemann* (aaO) spricht von einer Unterordnung des Art. 97 I GG unter Art. 20 III GG.
1561 *Hamann-Lenz* aaO
1562 s. o. 2.2

der Gewaltenhemmung und -kontrolle ist, gelten unsere Ausführungen zu Art. 20 III GG auch für die Gesetzes- (sprich: Rechts-)Unterworfenheit des Richters iRd Art. 97 I GG. Auch der Grundsatz der Gesetzesunterworfenheit des Art. 97 I GG „hat nicht die Bedeutung einer Bindung des Richters an das Gesetz als eine nicht mehr fortbildungsfähige Norm. Die richtige, d. h. dem Recht gemäße Anwendung des positiven Rechts gestattet dem Richter nicht nur, das Recht iS seiner Weiterentwicklung ... fortzubilden, sondern sie verpflichtet ihn sogar hierzu, wenn die Findung einer gerechten Entscheidung dies erfordert. ... Von einer Einengung der richterlichen Befugnisse durch das GG kann daher keine Rede sein".[1563]

2.5 Art. 103 II, III GG

Gegen unsere Lösung werden auch Bedenken aus **Art. 103 II GG** (nullum crimen sine lege und nulla poena sine lege[1564]) erhoben[1565]. Diese Bedenken beruhen auf der Ansicht, daß es sich bei dem nach Verletzungen des aPR zu gewährenden Schmerzensgeldanspruch wegen des ihm innewohnenden Genugtuungselements um einen Sühne- bzw Strafanspruch handelt[1566]. Zudem verschließe Art. 103 II GG den Weg zur analogen Anwendung des § 847 I BGB[1567].

Gegen das erste Argument ist einzuwenden, daß wir den – sich auf Genugtuung des Verletzten richtenden – Anspruch aus § 847 I BGB analog weder als Buß- noch als Strafanspruch (weder iSe Kriminal- noch iSe Privatstrafe) verstehen, und damit auch nicht als Ausdruck eines Sühnegedankens, sondern als reinen Entschädigungsanspruch mit dem Ziel einer Wiedergutmachung als Funktion des geltenden allgemeinen Schadensersatzrechts[1568]. Im Hinblick auf das in Art. 103 II GG ausgesprochene Analogieverbot[1569] ist daran zu erinnern, daß dieses Verbot im materiellen Strafrecht die Aufgabe hat, den Täter zu schützen (d. h. es greift nur zugunsten des Täters ein); da

---

1563 BGHZ 3, 315 f.; entsprechend auch *Larenz*, Methodenlehre S. 298 (der die von uns vertretene Lösung aber ablehnt, vgl. aaO S. 402, SchR § 72 III a und 42. DJT II D S. 36)

1564 vgl. *Dürig* in *Maunz-Dürig-Herzog* Art. 103 II Rdn 107 f.

1565 LG Düsseldorf NJW 1965, 697; *Bötticher* MDR 1963, 360 und 45. DJT II C S. 18; *Stoll*, Gutachten S. 155

1566 vgl. *Bötticher* 45. DJT II aaO und *Stoll* aaO

1567 *Bötticher* MDR aaO

1568 s. o. (II) 1.3.1 (zu 6)

1569 vgl. *Dürig* aaO Rdn 111

sich im zivilen Haftungsrecht zwei gleichberechtigte Parteien gegenüberstehen, läßt sich die Frage, zu wessen Ungunsten dieses Verbot hier gelten (bzw zu wessen Gunsten es hier eingreifen) soll, gar nicht beantworten[1570]. Diese Überlegungen zeigen, daß Art. 103 II GG auf den Schadensersatzanspruch aus § 847 I BGB analog gar nicht paßt[1571] und durch diesen Anspruch auch überhaupt nicht berührt wird[1572].

Bötticher[1573] befürchtet zudem einen Verstoß unseres Anspruchs gegen **Abs. III des Art. 103 GG** (ne bis in idem). Ein derartiger Verstoß liegt aber auch bei den Falltypen nicht vor, in denen der Verletzer (Täter) vom Zivilrichter zur Zahlung einer Geldsumme aus § 847 I BGB analog, und vom Strafrichter wegen derselben Tat aus (z. B.) den §§ 185 ff. StGB zu Geld- oder Freiheitsstrafe verurteilt wird. Denn aus den oben angeführten Gründen ergibt sich auch, daß § 847 I BGB kein „allgemeines Strafgesetz" iSd Art. 103 III GG ist[1574].

3. ethische Bedenken (Kommerzialisierung)

Vorab ist mit *Stoll*[1575] klarzustellen, daß die einzelnen Einwände, die wir hier unter dem Gesamtvorwurf der ‚Kommerzialisierung ideeller Werte' zusammenfassen, sich ausschließlich auf den materiellen Ersatz von (echtem) Nichtvermögensschaden beziehen, also nichts mit der Frage der Schlecht- oder gar Nicht-Bezifferbarkeit gewisser Er-

---

1570 vgl. *Deutsch* JuS 1969, 203

1571 *Hubmann* JZ 1964, 294

1572 so übereinstimmend BVerfG NJW 1973, 1226; *Wiese* S. 57; *Hubmann*, Persönlichkeitsrecht § 50; *H. Kaufmann* JuS 1963, 382; *Deutsch* aaO

1573 45. DJT II C S. 18

1574 Dies bejahen im Ergebnis sogar *Remé* (S. 46) und *Grossfeld* (S. 123). Obwohl *Remé* Verfechter des Sühnegedankens der Genugtuung ist (s. o. 1.3.1), betont er, daß Genugtuung keine Strafe ist (aaO S. 47). Sie sühne nämlich nur in dem Maße wie der „im Rechtsbruch verkörperte Hochmut ... gedemütigt" werde; ein Weitergehen wäre Vergeltung, die nicht Aufgabe des Zivilrechts sei. Auf diese Weise bleibt nach *Remé* Art. 103 III GG unberührt (aaO S. 46).
Grossgeld (aaO) rechnet nicht einmal die von ihm verfochtene Privatstrafe zu den Sanktionen, deren Kumulation gegen Art. 103 III GG verstoßen würde (aA *Remé* S. 44). *Grossfelds* Ansicht nach richtet sich Art. 103 III GG ausschließlich gegen die Kumulation von Kriminalstrafen (vgl. zum Unterschied zwischen Kriminal- und Privatstrafe bei uns oben 1.3.3 zu b).

1575 Gutachten S. 132

scheinungsformen des Vermögensschaden (etwa iRd § 842 BGB[1576]) zu tun haben[1577]. Die zunehmende – durch das stete Ansteigen einschlägiger Schadensersatzprozesse deutlich werdende – Tendenz zur nachhaltigen Ausschöpfung der Möglichkeiten, sich immaterielle Beeinträchtigungen durch materielle Entschädigungen ersetzen zu lassen, läßt eine wachsende Bereitschaft der Rechtsgenossen befürchten, erfolgte immaterielle Beeinträchtigungen auf den aus ihnen realisierbaren Vermögenswert hin abzuklopfen[1578].

Im einzelnen werden vier einschlägige **Einwände** gegen unsere Lösung vorgebracht:

1) Die entsprechenden – ihnen selbst auch bewußten – Bedenken des Verfassers des BGB seien in der gesetzlichen Regelung deutlich zum Ausdruck gekommen und gelten auch heute noch[1579] (rechtshistorischer Einwand).

2) Die Möglichkeit einer Ersetzbarkeit immaterieller Schäden in Geld verleite die Verletzten dazu, ihre beeinträchtigten Persönlichkeitsrechte „in möglichst hohe Geldsummen umzurechnen" – und dies auch dann, wenn die eigene Ehre sonst selbst nur wenig gepflegt werde, und auch dann, wenn der erfolgte Eingriff versehentlich war[1580] (rechtspolitischer Einwand).

3) Die in § 253 BGB getroffene gesetzliche Regelung (grundsätzlicher Ausschluß der Ersetzbarkeit immaterieller Schäden in Geld[1581]) bedeutet nach *Helle*[1582] keine Minder-, sondern eine Höherbewertung der Persönlichkeitsrechte. In der von uns vertretenen Lösung

---

1576 vgl. oben I 2.2.2.2 d.gg.fff

1577 Eine Verwechslungsgefahr besteht deshalb, weil auch immaterielle Schäden inkommensurabel sind (vgl. schon oben Einl A II).

1578 Diese Gefahr sehen *Pecher* (AcP 171, 47) und *Ulmer* (GRUR 1963, 493).

1579 OLG Karlsruhe BB 1962, 1393 (aufgehoben durch BGHZ BB 1964, 50 = MDR 1962, 136 = DB 1964, 31)

1580 OLG München VersR 1963, 1087 und *Ulmer* (aaO), der aber betont, es gehe darum, die einschlägigen Tatbestände richtig abzugrenzen; wir kommen auf diesen Vorschlag unten bei den Anspruchsbeschränkungen (B, insb II ff.) zurück

1581 vgl. oben I 2.2.1.1

1582 NJW 1963, 1404

aber sei eine „objektive Herabwürdigung des aPR" zu sehen[1583]. Nach *Grossfeld*[1584] ergibt sich das daraus, daß die Geldzahlung – ausgehend von der Ausgleichs-(Entschädigungs-)Theorie[1585] – den durch die Verletzung des aPR entstandenen immateriellen Schaden in Geld „aufwiegen" und so einen Ausgleich herbeiführen soll. Damit aber werde das verletzte Rechtsgut mit dem Geld „auf eine Stufe gestellt" – erster Schritt eines Verfalls in „Wertindifferentismus und damit in seelenlosen Materialismus"[1586] (rechtsethischer Einwand).

4) Sowohl von seiner Qualität her („Schmerzen seelischer Art") als auch von seiner Inkommensurabilität her („Seelischer Schmerz kann in Geld nicht gemessen werden") kann der durch Verletzung des aPR entstandene Nichtvermögensschaden unmöglich in Geld ausgeglichen werden[1587] (rechtslogischer Einwand). (Zu diesem Punkt haben wir bereits iRd gegen die Ausgleichsfunktion des Schmerzensgeldes gerichteten Kritik Stellung genommen[1588].)

Den einzelnen hierzu vorzutragenden **Entgegnungen** ist die **Präzisierung** des aufgeworfenen Problems voranzustellen: Es geht nicht um die Frage, ob es (rechtspolitisch) wünschenswert oder (rechtsethisch) vertretbar ist, höchstpersönliche Güter (wie die Ehre, die Privat- und Intimsphäre usf.) gegen Geld anzubieten, sondern es geht darum, ob die gegen den Willen des Verletzten bereits vollzogene widerrechtliche Verletzung dieser Güter zivilrechtlich sanktionslos bleiben bzw. weniger wirksamen zivilrechtlichen Sanktionen[1589] überlassen bleiben soll, weil Geld kein diesen ideellen Gütern gleichzusetzendes Gut ist[1590].

Zu den einzelnen Einwänden ist folgendes festzustellen:

(zu 1) **(rechtshistorischer Einwand)**

a) Zunächst ist daran zu erinnern, daß § 253 BGB insoweit derogiert und damit rechtsunwirksam ist, als er einem Anspruch auf Ersatz

1583 so *Grossfeld* S. 95; ebenso *Bußmann* GRUR 1959, 434 f.
1584 aaO
1585 s. o. 1.1 und 1.2.1
1586 *Grossfeld* S. 96
1587 *Grossfeld* S. 96 ff.
1588 oben 1.2.2 und 1.2.3
1589 vgl. oben I 2.2.2.2 d.gg.aaa–hhh
1590 vgl. *Krüger-Nieland* 45. DJZ II C S. 34

des immateriellen Schadens bei Persönlichkeitsverletzungen entgegensteht[1591]. Ein – nur noch rechtsgeschichtlich relevanter – Rückblick auf die Motivation der Väter dieser Bestimmung erübrigt sich also.

b) Stellt man einen solchen Rückblick gleichwohl an, dann muß man den gesetzgeberischen Überlegungen jener Zeit ihre Gültigkeit für heute absprechen. Der Kommissionsbericht[1592] formulierte, „nach der allgemeinen Volksansicht" (und etwas weiter: nach den „herrschenden Rechtsprinzipien") „sei es nicht ehrenvoll, sich Beleidigungen durch Geld abkaufen zu lassen, und derjenige habe wenig Ehre zu verlieren, der die Verletzung derselben durch eine Klage auf Geld zu repariren suche".. IVm den Motiven[1593], die als „Anhaltspunkt für die Bestimmung des Entwurfs" (gemeint ist der heutige § 847 BGB) die „gemeinrechtliche Praxis ... – für Personen vom Bauern- oder gemeinen Bürgerstande – ... im preuß. A.L.R. I, 6 §§ 112–114" nennen, und iVm den hier zitierten Vorschriften des prALR[1594] ergibt sich, daß (auch) die BGB-Verfasser offenbar von einer „Eintheilung der Menschen in zwei Klassen"[1595] ausgegangen sind[1596], die zTl schon Mitte des letzten Jahrhunderts als unpassend empfunden wurde[1597]. Nach der noch der BGB-Regelung zugrundeliegenden Auffassung war demnach für die unteren sozialen Schichten die Entgegennahme einer Geldentschädigung für immaterielle Schäden zumutbar, weil deren Persönlichkeit offenbar anderen Beurteilungen unterlag, während die gehobenen Schichten einen entsprechenden zivilrechtlichen Schutz ihrer Ehre ablehnen konnten – einmal, weil ihnen die Selbsthilfemöglichkeit (z. B.) des Duells zur Verfügung stand[1598], zum anderen, weil sie es sich wirtschaftlich leisten konnten, eine Vergütung für erlittenen immateriel-

---

1591 s. o. I 2.2.2.2 c.bb.eee und c.dd

1592 *Mugdan* (KomBer) zu § 807 (entspricht § 823 I BGB hF)

1593 II zu § 728 (entspricht § 847 BGB hF)

1594 § 112 prALR I 6: „Wegen erlittener Schmerzen können Personen vom Bauern- oder gemeinen Bürgerstande, denen dergleichen Verletzung ... zugefügt worden, ein billiges Schmerzensgeld fordern."
§ 114 prALR I 6: „Bey Personen höheren Standes wird auf die dem Beleidigten durch die Mißhandlung verursachten Schmerzen nur bey Bestimmung der gesetzmäßigen Strafe Rücksicht genommen."
(vgl. prALR S. 88)

1595 *Koch* § 112 Fußn 61

1596 s. o. I 2.2.1.1 (zu 4)

1597 so z. B. *Koch* aaO

1598 *Krüger-Nieland* aaO S. 34 f.

len Schaden als ungehörig abzulehnen[1599]. Hier haben die Verfasser des BGB die Standesethik einer (zahlenmäßigen) Minderheit in ein für alle Teile des Volkes geltendes Gesetz einfließen lassen[1600].

c) Eine andere Schizophrenie ist sogar im Gesetz ausdrücklich ausgesprochen worden: Der Gesetzgeber, der ausführt, es widerspreche der herrschenden Volksauffassung, immaterielle Schäden durch materiellen Ersatz zu kompensieren, verliert – zumindest für die heutige Zeit – Überzeugungskraft und Glaubwürdigkeit, wenn er für den Falltyp der Verletzung der Ehre der Frau in den §§ 847 II, 1300 BGB[1601] vergleichbare Überlegungen in derselben Gesetzeskodifikation nicht anstellt[1602]. *E. Kaufmann*[1603], der diese Ausnahmeregelungen aus den verschiedenartigen Charakteren der Rechtsgüter (-verletzungen) zu rechtfertigen sucht, übersieht uE, daß beiden zu vergleichenden Falltypen ein tertium comparationis gemeinsam ist, nämlich der Ersatz immateriellen Schadens durch materielle Mittel.

(zu 2) **(rechtspolitischer Einwand)**

Gegen diesen – die Gefahr eines Rechtsmißbrauchs andeutenden – Einwand führt *Hartmann*[1604] (de lege lata entschiedener Gegner unserer Lösung[1605]) zu recht an, man brauche hier de lege ferenda eine Kommerzialisierung nicht zu befürchten, weil

- jeder berechtigte Anspruch die Gefahr des Rechtsmißbrauchs in sich trage, und
- jedem Rechtsmißbrauch die Gegenmittel der §§ 242, 226 BGB entgegengesetzt werden können.

(Zur Fahrlässigkeit eines Eingriffs in das aPR als – negative – Anspruchsvoraussetzung bzw als Bemessungsfaktor kommen wir unten zu den Anspruchsbeschränkungen[1606].)

1599 *Pecher* AcP 171, 58

1600 vgl. auch den Vorwurf von *Pecher* aaO

1601 Mit einer überzeugenden Begründung aber gegen die hM (vgl. *Palandt-Diederichsen* § 1300, 1) hält das OLG Hamburg (FamRZ 1972, 461) den § 1300 wegen Verstoßes gegen Art. 3 II GG für verfassungswidrig.

1602 vgl. *Krüger-Nieland* aaO und *Fromm* NJW 1965, 1204; *Nörr* (AcP 158, 2 f) hält das Argument der herrschenden Volksauffassung für eine „bloße Fiktion"; der Entwurf 1959 (S. 28) weist darauf hin, daß diese Begründung seit jeher rechtspolitisch umstritten war.

1603 AcP 162, 435 f.

1604 NJW 1964, 796

1605 vgl. NJW 1962, 12 ff. und 1964, 793 ff.

1606 s. B III 4 und IV 3

(zu 3) **(rechtsethischer Einwand)**
Im Anschluß an die eben getroffene Präzisierung der eigentlichen Fragestellung ist zu diesem Einwand (erneut) herauszustellen, daß ein moralischer Unterschied besteht zwischen der freiwilligen Preisgabe (dem „Feilhalten und Verschachern"[1607]) höchstpersönlicher Rechtsgüter, und dem Schadensersatzverlangen im Anschluß an einen – auf der Passivseite unfreiwilligen – rechtswidrigen und schuldhaften Eingriff in diese Güter durch einen anderen; mit der Entgegennahme eines solchen Schadensersatzes wird über diese Güter gar nicht disponiert. Die Vertreter dieses Einwands knüpfen daher an eine verfehlte Fragestellung an. Darüber hinaus müssen sie sich entgegenhalten lassen, daß sie ihre – wiederum sozialethisch fixierte – „idealistische Opferbereitschaft" („Prüderie")[1608] zum allgemein verbindlichen Postulat erheben wollen[1609] – dabei bleibt es dem – empfindsamen – Verletzten iR unserer Lösung unbenommen, den Anspruch aus den §§ 823 I, 847 I BGB analog nicht geltend zu machen; mag er auf die anderen möglichen Mittel[1610] zurückgreifen[1611]. Schließlich findet *Hubmann*[1612] es auch „unlogisch, vom unschuldig Verletzten höchste sittliche Haltung zu verlangen, während man den Böswilligen geradezu zum Rechtsbruch anspornt, da er weiß, daß ihm höchstens eine Unterlassungsklage[1613] droht".

Nicht unbeachtet bleiben darf in diesem Zusammenhang, daß die Vertreter dieses Einwands sich mit ihrer Angst vor der Minderbewertung höchstpersönlicher Rechtsgüter und vor allgemeiner Wertvernichtung in Widerspruch setzen zu den rechtsethischen Entscheidungen anderer Rechtsordnungen unseres Kulturkreises auf diesem Gebiet[1614]: Sowohl die Schweiz[1615], als auch Dänemark, Schweden und Norwegen[1616], ebenso Frankreich[1617] wie auch England[1618] und die USA[1619]

1607 so akzentuiert *Stoll*, Gutachten S. 143
1608 *Stoll* aaO
1609 Dies kritisiert auch *Hubmann*, Persönlichkeitsrecht § 50.
1610 vgl. oben I 2.2.2.2 d.gg.aaa–hhh
1611 so *Stoll* aaO; vgl. auch *Helle*, Schutz S. 94
1612 aaO
1613 freilich nicht nur eine Unterlassungsklage, vgl. wieder oben I 2.2.2.2 d.gg.aaa–hhh
1614 so auch *Krüger-Nieland* aaO S. 34; vgl. auch *Nörr* aaO S. 3
1615 *Stoll* aaO S. 65 ff.
1616 *Stoll* aaO S. 91 ff.
1617 *Stoll* aaO S. 75 ff, 79 f.
1618 *Stoll* aaO S. 3 ff., 100 ff.
1619 *Stoll* aaO S. 111 f.

gewähren bei einschlägigen Persönlichkeitsverletzungen Ersatz des immateriellen Schadens in Geld. Auch wenn *Ulmer*[1620] meint, der rechtsvergleichende Hinweis auf die entsprechenden Regelungen im romanischen und im anglo-amerikanischen Rechtskreis würden nicht weiterhelfen, so erscheint die Behauptung, das deutsche Rechtsethos würde in dieser grundsätzlichen Frage anders reagieren als das anderer Völker des westlich-abendländischen Kulturkreises, als Anmaßung[1621] – *Ulmer* übersieht hierbei offenbar, daß nicht gesetzliche Regelungen, bzw. von der Rechtsprechung gefundenes Recht, sondern die jeweilig zugrundeliegenden (rechts-)ethischen Fundamente verglichen werden.

Die heutige Tendenz, immaterielle Schäden bei Persönlichkeits(-rechts-)verletzungen (häufiger) durch Geld zu ersetzen, stellt sich unter diesem Aspekt nicht so sehr als Zeichen von materialistischer Geisteshaltung und Wertverfall dar, sondern – gerade umgekehrt – als „Ausdruck eines durch das GG geschärften und verfeinerten Wertgefühls für die Schutzwürdigkeit der höchsten Güter des Menschen"[1622]. „Von einer ‚Kommerzialisierung der Ehre' kann ernstlich nicht die Rede sein."[1623]

B Anspruchsbeschränkungen

I Vorbemerkungen

Bislang haben wir uns mit der Frage der Begründung des Anspruchs aus § 847 I BGB analog bei Verletzung des aPR und mit der Kritik an dieser Begründung auseinandergesetzt. Die ständige Rechtsprechung macht es erforderlich, auch auf die diesem Anspruch entgegengesetzten Beschränkungen einzugehen[1624]. Während der BGHZ in seiner – die einschlägige Rechtsprechung einleitenden – Herrenreiter-Ent-

1620 GRUR 1963, 493
1621 *Stoll* aaO S. 143
1622 *Wiese* S. 58 f.
1623 BVerfG NJW 1973, 1224
1624 Auf diese Notwendigkeit macht auch *Hartmann* (NJW 1964, 796) aufmerksam

scheidung[1625] noch „jede (schuldhafte) Verletzung"[1626] eines Persönlichkeitsrechts[1627] für anspruchsauslösend hielt[1628], stellte er in seiner Ginsengwurzel-Entscheidung[1629] erstmalig die Erfordernisse der objektiven und subjektiven (Schuld-)Schwere des Eingriffs in das aPR als Anspruchsbeschränkungen auf[1630]. Nachdem diese Frage in der Hochzeitsbild-Entscheidung[1631] ausdrücklich offen gelassen worden war[1632], schloß sich die spätere Rechtsprechung der Aufstellung dieser Anspruchsbeschränkungen – und zwar sowohl bei Verletzungen des allgemeinen wie auch besonderer PR – durchweg an[1633].

Dabei ist in zweierlei Hinsicht **unklar**,

- ob die Anspruchsbeschränkungen den Anspruch dem Grunde nach einschränken in der Weise, daß er gar nicht mehr zum Zuge kommt, oder ob sie seine Höhe beeinflussen, indem sie die zu zahlende Geldsumme herabsetzen;
- in welchem Verhältnis die einzelnen Anspruchsbeschränkungen[1634] zueinander stehen, insbesondere, ob sie schon einzeln (alternativ) oder nur – wenigstens einige von ihnen – gemeinsam (kumulativ) wirken[1635].

So läßt *Nipperdey*[1636] den Anspruch bei unerheblichen Beeinträchtigungen des aPR gar nicht zum Zuge kommen; nach einer weitergehenden Auffassung greift der Schmerzensgeldanspruch nur ein,

---

1625 BGHZ 26, 349 ff.
1626 aaO S. 357, vgl. auch S. 356
1627 BGHZ 26, 349 ff. bezieht sich auf die Verletzung des (bP-)Rechts am eigenen Bild.
1628 OLG Köln GRUR 1967, 324 (rekr); *Stoll*, Gutachten S. 5
1629 BGHZ 35, 363 ff.
1630 aaO S. 368 f.
1631 BGHZ LM § 23 KUG Nr. 5
1632 aaO (unter 2 vor a)
1633 vgl. BGHZ 39, 132 ff.; BGHZ NJW 1962, 1005; MDR 1964, 136 (= BB 1964, 150 = DB 1964, 31); JZ 1965, 413; VersR 1969, 349; MDR 1969, 472; NJW 1970, 1077; NJW 1971, 699; DB 1971; 1660; LM § 847 BGB Nr. 51; BFH NJW 1964, 744; OLG Hamburg NJW 1962, 2062 f.; OLG Frankfurt NJW 1966, 256; KG NJW 1968, 1970; LG München I bei *Schulze* VII Nr. 78 S. 5; vgl. zu dieser Entwicklung OLG Köln GRUR 1967, 323 f. (rekr)
1634 zu den einzelnen Anspruchsbeschränkungen unten bei III und IV
1635 Diese Unklarheiten beklagen auch *Hartmann* (aaO) und *Bötticher* MDR 1963, 355
1636 GR IV 2 S. 856

wenn ein anderer Ausgleich nicht möglich ist[1637], oder wenn eine objektiv schwerwiegende Beeinträchtigung vorliegt[1638], oder wenn (subjektiv) mit schwerer Schuld gehandelt wurde[1639]. Diese Anspruchsbeschränkungen sollen also den Anspruch dem **Grunde** nach ausschließlich (Anspruchsbeschränkungen dem Grunde nach; Anspruchsvoraussetzungen).

Nach – teilweise – aA beeinflussen diese Beschränkungen (objektive[1640] und subjektive Schwere der Beeinträchtigung[1641], Anlaß der Beeinträchtigung[1642], Vermögensverhältnisse der Beteiligten[1643]) nur die **Höhe** des Schmerzensgeldanspruchs[1644,1645] (Anspruchsbeschränkungen der Höhe nach; Bemessungsfaktoren). Entsprechend formulierte der Entwurf 1959[1646] Satz 2 des § 847 I BGB: „Die Höhe der Entschädigung bestimmt sich nach den Umständen, insbesondere nach der Schwere der Verletzung und des Verschuldens".

Was das **Verhältnis** einzelner Anspruchsbeschränkungen zueinander betrifft, so stehen sich auch hier – auch innerhalb der Rechtsprechung – unterschiedliche Ansichten gegenüber. Unter Berufung auf die ständige Rechtsprechung desselben (VI.) Senats[1647] führt der

---

1637 BGHZ 35, 369 f.; *Bußmann* Ufita 37, 22

1638 BGHZ 35, 369 f.; BGHZ NJW 1963, 748; OLG Düsseldorf VersR 1965, 991 f.; *Bußmann* aaO; *Fromm* NJW 1966, 255

1639 *Krüger-Nieland* 45. DJT II C S. 45; mißverständlich *Fromm* NJW 1965, 1205

1640 OLG Köln aaO; *Bötticher* 45. DJT II C S. 10

1641 BGHZ 18, 149 (LS 2), 157 ff.; ihm folgend LG Frankfurt I AnwBl 1961, 265; OLG Köln aaO; *Bußmann* Ufita aaO; *Bötticher* 45. DJT II aaO; *Fromm* NJW 1966, 255; *Knöpfel* AcP 155, 152 ff.

1642 BGHZ und LG Frankfurt I (jeweils aaO)

1643 *Bötticher* 45. DJZ II aaO

1644 ebenso LG München I bei *Schulze* VII Nr. 78 aaO; *Wiese* S. 51; *Hartmann* NJW 1962, 15; *Schulz* MDR 1962, 957

1645 verworren *Rötelmann* (NJW 1964, 1459), der auf der einen Seite sagt, daß der Anspruch nur besteht, wenn insb. die Schwere des Verschuldens oder der Beeinträchtigung es rechtfertigen (und diese Beschränkung damit dem Grund zuordnet), auf der anderen Seite aber meint, die Schwere der Verletzung sei „gleichbedeutend" mit der Höhe des Schadens, und vom Verschulden gelte „in etwa dasselbe", weil in Geld auszugleichende „Unbill (Schmerzen im weiteren Sinne)" umso größer zu sein pflege, je schwerer das Verschulden sei

1646 S. 4

1647 zuletzt BGHZ NJW 1970, 1077 (= DB 1970, 1125) vom 17. 3. 1970 sowie BGHZ LM § 847 BGB Nr. 36 vom 3. 3. 1970

BGHZ[1648] aus, der Anspruch aus § 847 I BGB analog sei nicht schlechthin in jedem Fall von Persönlichkeitsrechtsverletzungen zuzubilligen, sondern nur unter bestimmten „erschwerenden Voraussetzungen". Die „vielschichtigen Möglichkeiten" einer Persönlichkeitsrechtsverletzung erforderten eine Prüfung dieser Voraussetzungen in jedem Einzelfall. Ausgangskriterium für diese Prüfung sei die Unmöglichkeit eines anderen Ausgleichs. Zu dieser (Negativ-)Voraussetzung müsse kommen, daß die Verletzung „als schwer anzusehen ist". Auch diese Frage sei Einzelfallproblematik, bei der insbesondere Art und Schwere der Beeinträchtigung, Verschuldensgrad und Anlaß und Beweggrund des Handelns zu berücksichtigen seien. Nach diesen Kriterien urteilt beinahe die gesamte einschlägige Rechtsprechung[1649]. Während diese gängigen Formeln offenlassen, ob die einzelnen Anspruchsbeschränkungen alternativ oder kumulativ vorliegen müssen, entscheidet sich die Rechtsprechung teilweise dafür, daß alternatives Vorliegen ausreicht[1650], teilweise dafür, daß kumulatives Vorliegen notwendig ist[1651].

Trotz dieser Unklarheiten hat der Gedanke der Anspruchsbeschränkungen iR unseres Problems auch in der Literatur weitgehend Zustimmung gefunden[1652].

Bevor wir uns mit den dogmatischen Begründungen dieser Konstruktion und mit den einzelnen Anspruchsbeschränkungen selbst auseinandersetzen, erscheint eine **Klarstellung** sinnvoll. Die von der Recht-

---

1648 DB 1970, 1532

1649 vgl. etwa BGHZ NJW 1965, 1375; VersR 1969, 349 f. (mZustv *Bußmann* in GRUR 1969, 303); NJW 1971, 700; Ufita 66, 297; LM § 847 BGB Nr. 51; OLG Düsseldorf GRUR 1970, 194 f. (unter Berufung auf BGHZ NJW 1965, 1375); OLG Hamburg Ufita 60, 327 f.; OLG Köln NJW 1973, 850 (unter Berufung auf BGHZ NJW 1971, 700)

1650 BGHZ 35, 396 (so interpretieren diese Entscheidung auch *Stoll*, Gutachten S. 8 und *Deutsch* JuS 1969, 202); ebenso *Krüger-Nieland* 45. DJT II C S. 45

1651 BVerfG NJW 1973, 1224; BGHZ 39, 133 f.; BGHZ DB 1964, 31 (ebenso interpretiert *Stoll* aaO); BGHZ NJW 1971, 699; OLG München VersR 1963, 1086 f.; OLG Frankfurt NJW 1966, 256 f. (unter Berufung auf die stRspr des BGHZ)

1652 *Bußmann* GRUR 1962, 108; *Hubmann* JZ 1962, 121 f.; *Rötelmann* NJW 1962, 737 und 1004; *H. Kaufmann* JuS 1963, 383; *Hauss* LM § 847 BGB Nr. 18; *Ulmer*, Urheberrecht S. 38 und GRUR 1963, 494; vgl. auch *Helle* NJW 1964, 1405

sprechung aufgestellten Formeln zur Anspruchsbeschränkung laufen auf eine Güter- und Interessenabwägung hinaus[1653].

Dieser Abwägung bedarf es aber in doppelter Hinsicht:
- einmal im Hinblick auf die tatbestandlich-inhaltliche Feststellung eines hinreichend konkretisierten und schutzwürdigen aPR[1654],
- zum anderen im Hinblick auf die Frage, ob die tatbestandsmäßige Verletzung rechtswidrig ist[1655,1656].

Hierbei hängt die zweite Frage (nach der Rechtswidrigkeit) insofern von der ersten Frage (nach der Tatbestandsmäßigkeit) ab, als eine Verletzung der inhaltlich-tatbestandlich weiten und (relativ) unbestimmten Generalklausel ‚aPR' nicht etwa schon – wie herkömmlich im System der unerlaubten Handlungen bei inhaltlich fest umrissenen absoluten Rechten – die Rechtswidrigkeit indiziert, sondern diese – eben durch die erwähnte Güter- und Interessenabwägung – erst positiv festgestellt werden muß. Diesen rechtssystematischen Anwendungsmechanismus haben wir mit der hM bereits in der Einleitung festgestellt[1657]. Hier geht es jetzt um die Fragen,
- welche Anspruchsbeschränkungen rechtssystematisch überhaupt zulässig sind;
- wo die zulässigen Anspruchsbeschränkungen im System der unerlaubten Verletzungen des aPR eingreifen; schließlich
- wie sie dort wirken.

II Dogmatische Begründungen

Zur Beantwortung dieser Fragen müssen zunächst die dogmatischen Grundlagen der (einzelnen) Anspruchsbeschränkungen gefunden werden.

1) *Bötticher*[1658] und *Rötelmann*[1659] rechtfertigen die Anspruchsbeschränkungen aus dem **Wortlaut** des § 847 I BGB („billige Entschädigung in Geld"). Dann bliebe aber unerklärt, warum Anspruchsbe-

---

1653 diesen Ausdruck verwendet BGHZ 35, 368 wörtlich; ebenso *Bußmann* aaO
1654 s. dazu oben Einl A I
1655 *Hubmann*, Persönlichkeitsrecht § 20 c 1; *Wiese* S. 49
1656 s. dazu oben bei uns Einl A I
1657 Einl A I
1658 45. DJT II C S. 10
1659 NJW 1964, 1459

schränkungen zwar bei Verletzungen des aPR, nicht aber bei Verletzungen der in § 847 I BGB ausdrücklich aufgeführten Rechtsgüter eingreifen sollen. Zudem hat in dieser Formulierung lediglich das Bewußtsein des Gesetzgebers von der „Schwierigkeit der Ermittlung, ob und welcher (körperliche) Schmerz erduldet ist"[1660], Ausdruck gefunden; zu den Zumessungsschwierigkeiten als dogmatische Begründung der Anspruchsbeschränkungen nehmen wir aber unten[1661] gesondert Stellung.

2) *Hubmann*[1662] versucht, die Anspruchsbeschränkungen mit Hinweis auf das in den **Art. 1 und 2 GG** ausgesprochene Gebot der Achtung der Menschenwürde und der Persönlichkeit zu rechtfertigen; diese Verfassungsvorschriften verwiesen auf die „Natur der Persönlichkeit" und ließen eine „Differenzierung nach deren Art und der Schwere des Eingriffs" nicht nur zu, sondern forderten sie sogar. Dieses Argument ist nicht ohne weiteres einsichtig[1663].

3) *Deutsch*[1664] geht davon aus, daß das aPR aus dem Schadensbereich **in den Verletzungsbereich vorverlegt** worden sei, und daß dieser – das herkömmliche System nachtatlichen Schutzes im Deliktsrecht sprengende – „Durchbruch auf die Persönlichkeit" irgendwie beschränkt werden müsse, damit nicht jeder verschuldete Persönlichkeitsschaden einen Geldanspruch nach sich ziehe. So richtig dieses Ziel sein mag[1665] – die Prämisse, allein schon die Verletzung des aPR könne den Schaden aus § 847 I BGB analog auslösen, ohne daß ein Schaden entstanden ist, stimmt nicht. Das ergibt sich eindeutig aus dem Wortlaut des § 847 I BGB: Danach kann der Verletzte nur „wegen des Schadens ... eine ... Entschädigung in Geld verlangen". Das ergibt sich zudem hilfsweise aus dem Wortlaut des mit § 847 BGB korrelierenden[1666] § 253 BGB, der auch nur „wegen eines Schadens ... Entschädigung in Geld" vorsieht. Schließlich haben wir oben[1667] gezeigt, daß der Schmerzensgeldanspruch schadensbezogen ist.

1660 *Mugdan* (Mot) zu § 728 BGB (entspricht § 847 BGB hF)
1661 unter (7)
1662 Persönlichkeitsrecht § 50
1663 Wir werden zwar unten Anspruchsbeschränkungen auf die Art. 1 I und 2 I GG stützen, aber auf andere Inhalte und Aussagen (III 1).
1664 JuS 1969, 202
1665 vgl. unten bei uns III 1 und V
1666 s. o. A I 1.2
1667 s. o. A II 1.3.1 zu (3), (4) und (6)

4) Als Begründung für Anspruchsbeschränkungen werden zTl auch **Kommerzialisierungs-Bedenken** angeführt[1668,1669]. Die Gefahr einer Kommerzialisierung ideeller (Persönlichkeits-)Werte will man bannen, indem man den Schmerzensgeldanspruch nur unter gewissen erschwerenden Voraussetzungen zubilligt. Zu den hier im einzelnen vorgebrachten rechtshistorischen und rechtsethischen Begründungen haben wir oben[1670] bereits Stellung genommen. Die rechtspolitischen Aspekte dieser Befürchtung[1671] hatten wir mit dem Hinweis auf die generelle Möglichkeit entkräftet, mißbräuchlichen Rechtsausübungen mit den Gegenmitteln der §§ 242, 226 BGB zu begegnen[1672]. Darüber hinaus wird sich unten[1673] zeigen, daß der Gedanke der Sozialkongruenz (als Anspruchsbeschränkung) in der Lage ist, Kommerzialisierungsgefahren in den einschlägigen Fällen von objektiv geringfügigen Persönlichkeitsrechtsverletzungen zu bannen. Im übrigen weist das OLG Köln[1674] auf einen Widerspruch hin, in den sich die Rechtsprechung des BGHZ begibt, wenn sie sich einerseits durch Aufnahme des aPR in den Schutzkatalog des § 847 I BGB von einem Gesetzgeber distanziert, der eine solche Aufnahme ua aus Kommerzialisierungsbefürchtungen ablehnte[1675], wenn sie aber andererseits eben diesen Schutz wieder mit dem Argument der Kommerzialisierung stark einschränkt.

5) Rechtsprechung[1676] und Lehre[1677] stützen die Anspruchsbeschränkungen teilweise auf die **Genugtuungsfunktion** des Schmerzensgeldes[1678,1679]. Da Verletzungen „im geistigen Bereich" schwerer

1668 vgl. oben A II 3
1669 so BGHZ NJW 1965, 1375; OLG Hamburg NJW 1962, 2063; *Hauss* LM § 847 BGB Nr. 18; mit diesem Argument begründet auch der Entwurf 1959 (S. 29) die Aufnahme seiner Anspruchsbeschränkungen (Subsidiarität, objektive und subjektive Schwere des Eingriffs) in § 847 I 1 HS 1 und I 2 BGB der Entwurfsfassung; ebenso verlangt der RefEntwurf (II S. 155) in § 847 I 2 BGB der Entwurfsfassung (I S. 7) eine schwere Verletzung
1670 vgl. A II 3 zu (1) und (3)
1671 oben aaO zu (2)
1672 aaO
1673 III 1
1674 GRUR 1967, 324 (rekr)
1675 vgl. oben A I 2.2.1.1 zu (4)
1676 so BGHZ 35, 363 ff., 368 f. (Ginsengwurzel-Entscheidung) und BGHZ NJW 1965, 1375
1677 *Knöpfel* AcP 155, 153 ff.
1678 Das meint auch *Stoll* (Gutachten S. 5) hinsichtlich der Ginsengwurzel-Entscheidung (vgl. Fußn. 1676).
1679 zur Genugtuungsfunktion vgl. oben A II 1.3

abschätzbar seien als körperliche Beeinträchtigungen[1680], rücke die Genugtuungsfunktion des Schmerzensgeldanspruchs in den Vordergrund[1681]. Es müsse geprüft werden, ob nach der Art der Verletzung eine Genugtuung für die erlittenen – auf andere Weise nicht ausgleichbaren – Beeinträchtigungen erforderlich sei; dieses Erfordernis liege aber idR nur vor, wenn die Verletzung subjektiv oder objektiv schwerwiegend ist, und entfalle bei unbedeutenden Beeinträchtigungen[1682]. Deutlicher BGHZ NJW 1965, 1375: Eine Besänftigung des gekränkten Rechtsgefühls des Verletzten sei idR nur in schwerwiegenden Fällen erforderlich.

Solche Formulierungen verraten, daß hier der Genugtuungsgedanke weniger als Mittel des Schadensausgleichs iSe Wiedergutmachung, sondern vielmehr als Sühne bzw. Strafe für den Verletzer verstanden wird[1683] – eine Auffassung, der wir bereits oben[1684] entgegentreten sind: Das gekränkte Rechtsgefühl des Verletzten muß iRd Ersatzes immaterieller Schäden zwangsläufig mitersetzt werden, weil eine solche Kränkung (als Affektionsinteresse) selbst immaterieller Schaden ist und daher ‚von' diesem nicht getrennt werden kann[1685]. Dieser Begründungsversuch geht also von einem falschen Ansatz aus[1686]. Ergänzend weist das OLG Köln[1687] darauf hin, daß die Genugtuungsfunktion des Schmerzensgeldanspruchs schon deshalb nicht logisch notwendig zum völligen Ausschluß des Ersatzes bei weniger schweren Eingriffen in das aPR führen muß, weil der sich dann ergebende Unterschied zur Behandlung minder schwerer Körper-, Gesundheits- und Freiheitsverletzungen weder zu erklären noch zu rechtfertigen ist.

6) Zu recht meint *H. Kaufmann*[1688], daß die (general-)**präventive** Wirkung des Schmerzensgeldanspruchs[1689] „gerade in den schweren

---

1680 s. sogleich unter (7)
1681 vgl. oben A II 1.3.1 unter (8)
1682 BGHZ 35, 368 f.
1683 vgl. *Schultz* MDR 1962, 957
1684 A II 1.3.1
1685 s. o. Einl A II und (HT)A II 1.3.1 zu (2)
1686 vgl. die Kritik von *Schultz* (aaO), der Schuld- und Verletzungsschwere lediglich bei der Höhe des Schmerzensgeldanspruchs berücksichtigt wissen will (vgl. dazu noch unten IV 2 und 3)
1687 GRUR 1967, 324 (rekr)
1688 JuS 1963, 383
1689 vgl. oben A II 1.3.3 zu (d)

Schuldformen ... besonders groß" ist. Eine Rechtfertigung für das ausschließliche Eingreifen des Anspruchs bei schwerer Schuld läßt sich aber uE aus dieser Relation nicht herleiten. Denn erstens ist der (general-)präventive Charakter eines Schadensersatzanspruchs nicht sein unverzichtbares Wesensmerkmal, sondern nur eine zwangsläufige Nebenerscheinung[1689], und zweitens fällt er auch bei fahrlässigen Verletzungen nicht völlig weg: „Das Wissen darum, daß eine auch nur leicht fahrlässig herbeigeführte (objektiv) schwere Persönlichkeitsverletzung zu der ihr entsprechenden hohen Ersatzpflicht führt, (ist) nach den heute überschaubaren Erfahrungen noch immer geeignet, die Respektierung des aPR zu verstärken."[1690]

7) Auch die **Schwierigkeit**, die durch Verletzung des aPR entstandenen immateriellen Schaden **zu messen**[1691] (um sie dann in Geld umsetzen zu können), wird als Grund für Anspruchsbeschränkungen angeführt[1692]. IR unserer Entgegnung auf diesen (gegen die Annahme einer Wesensverwandtschaft der Rechtsgüter des § 847 I BGB und dem aPR vorgetragenen) Gesichtspunkt[1693] hatten wir zwar graduelle Unterschiede in der Meßbarkeit von den an Körper und Gesundheit einerseits, an der Freiheit andererseits und schließlich am aPR eingetretenen Schäden festgestellt. Es ist aber nicht erkennbar, wie dieser graduelle Unterschied in der Lage sein könnte, irgendwelche Anspruchsbeschränkungen zu begründen[1694]: Er rechtfertigt nicht ein – per se systemwidriges – Ausweichen auf andere Schadensersatzwege (Subsidiarität des Anspruchs als Anspruchsbeschränkung[1695])[1696], und er kann aus logischen Gründen auch nicht ein Eingreifen des Anspruchs auf Fälle schwerer Beeinträchtigung oder Schuld beschränken – denn der zu messende Umfang des Schadens ist unmittelbar abhängig von der Schwere der Beeinträchtigung und – nach Ansicht einiger Entscheidungen und Autoren[1697] – der Schuld, und es ist ein Verstoß gegen das

---

1690 *H. Kaufmann* aaO

1691 s. schon oben A I 2.2.2.3 a.cc zu (2)

1692 BGHZ 35, 368 f.; BGHZ NJW 1965, 1375; *Krüger-Nieland* 45. DJT II C S. 44; RefEntwurf II S. 155

1693 oben A I 2.2.2.3 a.cc zu (2)

1694 im Ergebnis ebenso OLG Köln GRUR 1967, 324 (rekr)

1695 dazu nachher unter III 2

1696 vgl. unsere Ausführungen oben A I 2.2.2.3 a.cc zu (2)

1697 nicht nach unserer Ansicht, s. u. IV 3

principium contradictionis[1698] anzunehmen, daß zwar Beeinträchtigung und Schuld, nicht aber der durch sie verursachte Schaden meßbar sind.

8) Schließlich dienen die **inhaltliche Weite** und die **relative Unbestimmtheit** des aPR[1699] zur Rechtfertigung von Anspruchsbeschränkungen[1700]. Wir haben schon oben[1701] dargelegt, daß der größere Umfang des aPR seiner – zur Analogie erforderlichen – Verwandtschaft mit den anderen Rechtsgütern des § 847 I BGB nicht entgegensteht. Auch iRd Anspruchsbeschränkungen spielt dieser Gesichtspunkt nur eine subsidiäre Rolle: Er kann (z. B.) bei Verletzungen des Rechts am eigenen Bild nicht herangezogen werden, da dieses (bP-)Recht in Sondertatbeständen gesetzlich geregelt (§ 22 ff. KUG) und somit hinreichend konkretisiert ist[1702]. Das hat die Rechtsprechung aber nicht gehindert, den Anspruch aus § 847 I BGB analog auch bei Verletzungen des Rechts am eigenen Bild unter – freilich dann anders begründete – Anspruchsbeschränkungen zu stellen[1703]. Überhaupt treten die einzelnen dogmatischen Begründungen für die Anspruchsbeschränkungen sowohl in der Rechtsprechung als auch in der Literatur häufig nebeneinander auf – wie zur wechselseitigen Abstützung.

Das Argument der inhaltlichen Weite des aPR zeigt aber auch ein anderes: Es steht und fällt mit der fortschreitenden Möglichkeit, die Generalklausel ‚aPR' zu analysieren, ihren Inhalt näher zu bestimmen, ihre Grenzen aufzuzeigen und einzelne bPR aus ihr herauszuarbeiten[1704]. Angesichts unserer früher[1705] getroffenen Feststellung,

---

1698 vgl. *Diederichsen*, Einführung III 1 d; vgl. auch JurA 1970, 773
1699 vgl. oben Einl A I und (HT) A I 2.2.2.3 a.cc zu (1)
1700 BGHZ 35, 363 ff., 368; *Hauss* LM § 847 BGB Nr. 80; *Krüger-Nieland* aaO
1701 vgl. oben A I 2.2.2.3 a.cc zu (1)
1702 BGHZ NJW 1965, 1375 unter Berufung auf BGHZ 35, 363 ff., 368; BGHZ LM § 23 KUG Nr. 5 (Hochzeitsbild-Entscheidung; unter 2 vor a) hatte diese Frage noch ausdrücklich offengelassen.
1703 BGHZ NJW 1965, 1375 stützte sich auf Kommerzialisierungsbedenken (vgl. oben unter 4), auf die (Vorrangigkeit der) Genugtuungsfunktion (vgl. oben unter 5), auf Zumessungsschwierigkeiten (s. o. unter 7) und auf den Gedanken der Sozialadäquenz (dazu noch unter III 1); OLG Frankfurt NJW 1966, 256 beruft sich schlechthin auf die Rspr des BGHZ; vgl. hierzu die kritischen Ausführungen des OLG Köln GRUR 1967, 324 (rekr)
1704 vgl. oben Einl A I
1705 Einl A I

daß die Verschwommenheit der Umrisse des aPR notwendige Folge seiner – gewollten – Rechtsnatur als Generalklausel und Auffangtatbestand ist, und angesichts der Sinnwidrigkeit und Vergeblichkeit des Bemühens, es inhaltlich exakter zu erfassen und in Einzeltatbestände aufzugliedern, taucht hier ein – scheinbar unlösbarer – Widerspruch auf: Um das Argument der inhaltlichen Unbestimmtheit des aPR zu entkräften, müßte es diese seine Beschaffenheit ablegen; das kann es aber nicht, ohne gleichzeitig seine Existenz als allgemeines PR aufzugeben. Zu recht stellt *Wiese*[1706] in diesem Zusammenhang fest, daß der Hinweis des BGHZ[1707] auf die „generalklauselartige Umschreibung der Beeinträchtigung der Persönlichkeit" nicht ein Problem der Anwendbarkeit des § 847 I BGB ist, sondern das Problem, ob (tatbestandsmäßig) überhaupt eine Persönlichkeitsrechtsverletzung vorliegt. (Die Frage der Anwendbarkeit [d. h. Aufnahmebereitschaft und der Aufnahmekapazität] des § 847 I BGB auf Verletzungen des aPR ist ohnehin bereits bejaht[1708].) Das Problem der Tatbestandspräzisierung ist erstens nicht vordringlicher Gegenstand unserer Arbeit, und zweitens – soweit für unsere Arbeit dennoch erforderlich – auf dem Boden der hA bereits behandelt[1709]. Daß es an dieser Stelle nochmal aufbereitet wird, ist auf seine Unterbringung iRd Anspruchsbeschränkungen zurückzuführen.

III Anspruchsbeschränkungen dem Grunde nach (Anspruchsvoraussetzungen)

Bei der Untersuchung der einzelnen Anspruchsbeschränkungen soll festgestellt werden, inwieweit die noch problematisierungsbedürftigen und problematisierungsfähigen dogmatischen Aspekte (Kommerzialisierungs-Bedenken; inhaltliche Weite und Unbestimmtheit des aPR[1710]) in diesen Anspruchsvoraussetzungen zur Geltung kommen und wie sie sich dort auswirken. (Dabei führen wir auch solche dogmatischen Begründungen an, die wir oben[1711] nicht untergebracht haben, weil sie sich jeweils immer nur auf eine bestimmte Anspruchsvoraussetzung beziehen.)

1706 S. 49
1707 BGHZ 35, 368
1708 s. o. A I 2.2.2.3 a.cc und 2.3
1709 s. o. Einl A I
1710 vgl. oben II zu (4) und (8)
1711 vgl. oben II

1. Sozialkongruenz

Ausgehend von der inhaltlichen Weite des aPR und angesichts der Tatsache, daß die Rechte und Rechtsgüter des Menschen in der Gesellschaft allgemein ununterbrochen in den verschiedensten Weisen durch das Verhalten anderer in der Gesellschaft „berührt" werden[1712], ist man sich darüber einig, daß nicht jede dieser Berührungen (Störungen) des aPR die Sanktion des Schmerzensgeldanspruchs nach sich ziehen kann[1713]; denn „andernfalls (würden) ... die mitmenschlichen Beziehungen des täglichen Lebens aus einer ununterbrochenen Folge wechselseitiger Rechtsverletzungen" bestehen[1714]. Zur Lösung dieses Konflikts bieten sich zwei grundsätzliche **Möglichkeiten** an:

- Trennung einschlägiger menschlicher Verhaltensweisen in solche, die als „Verletzung" iSd § 847 I BGB anspruchsauslösend sind, und in solche, die aufgrund irgendeiner ihnen eigenen Beschaffenheit den Anspruch erst gar nicht entstehen lassen;
- inhaltliche Präzisierung und nähere Ausgestaltung des Begriffs ‚aPR'[1715].

Der zweite Weg würde – wie erwähnt[1716] – ein allgemeines PR vernichten und durch eine Vielzahl von bPR ersetzen. Diesen Nachteil besitzt der erste Weg nicht; bei ihm sind lediglich die einzelnen Beschaffenheitsmerkmale solcher menschlicher Verhaltensweisen herauszuarbeiten, die nicht unter das Tatbestandsmerkmal der Verletzung fallen. Dem ersten Weg ist daher der Vorzug zu geben. Mit ihm ergibt sich zugleich ein Ausweg aus dem oben[1717] angedeuteten Widerspruch.

1712 *Geiger* S. 46 (mBspln); vgl. auch BGHZ NJW 1965, 1375 und *Wiese* S. 49

1713 BGHZ aaO; *Nipperdey*, GR II S. 37 und IV 2 S. 856; *Wiese* aaO; *Geiger* S. 46 f.; *Hartmann* NJW 1962, 15; *Fromm* NJW 1965, 1205; auch der Entwurf 1959 setzt in § 847 I 1 HS 3 der Entwurfsfassung fest: „Eine unerhebliche Verletzung bleibt außer Betracht"; ähnlich der RefEntwurf in § 847 I 2 seiner Fassung: „Wer ... in seiner Persönlichkeit verletzt wird, kann eine Entschädigung nur verlangen, wenn die Verletzung nach den Umständen als schwer anzusehen ist."

1714 *Geiger* aaO

1715 Diese beiden Möglichkeiten werden nicht immer auseinandergehalten: vgl. etwa *Nipperdey*, GR IV 2 S. 834; *Hubmann*, Persönlichkeitsrecht § 20 b, JZ 1962, 122 und Ufita 70, 84 f.; *Koebel* JZ 1961, 521 f.; *Fromm* NJW 1965, 1205; *Larenz* NJW 1955, 522

1716 vgl. oben II

1717 zu II

Zur Beschreitung dieses Weges werden verschiedene Vorschläge gemacht:

a) *Nipperdeys* Lehre von der **Sozialadäquanz** baute zunächst allein auf der Rechtswidrigkeit – einem der „kategorialen Grundbegriffe der Rechtsordnung" – auf[1718] und definierte sie als „Beeinträchtigung (...) rechtlich anerkannter Interessen (Rechtsgüter) durch gebots- oder verbotswidrige Handlungen"[1719]. Soweit das Recht bestimmte Verhaltensweisen ge- oder verbietet, bestimmt sich das Maß der jeweils geforderten Sorgfalt iR einer oberen und einer unteren Grenze: Die Rechtsordnung darf

- keine von niemandem erfüllbare Forderungen aufstellen (obere Grenze);
- auf der einen Seite nur verlangen, „daß bei den Handlungen die Anforderungen gestellt werden, die an einen normalen, ordentlichen und verständigen Menschen in der zu beurteilenden konkreten Situation iRd sozialen Zusammenlebens gestellt werden können; maW, sie darf erwarten, daß beim Handeln ein sozial-adäquates Maß der Rechtsgütergefährdung eingehalten wird" (untere Grenze)[1720].

Dieses zuerst im Strafrecht entwickelte „Wertungsprinzip" gilt auch im Zivilrecht, wo es in § 276 I 2 BGB seinen Ausdruck gefunden hat[1721]. Diese Lehre hat *Nipperdey* später – wenn auch nicht ausdrücklich – auf die Tatbestandsproblematik übertragen[1722]: „Gewisse Beeinträchtigungen der Persönlichkeit (sind) schon tatbestandsmäßig nach der Natur der Sache und dem Wesen des Persönlichkeitsrechts keine Verletzungen dieses Rechts."[1723,1724]

1718 *Enneccerus-Nipperdey* Hbd 2 § 209
1719 *Enneccerus-Nipperdey* aaO IV B (vor 1)
1720 *Enneccerus-Nipperdey* aaO IV B 2 b
1721 *Enneccerus-Nipperdey* aaO IV B 2 b und V
1722 vgl. GR II S. 37, IV 2 S. 856; BGHZ 24, 21 ff. ordnet den „Rechtsgedanken der sozialen Adäquanz" (noch) der Rechtswidrigkeit zu (aaO S. 23 f.)
1723 *Nipperdey*, GR IV 2 S. 834
1724 Hier finden wir das Bspl für die Vermischung der beiden grundsätzlichen Möglichkeiten, das Problem durch Einschränkung des aPR oder durch Einschränkung des Verletzungsbegriffs zu lösen; vgl. oben

An dieser Lehre wird **kritisiert**, daß sie

- unklar läßt, ob die Sozialadäquanz die Tatbestandsmäßigkeit oder die Rechtswidrigkeit ausschließt[1725];
- eine neue Generalklausel einführt, die wieder zu unbestimmt ist[1726], und die deshalb dazu verleitet, das Urteil über die Sozialwidrigkeit von der Intensität des Eingriffs und der Bedeutung des verletzten Rechtsguts abhängig zu machen – das aber verstoße gegen die Systematik des § 823 BGB: iR dieser Vorschrift seien nämlich die dort genannten oder ihnen gleichstehenden Rechte und Rechtsgüter „ohne Vorschaltung einer Generalklausel" geschützt[1727,1728].

b) *Geiger*[1729] schlägt im Hinblick auf die dargelegten „eigentümlichen Zusammenhänge der gesellschaftlichen Beziehungen von Mensch zu Mensch" vor, den Begriff der Verletzung solchem „Eindringen", „Eingreifen" vorzubehalten, das iSe **„gezielten Erfolgs"** zu verstehen ist, und es abzugrenzen von Verhaltensweisen, die primär in andere Richtung zielen und nur eine nachteilige „Auswirkung" („Folge") für die in Rede stehende Rechtsposition haben – solche Folgen habe jedermann als Lebensrisiko[1730] zu tragen[1731]. *Geiger*[1732] nimmt es als „erwünscht" in Kauf, daß sein Vorschlag die

1725 *Hubmann* JZ 1957, 522; ihm zufolge sind sozialadäquate Handlungen teils nicht tatbestandsmäßig, teils rechtmäßig

1726 *Geiger* S. 49 f. und *Hubmann* aaO; *Hubmann* meint den Inhalt dadurch bestimmter machen zu können, daß ‚sozialadäquat' durch ‚sozialüblich' ersetzt wird (wobei es sich uE weniger um eine Ersetzung als vielmehr eher um eine – bloß sprachliche – Übersetzung handelt): damit würde auf einen sozialen Tatbestand verwiesen, der objektiv festliegt und der nur noch festgestellt werden müsse (Auf eben das will aber auch die Lehre *Nipperdeys* hinaus); diese Ersetzung sei aber nicht möglich, weil nicht alles Übliche auch zulässig sei; das Übliche müsse vielmehr noch gewertet werden, der Begriff der Sozialadäquanz also in eine tatsächliche und in eine normative Komponente zerlegt werden (aaO S. 522 f. mBspln)

1727 *Geiger* S. 49 f.

1728 Wir deuteten diese Problematik schon oben bei der Anerkennung des aPR an, vgl. Einl A I

1729 S. 46 f.

1730 BGHZ NJW 1965, 1375

1731 Als dogmatische Parallelen führt *Geiger* (S. 47 f.) den Unterschied zwischen Enteignung und enteignungsgleichem Eingriff (Art. 14 III GG), § 193 StGB und das Wettbewerbsrecht an.

1732 S. 48 f.

Möglichkeiten zur Sanktionierung fahrlässiger Persönlichkeitsrechtsverletzungen „erheblich einschränkt".

Auch dieser Vorschlag wird **kritisiert**:

- *Koebel*[1733] scheint es für ausgeschlossen zu halten, daß dem Richter zur Lösung dieses Problems anderes übrigbleibt als – iRe Güter- und Interessenabwägung – die konkrete Sachlage einerseits und die Wertentscheidung des GG (zur Ausfüllung der „farblosen Generalklausel" ‚Wahrnehmung berechtigter Interessen') andererseits gegenüberzustellen und sich hieraus ein Urteil zu bilden[1734].
- Der Schutz vor fahrlässigen Persönlichkeitsverletzungen wird mit *Geigers* Vorschlag nicht nur „erheblich eingeschränkt", er scheidet auch nicht nur „praktisch" aus[1735], sondern er entfällt einfach. Und nicht nur das: Von den – für die unerlaubten Handlungen als Vergleichsbasis dienenden – strafrechtlichen Vorsatz- und Fahrlässigkeitsstufen (dolus directus 1. Grades, dolus directus 2. Grades, dolus eventualis; luxuria und neglegentia)[1736] scheiden nämlich für die von *Geiger* geforderte Zielgerichtetheit des Handelns nicht nur beide Fahrlässigkeitsstufen, sondern auch der bedingte und der mittelbare Vorsatz (dolus eventualis und dolus directus 2. Grades) aus. Denn wer zielgerichtet auf einen Erfolg hin handelt, nimmt weder zustimmend einen für möglich gehaltenen Erfolg in Kauf (wie beim dolus eventualis), noch nimmt er den Erfolg (wie beim dolus directus 2. Grades) lediglich als notwendige Folge oder unvermeidliche Nebenwirkung mit in seine Absicht auf[1737]. *Geigers* Beschränkungsvorschlag läuft also darauf hinaus, nur Verletzungen mit schwerstem Schuldvorwurf sanktionsfähig zu machen und stellt sich damit als Anspruchsbeschränkung dar, die nicht in die Tatbestands-, sondern in die Schuldprüfung gehört[1738]. Diese Lösung erscheint zudem mit § 823 I BGB, der gegen vorsätzliche und fahrlässige Verletzungen schützt, nicht vereinbar.

1733 JZ 1961, 521 f.

1734 Mit diesem Vorschlag ist freilich nicht nur die „farblose Generalklausel" des § 193 StGB zu den bereits vorhandenen problematischen Generalklauseln (aPR; Sozialadäquanz) hinzugefügt worden: Dieser Vorschlag stellt sich selbst als ebenso farblose Generalklausel dar.

1735 wie *Koebel* meint (aaO S. 521)

1736 vgl. *Mezger-Blei* I §§ 63 II, III, IV und 66 III 1

1737 vgl. *Mezger-Blei* I § 63 III und IV

1738 dazu unten unter 4

c) Der Vorschlag von *Hubmann*[1739], nach dem
- zunächst das geschützte Gut oder Interesse herausgestellt und auf seine Schutzwürdigkeit hin überprüft werden müsse,
- sodann die Art des Eingriffs berücksichtigt und festgestellt werden müsse, ob er als Verletzungshandlung gewertet werden kann,

löst das anstehende Problem nicht, sondern wirft es nur auf: Die Vorschläge *Nipperdey*s und *Geiger*s unter a) und b) stellen sich bereits als Berücksichtigungen und Feststellungen iSv *Hubmann* dar.

d) Unser eigener Vorschlag knüpft ebenfalls an die Tatsache ständiger und unvermeidbarer wechselseitiger Rechtsinteressenkonflikte der Rechtsgenossen an und baut weitgehend auf der Lehre *Nipperdey*s auf. Eine menschliche Verhaltensweise, die zwar das aPR eines anderen Rechtsgenossen berührt, die aber
- iRd sozial allgemein und in unserem Rechtskreis durchweg geübten Verhaltens liegt (objektive Feststellung im tatsächlichen Bereich), und die
- sozialethisch entweder irrelevant oder sogar zu billigen ist (intersubjektive Feststellung im normativen Bereich),

bezeichnen wir als **sozialkongruent**[1740]. Solche sozialkongruenten Eingriffe in das aPR sind tatbestandsmäßig keine „Verletzungen" iSd §§ 823 I, 847 I BGB (analog)[1741].

Die Ausklammerung solcher Eingriffe nach diesen Gesichtspunkten **rechtfertigt** sich uE aus folgenden Überlegungen:
- *Nörr*[1742] hält eine Einschränkung, die auf die Art und Weise der Verletzung abstellt, nach dem geltenden Recht „kaum" für möglich und befürchtet deshalb, daß es keine wirksame Sperre gegen die „uferlose Ausweitung" des Schmerzensgeldanspruchs gibt; er hält einen Schmerzensgeldanspruch deshalb nur für zulässig,

---

1739 JZ 1962, 122; s. auch Ufita 70, 84 f.

1740 Diesen Begriff entnehmen wir den Ausführungen von *Klug*, Festschrift E. Schmidt S. 249 ff. („Sozialkongruenz und Sozialadäquanz im Strafrechtssystem"), der zwischen – tatbestandsausschließendem – sozialkongruenten und – rechtfertigendem – sozialadäquaten Verhalten unterscheidet (aaO S. 258 ff.). Ebenso wie die Lehre von der Sozialadäquanz im Zivilrecht Geltung gefunden hat (vgl. *Enneccerus-Nipperdey* Hbd 2 § 209 V; BGHZ 24, 23), könnte der Begriff der Sozialkongruenz auch ins zivile Recht der unerlaubten Handlungen eingehen.

1741 vgl. auch *Hartmann* NJW 1962, 15

1742 AcP 158, 10 f.

wenn sich aus dem Gesetz selbst ein „Anhaltspunkt" dafür bietet. UE bietet das Gesetz – in Art. 1 I, 2 I GG iVm §§ 823 I, 847 I BGB – nicht nur einen Anhaltspunkt zur Gewährung von Schmerzensgeld bei Verletzungen des aPR[1743], sondern es bietet auch Anhaltspunkte für die eben aufgezeigte Beschränkung dieses Anspruchs.

Zunächst hatten wir zur Inhaltsbestimmung des Art. 1 I 1 GG festgestellt, daß dieser Satz eine „mittlere Linie des Personalismus"[1744] aufzeigt, die sich in einer Reihe von anderen Verfassungsartikeln fortsetzt[1745]. Diese Linie zeigte, daß der einzelne Rechtsgenosse sich nicht als autonomes Individuum uneingeschränkt in einer aus autonomen Individuen bestehenden Gemeinschaft bewegt, sondern insofern gemeinschaftsgebunden ist, als seine Rechte durch die Rechte anderer begrenzt werden. Die Inhaltsbestimmung des Begriffs ‚Menschenwürde' machte deutlich, daß nicht jede, sondern nur qualifizierte Eingriffe sie verletzen können[1746]. Auch Art. 2 I GG, also die Grundrechtsnorm, die – im Anschluß an das stillschweigende Postulat der menschlichen Persönlichkeit in Art. 1 I GG – erstmals ausdrücklich von dieser „Persönlichkeit" spricht, vollzieht in seinem HS 2 die Abkehr vom individualistisch-liberalen Denken und verfolgt damit ebenso die „mittlere Linie des Personalismus"[1747]: Die subjektiven privaten „Rechte anderer" sind hier als Begrenzung des allgemeinen Freiheitsrechts aufgestellt, um „Friktionen" zwischen entgegenstehenden Individualrechten zu vermeiden[1748].

Die an diesen – die Quelle des aPR bildenden[1749] – Stellen der Verfassung auftauchenden fundamentalen Beschränkungen setzen sich in der Schadensersatzsystematik des privatrechtlichen Ablegers ‚aPR' als Anspruchsbeschränkung namens ‚Sozialkongruenz' fort[1750]. Es ist daher nach dieser Auffassung unrichtig anzuneh-

---

1743 s. o. A I 2.3
1744 *Dürig* in *Maunz-Dürig-Herzog* Art. 1 I Rdn 47 mwHinw in Fußn 3; im Ergebnis übereinstimmend *vMangoldt-Klein* I Art. 1 III 3 b; *Leibholz-Rinck* Art. 1 Rdn 2
1745 s. o. A I 2.2.2.2 c.bb.bbb
1746 s. o. A I 2.2.2.2 c.bb.bbb
1747 Wir haben das oben schon vorweggenommen, vgl. A I 2.2.2.2 c.cc.ccc
1748 *Dürig* aaO Art. 2 I Rdn 13
1749 s. o. Einl A I
1750 *Nipperdey*, GR IV 2 S. 834 f.

men, das aPR werde in Art. 1, 2 GG einerseits und § 847 I BGB andererseits unterschiedlich intensiv geschützt[1751].

– Diese Lösung vermeidet eine Unklarheit darüber, ob der Begriff der Sozialadäquanz rechtswidrigkeits- oder tatbestandsausschließend ist, indem er ihn (allgemein) dem Rechtswidrigkeitsausschluß vorbehält und für den Tatbestandsausschluß den Begriff der Sozialkongruenz einführt[1752]. Es tritt dann (bei Verletzungen des aPR) iRd Rechtswidrigkeitsprüfung mit der nach hM dort vorzunehmenden Güter- und Interessenabwägung[1753] ein weiteres Korrektiv hinzu.

– Mit dieser Lösung lassen sich die Gefahren bannen, die von der inhaltlichen Weite und Unbestimmtheit des aPR und – damit zusammenhängend – von der Tatsache ausgehen, daß Kollisionen sich iRd zwischenmenschlichen Beziehungen nicht vermeiden lassen – ohne daß hiermit das aPR geopfert würde[1754].

– Sie schränkt die Gefahr einer Kommerzialisierung des aPR[1755] weitgehend ein, indem sie Ersatzleistungen für unbedeutende Verletzungen unmöglich macht.

– Schließlich hat diese Lösung uE den Vorzug, durch ihre Zweistufigkeit (1. objektive Feststellung im tatsächlichen Bereich; 2. intersubjektive Feststellung im normativen Bereich) den Schwerpunkt der Prüfung, ob und wann eine Beeinträchtigung des aPR eine Verletzung iSd §§ 823 I, 847 I BGB ist, von subjektiven Wertungen weitgehend in Richtung auf objektive bzw intersubjektive Feststellungen zu verschieben. Damit entspricht sie der konstruktiven Kritik *Hubmanns*[1756] an der *Nipperdey*'schen Sozialadäquanz-Lehre und entschärft den dieser Lehre gemachten Vorwurf, eine weitere Generalklausel einzuführen, die wieder zu unbestimmt ist.

1751 so aber *H. Kaufmann* JuS 1963, 383 Fußn 132
1752 *Klug*, Festschrift E. Schmidt S. 258, 262
1753 s. o. Einl A I
1754 Dieses Problem hatten wir oben bereits angedeutet, vgl. A I 2.2.2.3 a.cc.
1755 vgl. oben (B) II zu (4)
1756 JZ 1957, 522

Übrig bleibt die Frage, ob der Gedanke der Sozialkongruenz bei Verletzungen allein des aPR oder auch der **anderen in § 823 I BGB geschützten Rechtsgüter** eingreifen soll. Nach unserer Vorstellung der Sozialkongruenz[1757] läßt sich eine sozialkongruente Verletzung von Leben in unserem Rechtsraum[1758] nicht denken. Hingegen wäre es möglich, alltägliche Fälle von leichten, unerheblichen Körperverletzungen[1759] als sozialkongruent aus dem Tatbestand des § 823 I BGB auszuklammern[1760]. Auch wäre es denkbar, gewisse Typen von Körperverletzungen, die sowohl sozial als auch sozialethisch erwünscht sind[1761], über den Gedanken der sozialen Kongruenz als nicht tatbestandsmäßig anzusehen[1762]. Dagegen halten wir sozialkongruente Gesundheitsverletzungen nicht für denkbar[1763]. *Klug*[1764] schließt (für

---

1757 s. o.

1758 Etwas anderes mag in Kulturen gelten, in denen die Opferung von Menschenleben aus weltanschaulichen Gründen fester und allgemein gutgeheißener Bestandteil des gelebten Kulturethos ist. Man denke an die Azteken, die der Sonne Menschenleben darbrachten, indem sie den Opfern die noch schlagenden Herzen herausrissen (vgl. bei *Tischner* S. 92); an die Polynesier, die ihrem Gott Tu Menschenopfer schenkten (aaO S. 292); an die altnegride Bevölkerung Westafrikas, die bis zum Ende des 19. Jahrhunderts aus Anlaß des Todes ihres Herrschers und bei den jährlichen Totengedenkfesten für die Königsahnen zur magischen Sicherung ihrer Existenz im Jenseits Menschenopfer brachten (aaO S. 316); an Zentralafrika, wo Menschenleben anläßlich der Bestattung der Gottkönige geopfert wurden (aaO S. 330) und schließlich auch an die Kachari, Dimasa, Chutiya und Tippera in Zwischenindien, die ihren Göttern Menschen opferten (aaO S. 332).

1759 Man denke etwa an das Gedränge, das zur rush-hour an bestimmten Punkten einer Großstadt (Bahnsteige, Kaufhäuser usf.) oder in Bahnen und Bussen herrscht.

1760 s. bereits oben A I 2.2.2.3 a.cc

1761 Hierunter würden ärztliche Eingriffe fallen, die nach überwiegender Ansicht sowohl im Zivil- als auch im Strafrecht tatbestandsmäßig als Körperverletzung angesehen werden und durch die – tatsächliche oder mutmaßliche – Einwilligung des Patienten bzw durch übergesetzlichen Notstand gerechtfertigt sind; vgl. für das Zivilrecht *Palandt-Thomas* § 823, 4 b, für das Strafrecht *Dreher*, § 223, 3 B, jeweils mwNachw.

1762 vgl. *Klug* aaO S. 262

1763 Sie können allerdings – wie die Tötungen (vgl. Fußn 1758) – in anderen Kulturkreisen möglich sein. So wurden die Jugendlichen der nordostafrikanischen Niloten iRd Jugendweihe tatauiert, man schlug ihnen zudem die unteren Schneidezähne heraus (vgl. bei *Tischner* S. 168); bei den Somal, den Afar und den Nordostgalla Nordostafrikas ließen sich die Mädchen zur Sicherung ihrer Jungfräulichkeit infibulieren (aaO S. 169).

1764 aaO S. 264

das Strafrecht[1765]) die Freiheitsbeschränkungen im modernen Verkehr nicht als nicht tatbestandsmäßig durch Sozialkongruenz, sondern als gerechtfertigt durch Sozialadäquanz aus[1766]; nach unserer Definition der sozialen Kongruenz läge allerdings ein Tatbestandsausschluß näher[1767]. Schließlich erscheinen sozialkongruente Eigentumsverletzungen mit unserer Rechtsordnung nicht vereinbar. Für die „sonstigen Rechte" des § 823 I BGB muß die Anwendbarkeit des Prinzips der sozialen Kongruenz gesondert geprüft werden.

Die eben aufgezeigten Möglichkeiten einer Nutzbarmachung des Sozialkongruenz-Aspekts für die übrigen Rechtsgüter des § 823 I BGB sagt noch nichts aus über die Praktikabilität dieser Vorschläge. Um den dreigliedrigen Aufbau von Tatbestands-, Rechtswidrigkeits- und Schuldprüfung nicht zu strapazieren und um insbesondere die Prüfung von Rechtfertigungsgründen iRd Deliktsrechts nicht auszuhöhlen, sollte die Feststellung, daß eine (deliktische) Verhaltensweise als sozialkongruent nicht mehr tatbestandsmäßig ist, eine Ausnahme bleiben[1768]. Auch *Klug*[1769] macht zu recht darauf aufmerksam, „daß die Tatbestände der gesetzliche Niederschlag sozialethischer Prinzipien sind, so daß zunächst immer eine Vermutung gegen Sozialkongruenz spricht, wenn ein Verhalten sich als tatbestandsmäßig erweist". Wir möchten deshalb das tatbestandsausschließende Eingreifen der Sozialkongruenz allein bei Störungen des aPR zulassen. Diese Sonderrolle nimmt das aPR deshalb ein, weil es – im Gegensatz zu den

---

1765 Er hält die „metajuristische Kontrolle unter dem Aspekt der Sozialkongruenz" für die „strafrechtliche Ergänzung des in § 138 BGB für das Zivilrecht ausgesprochenen allgemeinen Grundsatzes der Kontroll- und Begrenzungsfunktion des Sittengesetzes" (aaO S. 262); vgl. zu unserer Nutzbarmachung dieser „Kontrolle" für das Zivilrecht oben Fußn 1740.

1766 aaO S. 264; das liegt daran, daß er Sozialkongruenz und Sozialadäquanz dadurch unterscheidet, daß er sozialethisch gebotene oder wegen sozialer Irrelevanz sozialethisch erlaubte Verhaltensweisen als sozialkongruent, und die aufgrund ihrer sozialen Irrelevanz sozialethisch erlaubten Verhaltensweisen, die nicht zugleich sozialethisch geboten sind, als sozialadäquat bezeichnet (aaO S. 262); vgl. zum Prinzip der sozialen Adäquanz auch oben Vorschlag a

1767 Wir bauen unsere intersubjektive Feststellung im normativen Bereich nämlich alternativ auf (entweder soziale Irrelevanz oder soziales Gebotensein). Das tut *Klug* (aaO S. 264); in seiner Definition auch (vgl. Fußn 1766); insofern scheint seine Einstellung zu diesen Fällen der Freiheitsbeschränkung nicht konsequent zu sein.

1768 ebenso *Klug* selbst, aaO S. 261

1769 aaO

anderen Rechtsgütern des § 823 I BGB – als General- und Auffangtatbestand notwendigerweise inhaltlich weiter und unbestimmbarer ist als jene[1770].

2. Subsidiarität

Sowohl Rechtsprechung[1771] als auch Lehre[1772] lassen den Schadensersatzanspruch aus § 847 I BGB analog nur subsidiär zur Geltung kommen. Auch der Entwurf 1959[1773] will den Anspruch nicht gelten lassen, „soweit eine Herstellung iSd § 249 (BGB) möglich und genügend oder soweit dem Verletzten Genugtuung in anderer Weise als durch Geld geleistet ist" (§ 847 I 1 HS 2 der Entwurfsfassung); entsprechend formuliert der Beschluß des 45. DJT[1774] (der die Empfeh-

---

1770 s. o. Ein A I, HT A I 2.2.2.3 a.cc (zu 1) und B II (zu 8)

1771 so erstmalig in BGHZ 35, 363 ff., 369 (Ginsengwurzel-Entscheidung); BGHZ NJW 1962, 1005 (Kinoreportage-Entscheidung); BGHZ MDR 1964, 136 (= BB 1964, 150 = DB 1964, 31, schwere öffentliche Ehrenkränkung); BGHZ JZ 1965, 413 (Gretna-Green-Entscheidung); BGHZ NJW 1965, 686 (Exklusiv-Interview-Entscheidung); BGHZ NJW 1965, 1375 (Verletzung des Rechts am eigenen Bild); BGHZ 39, 124 ff., 134 (Fernsehansagerin-Entscheidung); BGHZ NJW 1965, 2395 („Mörder unter uns") unter Berufung auf die stRspr des BGHZ; BGHZ DB 1970, 1125 f. (= NJW 1970, 1077 f.); NJW 1971, 699 (Pariser Liebestropfen); Ufita 66, 296; BFH NJW 1965, 744 unter Berufung auf die stRspr des BGHZ; OLG Köln GRUR 1967, 324 (rekr); OLG Hamburg Ufita 60, 331 (rekr); ebenso jetzt BVerfG NJW 1973, 1224;
1964 meinte *Stoll* (Gutachten S. 9) noch, der in der Ginsengwurzel-Entscheidung des BGHZ (vgl. oben) aufgestellte Grundsatz der Subsidiarität habe sich in der Rspr nicht durchgesetzt

1772 *Nipperdey*, GR IV 2 S. 856; *Wiese* S. 50; *Stoll* aaO S. 142; *Bötticher* 45. DJT II C S. 25; *Remé* S. 67; *Helle*, Schutz S. 87 ff., 91 f., 94 und NJW 1963, 1404 f.; *Esser*, SchR § 113 I 4 a;
aA ist *Neumann-Duesberg* (Ufita 61, 70 f.), der in der Subsidiarität des Geldersatzanspruchs aus § 847 I BGB (analog) hinter Unterlassung und Widerruf eine Gefährdung der Genugtuungsfunktion des Schmerzensgeldes befürchtet („Auf keinen Fall darf mE aber Genugtuung [in Geld] deshalb versagt werden, weil der Kläger seine Behauptung bereits widerrufen hat. Damit kommt er zu billig davon" – mit Hervorhebungen); *Neumann-Duesberg* (aaO) geht hierbei davon aus, daß „Genugtuung etwas anderes als bloßer Ausgleich ist"; „der pönale Charakter des Schmerzensgeldes als Genugtuung steht seiner Subsidiaritätsherabsetzung entgegen, ..." (mit Hervorhebungen); zu unserer gegenteiligen Auffassung vgl. oben A II 1.3, insb. 1.3.1

1773 S. 4

1774 Beschluß 45. DJT II C S. 128 (unter II); vgl. auch NJW 1964, 2098

lung an den Gesetzgeber hinzufügt, die naturalrestituierenden Rechtsbehelfe auszubauen); und eine wörtlich fast übereinstimmende Regelung enthält auch § 847 II des Referentenentwurfs 1967[1775].

Dieser Subsidiaritätsgrundsatz läßt sich folgendermaßen **systematisieren**:
- Sofern andere Schadensersatzmittel den durch die Verletzung des aPR entstandenen Schaden ausreichend beseitigen können[1776], findet ein Ausgleich aus § 847 I BGB analog – dem Grunde nach – nicht (mehr) statt[1777].
- Wenn andere Schadensersatzmittel diesen Schaden nicht (mehr) ausgleichen können[1778], greift § 847 I BGB analog ein[1779]. Wenn daneben noch ein anderes Schadensersatzmittel zum Zuge gekommen ist, so hat dies Einfluß auf die Höhe des Schmerzensgeldanspruchs[1780].

Die **dogmatischen Begründungen** des Subsidiaritätsprinzips variieren:

a) Basis des allgemeinen Schadensersatzsystems des BGB ist der Grundsatz der Naturalrestitution (§ 249 S. 1 BGB)[1781], der auf alle

---

1775 RefEntwurf I S. 7

1776 Hierzu zählen mit Sicherheit nicht der allgUA (s. o. A I 2.2.2.2 d.gg.ddd) und der Anspruch auf Ersatz materiellen Schadens (so aber *Helle*, Schutz S. 89 f., 92; vgl. auch S. 179). Denn aufgrund der Unterschiedlichkeit zwischen materiellem und immateriellem Schaden (vgl. oben Einl A II) kann der Ersatz des ersten nicht an die Stelle des Ersatzes des zweiten treten. Und der allgUA kann wegen seiner Rechtsnatur und seines Rechtsschutzzieles (vgl. aaO) unmöglich den anders gearteten Schadensersatzanspruch aus § 847 I BGB analog ersetzen.

1777 *Nipperdey* aaO; anders offenbar *Fromm* (NJW 1965, 1205), der die „Unmöglichkeit einer Beseitigung oder erheblichen Minderung des Eingriffs auf anderen Wegen" als Grundsatz zur Bemessung der Höhe des Anspruchs einordnet; *Helle* (NJW 1963, 1404 f.) macht die Berechtigung der Derogation des § 253 BGB von der sonst gegebenen Schutzlosigkeit des aPR abhängig; vgl. zu diesem Gedanken schon oben A I 2.2.2.2 d.gg

1778 vgl. wieder oben A I 2.2.2.2 d.gg zur Untauglichkeit weiterer Sanktionsmöglichkeiten

1779 BGHZ 35, 369; BGHZ NJW 1965, 686; BGHZ JZ 1965, 413; BFH NJW 1965, 744 unter Berufung auf die stRspr des BGHZ

1780 BGHZ NJW 1963, 905; vgl. auch BGHZ DB 1970, 1125 f. (= NJW 1970, 1077 f), wo der VI. Senat den vom Betroffenen erlangten Widerruf „iRd gebotenen Gesamtbewertung" mitbeachten will

1781 *Palandt-Heinrichs* 1, 3 vor § 249; 249, 1

Schadensersatzansprüche Anwendung findet[1782], mithin auch auf den Schmerzensgeldanspruch des § 847 I BGB analog[1783]. (Die grundsätzliche Anwendbarkeit des Naturalrestitutionsprinzips auf immaterielle Schäden haben wir im übrigen schon oben[1784] bejaht.) Aus dem System der §§ 249 ff. BGB ergibt sich, daß der Grundsatz der Naturalrestitution vorrangig anzuwenden ist[1785]; dies spricht für unser Problem § 251 I BGB aus[1786]. Danach kann also der Geldersatzanspruch aus § 847 I BGB analog nur dann eingreifen, wenn Naturalrestitution nicht möglich oder zur Entschädigung des Gläubigers ungenügend ist.

b) Eine andere Begründung geht davon aus, daß die Gewährung des Schmerzensgeldanspruchs sich aus dem Gedanken der anderweitigen Schutzlosigkeit des aPR gegenüber (erheblichen) Beeinträchtigungen rechtfertigt. Deshalb habe dieser Anspruch zurückzutreten, wenn die Verletzung auf andere Weise hinreichend ausgeglichen werden kann (z. B. und insbesondere durch Widerruf)[1787]. Dieser Begründung ist insoweit zuzustimmen, als zum (endgültigen) Nachweis der Derogation des § 253 BGB durch Art. 1 I GG der Beweis erforderlich war, daß alle anderen Sanktionen dem höchstrangigen Verlangen des Art. 1 I GG nach wirksamem Schutz nicht gerecht werden[1788]. Dadurch, daß dieser Beweis geführt werden konnte[1789], steht aber nunmehr fest, daß § 253 BGB insoweit derogiert (teilunwirksam) ist, als er den Geldersatz für immaterielle Schäden bei Verletzungen des aPR verbietet[1790]. Solange das geltende Recht keine weitere, mindestens ebenso wirksame Sanktionsmöglichkeit bereithält, bleibt es damit bei der Derogation des § 253 BGB

1782 *Palandt-Heinrichs* 1 vor § 249

1783 *Remé* S. 67; *Hartmann* NJW 1964, 798; *Esser*, SchR § 113 I 4 a

1784 A I 2.2.2.2 d.gg.aaa

1785 vgl. *Helle*, Schutz S. 47 und *Palandt-Heinrichs* 3 vor § 249

1786 *Hubmann*, Persönlichkeitsrecht § 50; *Helle*, Schutz S. 48; RefEntwurf II S. 156 a

1787 BGHZ DB 1970, 1125 f. (= NJW 1970, 1077 f.); BGHZ NJW 1971, 699; vgl. auch *Mertens* (JuS 1962, 267 f.) und *Bötticher*(45. DJT II C S. 25 f.), der betont, daß seine Begründung – und seiner Ansicht nach auch die von *Stoll* in dessen Gutachten (S. 142) geäußerte – keine Wiederholung des § 251 I BGB sein soll, sondern daß sie die intensive Ausnutzung jeder anderen Sanktionsmöglichkeit vorsieht, bevor man schließlich zum Schmerzensgeldanspruch durchdringt

1788 s. o. A I 2.2.2.2 d.gg

1789 s. unser Ergebnis oben aaO (gegen Ende)

1790 s. o. A I 2.2.2.2 c.bb.eee und c.dd

und der – durch die Drittwirkung des Art. 1 I 1 GG ermöglichten[1791] – analogen Anwendung des § 847 I BGB auf Verletzungen des aPR. Dieses Ergebnis läßt sich uE nicht dadurch wieder rückgängig machen, daß man die Derogation des § 253 BGB nur für solche Fallgestaltungen anerkennt, in denen keine andere Sanktion wirksamen Schadensausgleich verspricht, und ihn bei den Falltypen weitergelten läßt, in denen – ausnahmsweise – hinreichender Schadensausgleich durch (z. B.) Naturalrestitution erreicht werden kann. Denn die Wirksamkeit einer Norm richtet sich nicht nach einem konkreten Falltypus, sondern ergibt sich – wie beim vorliegenden Problem – aus abstrakten gesetzessystematischen Überlegungen. Die hier vorgetragene Begründung erscheint also dogmatisch verfehlt.

c) *Wiese*[1792] meint, der Schmerzensgeldanspruch entfalle wegen fehlenden Schadens, wenn (z. B.) durch Ehrenerklärung oder durch Entschuldigung ein vollständiger Schadensausgleich bereits eingetreten ist. Dies ist aber uE keine dogmatische Begründung des Subsidiaritätsprinzips[1793], sondern ein Erfüllungsproblem (§§ 362 I, 364 I BGB).

Es bleibt die Begründung zu a), die das subsidiäre Eingreifen des § 847 I BGB analog hinter den oben[1794] dargestellten naturalrestituierenden Sanktionsmöglichkeiten (Widerruf, Entschuldigung, richterliche Mißbilligung) dogmatisch rechtfertigt. Gegen diese Anspruchsbeschränkung läßt sich nicht mit der Unvollkommenheit dieser Mittel[1795] argumentieren[1796], weil das Subsidiaritätsprinzip den Schmerzensgeldanspruch ja nur für den Fall ausschließt, daß diese Mittel zur Schadensregulierung ausreichen.

1791 s. o. A I 2.2.2.3 a.cc

1792 S. 50

1793 von *Wiese* ist diese Aussage aber offenbar so gemeint, vgl. den Zusammenhang seiner Ausführungen aaO

1794 A I 2.2.2.2 d.gg.aaa

1795 s. o. aaO

1796 vgl. etwa *Fromm* NJW 1965, 1205; *Neumann-Duesberg* (Ufita 61, 69 ff.) hält das Eingreifen dieser Mittel (einschl. des allgUA) generell für unzureichend, weil sie dem Verletzten keine „Genugtuung (in Geld)" (aaO S. 71) verschaffen (zu *Neumann-Duesbergs* Genugtuungs-Verständnis s. schon oben Fußn 1772 und A II 1.3.1 mFußn 1256)

3. objektive Schwere der Verletzung

Zuweilen wird die Gewährung des Schmerzensgeldanspruchs von der objektiven Schwere des Eingriffs abhängig gemacht[1797]. (Diesem Gesichtspunkt ist zwar – wie sogleich zu zeigen sein wird – mit der Anspruchsbeschränkung ‚Sozialkongruenz' bereits Rechnung getragen[1798]. Doch wird die objektive Eingriffsschwere zumeist als selbständige Anspruchsbeschränkung angeführt, so daß wir hier separat auf sie eingehen.)

Nach welchen **Kriterien** sich die objektive Eingriffsschwere richten soll, bleibt weitgehend unklar[1799]. Während das OLG Hamburg[1800] betont, sie könne – was selbstverständlich erscheint – allein nach objektiven Gesichtspunkten bemessen werden, führt der BGHZ in einer bunten Reihe von zu berücksichtigenden Aspekten auch solche subjektiver Natur an: Die objektive Eingriffsschwere sei nach den Umständen des Einzelfalles zu beurteilen[1801], wobei es auf die Art und Schwere der Beeinträchtigung, auf den Grad des Verschuldens[1802] und auf die Motivation des Handelnden – z. B. die „Absicht des Gewinnstrebens" – ankomme[1803]. *Drees*[1804] nimmt eine schwere Verletzung an, wenn kein anderer Ausgleich möglich erscheint. Die Verwischung subjektiver und objektiver Kriterien erscheint nicht nur gedanklich unsauber, sondern auch überflüssig angesichts der Tatsache, daß die Anspruchsbeschränkung ‚(subjektive) Schuldschwere' als Sammelgesichtspunkt für subjektive Faktoren selbständige Bedeutung hat (und

---

1797 so noch BGHZ NJW 1971, 699; NJW 1973, 748; Ufita 66, 298, 301; vgl. im übrigen die unten folgenden Zitate; auch der Beschluß des 45. DJT (Beschluß 45. DJT II C S. 127 unter II) spricht sich für die Anerkennung dieser Anspruchsbeschränkung aus; ebenso der RefEntwurf (I S. 7; II S. 155 f.) in § 847 I 2 der Entwurfsfassung

1798 vgl. oben 1

1799 Polemisch vermerkt *Mertens* (JuS 1962, 265), daß dieser Grundsatz wegen seiner Unbestimmtheit auf die Formel hinausläuft: „Die Entscheidung, ob der Verletzte Ersatz beanspruchen kann, bleibt dem BGH vorbehalten."

1800 NJW 1962, 2063

1801 BGHZ NJW 1970, 1077 (= DB 1970, 1125); BGHZ LM § 847 Nr. 36

1802 BGHZ NJW 1965, 2396; BGHZ LM aaO; ebenso RefEntwurf II S. 156

1803 BGHZ JZ 1965, 413; BGHZ VersR 1969, 349; BGHZ LM aaO; BGHZ DB 1970, 1532; ebenso RefEntwurf II aaO

1804 *Erman-Drees* § 847 Rdn 5

daher unten[1805] separat untersucht wird)[1806]. Dasselbe gilt – mutatis mutandis – auch für die Verwischung objektiv-tatsächlicher mit rechtlichen Kriterien, wie sie *Drees*[1807] vornimmt; solange das Subsidiaritätsprinzip allein eingreifen kann[1808], ist es überflüssig und unsystematisch, es iR anderer Anspruchsbeschränkungen (nochmal) wirken zu lassen.

Als **objektiv-tatsächliche** und allein maßgebliche **Faktoren** verbleiben das Verhalten des Verletzten, das zur Verletzung Anlaß gegeben hat[1809], sowie die Art der Verletzungshandlung[1810]; iR dieses letzten Gesichtspunkts sind z. B. die durch die hohe Auflagenziffer einer Zeitschrift erreichte weite Verbreitung einer abfälligen Äußerung[1811] bzw. eines Bildes[1812] oder – negativ – der Wahrheitsgehalt einer Behauptung über eine Person zu berücksichtigen[1813].

Jetzt zeigt sich, daß die derart ‚gereinigte' Anspruchsbeschränkung ‚objektive Eingriffsschwere' völlig von der – inhaltlich umfassenderen – Anspruchsbeschränkung ‚Sozialkongruenz'[1814] aufgesogen wird. Auch *Hartmann*[1815] schlägt vor, leichte Verletzungsfälle dadurch auszusondern, daß man sie nicht als Beeinträchtigung iSd §§ 823 I, 847 I BGB ansieht. Die Anwendung des Gedankens der sozialen Kongruenz macht deshalb das Abstellen auf die objektive Eingriffsschwere als Anspruchsbeschränkung **überflüssig**.

Dieses **Ergebnis** macht ein Eingehen auf die an dieser Anspruchsbeschränkung geübten Kritik überflüssig, die ihr – uE zu recht – Systemwidrigkeit und Inkonsequenz vorwirft: Sondert man leichte Verletzun-

---

1805 unter 4
1806 Gleichwohl wird im RefEntwurf II (aaO) die Ansicht vertreten, die höchstrichterliche Rspr lasse erkennen, „daß es einer gesetzlichen Regelung nicht bedarf, um diese Frage (die Frage, wann eine Persönlichkeitsverletzung als schwer anzusehen ist) in der Praxis befriedigend zu lösen".
1807 aaO
1808 – und das kann es; vgl. oben 2
1809 BGHZ DB 1970, 1660; LG Düsseldorf NJW 1965, 698
1810 BGHZ MDR 1965, 735, zust. *Erman-Drees* aaO
1811 BGHZ 39, 124 ff., 133 f. (Fernsehansagerin-Entscheidung)
1812 BGHZ LM § 23 KUG Nr. 5 (Hochzeitsbild-Entscheidung); BGHZ NJW 1971, 700 f. (Pariser Liebestropfen)
1813 KG NJW 1968, 1970; OLG Köln NJW 1973, 851
1814 s. o. 1, insb. zu (d)
1815 NJW 1962, 15

gen nämlich nicht schon – mit dem Gedanken der Sozialkongruenz – von vornherein aus den Tatbeständen der §§ 823 I, 847 I BGB aus, dann sind solche Verletzungen als tatbestandsmäßig anzusehen; tatbestandsmäßige Verletzungen führen aber dann zwingend zur (analogen) Anwendung dieser Vorschriften, die dann – wiederum zwingend – Geldersatz verlangen[1816]. Eine Berücksichtigung der Beeinträchtigungsschwere kann daher allenfalls bei der Berechnung dessen, was „billig" (§ 847 I BGB) ist – nämlich bei der Ermittlung der Schadenshöhe[1817] – stattfinden[1818].

4. (subjektive) Schuldschwere

Die Berücksichtigung der Schuldschwere als Anspruchsvoraussetzung[1819] beschränkt sich nicht nur auf vorsätzliches Handeln[1820], sondern kann den Anspruch auf Schmerzensgeld uU auch bei grober Fahrlässigkeit zum Zuge kommen lassen[1821]. Ihren Sinn behält diese Anspruchsbeschränkung dann uU durch das zusätzliche Eingreifen anderer Anspruchsbeschränkungen[1822].

Pecher[1823] **rechtfertigt** die Einbeziehung „subjektiver Tatqualifikationen" in die „Denkform einer gegenständlichen Rechtsverletzung" damit, daß die „moralische Persönlichkeit ... oft erst dadurch als betroffen (erscheint), daß das Verhalten des Täters von einem zu mißbilligenden Motiv bestimmt wird".

1816 so übereinstimmend OLG Köln GRUR 1967, 323 (rekr); *Hartmann* NJW 1962, 15; 1964, 798; *Löffler*, Gutachten S. 10 und NJW 1962, 226; *Wiese* S. 49 ff.; *Lieberwirth* S. 47; *Schultz* MDR 1962, 957

1817 s. u. zu IV, insb. unter 2

1818 *Hartmann* NJW 1962, 15; *Schultz* aaO; im übrigen vgl. unten zu IV, insb. unter 2

1819 BGHZ 18, 149 (LS 2), 157 ff.; 35, 369; 39, 134; BGHZ JZ 1965, 413; BGHZ VersR 1969, 349; BGHZ NJW 1970, 1077 (= DB 1970, 1125); BGHZ NJW 1971, 701; OLG Frankfurt NJW 1966, 256; LG München I in *Schulze* VII Nr. 78 S. 5; diese Frage wurde noch ausdrücklich offengelassen in BGHZ 7, 226

1820 BGHZ NJW 1963, 905 (= VersR 1963, 535, Gerichtsberichterstattungs-Entscheidung); *Palandt-Thomas* § 823, 15 F

1821 BGHZ LM § 23 KUG Nr. 5 (Hochzeitsbild-Entscheidung); *Fromm* NJW 1965, 1205

1882 Die Hochzeitsbild-Entscheidung (vgl. Fußn. 1821) argumentierte z. B. außerdem mit objektiver Eingriffsschwere

1823 AcP 171, 71 f.

Hierzu ist zunächst klarzustellen, daß nach uA die Anspruchsbeschränkung ‚Schuldschwere' – wenn überhaupt – nur **separat** wirken kann, weil ein gegenseitiges (aktives oder passives) Abstützen im Zusammenhalt mit anderen – von uns akzeptierten – Anspruchsbeschränkungen (Sozialkongruenz und Subsidiarität) undenkbar ist: Entweder ein geübtes Verhalten war sozialkongruent oder nicht; wenn es nicht sozialkongruent und damit tatbestandsmäßig war, läßt sich über naturalrestituierende Behelfe der entstandene Schaden hinreichend ausgleichen oder nicht – nach diesem System gelangt man zur Gewährung des Schmerzensgeldanspruchs oder nicht, aber in beiden denkbaren Fällen hat der Grad des Verschuldens keinen Einfluß auf das gefundene Ergebnis. Wir können die Anspruchsbeschränkung ‚Schuldschwere' daher nur isoliert betrachten und uns auf kein gegenseitiges Abstützen mit anderen Beschränkungen berufen.

Bei dieser Betrachtung aber stellen sich sofort **Bedenken** ein:

- Ein (alleiniges) Abstellen auf die Schwere der Schuld des Verletzers entlarvt den Schmerzensgeldanspruch als das, was er uA nach eben nicht ist – ein strafrechtsverwandter Sühneanspruch: „Der Blick wird langsam von der Schadensfolge auf die Tat und auf die Schuld des Täters abgedrängt."[1824] Unser Verständnis vom Charakter des Anspruchs aus § 847 I BGB als rein zivilrechtlicher Entschädigungsanspruch haben wir oben[1825] dargestellt; insbesondere haben wir versucht deutlich zu machen, daß auch der diesem Anspruch immanente Genugtuungsgedanke ihn nicht einmal in Strafrechtsnähe rückt, sondern lediglich Folge der Immaterialität der durch § 847 BGB zu ersetzenden Schäden ist[1826]. Wir haben allerdings zugeben müssen, daß ua eben das von der ständigen Rechtsprechung gepflogene Abstellen auf die Schuld des Verletzers Auslöser für die Kritik war, die dem Schmerzensgeldanspruch systemwidrige Strafrechtsverwandtschaft vorwirft[1827]. In dieser ihrer Tendenz betrachtet, erweist sich die Anspruchsbeschränkung ‚Schuldschwere' als Fremdkörper im Schadensersatzsystem, als systemwidriger Faktor des Schmerzensgeldanspruchs[1828], denn nach den im geltenden Schadensersatzrecht herrschenden Prinzipien der Entschädigung

1824 *Bötticher* MDR 1963, 355
1825 s. o. A II 1.3.1 und 1.3.3
1826 aaO, insb. zu (6)
1827 s. o. aaO, insb. zu (7)
1828 vgl. ähnlich *Stoll*, Gutachten S. 144

und der Totalreparation findet eine Abstufung des Haftungsumfangs nach dem Verschuldensumfang nicht statt[1829].

- Die Aufspaltung von Schmerzensgeldansprüchen, die die ständige Rechtsprechung dadurch vornimmt, daß sie Schmerzensgeldansprüche anerkennt, die bei jeglichem Verschulden eingreifen (iRv Verletzungen der in § 847 I BGB aufgezählten Rechtsgüter), und daß sie Schmerzensgeldansprüche anerkennt, die nur bei schwerem Verschulden ziehen (iRd „‚usurpierten' Bereichs"[1830] von Verletzungen des aPR), ist dogmatisch unhaltbar. Denn wendet man § 847 I BGB – auch analog – an, dann gelten ohne weiteres seine Schuldvoraussetzungen; diese aber richten sich nach denen des Voraustatbestands § 823 I BGB[1831], der alle Schuldformen gleichermaßen umfaßt[1832, 1833].

- Neben diesen dogmatischen Bedenken befürchtet *Bötticher*[1834] durch die Aufspaltung in zwei Schmerzensgeldanspruchs-Kategorien auch Gefahren für die Rechtssicherheit – die wohl immer gegeben sind, wenn dogmatische Grundsätze auf systemfremden Wegen verlassen werden.

IV Anspruchsbeschränkungen der Höhe nach (Bemessungsfaktoren)

1. Vorbemerkung

Grundsätzlich soll die Festsetzung der Anspruchshöhe **richterlichem Ermessen** vorbehalten bleiben. Das klingt sowohl in den Motiven[1835]

1829 *Palandt-Heinrichs* 3 vor § 249

1839 *Bötticher* aaO S. 356

1831 *Neumann-Duesberg* Ufita 61, 71; vgl. auch oben Einl C und (HT) A I 1.2

1832 *Bötticher* aaO; vgl. auch *Palandt-Thomas* § 823, 3 iVm *Palandt-Heinrichs* § 276, 4

1833 zu diesem Ergebnis kommen auch OLG Köln GRUR 1967, 323 (rekr); *Wiese* S. 49 ff.; *Lieberwirth* S. 47; *Löffler*, Gutachten S. 10 und NJW 1962, 226; *Hartmann* NJW 1962, 15 und 1964, 798 f.; *Bötticher* aaO; *Schultz* MDR 1962, 957; *Neumann-Duesberg* aaO; ebenso *Leisner* S. 369 und der Vorschlag des RefEntwurf (II S. 63)

1834 aaO

1835 *Mugdan* (Mot) zu § 728 (entspricht § 847 BGB hF); ebenso BGHZ 7, 229

als auch im Wortlaut des § 847 I BGB an, der von einer „billigen[1836] Entschädigung" spricht. Ein rechtsvergleichender Blick auf entsprechende ausländische Gesetzesregelungen zeigt zudem, daß keine bessere Lösung in Sicht ist[1837]. Nach vorherrschender Ansicht soll dieses richterliche Ermessen weder durch gesetzlich festgelegte Taxen („Rahmenbeträge") eingeengt[1838], noch durch eine schematische Anwendung der in der Praxis üblichen Schmerzensgeld-Tabellen[1839] manipuliert werden, weil der „einzelfallbezogene Billigkeitscharakter des § 847 BGB" keinen Vergleich mit anderen Fällen gestattet[1840]. Zuzugeben ist, daß eine gesetzlich fixierte Formel der Vielfalt der Lebenssachverhalte auf dem Gebiet von Persönlichkeitsrechtsverletzungen nicht gerecht werden könnte – allein deshalb nicht, weil

- Schäden im immateriellen Bereich überhaupt relativ schwieriger feststellbar sind als im materiellen Bereich;
- am aPR entstandene immaterielle Schäden relativ schwieriger festzustellen sind als immaterielle Schäden, die durch Verletzung von Körper, Gesundheit und Freiheit entstanden sind[1841];
- der materielle Ausgleich von immateriellen Schäden zwangsläufig immer unvollkommen bleiben muß[1842].

Remés[1843] Empfehlung an den Gesetzgeber, Bemessungsregeln in eine neue Fassung des § 847 BGB einzubauen, erscheint deshalb kaum sinnvoll. Auf der anderen Seite birgt das emphatische Abstellen auf den Einzelfall die Gefahr willkürlicher Kasuistik, die zu recht kritisiert wird[1844]. Um hier den Gedanken der Rechtskontinuität und damit der Rechtssicherheit zu stützen, erscheint eine Orientierung der Einzelfallentscheidung – ähnlich wie im englischen Privatrecht[1845] – am

---

1836 Auf den Begriff der Billigkeit kommen wir unten noch ausführlicher zurück.
1837 *Stoll*, Gutachten S. 149
1838 BGHZ 18, 163
1839 vgl. etwa die von *Hacks*
1840 *Schmalzl* VersR 1966, 794; BGHZ VersR 1964, 843
1841 vgl. schon oben bei A I 2.2.2.3 a.cc
1842 s. o. A II 1.2.2 und 1.2.3, jeweils zu (c)
1843 S. 149
1844 *Lieberwirth* S. 53; *Teplitzky* NJW 1966, 388 ff.
1845 vgl. *Schmitthoff* JZ 1967, 1 ff.

precedent case[1846] (am Präjudiz[1847]) erforderlich[1848], das allerdings (im Gegensatz zum englischen Recht[1849]) in unserem Rechtssystem nicht unmittelbar normativ verbindlich wäre[1850]. Als Rechtserkenntnisquellen[1851] aber könnten solche Präjudizien dem Rechtsanwendenden Bemessungsregeln an die Hand geben, durch deren Anwendung auf der einen Seite weitgehende Rechtskontinuität gewahrt würde, durch die ihm aber auf der anderen Seite die Möglichkeit belassen bliebe, die Eigenart des zur Entscheidung stehenden Falles durch Abweichen von den präjudiziellen Rechtsfällen zu berücksichtigen[1852]. Solche Bemessungsregeln würden sich dann aber auch in Tabellen zusammenfassen und übersichtlich machen lassen.

Der einzige gesetzlich normierte Anhaltspunkt für eine Bemessung der Höhe des Schmerzensgeldanspruchs ist der Begriff der **Billigkeit** in § 847 I BGB. Unter Billigkeit ist nach hA dasselbe wie Angemessenheit zu verstehen[1853], und angemessen ist das Schmerzensgeld nach *Schmalzl*[1854] dann, wenn es „nach Sachlage der Billigkeit entspricht" – diese Definitionen lassen beide Begriffe als austauschbar erscheinen, sie liefern keine weiterführenden Kriterien. Etwas anderes gilt, wenn man unter Billigkeit darüber hinaus die „alle konkreten Umstände des Einzelfalls berücksichtigende Gerechtigkeit"[1855] und – vager – „einen Hinweis auf das Rechtsgefühl des Volkes"[1856] versteht. Während sich mit der letzten Definition aufgrund ihrer Unbestimmtheit nicht weiterarbeiten läßt[1857], erscheint die erste korrekturbedürftig: IRd

---

1846 vgl. zur Definition *Esser*, Grundsatz und Norm S. 276

1847 vgl. *Larenz*, Methodenlehre S. 403 ff.

1848 kritisch gegenüber dem richterlichen Abstellen auf Präzedenzfälle *Teplitzky* (aaO S. 389 f.), der neben einer „erheblichen Überschätzung des Wertes größerer Geldbeträge" und einem psychologisch bedingten „berufsnotwendigen Schutzmechanismus" des Richters die sich in der Abhängigkeit von Präzedenzentscheidungen zeigende „Tradition" dafür verantwortlich macht, daß sich „die Unzulänglichkeiten früherer Urteile ... gewissermaßen verewigen".

1849 vgl. *Schmitthoff* aaO

1850 *Larenz* aaO S. 407

1851 *Larenz* aaO

1852 Diesen Vorschlag macht auch *Remé* (S. 129) zur augenblicklichen Rechtssituation.

1853 *Knöpfel* AcP 155, 136

1854 VersR 1966, 794

1855 *Knöpfel* aaO

1856 *Knöpfel* aaO S. 137

1857 so auch *Knöpfel* aaO

Beurteilung dessen, was billig ist, sind nicht „grundsätzlich alle in Betracht kommenden Umstände des Falles"[1858], sondern nur die maßgeblichen Umstände zu berücksichtigen[1859]. Stellt man bei der Beurteilung dieser Maßgeblichkeit (Bedeutsamkeit) lediglich auf den „Standpunkt der Gerechtigkeit" ab[1860], so macht man damit einen Schritt zurück – dieses Kriterium ist wegen seiner Undeutlichkeit so unpraktikabel wie der Ausgangsbegriff. Es kommt vielmehr darauf an, die einzelnen zur Diskussion stehenden Anspruchsbeschränkungen (der Höhe nach) auf ihre Maßgeblichkeit, d. h. auf ihre Tauglichkeit als Bemessungsfaktoren hin aus schadensersatzrechtlicher Sicht zu untersuchen.

Grundgedanke ist dabei, daß die Höhe (der Umfang) des zu leistenden Schadensersatzes sich nach dem Umfang des entstandenen Schadens richtet[1861]. Diesem Grundgedanken kann man sich freilich nur anschließen, wenn man im Schmerzensgeldanspruch – wie wir[1862] – einen reinen Schadensersatzanspruch sieht, der allein dem allgemeinen Entschädigungsgedanken Rechnung trägt. Diese Erkenntnis baute darauf auf, daß der dem Schmerzensgeldanspruch immanente Genugtuungsgedanke der Immaterialität der zu ersetzenden Schäden entspringt, auf die (wegen dieser Immaterialität) zwingende Unvollkommenheit des Ausgleichsgedankens bei solchen Schäden zurückzuführen ist und daher der Rechtsnatur des Schmerzensgeldanspruchs als reinem Entschädigungsanspruch keinen Abbruch tut. Schließt man sich dem oben geäußerten Grundgedanken an[1863], dann ergibt sich, daß als Anspruchsbeschränkungen für die Höhe nur solche Faktoren (Fallumstände) in Betracht kommen, die Einfluß auf den Schadensumfang haben. Rechtsprechung und Lehre nennen in diesem Zusammenhang die folgenden Gesichtspunkte.

1858 so aber BGHZ 18, 149 (LS 2), 151 f.; 26, 358
1859 so mit einleuchtenden Bspln *Knöpfel* aaO
1860 so *Knöpfel* aaO
1861 BGHZ 7, 226
1862 s. o. A II 1.3.1, insb. zu (6)
1863 so in diesem Zusammenhang BGHZ 7, 224 ff., 226
1864 Auch der BGHZ (18, 149, 154) stellt „in erster Linie" (S. 154) auf den Grad der Beeinträchtigung ab, stützt die Bemessung des Anspruchs dann aber weiter auf Verschuldensschwere (S. 157 ff.) und die Vermögensverhältnisse der Beteiligten (S. 159 ff.; dazu noch unter 5); *Bötticher* (MDR 1963), 357) spricht insoweit von einer „Hierarchie der Bemessungsfaktoren". Dem BGHZ folgen OLG Hamburg Ufita 60, 331 f.; LG Frankfurt I AnwBl 1961, 265; vgl. weiter LG München I in *Schulze* VII Nr. 78 S. 5; *Nipperdey*, GR IV 2 S. 856; *Helle*,

2. objektive Schwere der Verletzung[1864]

Sie kann sich **ergeben** aus
- dem Inhalt der Verletzung, wie im Beispiel der Werbung für ein Sexualpräparat[1865];
- der Form der Verletzung, wie im Beispiel der Größe und der Einprägsamkeit einer Abbildung[1866];
- der Verbreitung der Verletzung[1867], die durch den Popularitätsgrad des Verletzten noch gesteigert werden kann[1868].

Die Beeinträchtigung kann **gemindert** werden durch bereits stattgefundene naturalrestituierende Mittel[1869], wie z. B. durch die der Verletzungshandlung entsprechende Presseveröffentlichung einer Berichtigung, einer Gegendarstellung, eines Widerrufs[1870, 1871] – sofern solche Maßnahmen noch nicht allein in der Lage waren, den entstandenen Schaden vollständig zu beseitigen[1872].

Diese das objektive Gewicht des Eingriffs (der Verletzungshandlung) vergrößernden oder vermindernden Faktoren haben unmittelbaren Einfluß auf den objektiven Umfang des Schadens (auf die Verletzungsfolgen). Daraus ergibt sich, daß die objektive Eingriffsschwere als Bemessungsfaktor zuzulassen ist.

Schutz S. 89; *Larenz* 42. DJT II D S. 33 f.; *Krüger-Nieland* 45. DJT II C S. 41; *Koebel* JZ 1960, 574; *Fromm* NJW 1965, 1205 f; vgl. auch den Entwurf 1959 (S. 4) in § 847 I 2 BGB;
alle aufgeführten Entscheidungen und Autoren ziehen das (objektive) Gewicht der Beeinträchtigung aber nur zusammen mit anderen Anspruchsbeschränkungen heran.

1865 vgl. BGHZ 26, 349 ff. (Herrenreiter-Fall); 35, 363 ff. (Ginsengwurzel-Fall); NJW 1971, 698 ff. (Pariser Lieberstropfen); zust. *Helle* aaO S. 92

1866 BGHZ NJW 1965, 1376

1867 BGHZ NJW 1965, 1376; BGHZ *LM* § 23 KUG Nr. 5; OLG Hamburg Ufita 60, 332; *Fromm* aaO

1868 BGHZ 26, 359; BGHZ NJW 1965, 1376

1869 vgl. schon oben III 2; vgl. *Fromm* aaO

1870 BGHZ NJW 1963, 905 (= VersR 1963, 536, Gerichtsberichtserstattungs-Fall); *Palandt-Thomas* § 823, 15 F

1871 vgl. oben A I 2.2.2.2 d.gg.aaa, bbb und ccc

1872 s. o. III 2

1873 ua stellen hierauf ab BGHZ 18, 149 (LS 2), 157 ff.; ihm folgend OLG Hamburg Ufita 60, 331; LG Frankfurt I AnwBl 1961, 265; BGHZ *LM* § 23 KUG Nr. 5; LG München I in *Schulze* VII Nr. 78 S. 5; *Nipperdey*, GR IV 2 S. 856; *Helle*, Schutz S. 89; *Knöpfel* AcP 155, 152 ff.; *Larenz* 42. DJT II D S. 33 f.; *Krüger-Nieland* 45. DJT II C S. 41; *Fromm* NJW 1965, 1205 f.; ebenso der Entwurf 1959 S. 4 in § 847 I 2 seiner Fassung

3. (subjektive) Schuldschwere[1873]

Auch die Frage, ob dieses Kriterium für die Bemessung der Höhe des Schmerzensgeldanspruchs eine Rolle spielt, hängt wieder von der Einordnung des Anspruchs ab. Versteht man unter (strafrechtlicher) ‚Schuld' den „Inbegriff der Voraussetzungen, die aus der Straftat einen persönlichen Vorwurf gegen den Täter begründen"[1874], dann wird deutlich, daß dieses Kriterium auf die Person des Verletzers abstellt. Begreift man – wie wir[1875] – den Schmerzensgeldanspruch als reinen Entschädigungsanspruch, der – wie alle (dem Entschädigungsprinzip dienenden) Schadensersatzansprüche – weder Sühne-, noch Buß- oder Strafelemente in sich trägt[1876], und vergegenwärtigt man sich, daß die Entschädigung allein dem Verletzten dienen soll[1877] (maW, allein auf den Verletzten abstellt), dann ergibt sich ein systematischer Widerspruch zwischen beiden Aussagen. Dieser Widerspruch ist nur zu lösen, wenn man entweder durch die Einbeziehung des Schuldelements aus dem Schmerzensgeldanspruch einen Strafanspruch werden läßt, oder wenn man durch die Nichtberücksichtigung des Schuldelements dem Schmerzengeldanspruch einen reinen Entschädigungscharakter und damit die Natur eines normalen Schadensersatzanspruchs zugesteht. Eine dritte Möglichkeit – etwa die Einräumung einer Zwitterstellung des Schmerzensgeldanspruchs zwischen Straf- und Schadensersatzanspruch, die die hM ihm einräumt[1878] – durchbricht die zivilrechtliche Schadensersatzsystematik; wir haben sie deshalb abgelehnt[1879]. Die erste Möglichkeit, im Schmerzensgeldanspruch einen Strafanspruch zu sehen, wird – soweit ersichtlich – nirgendwo vertreten und scheidet aus. Daraus folgt, daß bei der Bemessung der Höhe des Anspruchs aus § 847 BGB die Schwere der Schuld des Verletzers außer Betracht bleiben muß[1880]. Auf dieser Linie liegen auch die allgemein-schadensersatz-

---

1874 *Mezger-Blei* I § 48; diese strafrechtliche Definition ist uE auf den Schuldbegriff der unerlaubten Handlungen anwendbar, hier also für die Frage, ob und inwieweit sich die Schuld bei einer Persönlichkeitsrechtverletzung auf die Höhe der Schadensersatzverpflichtung auswirkt

1875 s. o. A II 1.3.1, insb. zu (6)

1876 *Palandt-Heinrichs* 3 vor § 249 (der aber für den Schmerzensgeldanspruch im Anschluß an BGHZ 18, 149 ff., 154 anderes gelten lassen will)

1877 vgl. allgemein *Larenz,* SchR I § 27 I

1878 vgl. oben A II 1.1, 1.3.1

1879 s. o. aaO 1.3.1

1880 zum gleichen Ergebnis kommt *Löffler* (Gutachten S. 16 f.; *Löffler* ist allerdings Gegner der Erstreckung des § 847 I BGB auf Verletzungen des aPR);

rechtlichen Überlegungen des Gesetzgebers[1881], der „die Hereinziehung moralisirender oder strafrechtlicher Gesichtspunkte ... bei der Berücksichtigung der civilrechtlichen Folgen unerlaubten, widerrechtlichen Verhaltens durchaus fern gehalten" wissen wollte.

4. Berechnung nach entgangener Lizenzgebühr

Teilweise werden die Bemessungskriterien der entgangenen Lizenzgebühr („in vollem Umfang"[1882]) auf die Bemessung des Schmerzensgeldanspruchs angewandt[1883]. Diese Entleihe erscheint aber nicht möglich:

- IRd § 847 I BGB wird immaterieller Schaden ersetzt, der Anspruch aus dem Gesichtspunkt der entgangenen Lizenzgebühr richtet sich dagegen auf den Ersatz materieller Schäden[1884]. Beide Schadenskategorien können nicht nach denselben Maßstäben beurteilt und gemessen werden.
- Davon abgesehen könnte diese Bemessungsregel nur in bestimmten Ausnahmefällen von Persönlichkeitsrechtsverletzungen eingreifen, nämlich nur in solchen Fällen, die über den Gedanken der entgangenen Lizenzgebühr zu lösen sind[1885]; sie scheidet deshalb als allgemeine Bemessungsregel für Schäden am aPR aus.

5. Vermögensverhältnisse der Beteiligten

Fraglich ist weiter, ob die wirtschaftlichen Verhältnisse der Beteiligten (des Geschädigten und des Schädigers) bei der Höhe des Anspruchs aus § 847 I BGB berücksichtigt werden sollen[1886].

Diejenigen Entscheidungen und Autoren, die diese Frage bejahen[1887], gehen offenbar davon aus, daß diese Anspruchsbeschränkung unselb-

---

grundsätzlich ebenso *Palandt-Heinrichs* aaO (vgl. aber die Einschränkung) oben in Fußn 1876)

1881 Motive I zu § 218 (§§ 218 ff. aF entsprechen den §§ 249 ff. BGB hF)

1882 BGHZ 26, 358

1883 BGHZ aaO; *Pecher* AcP 171, 74; *Fromm* NJW 1965, 1205

1884 s. o. A I 2.2.2.2 d.gg.eee

1885 s. o. aaO

1886 Im Hinblick auf diesen Streit hat der Entwurf 1959 (S. 30) von einer ausdrücklichen Erwähnung dieses Kriteriums in seiner Fassung des § 847 I 2 BGB abgesehen. BGHZ VersR 1964, 834 läßt diese Frage unentschieden.

1887 grundlegend BGHZ 18, 149 ff., 159 ff.; 26, 359; ihm folgend OLG Hamburg Ufita 60, 331 f.; *Nipperdey*, GR IV 2 S. 856; *Larenz* 42. DJT II D S. 33 f.;

ständig ist, daß sie in ihrer Bedeutung hinter anderen Anspruchsbeschränkungen zurücksteht, und daß sie uU sogar ganz unberücksichtigt bleiben kann[1888].

Die ihr verbleibende Bedeutung rechtfertigt sich nach dieser Ansicht aus folgenden Gedanken (dogmatische Begründungen):

a) Der **Wortlaut** des § 847 I BGB, nach dem eine „billige Entschädigung" verlangt werden kann, erfordere „grundsätzlich" die Berücksichtigung „aller in Betracht kommenden Umstände des Falles..., darunter auch ... die wirtschaftlichen Verhältnisse beider Teile[1889]. Wie schon oben[1890] ausgeführt, ist unter Billigkeit nach hA dasselbe wie unter Angemessenheit zu verstehen; eine „alle konkreten Umstände des Einzelfalls berücksichtigende Gerechtigkeit[1891], die auf das „Rechtsgefühl des Volkes[1892]" abstellt. Mit dieser Definition ist freilich nicht viel gewonnen – den aus ihr zu ziehenden Schluß, die Berücksichtigung aller Umstände erfordere eben auch die Berücksichtigung der wirtschaftlichen Verhältnisse, hatten wir bereits durch die Erkenntnis korrigiert, daß „nur die maßgeblichen Umstände heranzuziehen" sind[1893], wobei sich die Maßgeblichkeit wiederum vom „Standpunkt der Gerechtigkeit" aus beurteilt[1894]. Das Spiel mit diesen Formeln[1895] zeigt, daß sich aus dem Begriff der Billigkeit eine Lösung des Problems nicht ergibt[1896]. Wenn der Gesetzgeber Billigkeitsgesichtspunkte mitberücksichtigt wissen wollte, so heißt das nicht notwendig, daß er alle (erdenklichen) Umstände des Falles als Bemessungsfaktoren miteinbeziehen wollte. Vielmehr hat er damit lediglich der Tatsache Rechnung getragen, daß der für immaterielle Schäden zu leistende Geldausgleich zwingend unvollkommen ist[1897]. Angesichts dieser Unvollkommenheit erschien ihm eine für alle Le-

---

Krüger-Nieland 45. DJT II C S. 41; *Koebel* JZ 1960, 574; *Palandt-Thomas* § 847, 4 a

1888 Dies betont die grundlegende Entscheidung BGHZ 18, 159 f., 167 f. mehrfach.

1889 BGHZ aaO S. 149 (LS 2), 151 ff.

1890 unter 1

1891 *Knöpfel* AcP 155, 136

1892 *Knöpfel* aaO S. 137

1893 *Knöpfel* aaO

1894 *Knöpfel* aaO

1895 zu dem Komplex s. bereits oben 1

1896 *Knöpfel* aaO S. 139

1897 s. o. A II 1.2.2 und 1.2.3 jeweils zu c)

benssachverhalte passende Formulierung verfehlt, und die Korrektur dieser Unvollkommenheit fand er am besten in den Händen des Richters aufgehoben[1898].

b) Der BGHZ[1899] macht auf einige **Parallelen im BGB** aufmerksam, die seiner Ansicht nach die Berücksichtigung dieser Anspruchsbeschränkung bei der Bemessung der Höhe begründen oder untermauern: In § 829 BGB will der Gesetzgeber „die Billigkeit nach den Umständen, insbesondere nach den Verhältnissen der Beteiligten" berücksichtigt wissen. Das Heranziehen dieser Vorschrift ist jedoch bedenklich (was der BGHZ[1900] auch zTl selbst sieht): Denn während § 847 BGB grundsätzlich eine Verschuldenshaftung normiert[1901], stellt § 829 BGB als „Sonderregelung" für Fälle der Haftung von Nichtverantwortlichen (§§ 827 f. BGB) eine Abweichung vom Verschuldensgrundsatz dar[1902]. Weiter: Die wirtschaftlichen Verhältnisse der Beteiligten dienen iRd § 829 BGB (auch) der Anspruchsbegründung, während sie bei § 847 I BGB – unstreitig – nur bei der Bemessung der Höhe (als Haftungsbeschränkung) berücksichtigt werden sollen[1903]. Ein letzter Vergleich der §§ 829 und 847 BGB läßt sogar eher den Gegenschluß zu: Aus der Nicht-Erwähnung der Verhältnisse der Beteiligten in der Formulierung des § 847 I BGB kann gefolgert werden, daß sie hier unbeachtet bleiben sollen[1904].

Ebensowenig kann aus der Entstehungsgeschichte des § 1300 BGB für § 847 BGB der Schluß gezogen werden, „der Richter (sei) nach der Auffassung des Gesetzgebers bei Ausmessung der Entschädigung für immaterielle Schäden nicht gebunden ..., bestimmte Umstände nicht zu berücksichtigen", woraus sich dann wiederum ergibt, „daß er bei der Festsetzung einer billigen Entschädigung grundsätzlich alle danach in Betracht kommenden Umstände des Falles berücksichtigen darf"[1905]. Der Rückgriff auf die Entstehungsge-

1898 vgl. *Mugdan* (Mot) zu § 728 (entspricht § 847 BGB hF); ebenso BGHZ 7, 229
1899 BGHZ 18, 149 ff., 152 ff., 164
1900 aaO S. 152
1901 das ergibt sich aus seiner Rolle als Nachfolgetatbestand der §§ 823 ff. BGB, vgl. oben Einl C und (HT) A I 1.2
1902 BGHZ 7, 230; *Erman-Drees* § 829 Rdn 1
1903 *Knöpfel* aaO S. 152; vgl. auch *Erman-Drees* aaO Rdn 5
1904 BGHZ 7, 231
1905 BGHZ 18, 152 ff., 154

schichte der Kranzgeldnorm erscheint jedoch verfehlt, weil diese Vorschrift nicht einen Schadensersatzanspruch aus unerlaubter Handlung, sondern einen solchen aus familienrechtlichem Vertrag gewährt[1906, 1907].

Auch das Argument, wirtschaftlich trete iRd § 847 I BGB kein anderes Ergebnis ein als bei anderen BGB-Vorschriften, „wo die Höhe der Leistung von den wirtschaftlichen Verhältnissen des Schuldners abhängig ist" (vgl. §§ 315 I, III; 317 I; 1246 I; 2048 S. 2, 3; 2156 S. 1 BGB)[1908], kann angesichts der Unterschiedlichkeit der mit diesen Beispielen berührten Rechtsbereiche und angesichts der Verschiedenheit der Normzwecke nicht überzeugen.

c) *Krüger-Nieland*[1909] begründet die Berücksichtigung der Vermögensverhältnisse der Beteiligten aus der **Eigenart der immateriellen Schäden.** IRd Ersatzes materieller Schäden werde materieller Verlust mit materieller Entschädigung – also „Gleiches mit Gleichem" – vergolten; dieses „Alles-oder-Nichts-Prinzip" verhindere eine Berücksichtigung der Einzelfallumstände, insbesondere der wirtschaftlichen Verhältnisse der Parteien. Hingegen eröffne im Bereich immaterieller Schäden die Unterschiedlichkeit von – immateriellem – Verlust und – materiellem – Ersatz die Möglichkeit, eine Abwägung nach Billigkeitsgesichtspunkten vorzunehmen, die auch die wirtschaftlichen Verhältnisse mitberücksichtige. Der – individuell unterschiedlich empfundene – Wert des – relativen – Ausgleichsmittels Geld lasse sich ohne Berücksichtigung der individuell möglicherweise unterschiedlichen Vermögensverhältnisse gar nicht abschätzen: „Der gleiche Geldbetrag, der für den einen die Grundlage seiner Existenz bildet, bedeutet für den anderen nur einen unerheblichen Rechnungsposten in seiner Vermögensbilanz". Diese Begründung knüpft damit an die Immaterialität der zu ersetzenden Schäden an und zehrt von der – längst eingestandenen[1910] – Unmöglichkeit, solche Schäden in Geld zu kompensieren. (Die an sich überzeugenden

---

1906 *Palandt-Diederichsen* § 1300, 1; ebenso der BGHZ 18, 152 f. selbst
1907 Diesen Unterschied gibt auch *Knöpfel* (aaO S. 139) zu bedenken.
1908 BGHZ 18, 164
1909 45. DJT II C S. 41
1910 s. o. A II 1.2.2 und 1.2.3 jeweils zu c)

Ausführungen werden wir sogleich auf ihre Vereinbarkeit mit der schadensersatzrechtlichen Systematik hin überprüfen.)

Sowenig die auf den Wortlaut und den Normenvergleich gestützten Begründungsversuche der Rechtsprechung die Berücksichtigung der Anspruchsbeschränkung ‚Vermögensverhältnisse der Beteiligten' stützen können, so (endgültig) verfehlt erscheint ihre Beachtung bei Würdigung folgender Gedanken:

– Das das Schadensersatzrecht des BGB durchziehende **Prinzip der Totalreparation** kennt keine Abstufung des Haftungsumfangs nach den persönlichen Verhältnissen der Beteiligten[1911], sondern nur eine Berücksichtigung der (Schadens-)Folgen, die die zum Ersatz verpflichtende Handlung auf Seiten des Verletzten hervorgerufen hat[1912]. Ihre Berücksichtigung bedeutet daher eine „folgenschwere Abkehr von den Grundlagen unseres Schadensersatzrechts" und führt den Schmerzensgeldanspruch „in die Nähe des familienrechtlichen Unterhaltsanspruchs"[1913].

– Für das gesamte Schuldrecht normiert **§ 279 BGB** den Grundsatz, daß der Schuldner bei Gattungsschulden sein Unvermögen zur Leistung immer zu vertreten hat – ein Grundsatz, der nach ständiger Rechtsprechung[1914] auch für Geldleistungen (vgl. § 847 I BGB) gilt (‚Geld hat man zu haben'). Die Ansicht des BGHZ 18, 149 ff.[1915], dieser Grundsatz gelte nur für Vermögensschäden, findet in der Systematik des Schuldrechts nicht nur keine Stütze, sondern wird durch sie widerlegt[1916].

– Diese dogmatischen Bedenken könnten allenfalls dann nicht durchgreifen, wenn man im Schmerzensgeldanspruch des § 847 I BGB (analog) keinen reinen **Schadensersatzanspruch** sieht[1917]. Mit dieser

---

1911 *Palandt-Heinrichs* 3 vor § 249
1912 BGHZ 7, 226; vgl. auch oben zu 1
1913 *Bötticher* 45. DJT II C S. 11
1914 RGZ 75, 335; 106, 181
1915 aaO S. 160 f.
1916 Auch BGHZ 7, 227 diagnostiziert einen Verstoß gegen die „das gesamte Schuldrecht leitende Grundanschauung" des § 279 BGB.
1917 so BGHZ 18, 149 ff.(LS 1), 154 ff.; vgl. auch oben bei uns A II 1.1; auch *Knöpfel* (aaO S. 139 ff.), der die hier anstehende Frage der Berück-

Ansicht haben wir uns oben bereits mehrfach auseinandergesetzt: Wir sind dabei zu dem Ergebnis gelangt, daß der dem Schmerzensgeldanspruch immanente Genugtuungsgedanke der Immaterialität der zu ersetzenden Schäden entspringt und auf die deshalb zwingende Unvollkommenheit des Ausgleichsgedankens bei solchen Schäden zurückzuführen ist, und daß er der Rechtsnatur des Schmerzensgeldanspruchs als reinem Entschädigungsanspruch daher keinen Abbruch tut[1918].

– Schließlich weist der III. Senat[1919] noch darauf hin, daß „die Rücksichtnahme auf die wirtschaftlichen Verhältnisse des Schädigers im Ergebnis zu einer **Unterbewertung** gerade der Rechtsgüter[1920] führt, die ihrer sittlichen Wertschätzung nach häufig gegenüber den reinen Vermögenswerten den höheren Rang verdienen" – ein Ergebnis, das wenigstens im Hinblick auf das hier in Rede stehende aPR verfassungsrechtliche Bedenken auslöst, nachdem feststeht, daß Art. 1 I GG als erstrangige und optimal abgesicherte Verfassungsnorm und Hauptgrundrecht das subjektive Recht des einzelnen auf Schutz seines aPR (auch) durch die Rechtsprechung anordnet[1921].

Zusätzliche Kritik an der Berücksichtigung der Vermögensverhältnisse der Beteiligten ergibt sich mit der Konstruktion folgender **Falltypen:**
– Eine konsequente Anwendung dieser Anspruchsbeschränkung müßte dem Verletzten den Schmerzensgeldanspruch dann (völlig) versagen, wenn der Verletzer vermögenslos ist[1922]. Mit diesem Ergebnis ist aber auch der Große Senat[1923] nicht einverstanden: Die Mittellosigkeit des

---

sichtigung der Vermögensverhältnisse allein aus der Natur des Schmerzensgeldanspruchs beantwortet, meint, der Anspruch aus § 847 I BGB sei kein „Schadensersatzanspruch im eigentlichen Sinne ..., sondern nur ein schadensersatzähnlicher Genugtuungsanspruch" (S. 141), der den herkömmlichen Schadensersatzansprüchen allerdings so verwandt sei, daß hier wie dort die Vermögensverhältnisse der Beteiligten außer Betracht bleiben müßten (S. 149 ff.)

1918 s. o. A II 1.3.1, insb. zu 6); unser Verständnis des Schmerzensgeldanspruchs teilt in diesem Zusammenhang auch BGHZ 7, 224 ff.

1919 BGHZ 7, 227

1920 Wir hatten oben (Einl A I) von Lebensgütern gesprochen und uns damit einer Bezeichnung angeschlossen, die die Bedeutung der in § 847 I BGB aufgezählten Güter und die Bedeutung des aPR noch akzentuiert.

1921 s. o. A I 2.2.2.2 c.bb.eee

1922 BGHZ 7, 227 f.

1923 BGHZ 18, 160

Verletzers könne niemals zur Befreiung von der Schuld führen, weil die Vermögensverhältnisse iRd Gesamtberücksichtigung nur von untergeordneter Bedeutung seien. Solange hier nicht systematisch einwandfreie und objektiv einsehbare Kriterien dafür angeboten werden, von welchem Stellenwert diese Anspruchsbeschränkung ist, stellt sich jedes Festsetzen einer unteren Grenze als systemfremde Inkonsequenz dar.

– Ausgehend von der These, daß eine Vermögenslosigkeit des Fiskus undenkbar ist, käme die Anspruchsbeschränkung in den Fällen, in denen der Fiskus als Verletzer auftritt, nicht zum Zuge. Auch hierin erblickt der Große Senat[1924] aber keine Folgewidrigkeit: Der Umstand ‚wirtschaftliche Verhältnisse' kommt vielmehr seiner Ansicht nach bei diesem Falltyp gar nicht in Betracht, weil wirtschaftliche Verhältnisse beim Fiskus „wertneutral" sind. Diese Auffassung erscheint aber ebensowenig annehmbar, wie die Vorstellung einer Wertbehaftetheit von Vermögen(-sverhältnissen) akzeptabel ist[1925].

Es ist grundsätzlich nicht ohne weiteres einzusehen, daß bei verschiedenen Verletzern eine Anspruchsbeschränkung mal eingreifen soll, mal wieder nicht. Beide Falltypen demonstrieren deutlich die Grenzen der Möglichkeit, die wirtschaftlichen Verhältnisse der Beteiligten als Bemessungsfaktor iRd Schmerzensgeldanspruchs aufzustellen.

Im **Ergebnis** lehnen wir die Berücksichtigung dieser Anspruchsbeschränkung (der Höhe nach) daher auch ab. „Bei richtiger Rechtsanwendung ist die Rücksichtnahme auf die Leistungsfähigkeit des Schuldners hier wie auch sonst Sache des Vollstreckungsverfahrens."[1926]

6. Bestehen einer Haftpflichtversicherung

Die Frage, ob das Bestehen einer Haftpflichtversicherung Einfluß auf die Bemessung der Schadenshöhe hat[1927], hängt von der Antwort auf die (Vor-)Frage ab, ob die Vermögensverhältnisse der Beteiligten hier-

---

1924 aaO S. 162
1925 kritisch auch BGHZ 7, 228
1926 BGHZ 7, 228
1927 Diese Frage bejahen BGHZ 18, 149 f. (LS 2), 165 ff. und *Fromm* NJW 1965, 1205 f.

bei eine Rolle spielen sollen[1928]. Nachdem wir diese Vorfrage verneint haben, lehnen wir die Berücksichtigung einer bestehenden Haftpflichtversicherung des Verletzers (etwa eines Publikationsorgans[1929]) ab[1930].

7. Ersatz materieller Schäden

Koebel[1931] möchte die Bemessung des Schmerzensgeldanspruchs in eine „gewisse Abhängigkeit" davon bringen, „ob der Geschädigte außerdem Ersatz für seinen materiellen Schaden begehrt und erhält". Diese Ansicht befremdet: Die in Theorie und Praxis mögliche Differenzierung zwischen materiellen und immateriellen Schäden[1932], die sich (z. B. nach einer Verletzung des aPR) gemeinsam einstellen können[1933], erscheint sinnlos, wenn sie bei Vorliegen eines solchen Falltyps wieder miteinander verwoben werden. Auf der anderen Seite ist eine Differenzierung zwischen diesen Schadenskategorien nicht nur Zeichen verfeinerten Rechtsdenkens und -empfindens, sondern gesetzlich ausdrücklich geboten[1934] (vgl. §§ 253, 847 I BGB).

Auch *Koebels* Begründungsversuch überzeugt nicht: Er baut auf einer Berücksichtigung der wirtschaftlichen Verhältnisse auf, die seiner Ansicht nach auch durch die vom Verletzer vorzunehmende Ausgleichszahlung der materiellen Schäden und auf der Seite des Verletzten durch die Zubilligung einer entsprechenden Geldsumme beeinflußt werden; eine solche Berücksichtigung haben wir bereits abgelehnt[1935]. An dieser Stelle wird deutlich, daß das – hinter dieser Begründung stehende – Verständnis des Schmerzensgeldanspruchs als „Billigkeitsanspruch"[1936] in unreflektiertes Billigkeitsempfinden ausarten kann, dem dogmatisch notwendige Differenzierungen geopfert werden.

1928 BGHZ 7, 223, 231
1929 Bspl von *Fromm* aaO
1930 ebenso BGHZ 7, 223 (LS), 231
1931 JZ 1960, 574
1932 vgl. oben Einl A II
1933 s. o. Einl B
1934 vgl. BAG AP § 847 BGB Nr. 1 und BGHZ 30, 18
1935 s. o. unter 5
1936 *Koebel* aaO

V Ergebnis

Im Anschluß an unsere Ausgangsfragen[1937] stellen wir im Ergebnis zum Problem der Anspruchsbeschränkungen fest, daß
- der Gedanke der Sozialkongruenz,
- das Subsidiaritätsprinzip und
- die objektive Schwere des Eingriffs

die einzigen Anspruchsbeschränkungen sind, die sich dogmatisch vertreten lassen. Dabei greifen
- der Gedanke der Sozialkongruenz und
- das Subsidiaritätsprinzip

als Anspruchsvoraussetzungen dem Grunde nach ein, während
- die objektive Schwere des Eingriffs

als Bemessungsfaktor bei der Höhe des Anspruchs zur Geltung kommt. Zur Wirkungsweise der einzelnen Beschränkungen gilt folgendes:
- Ist eine menschliche Verhaltensweise als sozialkongruent zu bezeichnen, liegt eine Verletzung des aPR tatbestandsmäßig nicht vor. Die §§ 823 ff., 847 I BGB greifen nicht ein.
- Ist eine Persönlichkeitsrechtsverletzung tatbestandsmäßig, rechtswidrig und schuldhaft, so ist § 847 I BGB unanwendbar, wenn sich der entstandene Schaden durch Naturalrestitution hinreichend ausgleichen läßt.
- Die Faktoren, die eine Persönlichkeitsrechtsverletzung schwerwiegend machen, bestimmen über den Gedanken des Schadensumfangs die Höhe des zu ersetzenden Schadens.

SCHLUSS

(Synopsis)

Seit der sog. Herrenreiter-Entscheidung[1938] gewährt die ständige Rechtsprechung des BGHZ Geldersatz für den durch die Verletzung des aPR entstandenen immateriellen Schaden. Sie stützt sich dabei – im Anschluß an *Nipperdey*[1939] – auf die §§ 823 I, 847 I BGB, Art. 1, 2 GG. Diese höchstrichterliche Rechtsprechung hat nicht nur durch die Rechtsprechung unterer Gerichte und durch die Lehre massive Kritik erfahren,

---

1937 s. o. I

1938 BGHZ 26, 349 ff. vom 14. 2. 1958 (I. Senat) (= NJW 1958, 827 ff. = GRUR 1958, 408 ff.)

1939 GR II S. 46 (1. Aufl. 1954), später auch 42. DJT II D S. 18 f. und GR IV 2 S. 855

sie ist auch von der Öffentlichkeit mit großem Interesse verfolgt worden[1940]. Aktualität hat sie in jüngster Zeit dadurch erneut erlangt, daß das BVerfG[1941] in einer Grundsatzentscheidung über eine von neunzehn bei ihm anhängigen einschlägigen Verfassungsbeschwerden Anfang 1973 die Verfassungsmäßigkeit dieser Rechtsprechung festgestellt hat.

Diese Arbeit hat es sich zur Aufgabe gemacht, die inzwischen gefestigte Ansicht über den Geldausgleich für immaterielle Schäden bei Persönlichkeitsrechtsverletzungen dogmatisch zu untersuchen und – uU – weiterzuführen. Als dogmatische Begründung für die Gewährung eines solchen Schadensersatzes trotz der Regelung des § 253 BGB kamen zwei Möglichkeiten in Betracht:

- die unmittelbare Anwendung des § 847 I BGB, die aber in der Form der extensiven Interpretation sowohl an dem Begriff der Freiheit als auch an dem der Gesundheit iSd § 847 I BGB scheiterte; auch in der Form der teleologischen Extension konnte eine unmittelbare Anwendung des § 847 I BGB nicht weiterhelfen, weil das Verhältnis von §§ 253 und 847 BGB dies nicht zuließ;
- die analoge Anwendung des § 847 I BGB, die wir auf folgende Überlegungen stützen konnten:

§ 253 BGB untersagt im Zusammenwirken mit dem übrigen Schweigen des Gesetz- und Verfassungsgebers die Gewährung eines Ersatzes für immaterielle Schäden nach Verletzungen des aPR. Diese zivilrechtliche Regelung wird durch die Art. 1 I 2, 123 I GG derogiert, weil sie materiellinhaltlich im Widerspruch steht zu dem in Art. 1 I 2 GG normierten Anspruch, der dem einzelnen Rechtsgenossen das (auch) die Gesetzgebung und die Rechtsprechung verpflichtende Recht auf Achtung und Schutz seiner Menschenwürde – d. h. zivilrechtlich: seines aPR – gewährt. Die Notwendigkeit einer Teilaufhebung des § 253 BGB ergibt sich insbesondere daraus, daß das Zivilrecht keine anderen Sanktionen zur Verfügung hat, die dem Verlangen des Art. 1 I 2 GG gerecht würden.

Die Teilunwirksamkeit des § 253 BGB beseitigt das in ihm ausgesprochene Analogieverbot und eröffnet damit den Weg für eine analoge

---

1940 vgl. etwa die FAZ vom 26. 2. 1970 S. 2 und vom 11. 3. 1970 S. 6; den SPIEGEL vom 9. 3. 1970 (Nr. 11) S. 208 und vom 4. 5. 1970 (Nr. 19) S. 102 ff.; die SZ vom 6., 7. 3. 1971 S. 9, vom 9.–11. 6. 1973 S. 12, vom 12. 6. 1973 S. 4, vom 22., 23. 5. 1974 S. 7, vom 21. 6. 1974 S. 44

1941 Beschluß vom 14. 2. 1973 (Az 1 BvR 112/65), NJW 1973, 1221 ff.

Anwendung des § 847 I BGB auf Fälle von Persönlichkeitsrechtsverletzungen.

Mit unmittelbarer Drittwirkung gegenüber den am Privatrechtsverkehr Beteiligten normiert Art. 1 I 1 GG einen individual-ethischen Unterlassungsanspruch, der sich auf das Nichtantasten des Persönlichkeitsrechts richtet. Rechtsnatur, Inhalt, Aussage, überragende Stellung und optimale Absicherung des Art. 1 I 1 GG erfordern einen wirksamen Schutz dieses Rechts, den allein § 847 I BGB gewähren kann. Art. 1 I 1 GG verlangt deshalb eine analoge Anwendung dieser Vorschrift auf Fälle von Persönlichkeitsrechtsverletzungen. Eine solche analoge Anwendung des § 847 I BGB ist gerade aus der Sicht des Privatrechts von der Aufnahmebereitschaft und der Aufnahmekapazität dieser Norm her auch möglich, insbesondere weil das aPR im wesentlichen verwandt ist mit den in § 847 I BGB geschützten übrigen Lebensgütern.

Unsere Lösung beruht also auf einer Doppelwirkung der Verfassung, die sich aus Derogations- und Drittwirkung von Verfassungsrecht gegenüber Bürgerlichem Recht zusammensetzt.

Die an dieser Lösung versuchte Kritik überzeugt nicht: Systematische Bedenken gegen den Ersatz immateriellen Schadens bei Persönlichkeitsrechtsverletzungen ergeben sich nicht, wenn deutlich wird, daß die notwendigerweise unvollkommene Ausgleichsfunktion eines solchen Geldanspruchs durch dessen Genugtuungsfunktion überwunden wird, und daß diese Genugtuungsfunktion allein im Zeichen des zivilrechtlichen Entschädigungsprinzips steht. Verfassungsrechtliche Bedenken greifen ebensowenig durch:

- Art. 5 I GG wird ohnehin durch seinen Abs. II begrenzt, in diesem Zusammenhang durch das „Recht der persönlichen Ehre“ und die §§ 823 I, 847 I BGB als „allgemeine Gesetze“;

- der Gewaltenteilungsgrundsatz (Art. 20 II 2 GG) bleibt unberührt, weil der Richter mit unserer Lösung seine Aufgabe zu Rechtsfindung und -fortbildung wahrnimmt;

- der Richter verstößt ebensowenig gegen die ihm auferlegte Bindung ans Gesetz, denn er ist auch an das Recht gebunden, und er hat es fortzubilden (Art. 20 III, 97 I GG);

– da der Schmerzensgeldanspruch als bloßer Entschädigungsanspruch rein zivilrechtlicher Natur ist, kollidiert er nicht mit Art. 103 II, III GG.

Der Vorwurf der Kommerzialisierung immaterieller Werte läßt sich sowohl in rechtshistorischer als auch in rechtspolitischer, rechtsethischer und rechtslogischer Sicht nicht aufrechterhalten.

Abweichend von der ständigen Rechtsprechung und der hL gelangen wir zu dem Ergebnis, daß der Schmerzensgeldanspruch nur bei sozialinkongruenten Beeinträchtigungen eingreift und auch nur dann, wenn sich die entstandenen Schäden nicht durch Naturalrestitution (§ 249 S. 1 BGB) ausgleichen lassen (§ 251 I BGB); anderen – atypischen – Anspruchsbeschränkungen unterliegt er nicht. Seine Höhe bemißt sich ausschließlich nach der objektiven Schwere des Eingriffs.

Die vorliegende Arbeit weicht mit ihrer Lösung somit nur unerheblich von der ständigen Rechtsprechung und der hL ab. Als dogmatische Arbeit begnügt sie sich damit, „zwar nicht aus sich selbst produktiv, aber doch für das Gefundene (möglicherweise) stabilisierend und reproduktiv"[1942] zu sein[1943]. Schließlich bestätigt sie die Richtigkeit der Mutmaßung *vLiszts*[1944], der angesichts der gesetzgeberischen Pläne zum BGB, nach denen ein aPR nicht durch § 847 BGB geschützt werden sollte, vor knapp einem Jahrhundert schrieb: „Diese Versagung wäre ja doch nur von vorübergehender Bedeutung; auf die Dauer wird sich das deutsche Rechtsbewußtsein eine solche Vergewaltigung durch romanisierende Engherzigkeit (durch „willkürliche, prinziplose Zulassung einzelner Ausnahmen") sicherlich nicht gefallen lassen".

1942 *Esser* AcP 172, 103 über die Möglichkeiten und Grenzen dogmatischen Denkens im modernen Zivilrecht

1943 Das BVerfG vom 14. 2. 1973 (NJW 1973, 1221 ff.) hat sich in seiner oben (Fußn. 1941) zitierten Grundsatzentscheidung die Kompetenz abgesprochen, über dogmatische und methodische Fragen unseres Problems zu befinden (aaO S. 1224 und 1226).

1944 S. 33; sein Buch („Die Grenzgebiete zwischen Privatrecht und Strafrecht") enthält „kriminalistische Bedenken gegen den Entwurf eines Bürgerlichen Gesetzbuches für das Deutsche Reich" (Untertitel).

Papier | Fördert gute Waldnutzung
FSC® C083411

Kolibri 360 GmbH
Ferdinand-Jühlke-Straße 7
99095 Erfurt, Deutschland
produktsicherheit@kolibri360.de